"十二五"普通高等教育本科国家级规划教材

数据库系统概论

Shujuku Xitong Gailun

(第5版)

王 珊 萨师煊 编著

高等教育出版社·北京

内容提要

本书第 1 版于 1983 年出版，至今已修订至第 5 版。第 5 版被列入"十二五"普通高等教育本科国家级规划教材。相应课程于 2004 年被评为北京市精品课程，2005 年被评为国家精品课程，2014 年被批准为国家级精品资源共享课。

本书系统全面地阐述了数据库系统的基础理论、基本技术和基本方法。全书分为 4 篇 16 章。第一篇基础篇，包括绪论、关系数据库、关系数据库标准语言 SQL、数据库安全性和数据库完整性，共 5 章；第二篇设计与应用开发篇，包括关系数据理论、数据库设计和数据库编程，共 3 章；第三篇系统篇，包括关系查询处理和查询优化、数据库恢复技术、并发控制和数据库管理系统，共 4 章；第四篇新技术篇，包括数据库技术发展概述、大数据管理、内存数据库系统和数据仓库与联机分析处理技术，共 4 章。

本书可以作为高等学校计算机类专业、信息管理与信息系统等相关专业数据库课程的教材。也可供从事数据库系统研究、开发和应用的研究人员和工程技术人员参考。

图书在版编目（CIP）数据

数据库系统概论 / 王珊，萨师煊编著. --5 版. --北京：高等教育出版社，2014.9（2020.4 重印）
 ISBN 978-7-04-040664-1

Ⅰ．①数… Ⅱ．①王… ②萨… Ⅲ．①数据库系统-高等学校-教材 Ⅳ．①TP311.13

中国版本图书馆 CIP 数据核字（2014）第 159317 号

策划编辑	倪文慧	责任编辑	倪文慧	封面设计	于文燕	版式设计	王艳红
插图绘制	杜晓丹	责任校对	刘娟娟	责任印制	耿 轩		

出版发行	高等教育出版社	网　址	http://www.hep.edu.cn
社　址	北京市西城区德外大街 4 号		http://www.hep.com.cn
邮政编码	100120	网上订购	http://www.landraco.com
印　刷	北京鑫海金澳胶印有限公司		http://www.landraco.com.cn
开　本	787mm×1092mm　1/16		
印　张	27.25	版　次	1983 年 4 月第 1 版
字　数	560 千字		2014 年 9 月第 5 版
购书热线	010-58581118	印　次	2020 年 4 月第 17 次印刷
咨询电话	400-810-0598	定　价	42.00 元

本书如有缺页、倒页、脱页等质量问题，请到所购图书销售部门联系调换
版权所有　侵权必究
物 料 号　40664-B0

数字资源使用说明

本书配套的数字资源使用方法如下：

1. 电脑访问 http://abook.hep.com.cn/187532，或手机扫描二维码下载并安装 Abook 应用。

2. 注册并登录，进入"我的课程"。

3. 输入教材封底防伪标签上的数字课程账号（20 位密码，刮开涂层可见），或通过 Abook 应用扫描封底数字课程账号二维码，完成课程绑定。

4. 单击"进入课程"按钮，开始本数字课程的学习。

课程绑定后一年为数字课程使用有效期。受硬件限制，部分内容无法在手机端显示，请按提示通过计算机访问学习。

如有使用问题，请发邮件至 abook@hep.com.cn。

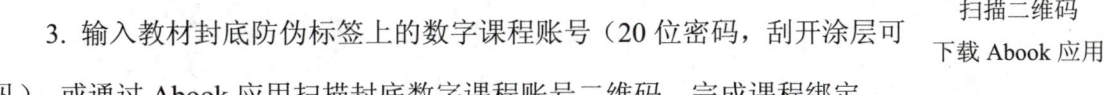

扫描二维码
下载 Abook 应用

前　　言

　　为了反映数据库学科的新成果和应用的新方向，适应数据库技术的进展，保持本书的先进性、科学性和实用性，我们对本书第4版进行了修订。本书第1版、第2版、第3版和第4版分别于1983年、1991年、2000年和2006年出版。第5版是"十二五"普通高等教育本科国家级规划教材。

　　本书分为4篇16章，如下表所示。第1至第11章（表中序号1~11）是本科专业的基本教程（书中有*号的部分除外），第12至第16章（表中序号12~16）是高级教程。

本科生必读	1. 绪论 2. 关系数据库 3. 关系数据库标准语言SQL 4. 数据库安全性 5. 数据库完整性	基础篇	实验准备 实验1．数据库定义与操作语言 实验2．安全性语言 实验3．完整性语言 实验4．触发器	DBA和数据库应用系统设计开发人员
	6. 关系数据理论 7. 数据库设计 8. 数据库编程	设计与应用开发篇	实验5．数据库设计 实验6．存储过程 实验7．数据库应用开发 实验8．数据库设计与应用开发大作业	
	9. 关系查询处理和查询优化 10. 数据库恢复技术 11. 并发控制	系统篇	实验9．数据库监视与性能优化 实验10．数据库恢复技术 实验11．并发控制	
本科生、研究生选读	12. 数据库管理系统 13. 数据库技术发展概述 14. 大数据管理 15. 内存数据库系统 16. 数据仓库与联机分析处理技术	新技术篇		

第 5 版主要修改的内容包括：

（1）在基础篇中保持重点讲解关系数据库系统的传统，对 SQL 的内容根据标准的发展做了相应更新。随着数据的安全性、完整性越来越重要，对数据库安全性和完整性的内容进行了补充修改。

（2）在设计与应用开发篇中把原来第 4 版第 1 章讲解的 E-R 图设计移到了第 7 章 7.3 概念结构设计一节中，成为概念结构设计的重要知识点。作为选读，增加了扩展 E-R 图的内容。修改补充了第 8 章数据库编程中 PL/SQL、存储过程和函数、ODBC、OLE DB、JDBC 等概念和方法。

（3）在系统篇的第 11 章并发控制中增加了三级封锁协议的内容，并在 11.8 其他并发控制机制一节（作为选读内容）概要介绍了多版本并发控制（MVCC）技术。

（4）在新技术篇中修改了第 13 章数据库技术发展概述和第 16 章数据仓库与联机分析处理技术的内容，增加了反映数据管理最新发展的重要技术，如大数据管理、内存数据库系统等章节，限于篇幅删去了第 4 版中分布式数据库系统、对象关系数据库系统和 XML 数据库。

（5）提供了作者编写的配套教辅用书《数据库系统概论（第 5 版）实验指导与习题解析》（高等教育出版社出版）。其中根据教材章节内容安排了必修实验和选修实验，进一步加强了实验教学环节；对本书各章习题做了解析，还增加了补充习题。

在高等教育出版社易课程网站 http://abook.hep.com.cn/187532 和精品课程教学网站 http://chinadb.ruc.edu.cn/ 上均给出了本书配套的教学资源，包括电子教案、教学视频、实验要求及部分实验报告示例、补充习题及参考答案等，供读者学习参考。这些实验均使用国产金仓数据库管理系统 Kingbase ES 作为实验平台。该系统可以从北京人大金仓信息技术股份有限公司的网站 http://www.kingbase.com.cn 免费下载。

本书内容全面丰富，教师可以针对不同专业和不同类别的学生挑选书中不同章节的内容进行讲解。

全书由王珊教授执笔。

大连海事大学张俊教授详细审阅了书稿，提出了许多有益的意见。中国人民大学陈红教授和杜小勇教授根据讲授本书的实际体会，对内容和实验提出了许多中肯有益的修改建议并审阅了书稿。陈红教授、杜小勇教授、张孝副教授、文继荣教授、李翠平教授、中国调查与数据中心（中国人民大学）张延松博士、教育部数据工程与知识工程重点实验室（中国人民大学）陈跃国博士等协助修改和撰写了部分内容，在此向他们表示衷心感谢。

北京人大金仓信息技术股份有限公司任永杰博士、冯玉博士、李海华博士和冷建全高工等提供了金仓数据库产品的技术资料，研究生周宁南和孟庆钟等参与了部分资料的收集工作，在此向他们表示衷心感谢。

  还要感谢广大读者、教师和学生在使用本书时通过邮件、课程网站对本书内容和习题提出的问题和建议，这是本书修订中非常宝贵的参考资料。

  在本书的修订过程中，作者阅读参考了大量国内外教材、专著、论文和资料，努力跟踪数据库学科的新发展、新技术，有选择地把它们纳入到教材中来，但因学科发展太快，书中必有许多不足之处，希望学术同仁不吝赐教。

王　珊
2014 马年春节

目 录

第一篇 基 础 篇

第1章 绪论 ... 3
- 1.1 数据库系统概述 ... 3
  - 1.1.1 数据库的4个基本概念 ... 3
  - 1.1.2 数据管理技术的产生和发展 ... 6
  - 1.1.3 数据库系统的特点 ... 9
- 1.2 数据模型 ... 14
  - 1.2.1 两类数据模型 ... 15
  - 1.2.2 概念模型 ... 16
  - 1.2.3 数据模型的组成要素 ... 17
  - 1.2.4 常用的数据模型 ... 18
  - 1.2.5 层次模型 ... 19
  - 1.2.6 网状模型 ... 22
  - 1.2.7 关系模型 ... 25
- 1.3 数据库系统的结构 ... 27
  - 1.3.1 数据库系统模式的概念 ... 27
  - 1.3.2 数据库系统的三级模式结构 ... 28
  - 1.3.3 数据库的二级映像功能与数据独立性 ... 29
- 1.4 数据库系统的组成 ... 31
- 1.5 小结 ... 33
- 习题 ... 34
- 本章参考文献 ... 35

第2章 关系数据库 ... 37
- 2.1 关系数据结构及形式化定义 ... 38
  - 2.1.1 关系 ... 38
  - 2.1.2 关系模式 ... 42
  - 2.1.3 关系数据库 ... 43
  - 2.1.4 关系模型的存储结构 ... 43
- 2.2 关系操作 ... 43
  - 2.2.1 基本的关系操作 ... 43
  - 2.2.2 关系数据语言的分类 ... 44
- 2.3 关系的完整性 ... 45
  - 2.3.1 实体完整性 ... 45
  - 2.3.2 参照完整性 ... 45
  - 2.3.3 用户定义的完整性 ... 48
- 2.4 关系代数 ... 48
  - 2.4.1 传统的集合运算 ... 49
  - 2.4.2 专门的关系运算 ... 50
- *2.5 关系演算 ... 57
  - *2.5.1 元组关系演算语言 ALPHA ... 57
  - *2.5.2 元组关系演算 ... 62
  - *2.5.3 域关系演算语言 QBE ... 64
- 2.6 小结 ... 70
- 习题 ... 70
- 实验 ... 72
- 本章参考文献 ... 72

第3章 关系数据库标准语言 SQL ... 75
- 3.1 SQL 概述 ... 75
  - 3.1.1 SQL 的产生与发展 ... 75
  - 3.1.2 SQL 的特点 ... 76
  - 3.1.3 SQL 的基本概念 ... 78
- 3.2 学生-课程数据库 ... 79

3.3 数据定义 ·············· 80
　3.3.1 模式的定义与删除 ········ 81
　3.3.2 基本表的定义、删除与修改 ···· 82
　3.3.3 索引的建立与删除 ········ 87
　3.3.4 数据字典 ············ 89
3.4 数据查询 ·············· 89
　3.4.1 单表查询 ············ 90
　3.4.2 连接查询 ············ 99
　3.4.3 嵌套查询 ············ 103
　3.4.4 集合查询 ············ 111
　3.4.5 基于派生表的查询 ········ 113
　3.4.6 SELECT 语句的一般格式 ···· 114
3.5 数据更新 ·············· 115
　3.5.1 插入数据 ············ 115
　3.5.2 修改数据 ············ 117
　3.5.3 删除数据 ············ 118
3.6 空值的处理 ············· 119
3.7 视图 ················ 121
　3.7.1 定义视图 ············ 121
　3.7.2 查询视图 ············ 124
　3.7.3 更新视图 ············ 126
　3.7.4 视图的作用 ··········· 128
3.8 小结 ················ 129
习题 ·················· 130
实验 ·················· 131
本章参考文献 ·············· 131

第 4 章　数据库安全性 ········ 133

4.1 数据库安全性概述 ·········· 133
　4.1.1 数据库的不安全因素 ······· 133
　4.1.2 安全标准简介 ·········· 134
4.2 数据库安全性控制 ·········· 137
　4.2.1 用户身份鉴别 ·········· 138
　4.2.2 存取控制 ············ 140

　4.2.3 自主存取控制方法 ········ 140
　4.2.4 授权：授予与收回 ········ 141
　4.2.5 数据库角色 ··········· 145
　4.2.6 强制存取控制方法 ········ 147
4.3 视图机制 ·············· 149
4.4 审计 ················ 149
4.5 数据加密 ·············· 151
4.6 其他安全性保护 ··········· 153
4.7 小结 ················ 154
习题 ·················· 154
实验 ·················· 155
本章参考文献 ·············· 156

第 5 章　数据库完整性 ········ 157

5.1 实体完整性 ············· 158
　5.1.1 定义实体完整性 ········· 158
　5.1.2 实体完整性检查和违约处理 ···· 159
5.2 参照完整性 ············· 160
　5.2.1 定义参照完整性 ········· 160
　5.2.2 参照完整性检查和违约处理 ···· 160
5.3 用户定义的完整性 ·········· 163
　5.3.1 属性上的约束条件 ········ 163
　5.3.2 元组上的约束条件 ········ 164
5.4 完整性约束命名子句 ········· 165
*5.5 域中的完整性限制 ·········· 166
5.6 断言 ················ 167
5.7 触发器 ··············· 168
　5.7.1 定义触发器 ··········· 169
　5.7.2 激活触发器 ··········· 171
　5.7.3 删除触发器 ··········· 172
5.8 小结 ················ 172
习题 ·················· 173
实验 ·················· 173
本章参考文献 ·············· 173

第二篇 设计与应用开发篇

第 6 章 关系数据理论 ⋯⋯⋯⋯⋯⋯⋯ 177
- 6.1 问题的提出 ⋯⋯⋯⋯⋯⋯⋯⋯ 177
- 6.2 规范化 ⋯⋯⋯⋯⋯⋯⋯⋯⋯⋯ 180
  - 6.2.1 函数依赖 ⋯⋯⋯⋯⋯⋯ 180
  - 6.2.2 码 ⋯⋯⋯⋯⋯⋯⋯⋯⋯ 181
  - 6.2.3 范式 ⋯⋯⋯⋯⋯⋯⋯⋯ 182
  - 6.2.4 2NF ⋯⋯⋯⋯⋯⋯⋯⋯ 182
  - 6.2.5 3NF ⋯⋯⋯⋯⋯⋯⋯⋯ 184
  - 6.2.6 BCNF ⋯⋯⋯⋯⋯⋯⋯ 184
  - 6.2.7 多值依赖 ⋯⋯⋯⋯⋯⋯ 185
  - 6.2.8 4NF ⋯⋯⋯⋯⋯⋯⋯⋯ 188
  - 6.2.9 规范化小结 ⋯⋯⋯⋯⋯ 189
- 6.3 数据依赖的公理系统 ⋯⋯⋯⋯ 190
- *6.4 模式的分解 ⋯⋯⋯⋯⋯⋯⋯⋯ 194
  - 6.4.1 模式分解的三个定义 ⋯⋯ 194
  - 6.4.2 分解的无损连接性和保持函数依赖性 ⋯⋯⋯⋯⋯⋯ 196
  - 6.4.3 模式分解的算法 ⋯⋯⋯⋯ 198
- 6.5 小结 ⋯⋯⋯⋯⋯⋯⋯⋯⋯⋯ 201
- 习题 ⋯⋯⋯⋯⋯⋯⋯⋯⋯⋯⋯⋯ 202
- 本章参考文献 ⋯⋯⋯⋯⋯⋯⋯⋯⋯ 204

第 7 章 数据库设计 ⋯⋯⋯⋯⋯⋯⋯⋯ 205
- 7.1 数据库设计概述 ⋯⋯⋯⋯⋯⋯ 205
  - 7.1.1 数据库设计的特点 ⋯⋯⋯ 206
  - 7.1.2 数据库设计方法 ⋯⋯⋯⋯ 207
  - 7.1.3 数据库设计的基本步骤 ⋯⋯ 207
  - 7.1.4 数据库设计过程中的各级模式 ⋯⋯ 210
- 7.2 需求分析 ⋯⋯⋯⋯⋯⋯⋯⋯⋯ 211
  - 7.2.1 需求分析的任务 ⋯⋯⋯⋯ 211
  - 7.2.2 需求分析的方法 ⋯⋯⋯⋯ 212
  - 7.2.3 数据字典 ⋯⋯⋯⋯⋯⋯ 213
- 7.3 概念结构设计 ⋯⋯⋯⋯⋯⋯⋯ 215
  - 7.3.1 概念模型 ⋯⋯⋯⋯⋯⋯ 215
  - 7.3.2 E-R 模型 ⋯⋯⋯⋯⋯⋯ 215
  - *7.3.3 扩展的 E-R 模型 ⋯⋯⋯⋯ 218
  - *7.3.4 UML ⋯⋯⋯⋯⋯⋯⋯⋯ 223
  - 7.3.5 概念结构设计 ⋯⋯⋯⋯ 224
- 7.4 逻辑结构设计 ⋯⋯⋯⋯⋯⋯⋯ 231
  - 7.4.1 E-R 图向关系模型的转换 ⋯⋯ 231
  - 7.4.2 数据模型的优化 ⋯⋯⋯⋯ 233
  - 7.4.3 设计用户子模式 ⋯⋯⋯⋯ 234
- 7.5 物理结构设计 ⋯⋯⋯⋯⋯⋯⋯ 234
  - 7.5.1 数据库物理设计的内容和方法 ⋯⋯ 235
  - 7.5.2 关系模式存取方法选择 ⋯⋯ 235
  - 7.5.3 确定数据库的存储结构 ⋯⋯ 237
  - 7.5.4 评价物理结构 ⋯⋯⋯⋯⋯ 238
- 7.6 数据库的实施和维护 ⋯⋯⋯⋯ 238
  - 7.6.1 数据的载入和应用程序的调试 ⋯⋯ 238
  - 7.6.2 数据库的试运行 ⋯⋯⋯⋯ 239
  - 7.6.3 数据库的运行和维护 ⋯⋯ 240
- 7.7 小结 ⋯⋯⋯⋯⋯⋯⋯⋯⋯⋯ 241
- 习题 ⋯⋯⋯⋯⋯⋯⋯⋯⋯⋯⋯⋯ 241
- 实验 ⋯⋯⋯⋯⋯⋯⋯⋯⋯⋯⋯⋯ 242
- 本章参考文献 ⋯⋯⋯⋯⋯⋯⋯⋯⋯ 242

第 8 章 数据库编程 ⋯⋯⋯⋯⋯⋯⋯⋯ 245
- 8.1 嵌入式 SQL ⋯⋯⋯⋯⋯⋯⋯⋯ 245
  - 8.1.1 嵌入式 SQL 的处理过程 ⋯⋯ 245
  - 8.1.2 嵌入式 SQL 语句与主语言之间的通信 ⋯⋯⋯⋯⋯⋯ 246
  - 8.1.3 不用游标的 SQL 语句 ⋯⋯ 249
  - 8.1.4 使用游标的 SQL 语句 ⋯⋯ 251
  - 8.1.5 动态 SQL ⋯⋯⋯⋯⋯⋯ 252

8.2 过程化 SQL ··· 253
   8.2.1 过程化 SQL 的块结构 ··· 253
   8.2.2 变量和常量的定义 ··· 253
   8.2.3 流程控制 ··· 254
8.3 存储过程和函数 ··· 255
   8.3.1 存储过程 ··· 256
   8.3.2 函数 ··· 258
   *8.3.3 过程化 SQL 中的游标 ··· 258
8.4 ODBC 编程 ··· 259
   8.4.1 ODBC 概述 ··· 259
   8.4.2 ODBC 工作原理概述 ··· 260
   8.4.3 ODBC API 基础 ··· 261
   8.4.4 ODBC 的工作流程 ··· 263
*8.5 OLE DB ··· 267
*8.6 JDBC 编程 ··· 269
8.7 小结 ··· 270
习题 ··· 270
实验 ··· 271
本章参考文献 ··· 271

第三篇 系 统 篇

第 9 章 关系查询处理和查询优化 ··· 275
9.1 关系数据库系统的查询处理 ··· 275
   9.1.1 查询处理步骤 ··· 275
   9.1.2 实现查询操作的算法示例 ··· 277
9.2 关系数据库系统的查询优化 ··· 279
   9.2.1 查询优化概述 ··· 280
   9.2.2 一个实例 ··· 280
9.3 代数优化 ··· 282
   9.3.1 关系代数表达式等价变换规则 ··· 283
   9.3.2 查询树的启发式优化 ··· 284
9.4 物理优化 ··· 286
   9.4.1 基于启发式规则的存取路径选择优化 ··· 286
   9.4.2 基于代价估算的优化 ··· 287
*9.5 查询计划的执行 ··· 289
9.6 小结 ··· 289
习题 ··· 290
实验 ··· 291
本章参考文献 ··· 291

第 10 章 数据库恢复技术 ··· 293
10.1 事务的基本概念 ··· 293
10.2 数据库恢复概述 ··· 294
10.3 故障的种类 ··· 295
10.4 恢复的实现技术 ··· 297
   10.4.1 数据转储 ··· 297
   10.4.2 登记日志文件 ··· 298
10.5 恢复策略 ··· 300
   10.5.1 事务故障的恢复 ··· 300
   10.5.2 系统故障的恢复 ··· 300
   10.5.3 介质故障的恢复 ··· 301
10.6 具有检查点的恢复技术 ··· 301
10.7 数据库镜像 ··· 303
10.8 小结 ··· 304
习题 ··· 305
实验 ··· 306
本章参考文献 ··· 306

第 11 章 并发控制 ··· 309
11.1 并发控制概述 ··· 310
11.2 封锁 ··· 312
11.3 封锁协议 ··· 312
11.4 活锁和死锁 ··· 315
   11.4.1 活锁 ··· 315

11.4.2 死锁 ·················· 315
11.5 并发调度的可串行性 ············ 317
 11.5.1 可串行化调度 ············ 317
 11.5.2 冲突可串行化调度 ·········· 317
11.6 两段锁协议 ················ 319
11.7 封锁的粒度 ················ 320
 11.7.1 多粒度封锁 ············· 321
 11.7.2 意向锁 ··············· 321
*11.8 其他并发控制机制 ············ 323
 11.8.1 多版本并发控制 ·········· 323
 11.8.2 改进的多版本并发控制 ······ 324
11.9 小结 ··················· 325
习题 ······················ 326
实验 ······················ 327
本章参考文献 ·················· 327

*第 12 章 数据库管理系统 ············ 329

12.1 数据库管理系统的基本功能 ······· 329

12.2 数据库管理系统的系统结构 ······· 330
 12.2.1 数据库管理系统的层次结构 ···· 330
 12.2.2 关系数据库管理系统的运行过程示例 ··············· 331
12.3 语言处理层 ················ 333
 12.3.1 语言处理层的任务和工作步骤 ·· 333
 12.3.2 解释方法 ·············· 335
 12.3.3 预编译方法 ············· 336
12.4 数据存取层 ················ 337
 12.4.1 数据存取层的系统结构 ······ 338
 12.4.2 数据存取层的功能子系统 ····· 339
12.5 缓冲区管理 ················ 341
12.6 数据库的物理组织 ············· 343
12.7 小结 ··················· 344
习题 ······················ 345
本章参考文献 ·················· 346

第四篇 新 技 术 篇

第 13 章 数据库技术发展概述 ·········· 349

13.1 数据库技术发展历史回顾 ········ 349
13.2 数据库发展的三个阶段 ·········· 350
 13.2.1 第一代数据库系统 ········· 350
 13.2.2 第二代数据库系统 ········· 351
 13.2.3 新一代数据库系统 ········· 351
13.3 数据库系统发展的特点 ·········· 352
 13.3.1 数据模型的发展 ·········· 352
 13.3.2 数据库技术与相关技术相结合 ·· 355
 13.3.3 面向应用领域的数据库新技术 ·· 357
13.4 数据管理技术的发展趋势 ········ 359
 13.4.1 数据管理技术面临的挑战 ···· 359
 13.4.2 数据管理技术的发展与展望 ··· 360
13.5 小结 ··················· 362

习题 ······················ 362
本章参考文献 ·················· 363

第 14 章 大数据管理 ··············· 365

14.1 大数据概述 ················ 365
 14.1.1 什么是大数据 ··········· 365
 14.1.2 大数据的特征 ··········· 366
14.2 大数据的应用 ··············· 369
 14.2.1 感知现在 预测未来——互联网文本大数据管理与挖掘 ······ 369
 14.2.2 数据服务 实时推荐——基于大数据分析的用户建模 ······· 375
14.3 大数据管理系统 ············· 377
 14.3.1 NoSQL 数据管理系统 ······· 377
 14.3.2 NewSQL 数据库系统 ······· 378

14.3.3　MapReduce 技术 ………………… 379
14.3.4　大数据管理系统的新格局 ……… 380
14.4　小结 …………………………………… 382
习题 ………………………………………… 383
本章参考文献 ……………………………… 383

第 15 章　内存数据库系统 ………………… 385
15.1　概述 …………………………………… 385
15.2　内存数据库的发展历程 ……………… 386
15.3　内存数据库的特性 …………………… 389
15.4　内存数据库的关键技术 ……………… 389
　15.4.1　数据存储 …………………… 390
　15.4.2　查询处理及优化 …………… 392
　15.4.3　并发与恢复 ………………… 403
15.5　小结 …………………………………… 405
习题 ………………………………………… 405
本章参考文献 ……………………………… 406

第 16 章　数据仓库与联机分析处理技术 … 409
16.1　数据仓库技术 ………………………… 409
16.2　联机分析处理技术 …………………… 413
16.3　数据挖掘技术 ………………………… 414
16.4　大数据时代的新型数据仓库 ………… 416
16.5　小结 …………………………………… 419
习题 ………………………………………… 420
本章参考文献 ……………………………… 420

第一篇 基础篇

本篇介绍数据库系统的基本概念和基础知识,是读者进一步学习后面各个章节以及数据库系统其他课程的基础。

基础篇包括5章。

第1章绪论,初步讲解数据库的基本概念,介绍数据模型的组成要素和常用的数据模型、数据库系统的三级模式结构和数据库系统的主要组成部分。

第2章关系数据库,系统讲解关系数据库的重要概念,包括关系模型和关系代数。

第3章关系数据库标准语言SQL,系统而详尽地讲解SQL的数据定义、数据查询和数据更新三部分功能。

第4章数据库安全性,全面讲解实现数据库系统安全性的技术和方法,包括用户身份鉴别、自主存取控制、强制存取控制、视图机制、审计功能、数据加密存储和加密传输等。

第5章数据库完整性,系统而详尽地讲解实体完整性、参照完整性和用户定义的完整性,包括这些完整性约束的定义方法、完整性检查机制和违约处理,断言与触发器的作用和使用方法。

第 1 章 绪 论

数据库是数据管理的有效技术,是计算机科学的重要分支。今天,信息资源已成为各个部门的重要财富和资源。建立一个满足各级部门信息处理要求的行之有效的信息系统也成为一个企业或组织生存和发展的重要条件。因此,作为信息系统核心和基础的数据库技术得到越来越广泛的应用,从小型单项事务处理系统到大型信息系统,从联机事务处理(On-Line Transaction Processing,OLTP)到联机分析处理(On-Line Analysis Processing,OLAP),从一般企业管理到计算机辅助设计与制造(CAD/CAM)、计算机集成制造系统(CIMS)、电子政务(e-Government)、电子商务(e-Commerce)、地理信息系统(GIS)等,越来越多的应用领域采用数据库技术来存储和处理信息资源。特别是随着互联网的发展,广大用户可以直接访问并使用数据库,例如通过网上订购图书、日用品、机票、火车票,通过网上银行转账存款取款、检索和管理账户,等等。数据库已经成为每个人生活中不可缺少的部分。

因此,数据库课程不仅是计算机类专业、信息管理专业的重要课程,也是许多非计算机专业的选修课程。

本章介绍数据库系统的基本概念,包括数据管理技术的发展过程、数据库系统的组成部分等。读者从中可以学习到为什么要使用数据库技术、数据库技术的重要性。本章是后面各章节的准备和基础。

1.1 数据库系统概述

在系统地介绍数据库的基本概念之前,这里首先介绍一些数据库最常用的术语和基本概念。

1.1.1 数据库的 4 个基本概念

数据、数据库、数据库管理系统和数据库系统是与数据库技术密切相关的 4 个基本概念。

1. 数据（data）

数据是数据库中存储的基本对象。数据在大多数人头脑中的第一个反应就是数字，例如93、1 000、99.5、-330.86、￥6 880、$726等。其实数字只是最简单的一种数据，是数据的一种传统和狭义的理解。广义的理解认为数据的种类很多，例如文本（text）、图形（graph）、图像（image）、音频（audio）、视频（video）、学生的档案记录、货物的运输情况等，这些都是数据。

可以对数据做如下定义：描述事物的符号记录称为数据。描述事物的符号可以是数字，也可以是文字、图形、图像、音频、视频等，数据有多种表现形式，它们都可以经过数字化后存入计算机。

在现代计算机系统中数据的概念是广义的。早期的计算机系统主要用于科学计算，处理的数据是数值型数据，如整数、实数、浮点数等。现在计算机存储和处理的对象十分广泛，表示这些对象的数据也随之变得越来越复杂。

数据的表现形式还不能完全表达其内容，需要经过解释，数据和关于数据的解释是不可分的。例如，93是一个数据，可以是一个同学某门课的成绩，也可以是某个人的体重，还可以是计算机系2013级的学生人数。数据的解释是指对数据含义的说明，数据的含义称为数据的语义，数据与其语义是不可分的。

在日常生活中，人们可以直接用自然语言（如汉语）来描述事物。例如，可以这样来描述某校计算机系一位同学的基本情况：李明同学，男，1995年5月生，江苏省南京市人，2013年入学。在计算机中常常这样来描述：

（李明，男，199505，江苏省南京市，计算机系，2013）

即把学生的姓名、性别、出生年月、出生地、所在院系、入学时间等组织在一起，构成一个记录。这里的学生记录就是描述学生的数据。这样的数据是有结构的。记录是计算机中表示和存储数据的一种格式或一种方法。

2. 数据库（DataBase，DB）

数据库，顾名思义，是存放数据的仓库。只不过这个仓库是在计算机存储设备上，而且数据是按一定的格式存放的。

人们收集并抽取出一个应用所需要的大量数据之后，应将其保存起来，以供进一步加工处理，抽取有用信息。在科学技术飞速发展的今天，人们的视野越来越广，数据量急剧增加。过去人们把数据存放在文件柜里，现在人们借助计算机和数据库技术科学地保存和管理大量复杂的数据，以便能方便而充分地利用这些宝贵的信息资源。

严格地讲，数据库是长期储存在计算机内、有组织的、可共享的大量数据的集合。数据库中的数据按一定的数据模型组织、描述和储存，具有较小的冗余度（redundancy）、较高的数据独立性（data independency）和易扩展性（scalability），并可为各种用户共享。

概括地讲，数据库数据具有永久存储、有组织和可共享三个基本特点。

3．数据库管理系统（DataBase Management System，DBMS）

了解了数据和数据库的概念，下一个问题就是如何科学地组织和存储数据，如何高效地获取和维护数据。完成这个任务的是一个系统软件——数据库管理系统。

数据库管理系统是位于用户与操作系统之间的一层数据管理软件。数据库管理系统和操作系统一样是计算机的基础软件，也是一个大型复杂的软件系统。它的主要功能包括以下几个方面：

（1）数据定义功能

数据库管理系统提供数据定义语言（Data Definition Language，DDL），用户通过它可以方便地对数据库中的数据对象的组成与结构进行定义。

（2）数据组织、存储和管理

数据库管理系统要分类组织、存储和管理各种数据，包括数据字典、用户数据、数据的存取路径等。要确定以何种文件结构和存取方式在存储级上组织这些数据，如何实现数据之间的联系。数据组织和存储的基本目标是提高存储空间利用率和方便存取，提供多种存取方法（如索引查找、hash 查找、顺序查找等）来提高存取效率。

（3）数据操纵功能

数据库管理系统还提供数据操纵语言（Data Manipulation Language，DML），用户可以使用它操纵数据，实现对数据库的基本操作，如查询、插入、删除和修改等。

（4）数据库的事务管理和运行管理

数据库在建立、运用和维护时由数据库管理系统统一管理和控制，以保证事务的正确运行，保证数据的安全性、完整性、多用户对数据的并发使用及发生故障后的系统恢复。

（5）数据库的建立和维护功能

数据库的建立和维护功能包括数据库初始数据的输入、转换功能，数据库的转储、恢复功能，数据库的重组织功能和性能监视、分析功能等。这些功能通常是由一些实用程序或管理工具完成的。

（6）其他功能

其他功能包括数据库管理系统与网络中其他软件系统的通信功能，一个数据库管理系统与另一个数据库管理系统或文件系统的数据转换功能，异构数据库之间的互访和互操作功能等。

4．数据库系统（DataBase System，DBS）

数据库系统是由数据库、数据库管理系统（及其应用开发工具）、应用程序和数据库管理员（DataBase Administrator，DBA）组成的存储、管理、处理和维护数据的系统。应当指出的是，数据库的建立、使用和维护等工作只靠一个数据库管理系统远远不够，还要有专门的人员来完成，这些人被称为数据库管理员。

数据库系统可以用图 1.1 表示。其中数据库提供数据的存储功能，数据库管理系统提供数据的组织、存取、管理和维护等基础功能，数据库应用系统根据应用需求使用数据库，数据库管理员负责全面管理数据库系统。图 1.2 是引入数据库后计算机系统的层次结构。

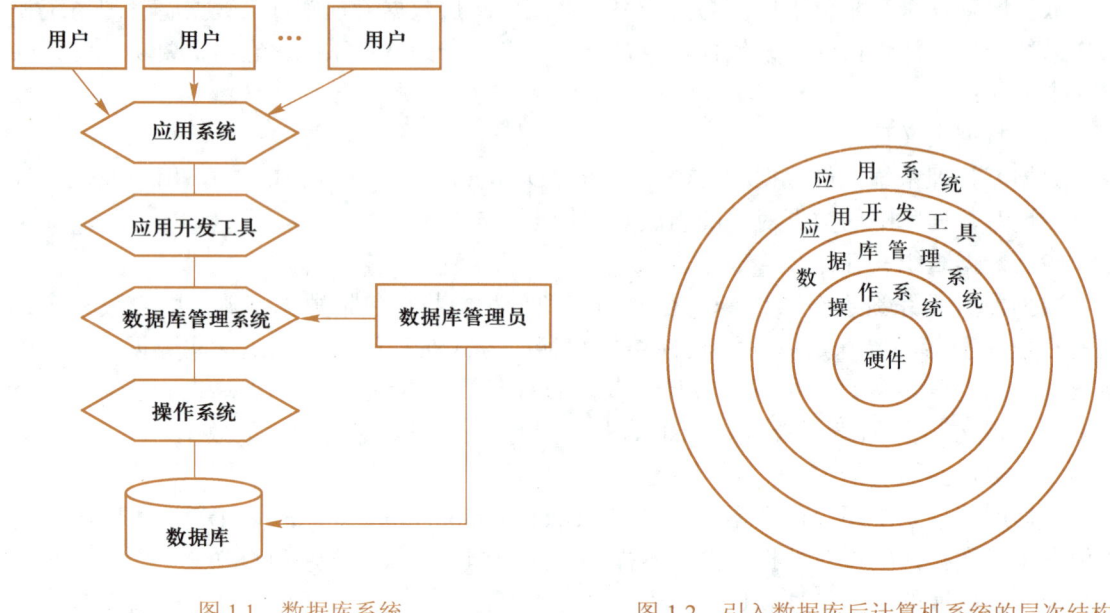

图 1.1　数据库系统　　　　　　　　图 1.2　引入数据库后计算机系统的层次结构

在一般不引起混淆的情况下，人们常常把数据库系统简称为数据库。

1.1.2　数据管理技术的产生和发展

数据库技术是应数据管理任务的需要而产生的。数据管理是指对数据进行分类、组织、编码、存储、检索和维护，它是数据处理的中心问题。而数据的处理是指对各种数据进行收集、存储、加工和传播的一系列活动的总和。

在应用需求的推动下，在计算机硬件、软件发展的基础上，数据管理技术经历了人工管理、文件系统、数据库系统三个阶段。这三个阶段的特点及其比较如表 1.1 所示。

1. 人工管理阶段

20 世纪 50 年代中期以前，计算机主要用于科学计算。当时的硬件状况是，外存只有纸带、卡片、磁带，没有磁盘等直接存取的存储设备；软件状况是，没有操作系统，没有管理数据的专门软件；数据处理方式是批处理。人工管理数据具有如下特点：

表 1.1 数据管理三个阶段的比较

		人工管理阶段	文件系统阶段	数据库系统阶段
背景	应用背景	科学计算	科学计算、数据管理	大规模数据管理
	硬件背景	无直接存取存储设备	磁盘、磁鼓	大容量磁盘、磁盘阵列
	软件背景	没有操作系统	有文件系统	有数据库管理系统
	处理方式	批处理	联机实时处理、批处理	联机实时处理、分布处理、批处理
特点	数据的管理者	用户（程序员）	文件系统	数据库管理系统
	数据面向的对象	某一应用程序	某一应用	现实世界（一个部门、企业、跨国组织等）
	数据的共享程度	无共享，冗余度极大	共享性差，冗余度大	共享性高，冗余度小
	数据的独立性	不独立,完全依赖于程序	独立性差	具有高度的物理独立性和一定的逻辑独立性
	数据的结构化	无结构	记录内有结构、整体无结构	整体结构化，用数据模型描述
	数据控制能力	应用程序自己控制	应用程序自己控制	由数据库管理系统提供数据安全性、完整性、并发控制和恢复能力

（1）数据不保存

由于当时计算机主要用于科学计算，一般不需要将数据长期保存，只是在计算某一课题时将数据输入，用完就撤走。不仅对用户数据如此处置，对系统软件有时也是这样。

（2）应用程序管理数据

数据需要由应用程序自己设计、说明（定义）和管理，没有相应的软件系统负责数据的管理工作。应用程序中不仅要规定数据的逻辑结构，而且要设计物理结构，包括存储结构、存取方法、输入方式等。因此程序员负担很重。

（3）数据不共享

数据是面向应用程序的，一组数据只能对应一个程序。当多个应用程序涉及某些相同的数据时必须各自定义，无法互相利用、互相参照，因此程序与程序之间有大量的冗余数据。

（4）数据不具有独立性

数据的逻辑结构或物理结构发生变化后，必须对应用程序做相应的修改，数据完全依赖于应用程序，称之为数据缺乏独立性，这就加重了程序员的负担。

在人工管理阶段，应用程序与数据之间的一一对应关系可用图 1.3 表示。

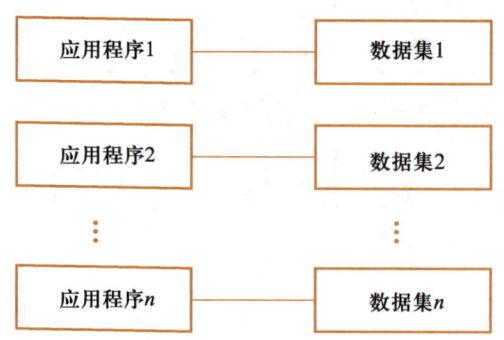

图 1.3 人工管理阶段应用程序与数据之间的一一对应关系

2．文件系统阶段

20 世纪 50 年代后期到 60 年代中期，这时硬件方面已有了磁盘、磁鼓等直接存取存储设备；软件方面，操作系统中已经有了专门的数据管理软件，一般称为文件系统；处理方式上不仅有了批处理，而且能够联机实时处理。

用文件系统管理数据具有如下特点：

（1）数据可以长期保存

由于计算机大量用于数据处理，数据需要长期保留在外存上反复进行查询、修改、插入和删除等操作。

（2）由文件系统管理数据

由专门的软件即文件系统进行数据管理，文件系统把数据组织成相互独立的数据文件，利用"按文件名访问，按记录进行存取"的管理技术，提供了对文件进行打开与关闭、对记录读取和写入等存取方式。文件系统实现了记录内的结构性。但是，文件系统仍存在以下缺点：

（1）数据共享性差，冗余度大

在文件系统中，一个（或一组）文件基本上对应于一个应用程序，即文件仍然是面向应用的。当不同的应用程序具有部分相同的数据时，也必须建立各自的文件，而不能共享相同的数据，因此数据的冗余度大，浪费存储空间。同时由于相同数据的重复存储、各自管理，容易造成数据的不一致性，给数据的修改和维护带来了困难。

（2）数据独立性差

文件系统中的文件是为某一特定应用服务的，文件的逻辑结构是针对具体的应用来设计和优化的，因此要想对文件中的数据再增加一些新的应用会很困难。而且，当数据的逻辑结构改变时，应用程序中文件结构的定义必须修改，应用程序中对数据的使用也要改变，因此数据依赖于应用程序，缺乏独立性。可见，文件系统仍然是一个不具有弹性的无整体结构的数据集合，即文件之间是孤立的，不能反映现实世界事物之间的内在联系。

文件系统阶段应用程序与数据之间的关系如图 1.4 所示。

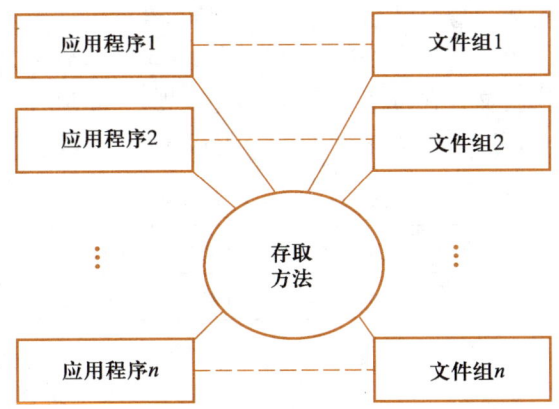

图 1.4　文件系统阶段应用程序与数据之间的对应关系

3．数据库系统阶段

20 世纪 60 年代后期以来，计算机管理的对象规模越来越大，应用范围越来越广泛，数据量急剧增长，同时多种应用、多种语言互相覆盖地共享数据集合的要求越来越强烈。

这时硬件已有大容量磁盘，硬件价格下降；软件则价格上升，为编制和维护系统软件及应用程序所需的成本相对增加；在处理方式上，联机实时处理要求更多，并开始提出和考虑分布处理。在这种背景下，以文件系统作为数据管理手段已经不能满足应用的需求，于是为解决多用户、多应用共享数据的需求，使数据为尽可能多的应用服务，数据库技术便应运而生，出现了统一管理数据的专门软件系统——数据库管理系统。

用数据库系统来管理数据比文件系统具有明显的优点，从文件系统到数据库系统标志着数据管理技术的飞跃。

1.1.3　数据库系统的特点

下面首先通过一个简单的例子——学生学籍管理系统来比较文件系统和数据库系统的差异，从而阐述数据库系统的特点。

［例］　设一个学生的信息包括学号、姓名、性别、年龄、专业和奖励。部分学生的情况如表 1.2 所示。假设该学籍管理系统具有录入学生信息、根据学号可以找到一个学生信息等功能。

（1）采用文件系统实现学籍管理

首先是如何存储学生数据。计算机操作系统实现了文件系统，可以把每个学生都具备的信息采用定长记录方式存放在一个"学生基本信息"文件中。有关奖励的数据有的学生较多，有的学生没有，因此采用变长记录方式把它存放在另外一个"奖励"文件中。"学生基本信息"文件的记录包括学号、姓名、性别、年龄、专业、位置和长度等字段，如表1.3所示。其中位置和长度描述的是另一个奖励文件（表1.4所示）中记录的开始位置和长度。文件系统管理的文件是流式文件，或者说只是一些字节流。因此，表1.3和表1.4是为了方便程序员理解的结构。程序员必须把它们在应用程序中加以说明和描述。

表1.2 学生一览表

学号	姓名	性别	年龄	专业	奖励
20100001	史玉明	女	20	计算机	2011校奖学金，2012国家奖学金
20100100	李明虎	男	21	机械	2012校优秀学生
20100234	张翔	男	21	化工	
...	...	...	...	...	...

表1.3 "学生基本信息"文件的结构和内容

学号	姓名	性别	年龄	专业	位置	长度
20100001	史玉明	女	20	计算机	0	30
20100100	李明虎	男	21	机械	30	15
20100234	张翔	男	21	化工	45	0
...	...	...	...	...	...	...

表1.4 "奖励"文件的结构和内容

奖励
2011校奖学金，2012国家奖学金
2012校优秀学生

确定了学生数据的存储方式后，需要编写程序来实现数据的录入功能和查询功能。录入功能的基本过程包括从键盘读入学生信息，把基本信息写到"学生基本信息"文件中，把奖励情况写到"奖励"文件中。特别要注意的是，为了能正确地表达"学生基本信息"文件中一条记录和"奖励"文件中记录的对应关系，在程序中要把奖励情况在文件中的开始位置和长度再写回"学生基本信息"文件中。

查询功能采用顺序查找方法。首先从"学生基本信息"文件中读入第1条记录，然后比较学号字段的值是否和要查找的学号相同。如果相同，读出该学生的信息，并根据位置字段和长度字段的值到"奖励"文件中读出该学生的奖励信息，查找过程结束；如果不相同，则从"学生基本信息"文件中读入下一条记录，直到找到该学号的记录，或者读到文件末尾也没有该学号的学生为止。

（2）采用数据库系统实现学籍管理

首先在数据库中建立两张表：STUDENT 存放学生的基本信息，AWARD 存放学生的奖励情况。这可以用数据库管理系统的两条 CREATE 语句来实现：

```
CREATE TABLE STUDENT(
    Sno      CHAR(8),
    Sname    CHAR(10),
    Ssex     CHAR(2),
    Sage     SMALLINT,
    Major    CHAR(20));
```

```
CREATE TABLE AWARD(
    Sno      CHAR(8),
    Details  VARCHAR(2000));
```

建立好表结构后，向数据库管理系统提交下面的两条插入命令就可以把学生的基本信息和奖励情况保存到 STUDENT 和 AWARD 表中，完成录入功能。

```
INSERT INTO STUDENT (Sno, Sname, Ssex, Sage, Major)
VALUES('20100001', '史玉明', '女', 20, '计算机')           /*插入学生的基本信息*/
INSERT INTO AWARD (Sno, Details)
VALUES('20100001', '2011 校奖学金, 2012 国家奖学金')      /*插入学生获得的奖励*/
```

查询功能可以用一条查询语句实现：

```
SELECT A.Sno, Sname, Ssex, Sage, Major, Details         /*查询学号为20100001学生的信息*/
FROM STUDENT A LEFT JOIN AWARD B ON A.Sno=B.Sno
WHERE A.Sno = '20100001'
```

可以看出，无论采用文件系统还是数据库系统都可以实现本例中学籍管理的功能。但是，使用文件系统时，程序员要关注记录的结构和不同文件中记录之间的联系，使用文件系统提供的 fopen（打开）、fread（读）、fwrite（写）、fseek（移动读写位置）、fclose（关闭）等操作来编程，工作量大、编程复杂，且开发速度慢；而数据库系统提供了功能强大的操作，如查询操作只需要写一条语句就可以实现，程序员的开发效率大大提高。

与人工管理和文件系统相比，数据库系统的特点主要有以下几个方面。

1. 数据结构化

数据库系统实现整体数据的结构化，这是数据库的主要特征之一，也是数据库系统与文件系统的本质区别。

在文件系统中，文件中的记录内部具有结构，但是记录的结构和记录之间的联系被固化在程序中,需要由程序员加以维护。这种工作模式既加重了程序员的负担,又不利于结构的变动。

所谓"整体"结构化是指数据库中的数据不再仅仅针对某一个应用,而是面向整个组织或企业;不仅数据内部是结构化的,而且整体是结构化的,数据之间是具有联系的。也就是说,不仅要考虑某个应用的数据结构,还要考虑整个组织的数据结构。例如,一个学校的信息系统中不仅要考虑教务处的课程管理、学生选课管理、成绩管理,还要考虑学生处的学生学籍管理,同时还要考虑研究生院的研究生管理、人事处的教员人事管理、科研处的科研管理等。因此,学校信息系统中的学生数据就要面向各个处室的应用而不仅仅是教务处的一个学生选课应用。可以参照图 1.5 为该校的信息系统组织其中的学生数据。

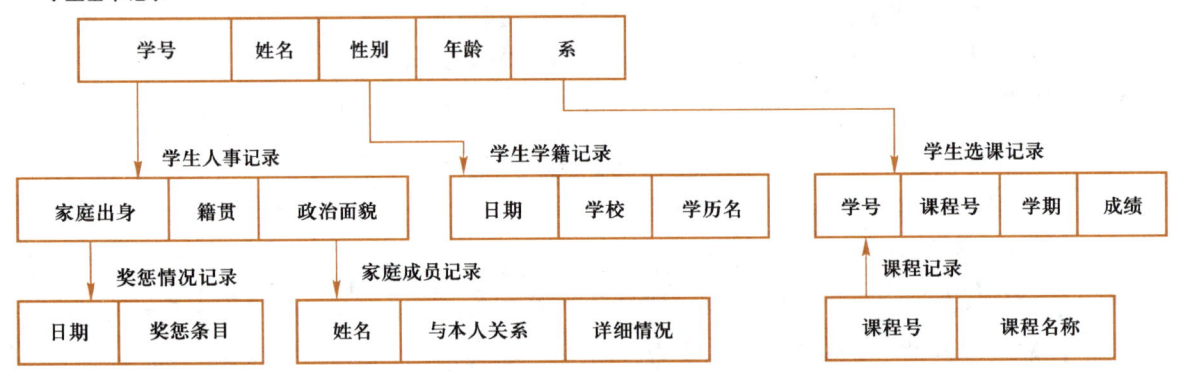

图 1.5 某学校信息系统中的学生数据

图 1.5 的数据组织方式为各部门的应用提供了必要的记录,使整体数据结构化了。这就要求在描述数据时不仅要描述数据本身,还要描述数据之间的联系。在数据库系统中,记录的结构和记录之间的联系由数据库管理系统维护,从而减轻了程序员的工作量,提高了工作效率。

在数据库系统中,不仅数据是整体结构化的,而且存取数据的方式也很灵活,可以存取数据库中的某一个或一组数据项、一个记录或一组记录;而在文件系统中,数据的存取单位是记录,粒度不能细到数据项。

2. 数据的共享性高、冗余度低且易扩充

数据库系统从整体角度看待和描述数据,数据不再面向某个应用而是面向整个系统,因此数据可以被多个用户、多个应用共享使用。数据共享可以大大减少数据冗余,节约存储空间。数据共享还能够避免数据之间的不相容性与不一致性。

所谓数据的不一致性是指同一数据不同副本的值不一样。采用人工管理或文件系统管理时，由于数据被重复存储，当不同的应用使用和修改不同的副本时就很容易造成数据的不一致。在数据库中数据共享减少了由于数据冗余造成的不一致现象。

由于数据面向整个系统，是有结构的数据，不仅可以被多个应用共享使用，而且容易增加新的应用，这就使得数据库系统弹性大，易于扩充，可以适应各种用户的要求。可以选取整体数据的各种子集用于不同的应用系统，当应用需求改变或增加时，只要重新选取不同的子集或加上一部分数据便可以满足新的需求。

3. 数据独立性高

数据独立性是借助数据库管理数据的一个显著优点，它已成为数据库领域中一个常用术语和重要概念，包括数据的物理独立性和逻辑独立性。

物理独立性是指用户的应用程序与数据库中数据的物理存储是相互独立的。也就是说，数据在数据库中怎样存储是由数据库管理系统管理的，用户程序不需要了解，应用程序要处理的只是数据的逻辑结构，这样当数据的物理存储改变时应用程序不用改变。

逻辑独立性是指用户的应用程序与数据库的逻辑结构是相互独立的。也就是说，数据的逻辑结构改变时用户程序也可以不变。

数据独立性是由数据库管理系统提供的二级映像功能来保证的，将在后面的内容中进行讨论。

数据与程序的独立把数据的定义从程序中分离出去，加上存取数据的方法又由数据库管理系统负责提供，从而简化了应用程序的编制，大大减少了应用程序的维护和修改。

4. 数据由数据库管理系统统一管理和控制

数据库的共享将会带来数据库的安全隐患，而数据库的共享是并发的（concurrency）共享，即多个用户可以同时存取数据库中的数据，甚至可以同时存取数据库中同一个数据，这又会带来不同用户间相互干扰的隐患。另外，数据库中数据的正确与一致也必须得到保障。为此，数据库管理系统还必须提供以下几方面的数据控制功能。

（1）数据的安全性（security）保护

数据的安全性是指保护数据以防止不合法使用造成的数据泄密和破坏。每个用户只能按规定对某些数据以某些方式进行使用和处理。

（2）数据的完整性（integrity）检查

数据的完整性指数据的正确性、有效性和相容性。完整性检查将数据控制在有效的范围内，并保证数据之间满足一定的关系。

（3）并发（concurrency）控制

当多个用户的并发进程同时存取、修改数据库时，可能会发生相互干扰而得到错误的结果或使得数据库的完整性遭到破坏，因此必须对多用户的并发操作加以控制和协调。

（4）数据库恢复（recovery）

计算机系统的硬件故障、软件故障、操作员的失误以及故意破坏也会影响数据库中数据的正确性，甚至造成数据库部分或全部数据的丢失。数据库管理系统必须具有将数据库从错误状态恢复到某一已知的正确状态（亦称为完整状态或一致状态）的功能，这就是数据库的恢复功能。

数据库系统阶段应用程序与数据之间的对应关系可用图 1.6 表示。

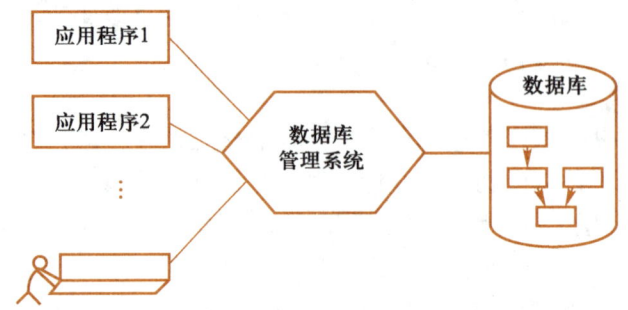

图 1.6　数据库系统阶段应用程序与数据之间的对应关系

综上所述，数据库是长期存储在计算机内有组织、大量、共享的数据集合。它可以供各种用户共享，具有最小冗余度和较高的数据独立性。数据库管理系统在数据库建立、运用和维护时对数据库进行统一控制，以保证数据的完整性和安全性，并在多用户同时使用数据库时进行并发控制，在发生故障后对数据库进行恢复。

数据库系统的出现使信息系统从以加工数据的程序为中心转向围绕共享的数据库为中心的新阶段。这样既便于数据的集中管理，又能简化应用程序的研制和维护，提高了数据的利用率和相容性，提高了决策的可靠性。

目前，数据库已经成为现代信息系统的重要组成部分。具有数百 G、数百 T、甚至数百 P 字节的数据库已经普遍存在于科学技术、工业、农业、商业、服务业和政府部门的信息系统中。

1.2　数据模型

数据库技术是计算机领域中发展最快的技术之一。数据库技术的发展是沿着数据模型的主线推进的。模型，特别是具体模型对人们来说并不陌生。一张地图、一组建筑设计沙盘、一架精致的航模飞机都是具体的模型，一眼望去就会使人联想到真实生活中的事物。模型是对现实世界中某个对象特征的模拟和抽象。例如，航模飞机是对生活中飞机的一种模拟和抽象，它可以模拟飞机的起飞、飞行和降落，它抽象了飞机的基本特征——机头、机身、机翼、机尾。

数据模型（data model）也是一种模型，它是对现实世界数据特征的抽象。也就是说数据模型是用来描述数据、组织数据和对数据进行操作的。

由于计算机不可能直接处理现实世界中的具体事物，所以人们必须事先把具体事物转换成计算机能够处理的数据，也就是首先要数字化，把现实世界中具体的人、物、活动、概念用数据模型这个工具来抽象、表示和处理。通俗地讲，数据模型就是现实世界的模拟。

现有的数据库系统均是基于某种数据模型的。数据模型是数据库系统的核心和基础。因此，了解数据模型的基本概念是学习数据库的基础。

1.2.1 两类数据模型

数据模型应满足三方面要求：一是能比较真实地模拟现实世界，二是容易为人所理解，三是便于在计算机上实现。一种数据模型要很好地、全面地满足这三方面的要求在目前尚很困难。因此，在数据库系统中针对不同的使用对象和应用目的，采用不同的数据模型。

如同在建筑设计和施工的不同阶段需要不同的图纸一样，在开发实施数据库应用系统中也需要使用不同的数据模型：概念模型、逻辑模型和物理模型。

根据模型应用的不同目的，可以将这些模型划分为两大类，它们分别属于两个不同的层次。第一类是概念模型，第二类是逻辑模型和物理模型。

第一类概念模型（conceptual model），也称信息模型，它是按用户的观点来对数据和信息建模，主要用于数据库设计。

第二类中的逻辑模型主要包括层次模型（hierarchical model）、网状模型（network model）、关系模型（relational model）、面向对象数据模型（object oriented data model）和对象关系数据模型（object relational data model）、半结构化数据模型（semistructured data model）等。它是按计算机系统的观点对数据建模，主要用于数据库管理系统的实现。

第二类中的物理模型是对数据最底层的抽象，它描述数据在系统内部的表示方式和存取方法，或在磁盘或磁带上的存储方式和存取方法，是面向计算机系统的。物理模型的具体实现是数据库管理系统的任务，数据库设计人员要了解和选择物理模型，最终用户则不必考虑物理级的细节。

数据模型是数据库系统的核心和基础。各种机器上实现的数据库管理系统软件都是基于某种数据模型或者说是支持某种数据模型的。

为了把现实世界中的具体事物抽象、组织为某一数据库管理系统支持的数据模型，人们常常首先将现实世界抽象为信息世界，然后将信息世界转换为机器世界。也就是说，首先把现实世界中的客观对象抽象为某一种信息结构，这种信息结构并不依赖于具体的计算机系统，不是某一个数据库管理系统支持的数据模型，而是概念级的模型；然后再把概念模型转换为计算机上某一数据库管理系统支持的数据模型，这一过程如图 1.7 所示。

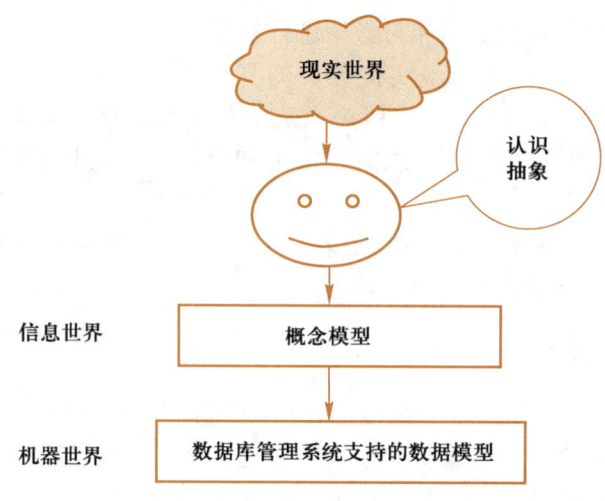

图 1.7 现实世界中客观对象的抽象过程

从现实世界到概念模型的转换是由数据库设计人员完成的;从概念模型到逻辑模型的转换可以由数据库设计人员完成,也可以用数据库设计工具协助设计人员完成;从逻辑模型到物理模型的转换主要是由数据库管理系统完成的。

下面首先介绍概念模型,数据模型的组成要素,然后介绍三个常用的数据模型。

1.2.2 概念模型

由图 1.7 可以看出,概念模型实际上是现实世界到机器世界的一个中间层次。

概念模型用于信息世界的建模,是现实世界到信息世界的第一层抽象,是数据库设计人员进行数据库设计的有力工具,也是数据库设计人员和用户之间进行交流的语言,因此概念模型一方面应该具有较强的语义表达能力,能够方便、直接地表达应用中的各种语义知识,另一方面它还应该简单、清晰、易于用户理解。

1. 信息世界中的基本概念

信息世界主要涉及以下一些概念。

(1) 实体(entity)

客观存在并可相互区别的事物称为实体。实体可以是具体的人、事、物,也可以是抽象的概念或联系,例如,一个职工、一个学生、一个部门、一门课、学生的一次选课、部门的一次订货、教师与院系的工作关系(即某位教师在某院系工作)等都是实体。

(2) 属性(attribute)

实体所具有的某一特性称为属性。一个实体可以由若干个属性来刻画。例如,学生实体可以由学号、姓名、性别、出生年月、所在院系、入学时间等属性组成,属性组合(201315121,张山,男,199505,计算机系,2013)即表征了一个学生。

（3）码（key）

唯一标识实体的属性集称为码。例如学号是学生实体的码。

（4）实体型（entity type）

具有相同属性的实体必然具有共同的特征和性质。用实体名及其属性名集合来抽象和刻画同类实体，称为实体型。例如，学生（学号，姓名，性别，出生年月，所在院系，入学时间）就是一个实体型。

（5）实体集（entity set）

同一类型实体的集合称为实体集。例如，全体学生就是一个实体集。

（6）联系（relationship）

在现实世界中，事物内部以及事物之间是有联系的，这些联系在信息世界中反映为实体（型）内部的联系和实体（型）之间的联系。实体内部的联系通常是指组成实体的各属性之间的联系，实体之间的联系通常是指不同实体集之间的联系。

实体之间的联系有一对一、一对多和多对多等多种类型。

如果对于实体集 A 中的每一个实体，实体集 B 中至多有一个（也可以没有）实体与之联系，反之亦然，则称实体集 A 与实体集 B 具有一对一联系。

如果对于实体集 A 中的每一个实体，实体集 B 中有 n 个实体（$n \geq 0$）与之联系，反之，对于实体集 B 中的每一个实体，实体集 A 中至多只有一个实体与之联系，则称实体集 A 与实体集 B 有一对多联系。

如果对于实体集 A 中的每一个实体，实体集 B 中有 n 个实体（$n \geq 0$）与之联系，反之，对于实体集 B 中的每一个实体，实体集 A 中也有 m 个实体（$m \geq 0$）与之联系，则称实体集 A 与实体集 B 具有多对多联系。例如一门课程可以同时有若干名学生选修，而一个学生可以同时选修多门课程，则课程实体与学生实体具有多对多联系。

实体之间联系的详细内容将在第7章数据库设计中讲解。

2．概念模型的一种表示方法：实体-联系方法

概念模型是对信息世界建模，所以概念模型应该能够方便、准确地表示出上述信息世界中的常用概念。概念模型的表示方法很多，其中最为常用的是 P.P.S.Chen 于1976年提出的实体-联系方法（Entity-Relationship approach）。该方法用 E-R 图（E-R diagram）来描述现实世界的概念模型，E-R 方法也称为 E-R 模型。

有关如何认识和分析现实世界，从中抽取实体和实体之间的联系，建立概念模型，画出 E-R 图的方法等内容也将在第7章讲解。

1.2.3 数据模型的组成要素

一般地讲，数据模型是严格定义的一组概念的集合。这些概念精确地描述了系统的静态特性、动态特性和完整性约束条件（integrity constraints）。因此数据模型通常由数据结构、数据操作和数据的完整性约束条件三部分组成。

1. 数据结构

数据结构描述数据库的组成对象以及对象之间的联系。也就是说，数据结构描述的内容有两类：一类是与对象的类型、内容、性质有关的，如网状模型中的数据项、记录，关系模型中的域、属性、关系等；一类是与数据之间联系有关的对象，如网状模型中的系型（set type）。

数据结构是刻画一个数据模型性质最重要的方面。因此在数据库系统中，人们通常按照其数据结构的类型来命名数据模型。例如层次结构、网状结构和关系结构的数据模型分别命名为层次模型、网状模型和关系模型。

总之，数据结构是所描述的对象类型的集合，是对系统静态特性的描述。

2. 数据操作

数据操作是指对数据库中各种对象（型）的实例（值）允许执行的操作的集合，包括操作及有关的操作规则。

数据库主要有查询和更新（包括插入、删除、修改）两大类操作。数据模型必须定义这些操作的确切含义、操作符号、操作规则（如优先级）以及实现操作的语言。

数据操作是对系统动态特性的描述。

3. 数据的完整性约束条件

数据的完整性约束条件是一组完整性规则。完整性规则是给定的数据模型中数据及其联系所具有的制约和依存规则，用以限定符合数据模型的数据库状态以及状态的变化，以保证数据的正确、有效和相容。

数据模型应该反映和规定其必须遵守的基本的和通用的完整性约束条件。例如，在关系模型中，任何关系必须满足实体完整性和参照完整性两个条件（在第2章关系数据库和第5章数据库完整性等有关章节中将详细讨论这两类完整性约束条件）。

此外，数据模型还应该提供定义完整性约束条件的机制，以反映具体应用所涉及的数据必须遵守的特定的语义约束条件。例如，在某大学的数据库中规定学生成绩如果有6门以上不及格将不能授予学士学位，教授的退休年龄是65周岁，男职工的退休年龄是60周岁，女职工的退休年龄是55周岁等。

1.2.4 常用的数据模型

数据库领域中主要的逻辑数据模型有：
- 层次模型（hierarchical model）
- 网状模型（network model）
- 关系模型（relational model）
- 面向对象数据模型（object oriented data model）

- 对象关系数据模型（object relational data model）
- 半结构化数据模型（semistructure data model）

其中层次模型和网状模型统称为格式化模型。

格式化模型的数据库系统在 20 世纪 70 年代至 80 年代初非常流行，在数据库系统产品中占据了主导地位。层次数据库系统和网状数据库系统在使用和实现上都要涉及数据库物理层的复杂结构，现在已逐渐被关系模型的数据库系统取代。但在美国及欧洲的一些国家里，由于早期开发的应用系统都是基于层次数据库或网状数据库系统的，因此目前仍有一些层次数据库系统或网状数据库系统在继续使用。

20 世纪 80 年代以来，面向对象的方法和技术在计算机各个领域，包括程序设计语言、软件工程、信息系统设计、计算机硬件设计等方面都产生了深远的影响，也促进数据库中面向对象数据模型的研究和发展。许多关系数据库厂商为了支持面向对象模型，对关系模型做了扩展，从而产生了对象关系数据模型。

随着 Internet 的迅速发展，Web 上各种半结构化、非结构化数据源已经成为重要的信息来源，产生了以 XML 为代表的半结构化数据模型和非结构化数据模型。

本章简要介绍层次模型、网状模型和关系模型。其他新型的数据模型将在新技术篇的第 13 章中介绍。

数据结构、数据操作和数据完整性约束条件这三个方面的内容完整地描述了一个数据模型，其中数据结构是刻画模型性质的最基本的方面。为了使读者对数据模型有一个基本认识，下面着重介绍三种模型的数据结构。

注意：这里讲的数据模型都是逻辑上的，也就是说是用户眼中看到的数据范围。同时它们又都是能用某种语言描述，使计算机系统能够理解，被数据库管理系统支持的数据视图。这些数据模型将以一定的方式存储于数据库系统中，这是数据库管理系统的功能，是数据库管理系统中的物理存储模型。

在格式化模型中实体用记录表示，实体的属性对应记录的数据项（或字段）。实体之间的联系在格式化模型中转换成记录之间的两两联系。

在格式化模型中数据结构的单位是基本层次联系。所谓**基本层次联系**是指两个记录以及它们之间的一对多（包括一对一）的联系，如图 1.8 所示。

图中 R_i 位于联系 L_{ij} 的始点，称为**双亲结点**（parent），R_j 位于联系 L_{ij} 的终点，称为**子女结点**（child）。

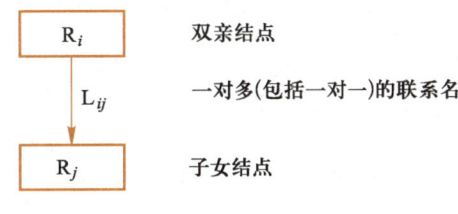

图 1.8　基本层次联系

1.2.5　层次模型

层次模型是数据库系统中最早出现的数据模型，层次数据库系统采用层次模型作为数据的组织方式。层次数据库系统的典型代表是 IBM 公司的 IMS（Information Management System），这是 1968 年 IBM 公司推出的第一个大型商用数据库管理系统，曾经得到广泛的使用。

层次模型用树形结构来表示各类实体以及实体间的联系。现实世界中许多实体之间的联系本来就呈现出一种很自然的层次关系，如行政机构、家族关系等。

1. 层次模型的数据结构

在数据库中定义满足下面两个条件的基本层次联系的集合为层次模型：

（1）有且只有一个结点没有双亲结点，这个结点称为根结点；

（2）根以外的其他结点有且只有一个双亲结点。

在层次模型中，每个结点表示一个记录类型，记录类型之间的联系用结点之间的连线（有向边）表示，这种联系是父子之间的一对多的联系。这就使得层次数据库系统只能处理一对多的实体联系。

每个记录类型可包含若干个字段，这里记录类型描述的是实体，字段描述实体的属性。各个记录类型及其字段都必须命名。各个记录类型、同一记录类型中各个字段不能同名。每个记录类型可以定义一个排序字段，也称为码字段，如果定义该排序字段的值是唯一的，则它能唯一地标识一个记录值。

一个层次模型在理论上可以包含任意有限个记录类型和字段，但任何实际的系统都会因为存储容量或实现复杂度而限制层次模型中包含的记录类型个数和字段的个数。

在层次模型中，同一双亲的子女结点称为兄弟结点（twin 或 sibling），没有子女结点的结点称为叶结点。图 1.9 给出了一个层次模型的例子。其中，R_1 为根结点；R_2 和 R_3 为兄弟结点，是 R_1 的子女结点；R_4 和 R_5 为兄弟结点，是 R_2 的子女结点；R_3、R_4 和 R_5 为叶结点。

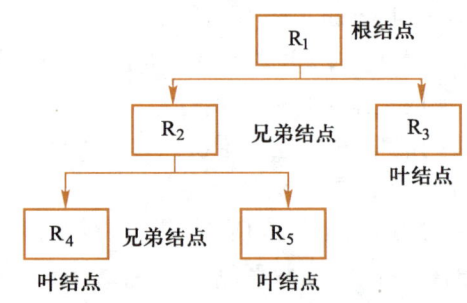

图 1.9　一个层次模型的示例

从图 1.9 上可以看出层次模型像一棵倒立的树，结点的双亲是唯一的。

层次模型的一个基本的特点是，任何一个给定的记录值只能按其层次路径查看，没有一个子女记录值能够脱离双亲记录值而独立存在。

图 1.10 是一个教员学生层次模型。该层次模型有 4 个记录类型。记录类型系是根结点，由系编号、系名、办公地点三个字段组成。它有两个子女结点教研室和学生。记录类型教研室是系的子女结点，同时又是教员的双亲结点，它由教研室编号、教研室名两个字段组成。记录类型学生由学号、姓名、成绩三个字段组成。记录类型教员由职工号、姓名、研究方向三个字段组成。学生与教员是叶结点，它们没有子女结点。由系到教研室、由教研室到教员、由系到学生均是一对多的联系。

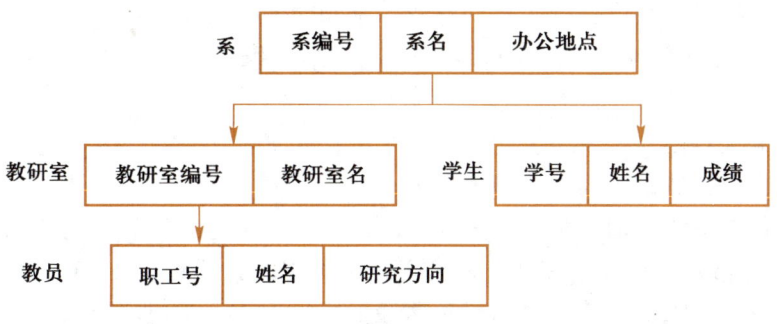

图 1.10　教员学生层次数据库模型

图 1.11 是图 1.10 数据模型对应的一个值。该值是 D02 系（计算机科学系）记录值及其所有后代记录值组成的一棵树。D02 系有三个教研室子女记录值 R01、R02、R03 和三个学生记录值 S63871、S63874、S63876。教研室 R01 有三个教员记录值 E2101、E1709、E3501；教研室 R03 有两个教员记录值 E1101、E3102。

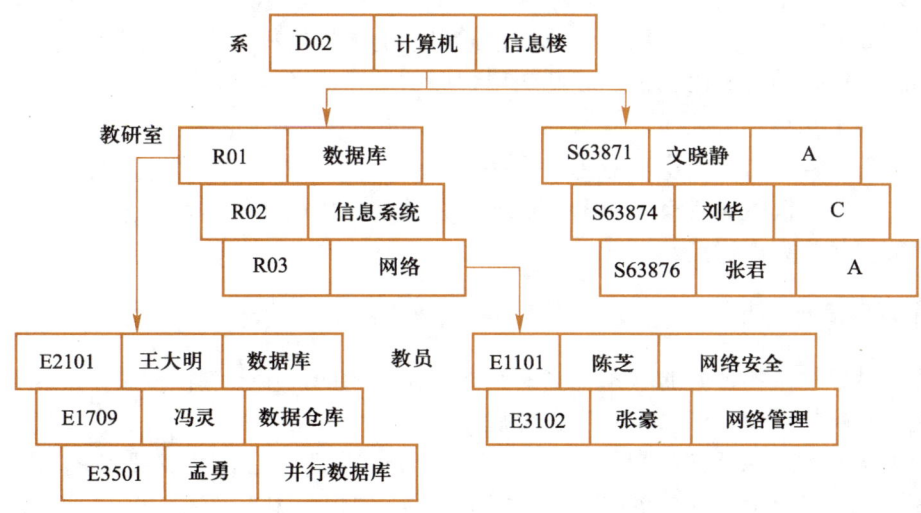

图 1.11　教员学生层次数据库的一个值

2. 层次模型的数据操纵与完整性约束

层次模型的数据操纵主要有查询、插入、删除和更新。进行插入、删除、更新操作时要满足层次模型的完整性约束条件。

进行插入操作时，如果没有相应的双亲结点值就不能插入它的子女结点值。例如在图 1.11 的层次数据库中，若新调入一名教员，但尚未分配到某个教研室，这时就不能将新教员插入到数据库中。

进行删除操作时，如果删除双亲结点值，则相应的子女结点值也将被同时删除。例如在图 1.10 的层次数据库中，若删除网络教研室，则该教研室所有教员的数据将全部丢失。

3. 层次模型的优缺点

层次模型的优点主要有：

（1）层次模型的数据结构比较简单清晰。

（2）层次数据库的查询效率高。因为层次模型中记录之间的联系用有向边表示，这种联系在 DBMS 中常常用指针来实现。因此这种联系也就是记录之间的存取路径。当要存取某个结点的记录值，DBMS 就沿着这一条路径很快找到该记录值，所以层次数据库的性能优于关系数据库，不低于网状数据库。

（3）层次数据模型提供了良好的完整性支持。

层次模型的缺点主要有：

（1）现实世界中很多联系是非层次性的，如结点之间具有多对多联系，不适合用层次模型表示。

（2）如果一个结点具有多个双亲结点等，用层次模型表示这类联系就很笨拙，只能通过引入冗余数据（易产生不一致性）或创建非自然的数据结构（引入虚拟结点）来解决。对插入和删除操作的限制比较多，因此应用程序的编写比较复杂。

（3）查询子女结点必须通过双亲结点。

（4）由于结构严密，层次命令趋于程序化。

可见，用层次模型对具有一对多的层次联系的部门描述非常自然、直观，容易理解。这是层次数据库的突出优点。

1.2.6 网状模型

在现实世界中事物之间的联系更多的是非层次关系的，用层次模型表示非树形结构是很不直接的，网状模型则可以克服这一弊病。

网状数据库系统采用网状模型作为数据的组织方式。网状数据模型的典型代表是 DBTG 系统，亦称 CODASYL 系统。这是 20 世纪 70 年代数据系统语言研究会（Conference On Data System Language，CODASYL）下属的数据库任务组（Data Base Task Group，DBTG）提出的一个系统方案。DBTG 系统虽然不是实际的数据库系统软件，但是它的基本概念、方法和技术具有普遍意义，对于网状数据库系统的研制和发展起了重大的影响。后来不少系统都采用 DBTG 模型或者简化的 DBTG 模型，如 Cullinet Software 公司的 IDMS、Univac 公司的 DMS1100、Honeywell 公司的 IDS/2、HP 公司的 IMAGE 等。

1. 网状模型的数据结构

在数据库中，把满足以下两个条件的基本层次联系集合称为网状模型：

（1）允许一个以上的结点无双亲。

（2）一个结点可以有多于一个的双亲。

网状模型是一种比层次模型更具普遍性的结构。它去掉了层次模型的两个限制，允许多个结点没有双亲结点，允许结点有多个双亲结点；此外它还允许两个结点之间有多种联系（称之为复合联系）。因此，网状模型可以更直接地去描述现实世界。而层次模型实际上是网状模型的一个特例。

与层次模型一样，网状模型中每个结点表示一个记录类型（实体），每个记录类型可包含若干个字段（实体的属性），结点间的连线表示记录类型（实体）之间一对多的父子联系。

从定义可以看出，层次模型中子女结点与双亲结点的联系是唯一的，而在网状模型中这种联系可以不唯一。因此要为每个联系命名，并指出与该联系有关的双亲记录和子女记录。例如图 1.12（a）中 R_3 有两个双亲记录 R_1 和 R_2，因此把 R_1 与 R_3 之间的联系命名为 L_1，R_2 与 R_3 之间的联系命名为 L_2。图 1.12（a）、（b）、（c）都是网状模型的例子。

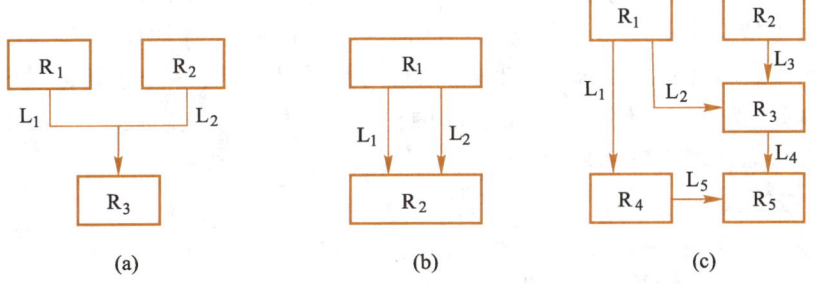

图 1.12　网状模型的例子

下面以学生选课为例，看一看网状数据库是怎样来组织数据的。

按照常规语义，一个学生可以选修若干门课程，某一课程可以被多个学生选修，因此学生与课程之间是多对多联系。因为 DBTG 模型中不能表示记录之间多对多的联系，为此引进一个学生选课的连接记录，它由三个数据项组成，即学号、课程号、成绩，表示某个学生选修某一门课程及其成绩。这样，学生选课数据库包括三个记录：学生、课程和选课。

每个学生可以选修多门课程，显然对学生记录中的一个值，选课记录中可以有多个值与之联系,而选课记录中的一个值,只能与学生记录中的一个值联系。学生与选课之间的联系是一对多的联系,联系名为 S-SC。同样,课程与选课之间的联系也是一对多的联系,联系名为 C-SC。图 1.13 所示为学生选课数据库的网状数据模型。

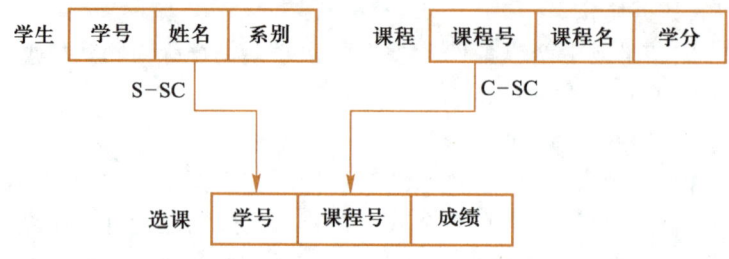

图 1.13 学生选课数据库的网状数据模型

2. 网状模型的数据操纵与完整性约束

网状模型一般来说没有层次模型那样严格的完整性约束条件,但具体的网状数据库系统对数据操纵都加了一些限制,提供了一定的完整性约束。

例如,DBTG 在模式数据定义语言中提供了定义 DBTG 数据库完整性的若干概念和语句,主要有:

(1) 支持记录码的概念,码即唯一标识记录的数据项的集合。例如,学生记录(如图 1.13)中学号是码,因此数据库中不允许学生记录中学号出现重复值。

(2) 保证一个联系中双亲记录和子女记录之间是一对多的联系。

(3) 可以支持双亲记录和子女记录之间的某些约束条件。例如,有些子女记录要求双亲记录存在才能插入,双亲记录删除时也连同删除。例如图 1.13 中选课记录就应该满足这种约束条件,学生选课记录值必须是数据库中存在的某一学生选修存在的某一门课的记录。DBTG 提供了"属籍类别"的概念来描述这类约束条件。

3. 网状模型的优缺点

网状模型的优点主要有:

(1) 能够更为直接地描述现实世界,如一个结点可以有多个双亲,结点之间可以有多种联系。

(2) 具有良好的性能,存取效率较高。

网状模型的缺点主要有:

(1) 结构比较复杂,而且随着应用环境的扩大,数据库的结构就变得越来越复杂,不利于最终用户掌握。

(2) 网状模型的 DDL、DML 复杂,并且要嵌入某一种高级语言(如 COBOL、C)中。用户不容易掌握,不容易使用。

(3) 由于记录之间的联系是通过存取路径实现的,应用程序在访问数据时必须选择适当的存取路径，因此用户必须了解系统结构的细节，加重了编写应用程序的负担。

1.2.7 关系模型

关系模型是最重要的一种数据模型。关系数据库系统采用关系模型作为数据的组织方式。

1970年，美国IBM公司San Jose研究室的研究员E.F.Codd首次提出了数据库系统的关系模型，开创了数据库关系方法和关系数据理论的研究，为数据库技术奠定了理论基础。由于E.F.Codd的杰出工作，他于1981年获得ACM图灵奖。

20世纪80年代以来，计算机厂商新推出的数据库管理系统几乎都支持关系模型，非关系系统的产品也大都加上了关系接口。数据库领域当前的研究工作也都是以关系方法为基础。因此本书的重点也将放在关系数据库上，后面各章将详细介绍关系数据库。

1. 关系模型的数据结构

关系模型与以往的模型不同，它是建立在严格的数学概念的基础上的。严格的定义将在第二章"关系数据库"中给出。这里只简单勾画一下关系模型。从用户观点看，关系模型由一组关系组成。每个关系的数据结构是一张规范化的二维表。下面以学生登记表（如图1.14所示）为例，介绍关系模型中的一些术语。

学生登记表

学 号	姓 名	年 龄	性 别	系 名	年 级
2013004	王小明	19	女	社会学	2013
2013006	黄大鹏	20	男	商品学	2013
2013008	张文斌	18	女	法律	2013
...	...	...	...	...	...

图1.14 关系模型的数据结构

- 关系（relation）：一个关系对应通常说的一张表，例如图1.14中的这张学生登记表。
- 元组（tuple）：表中的一行即为一个元组。
- 属性（attribute）：表中的一列即为一个属性，给每一个属性起一个名称即属性名。如图1.14所示的表有6列，对应6个属性（学号，姓名，年龄，性别，系名和年级）。
- 码（key）：也称为码键。表中的某个属性组，它可以唯一确定一个元组，如图1.14中的学号可以唯一确定一个学生，也就成为本关系的码。
- 域（domain）：域是一组具有相同数据类型的值的集合。属性的取值范围来自某个域。如人的年龄一般在1～120岁之间，大学生年龄属性的域是（15～45岁），性别的域是（男，女），系名的域是一个学校所有系名的集合。
- 分量：元组中的一个属性值。

- 关系模式：对关系的描述，一般表示为

    关系名（属性1，属性2，…，属性n）

  例如，上面的关系可描述为

    学生（<u>学号</u>，姓名，年龄，性别，系名，年级）

关系模型要求关系必须是规范化的，即要求关系必须满足一定的规范条件，这些规范条件中最基本的一条就是，关系的每一个分量必须是一个不可分的数据项，也就是说，不允许表中还有表。例如，图 1.15 中工资和扣除是可分的数据项，工资又分为基本工资、岗位津贴和业绩津贴，扣除又分为三险和个人所得税。因此，图 1.15 的表就不符合关系模型要求。

职工号	姓名	职称	工资			扣除		实发
			基本工资	岗位津贴	业绩津贴	三险	个人所得税	
86051	陈平	讲师	1 305	1 200	1 850	160	112	4 083
⋮	⋮	⋮	⋮	⋮	⋮	⋮	⋮	⋮

图 1.15 一个工资表（表中有表）实例

可以把关系和现实生活中的表格所使用的术语做一个粗略的对比，如表 1.5 所示。

表 1.5 术 语 对 比

关系术语	一般表格的术语
关系名	表名
关系模式	表头（表格的描述）
关系	（一张）二维表
元组	记录或行
属性	列
属性名	列名
属性值	列值
分量	一条记录中的一个列值
非规范关系	表中有表（大表中嵌有小表）

2．关系模型的数据操纵与完整性约束

关系模型的数据操纵主要包括查询、插入、删除和更新数据。这些操作必须满足关系的完整性约束条件。关系的完整性约束条件包括三大类：实体完整性、参照完整性和用户定义的完整性。其具体含义将在后续内容中介绍。

关系模型中的数据操作是集合操作，操作对象和操作结果都是关系，即若干元组的集合，而不像格式化模型中那样是单记录的操作方式。另一方面，关系模型把存取路径向用户隐蔽起来，用户只要指出"干什么"或"找什么"，不必详细说明"怎么干"或"怎么找"，从而大大地提高了数据的独立性，提高了用户生产率。

3．关系模型的优缺点

关系模型具有下列优点：

（1）关系模型与格式化模型不同，它是建立在严格的数学概念的基础上的。

（2）关系模型的概念单一。无论实体还是实体之间的联系都用关系来表示。对数据的检索和更新结果也是关系（即表）。所以其数据结构简单、清晰，用户易懂易用。

（3）关系模型的存取路径对用户透明，从而具有更高的数据独立性、更好的安全保密性，也简化了程序员的工作和数据库开发建立的工作。

所以关系模型诞生以后发展迅速，深受用户的喜爱。

当然，关系模型也有缺点，例如，由于存取路径对用户是隐蔽的，查询效率往往不如格式化数据模型。为了提高性能，数据库管理系统必须对用户的查询请求进行优化，因此增加了开发数据库管理系统的难度。不过用户不必考虑这些系统内部的优化技术细节。

1.3　数据库系统的结构

考察数据库系统的结构可以有多种不同的层次或不同的角度。从数据库应用开发人员角度看，数据库系统通常采用三级模式结构，这是数据库系统内部的系统结构。从数据库最终用户角度看，数据库系统的结构分为单用户结构、主从式结构、分布式结构、客户-服务器、浏览器-应用服务器／数据库服务器多层结构等。这是数据库系统外部的体系结构。

本章介绍数据库系统的模式结构。

1.3.1　数据库系统模式的概念

在数据模型中有"型"（type）和"值"（value）的概念。型是指对某一类数据的结构和属性的说明，值是型的一个具体赋值。例如，学生记录定义为（学号，姓名，性别，系别，年龄，籍贯）这样的记录型，而（201315130，李明，男，计算机系，19，江苏南京市）则是该记录型的一个记录值。

模式（schema）是数据库中全体数据的逻辑结构和特征的描述，它仅仅涉及型的描述，不涉及具体的值。模式的一个具体值称为模式的一个实例（instance）。同一个模式可以有很多实例。

例如，在学生选课数据库模式中包含学生记录、课程记录和学生选课记录，现有一个具体的学生选课数据库实例，该实例包含了 2013 年学校中所有学生的记录（如果某校有 10 000 个学生，则有 10 000 个学生记录）、学校开设的所有课程的记录和所有学生选课的记录。

2012 年度学生选课数据库模式对应的实例与 2013 年度学生选课数据库模式对应的实例是不同的。实际上 2013 年度学生选课数据库的实例也会随时间变化，因为在该年度有的学生可能退学，有的学生可能转系。各个时刻学生选课数据库的实例是不同的、在变化的，不变的是学生选课数据库模式。

模式是相对稳定的，而实例是相对变动的，因为数据库中的数据是在不断更新的。模式反映的是数据的结构及其联系，而实例反映的是数据库某一时刻的状态。

虽然实际的数据库管理系统产品种类很多，它们支持不同的数据模型，使用不同的数据库语言，建立在不同的操作系统之上，数据的存储结构也各不相同，但它们在体系结构上通常都具有相同的特征，即采用三级模式结构（早期微机上的小型数据库系统除外）并提供两级映像功能。

1.3.2 数据库系统的三级模式结构

数据库系统的三级模式结构是指数据库系统是由外模式、模式和内模式三级构成，如图 1.16 所示。

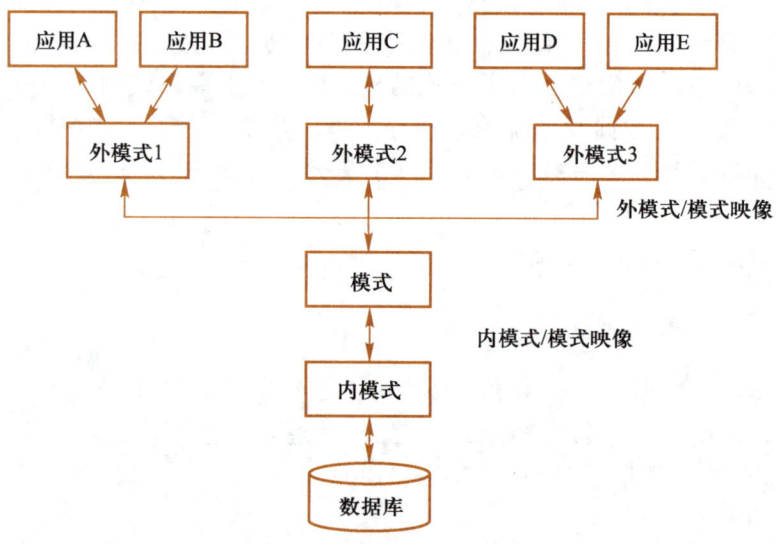

图 1.16 数据库系统的三级模式结构

1．模式（schema）

模式也称逻辑模式，是数据库中全体数据的逻辑结构和特征的描述，是所有用户的公共数据视图。它是数据库系统模式结构的中间层，既不涉及数据的物理存储细节和硬件环境，又与具体的应用程序、所使用的应用开发工具及高级程序设计语言无关。

模式实际上是数据库数据在逻辑级上的视图。一个数据库只有一个模式。数据库模式以某一种数据模型为基础，统一综合地考虑了所有用户的需求，并将这些需求有机地结合成一个逻辑整体。定义模式时不仅要定义数据的逻辑结构，例如数据记录由哪些数据项构成，数据项的名字、类型、取值范围等；而且要定义数据之间的联系，定义与数据有关的安全性、完整性要求。

数据库管理系统提供模式数据定义语言（模式DDL）来严格地定义模式。

2．外模式（external schema）

外模式也称子模式（subschema）或用户模式，它是数据库用户（包括应用程序员和最终用户）能够看见和使用的局部数据的逻辑结构和特征的描述，是数据库用户的数据视图，是与某一应用有关的数据的逻辑表示。

外模式通常是模式的子集。一个数据库可以有多个外模式。由于它是各个用户的数据视图，如果不同的用户在应用需求、看待数据的方式、对数据保密的要求等方面存在差异，则其外模式描述就是不同的。即使对模式中同一数据，在外模式中的结构、类型、长度、保密级别等都可以不同。另一方面，同一外模式也可以为某一用户的多个应用系统所使用，但一个应用程序只能使用一个外模式。

外模式是保证数据库安全性的一个有力措施。每个用户只能看见和访问所对应的外模式中的数据，数据库中的其余数据是不可见的。

数据库管理系统提供外模式数据定义语言（外模式DDL）来严格地定义外模式。

3．内模式（internal schema）

内模式也称存储模式（storage schema），一个数据库只有一个内模式。它是数据物理结构和存储方式的描述，是数据在数据库内部的组织方式。例如，记录的存储方式是堆存储还是按照某个（些）属性值的升（降）序存储，或按照属性值聚簇（cluster）存储；索引按照什么方式组织，是$B+$树索引还是hash索引；数据是否压缩存储，是否加密；数据的存储记录结构有何规定，如定长结构或变长结构，一个记录不能跨物理页存储；等等。

1.3.3 数据库的二级映像功能与数据独立性

数据库系统的三级模式是数据的三个抽象级别，它把数据的具体组织留给数据库管理系统管理，使用户能逻辑地、抽象地处理数据，而不必关心数据在计算机中的具体表示方式与存储方式。为了能够在系统内部实现这三个抽象层次的联系和转换，数据库管理系统在这三级模式之间提供了两层映像：外模式/模式映像和模式/内模式映像。

正是这两层映像保证了数据库系统中的数据能够具有较高的逻辑独立性和物理独立性。

1. 外模式/模式映像

模式描述的是数据的全局逻辑结构，外模式描述的是数据的局部逻辑结构。对应于同一个模式可以有任意多个外模式。对于每一个外模式，数据库系统都有一个外模式/模式映像，它定义了该外模式与模式之间的对应关系。这些映像定义通常包含在各自外模式的描述中。

当模式改变时（例如增加新的关系、新的属性、改变属性的数据类型等），由数据库管理员对各个外模式/模式的映像作相应改变，可以使外模式保持不变。应用程序是依据数据的外模式编写的，从而应用程序不必修改，保证了数据与程序的逻辑独立性，简称数据的逻辑独立性。

2. 模式/内模式映像

数据库中只有一个模式，也只有一个内模式，所以模式/内模式映像是唯一的，它定义了数据全局逻辑结构与存储结构之间的对应关系。例如，说明逻辑记录和字段在内部是如何表示的。该映像定义通常包含在模式描述中。当数据库的存储结构改变时（例如选用了另一种存储结构），由数据库管理员对模式/内模式映像作相应改变，可以使模式保持不变，从而应用程序也不必改变。保证了数据与程序的物理独立性，简称数据的物理独立性。

在数据库的三级模式结构中，数据库模式即全局逻辑结构是数据库的中心与关键，它独立于数据库的其他层次。因此设计数据库模式结构时应首先确定数据库的逻辑模式。

数据库的内模式依赖于它的全局逻辑结构，但独立于数据库的用户视图，即外模式，也独立于具体的存储设备。它是将全局逻辑结构中所定义的数据结构及其联系按照一定的物理存储策略进行组织，以达到较好的时间与空间效率。

数据库的外模式面向具体的应用程序，它定义在逻辑模式之上，但独立于存储模式和存储设备。当应用需求发生较大变化，相应的外模式不能满足其视图要求时，该外模式就得做相应改动，所以设计外模式时应充分考虑到应用的扩充性。

特定的应用程序是在外模式描述的数据结构上编制的，它依赖于特定的外模式，与数据库的模式和存储结构独立。不同的应用程序有时可以共用同一个外模式。数据库的二级映像保证了数据库外模式的稳定性，从而从底层保证了应用程序的稳定性，除非应用需求本身发生变化，否则应用程序一般不需要修改。

数据与程序之间的独立性使得数据的定义和描述可以从应用程序中分离出去。另外，由于数据的存取由数据库管理系统管理，从而简化了应用程序的编制，大大减少了应用程序的维护和修改。

1.4 数据库系统的组成

在本章一开始介绍了数据库系统一般由数据库、数据库管理系统（及其应用开发工具）、应用程序和数据库管理员构成。下面分别介绍这几个部分的内容。

1. 硬件平台及数据库

由于数据库系统的数据量都很大，加之数据库管理系统丰富的功能使得其自身的规模也很大，因此整个数据库系统对硬件资源提出了较高的要求，这些要求是：

（1）要有足够大的内存，存放操作系统、数据库管理系统的核心模块、数据缓冲区和应用程序。

（2）有足够大的磁盘或磁盘阵列等设备存放数据库，有足够大的磁带（或光盘）作数据备份。

（3）要求系统有较高的通道能力，以提高数据传送率。

2. 软件

数据库系统的软件主要包括：

（1）数据库管理系统。数据库管理系统是为数据库的建立、使用和维护配置的系统软件。

（2）支持数据库管理系统运行的操作系统。

（3）具有与数据库接口的高级语言及其编译系统，便于开发应用程序。

（4）以数据库管理系统为核心的应用开发工具。应用开发工具是系统为应用开发人员和最终用户提供的高效率、多功能的应用生成器、第四代语言等各种软件工具。它们为数据库系统的开发和应用提供了良好的环境。

（5）为特定应用环境开发的数据库应用系统。

3. 人员

开发、管理和使用数据库系统的人员主要包括数据库管理员、系统分析员和数据库设计人员、应用程序员和最终用户。不同的人员涉及不同的数据抽象级别，具有不同的数据视图，如图1.17所示。这些人员分别包括如下职责。

（1）数据库管理员（DataBase Administrator，DBA）

在数据库系统环境下有两类共享资源，一类是数据库，另一类是数据库管理系统软件。因此需要有专门的管理机构来监督和管理数据库系统。数据库管理员则是这个机构的一个（组）人员，负责全面管理和控制数据库系统。具体包括如下职责。

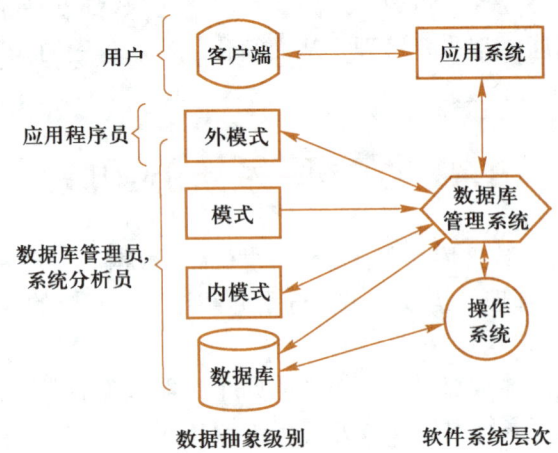

图 1.17　各种人员的数据视图

① 决定数据库中的信息内容和结构。数据库中要存放哪些信息，数据库管理员要参与决策。因此，数据库管理员必须参加数据库设计的全过程，并与用户、应用程序员、系统分析员密切合作、共同协商，做好数据库设计。

② 决定数据库的存储结构和存取策略。数据库管理员要综合各用户的应用要求，和数据库设计人员共同决定数据的存储结构和存取策略，以求获得较高的存取效率和存储空间利用率。

③ 定义数据的安全性要求和完整性约束条件。数据库管理员的重要职责是保证数据库的安全性和完整性。因此，数据库管理员负责确定各个用户对数据库的存取权限、数据的保密级别和完整性约束条件。

④ 监控数据库的使用和运行。数据库管理员还有一个重要职责就是监视数据库系统的运行情况，及时处理运行过程中出现的问题。比如系统发生各种故障时，数据库会因此遭到不同程度的破坏，数据库管理员必须在最短时间内将数据库恢复到正确状态，并尽可能不影响或少影响计算机系统其他部分的正常运行。为此，数据库管理员要定义和实施适当的后备和恢复策略，如周期性的转储数据、维护日志文件等。有关这方面的内容将在第 10 章数据库恢复技术做进一步讨论。

⑤ 数据库的改进和重组、重构。数据库管理员还负责在系统运行期间监视系统的空间利用率、处理效率等性能指标，对运行情况进行记录、统计分析，依靠工作实践并根据实际应用环境不断改进数据库设计。不少数据库产品都提供了对数据库运行状况进行监视和分析的工具，数据库管理员可以使用这些软件完成这项工作。

另外，在数据运行过程中，大量数据不断插入、删除、修改，时间一长，数据的组织结构会受到严重影响，从而降低系统性能。因此，数据库管理员要定期对数据库进行重组织，以改善系统性能。当用户的需求增加和改变时，数据库管理员还要对数据库进行较大的改造，包括修改部分设计，即数据库的重构。

（2）系统分析员和数据库设计人员

系统分析员负责应用系统的需求分析和规范说明，要和用户及数据库管理员相结合，确定系统的硬件软件配置，并参与数据库系统的概要设计。

数据库设计人员负责数据库中数据的确定及数据库各级模式的设计。数据库设计人员必须参加用户需求调查和系统分析，然后进行数据库设计。在很多情况下，数据库设计人员就由数据库管理员担任。

（3）应用程序员

应用程序员负责设计和编写应用系统的程序模块，并进行调试和安装。

（4）用户

这里用户是指最终用户（end user）。最终用户通过应用系统的用户接口使用数据库。常用的接口方式有浏览器、菜单驱动、表格操作、图形显示、报表书写等。

最终用户可以分为如下三类。

① 偶然用户。这类用户不经常访问数据库，但每次访问数据库时往往需要不同的数据库信息，这类用户一般是企业或组织机构的高中级管理人员。

② 简单用户。数据库的多数最终用户都是简单用户，其主要工作是查询和更新数据库，一般都是通过应用程序员精心设计并具有友好界面的应用程序存取数据库。银行的职员、航空公司的机票预订工作人员、宾馆总台服务员等都属于这类用户。

③ 复杂用户。复杂用户包括工程师、科学家、经济学家、科学技术工作者等具有较高科学技术背景的人员。这类用户一般都比较熟悉数据库管理系统的各种功能，能够直接使用数据库语言访问数据库，甚至能够基于数据库管理系统的应用程序接口编制自己的应用程序。

1.5 小　　结

本章概述了数据库的基本概念，并通过对数据管理技术进展情况的介绍阐述了数据库技术产生和发展的背景，也说明了数据库系统的优点。

数据模型是数据库系统的核心和基础。本章简要介绍了概念模型、组成数据模型的三个要素和三种主要的数据库模型——层次模型、网状模型和关系模型。后续章节将会详细介绍关系模型。

本章还介绍了数据库管理系统内部的系统结构。数据库系统三级模式和两层映像的系统结构保证了数据库系统能够具有较高的逻辑独立性和物理独立性。

本章最后介绍了数据库系统的组成,使读者了解数据库系统不仅是一个计算机系统,而是一个人-机系统,人(特别是数据库管理员)的作用尤为重要。

学习这一章应把注意力放在掌握基本概念和基本知识方面,为进一步学习后面的章节打好基础。本章新概念较多,如果是刚开始学习数据库,可在学习后续章节后再回来理解和掌握这些概念。

习 题

1. 试述数据、数据库、数据库管理系统、数据库系统的概念。
2. 使用数据库系统有什么好处?
3. 试述文件系统与数据库系统的区别和联系。
4. 举出适合用文件系统而不是数据库系统的应用例子,以及适合用数据库系统的应用例子。
5. 试述数据库系统的特点。
6. 数据库管理系统的主要功能有哪些?
7. 什么是概念模型?试述概念模型的作用。
8. 定义并解释概念模型中以下术语:
   实体,实体型,实体集,实体之间的联系
9. 试述数据模型的概念、数据模型的作用和数据模型的三个要素。
10. 试述层次模型的概念,举出三个层次模型的实例。
11. 试述网状模型的概念,举出三个网状模型的实例。
12. 试述网状、层次数据库的优缺点。
13. 试述关系模型的概念,定义并解释以下术语:
    关系,属性,域,元组,码,分量,关系模式
14. 试述关系数据库的特点。
15. 试述数据库系统的三级模式结构,并说明这种结构的优点是什么。
16. 定义并解释以下术语:
    模式,外模式,内模式,数据定义语言,数据操纵语言
17. 什么叫数据与程序的物理独立性?什么叫数据与程序的逻辑独立性?为什么数据库系统具有数据与程序的独立性?
18. 试述数据库系统的组成。
19. 试述数据库管理员、系统分析员、数据库设计人员、应用程序员的职责。

注：本书各章增加了补充习题。限于本书的篇幅，补充习题以及答案放在配套教辅《数据库系统概论（第5版）实验指导和习题解析》（高等教育出版社出版）和相应的课程网站上。

本章参考文献

[1] STONEBRAKER M R. A Functional View of Data Independence. Proceedings of ACM SIGMOD Workshop on Data Description，Access and Control，1974.

[2] BRODIE ML，SCHMIDT J W，et al. Final Report of the ANSI/X3/SPARC DBS-SG Relational Database Task Group. ACM SIGMOD, 1982(12): 4.

[3] ANSI/X3/SPARC Study Group on Data Base Management Systems. Interim Report，FDT(ACM SIGMOD bulletin), 1975(7): 2.

（文献［2］、［3］介绍了 ANSI/X3/SPARC 及数据库系统三级模式结构。）

[4] Information on IMS is available from IBM Corporation，Armonk，New York 10504.

（文献［4］全面介绍了 IMS。）

[5] 萨师煊，王珊. 数据库系统概论. 2版. 北京：高等教育出版社，1991.

（文献［5］第2、3章介绍了层次数据库系统和网状数据库系统的基本概念和一般原理。）

[6] BACHMAN C，WILLIAMS S. A General Purpose Programming System for Random Access Memories. Proceedings of the Fall Joint Computer Conference，AFIPS，1964(26).

（文献［6］描述的是 Charles Bachman 在第一个商业 DBMS 的开发期间进行的网状数据模型早期研究工作。）

[7] BACHMAN C. Data Structure Diagrams. Data Base (Bulletin of ACM SIGFIDET)，1969(1):2.

（文献［7］最早提出了用数据结构简图表示数据之间联系的思想。）

[8] BACHMAN C. The Programmer as a Navigator. CACM，1973(16):1.

（Bachman 的成就使他于 1973 年荣获了 ACM 最高荣誉——图灵奖。他在图灵奖演说中把数据库看作是基本资源，把程序设计者看作是数据库中的领航员。）

[9] BACHMAN C. The Data Structure Set Model. In Proceedings of the ACM SIGMOD Debate on Data Model：Data Structure Set Versus Relation，1974.

（在 1974 年支持和反对关系模型研究的讨论中，Bachman 持反对态度。）

[10] A Survey of Generalized Data Base Management Systems. CODASYL Systems Committee Technical Report(ACM and IAG). 1969.

[11] Data Base Task Group of CODASYL Programming Language Committee Report，1971.

[12] SCHENK H. Implementation Aspects of the DBTG Proposal. Proceedings of the IFIP Working Conference on Database Management Systems，1974.

（CODASYL 的数据库任务组（DBTG）对网状数据库系统进行了系统研究，在 1971 年的报告 [11] 中提出了模式 DDL、子模式 DDL 和嵌入 COBOL 的 DML，以后又发表了多篇报告。）

[13] Taylor R，FRANK R. CODASYL DataBase Management Systems. ACM Computing Surveys，1976, 8:1.

[14] CODASYL Data Description Language Committee Journal of Development，Canadian Government Publishing Center，1978.

（文献 [14] 对 CODASYL 网状数据库管理进行了综述。）

第 2 章　关系数据库

关系数据库应用数学方法来处理数据库中的数据。最早将这类方法用于数据处理的是 1962 年 CODASYL 发表的"信息代数",之后有 1968 年 David Child 在 IBM 7090 机上实现的集合论数据结构,但系统、严格地提出关系模型的是美国 IBM 公司的 E.F.Codd。

1970 年,E.F.Codd 在美国计算机学会会刊《Communications of the ACM》上发表了题为"A Relational Model of Data for Shared Data Banks"的论文,开创了数据库系统的新纪元。ACM 1983 年把这篇论文列为从 1958 年以来的四分之一世纪中具有里程碑意义的 25 篇研究论文之一。此后,E.F.Codd 连续发表了多篇论文,奠定了关系数据库的理论基础。

20 世纪 70 年代末,关系方法的理论研究和软件系统的研制均取得了丰硕的成果,IBM 公司的 San Jose 实验室在 IBM 370 系列机上研制的关系数据库实验系统 System R 历时 6 年获得成功。1981 年,IBM 公司又宣布了具有 System R 全部特征的新的数据库软件产品 SQL/DS 问世。

与 System R 同期,美国加州大学伯克利分校也研制了 INGRES 关系数据库实验系统,并由 INGRES 公司发展成为 INGRES 数据库产品。

40 多年来,关系数据库系统的研究和开发取得了辉煌的成就。关系数据库系统从实验室走向了社会,成为最重要、应用最广泛的数据库系统,大大促进了数据库应用领域的扩大和深入。因此,关系数据模型的原理、技术和应用十分重要,是本书、本课程的重点。

本书第 2～6 章、第 8 章和第 9 章将集中讨论关系数据库的有关问题。其中,第 2 章讲解关系模型的基本概念,即关系模型的数据结构、关系操作和关系的完整性;第 3、4、5 章介绍关系数据库标准语言 SQL 的数据定义、数据查询、数据更新、数据安全性和完整性控制等功能;第 6 章介绍关系数据理论,这是关系数据库的理论基础,也是关系数据库系统逻辑设计的工具;第 8 章介绍如何通过编程方法对关系数据库进行操纵;第 9 章讲解关系数据库查询处理和查询优化。

2.1 关系数据结构及形式化定义

关系数据库系统是支持关系模型的数据库系统。第一章初步介绍了关系模型及其基本术语。本章将较深入地介绍关系模型。

按照数据模型的三个要素,关系模型由关系数据结构、关系操作集合和关系完整性约束三部分组成。下面将对这三部分内容进行分别介绍。其中 2.1 节讲解关系数据结构,包括关系的形式化定义及有关概念;2.2 节讲解关系操作;2.3 节讲解关系的三类完整性约束;2.4 节讲解关系代数,这是关系数据库系统中实现关系操作的一种语言;最后,在 2.5 节介绍关系演算。

2.1.1 关系

关系模型的数据结构非常简单,只包含单一的数据结构——关系。在用户看来,关系模型中数据的逻辑结构是一张扁平的二维表。

关系模型的数据结构虽然简单却能够表达丰富的语义,描述出现实世界的实体以及实体间的各种联系。也就是说,在关系模型中,现实世界的实体以及实体间的各种联系均用单一的结构类型,即关系来表示。

前面已经非形式化地介绍了关系模型及有关的基本概念。关系模型是建立在集合代数的基础上的,这里从集合论角度给出关系数据结构的形式化定义。

1. 域(domain)

定义 2.1 域是一组具有相同数据类型的值的集合。

例如,自然数、整数、实数、长度小于 25 字节的字符串集合、{0, 1}、{男,女}、大于等于 0 且小于等于 100 的正整数等,都可以是域。

2. 笛卡儿积(cartesian product)

笛卡儿积是域上的一种集合运算。

定义 2.2 给定一组域 $D_1, D_2, \cdots, D_n$,允许其中某些域是相同的,$D_1, D_2, \cdots, D_n$ 的笛卡儿积为

$$D_1 \times D_2 \times \cdots \times D_n = \{(d_1, d_2, \cdots, d_n) \mid d_i \in D_i, i=1, 2, \cdots, n\}$$

其中,每一个元素 $(d_1, d_2, \cdots, d_n)$ 叫作一个 **n 元组**(n-tuple),或简称**元组**(tuple)。元素中的每一个值 d_i 叫做一个**分量**(component)。

一个域允许的不同取值个数称为这个域的**基数**(cardinal number)。

若 $D_i (i=1, 2, \cdots, n)$ 为有限集,其基数为 $m_i (i=1, 2, \cdots, n)$,则 $D_1 \times D_2 \times \cdots \times D_n$ 的基数 M 为

$$M = \prod_{i=1}^{n} m_i$$

笛卡儿积可表示为一张二维表。表中的每行对应一个元组，表中的每一列的值来自一个域。例如给出三个域：

D_1=导师集合 SUPERVISOR={张清玫，刘逸}

D_2=专业集合 SPECIALITY={计算机专业，信息专业}

D_3=研究生集合 POSTGRADUATE={李勇，刘晨，王敏}

则 D_1、D_2、D_3 的笛卡儿积为

D1×D2×D3＝{

(张清玫，计算机专业，李勇)，(张清玫，计算机专业，刘晨)，
(张清玫，计算机专业，王敏)，(张清玫，信息专业，李勇)，
(张清玫，信息专业，刘晨)，(张清玫，信息专业，王敏)，
(刘逸，计算机专业，李勇)，(刘逸，计算机专业，刘晨)，
(刘逸，计算机专业，王敏)，(刘逸，信息专业，李勇)，
(刘逸，信息专业，刘晨)，(刘逸，信息专业，王敏) }

其中，(张清玫，计算机专业，李勇)、(张清玫，计算机专业，刘晨)等都是元组。张清玫、计算机专业、李勇、刘晨等都是分量。

该笛卡儿积的基数为 2×2×3＝12，也就是说，$D_1×D_2×D_3$ 一共有 2×2×3＝12 个元组。这 12 个元组可列成一张二维表，如表 2.1 所示。

表 2.1 D_1、D_2、D_3 的笛卡儿积

SUPERVISOR	SPECIALITY	POSTGRADUATE
张清玫	计算机专业	李勇
张清玫	计算机专业	刘晨
张清玫	计算机专业	王敏
张清玫	信息专业	李勇
张清玫	信息专业	刘晨
张清玫	信息专业	王敏
刘逸	计算机专业	李勇
刘逸	计算机专业	刘晨
刘逸	计算机专业	王敏
刘逸	信息专业	李勇
刘逸	信息专业	刘晨
刘逸	信息专业	王敏

3. 关系（relation）

定义 2.3 $D_1 \times D_2 \times \cdots \times D_n$ 的子集叫做在域 D_1，D_2，…，D_n 上的**关系**，表示为

$$R(D_1, D_2, \cdots, D_n)$$

这里 R 表示关系的名字，n 是关系的**目**或**度**（degree）。

关系中的每个元素是关系中的元组，通常用 t 表示。

当 $n=1$ 时，称该关系为**单元关系**（unary relation），或一元关系。

当 $n=2$ 时，称该关系为**二元关系**（binary relation）。

关系是笛卡儿积的有限子集，所以关系也是一张二维表，表的每行对应一个元组，表的每列对应一个域。由于域可以相同，为了加以区分，必须对每列起一个名字，称为**属性**（attribute）。n 目关系必有 n 个属性。

若关系中的某一属性组的值能唯一地标识一个元组，而其子集不能，则称该属性组为**候选码**（candidate key）。

若一个关系有多个候选码，则选定其中一个为**主码**（primary key）。

候选码的诸属性称为**主属性**（prime attribute）。不包含在任何候选码中的属性称为**非主属性**（non-prime attribute）或**非码属性**（non-key attribute）。

在最简单的情况下，候选码只包含一个属性。在最极端的情况下，关系模式的所有属性是这个关系模式的候选码，称为**全码**（all-key）。

一般来说，D_1，D_2，…，D_n 的笛卡儿积是没有实际语义的，只有它的某个真子集才有实际含义。

例如，可以发现表 2.1 的笛卡儿积中许多元组是没有意义的。因为在学校中一个专业方向有多个导师，而一个导师只在一个专业方向带研究生；一个导师可以带多名研究生，而一名研究生只有一个导师，学习某一个专业。因此，表 2.1 中的一个子集才是有意义的，才可以表示导师与研究生的关系，把该关系取名为 SAP，如表 2.2 所示。李勇和刘晨是计算机专业张清玫老师的研究生；王敏是信息专业刘逸老师的研究生。

表 2.2 SAP 关 系

SUPERVISOR	SPECIALITY	POSTGRADUATE
张清玫	计算机专业	李勇
张清玫	计算机专业	刘晨
刘逸	信息专业	王敏

把关系 SAP 的属性名取为域名，即 SUPERVISOR，SPECIALITY 和 POSTGRADUATE，则这个关系可以表示为

SAP（SUPERVISOR，SPECIALITY，POSTGRADUATE）

假设研究生不会重名（这在实际生活中是不合适的，这里只是为了举例方便），则 POSTGRADUATE 属性的每一个值都唯一地标识了一个元组，因此可以作为 SAP 关系的主码。

关系可以有三种类型：基本关系（通常又称为基本表或基表）、查询表和视图表。其中，基本表是实际存在的表，它是实际存储数据的逻辑表示；查询表是查询结果对应的表；视图表是由基本表或其他视图表导出的表，是虚表，不对应实际存储的数据。

按照定义 2.2，关系可以是一个无限集合。由于组成笛卡儿积的域不满足交换律，所以按照数学定义，$(d_1, d_2, \cdots, d_n) \neq (d_2, d_1, \cdots, d_n)$。当关系作为关系数据模型的数据结构时，需要给予如下的限定和扩充。

（1）无限关系在数据库系统中是无意义的。因此，限定关系数据模型中的关系必须是有限集合。

（2）通过为关系的每个列附加一个属性名的方法取消关系属性的有序性，即 $(d_1, d_2, \cdots, d_i, d_j, \cdots, d_n) = (d_1, d_2, \cdots, d_j, d_i, \cdots, d_n)$ （$i, j=1, 2, \cdots, n$）。

因此，基本关系具有以下 6 条性质。

（1）列是同质的（homogeneous），即每一列中的分量是同一类型的数据，来自同一个域。

（2）不同的列可出自同一个域，称其中的每一列为一个属性，不同的属性要给予不同的属性名。例如，在上面的例子中，也可以只给出两个域：

    人（PERSON）={张清玫，刘逸，李勇，刘晨，王敏}

    专业（SPECIALITY）={计算机专业，信息专业}

SAP 关系的导师属性和研究生属性都从 PERSON 域中取值。为了避免混淆，必须给这两个属性取不同的属性名，而不能直接使用域名。例如，定义导师属性名为 SUPERVISOR-PERSON（或 SUPERVISOR），研究生属性名为 POSTGRADUATE-PERSON（或 POSTGRADUATE）。

（3）列的顺序无所谓，即列的次序可以任意交换。由于列顺序是无关紧要的，因此在许多实际关系数据库产品中增加新属性时，永远是插至最后一列。

（4）任意两个元组的候选码不能取相同的值。

（5）行的顺序无所谓，即行的次序可以任意交换。

（6）分量必须取原子值，即每一个分量都必须是不可分的数据项。

关系模型要求关系必须是规范化（normalization）的，即要求关系必须满足一定的规范条件。这些规范条件中最基本的一条就是，关系的每一个分量必须是一个不可分的数据项。规范化的关系简称为范式（Normal Form，NF）。范式的概念将在第 6 章关系数据理论中做进一步讲解。

例如，表 2.3 虽然很好地表达了导师与研究生之间的一对多关系，但由于属性 POSTGRADUATE 中分量取了两个值，不符合规范化的要求，因此这样的关系在数据库中是不允许的。通俗地讲，关系表中不允许还有表，简言之不允许"表中有表"。直观地描述，

表 2.3 中还有一个小表。

表 2.3 非规范化关系

SUPERVISOR	SPECIALTY	POSTGRADUATE	
		PG1	PG2
张清玫	计算机专业	李勇	刘晨
刘逸	信息专业	王敏	

←小表

注意：在许多实际关系数据库产品中，基本表并不完全具有这 6 条性质。例如，有的数据库产品仍然区分了属性顺序和元组的顺序。许多时候人们把元组称为记录，元组和记录是同一个概念。

2.1.2 关系模式

在数据库中要区分型和值。关系数据库中，关系模式是型，关系是值。关系模式是对关系的描述，那么一个关系需要描述哪些方面呢？

关系是元组的集合，因此关系模式必须指出这个元组集合的结构，即它由哪些属性构成，这些属性来自哪些域，以及属性与域之间的映像关系。

现实世界随着时间在不断地变化，因而在不同的时刻关系模式的关系也会有所变化。但是，现实世界的许多已有事实和规则限定了关系模式所有可能的关系必须满足一定的完整性约束条件。这些约束或者通过对属性取值范围的限定，例如职工年龄小于 60 岁（60 岁以后退休），或者通过属性值间的相互关联反映出来。例如，如果 2 个元组的主码相等，那么元组的其他值也一定相等，因为主码唯一标识一个元组，主码相等就表示这是同一个元组。关系模式应当刻划出这些完整性约束条件。

定义 2.4 关系的描述称为**关系模式**（relation schema）。它可以形式化地表示为

$R(U, D, DOM, F)$

其中 R 为关系名，U 为组成该关系的属性名集合，D 为 U 中属性所来自的域，DOM 为属性向域的映像集合，F 为属性间数据的依赖关系集合。

属性间的数据依赖将在第 6 章讨论，本章中关系模式仅涉及关系名、各属性名、域名、属性向域的映像 4 部分，即 $R(U, D, DOM)$。

例如，在上面例子中，由于导师和研究生出自同一个域——人，所以要取不同的属性名，并在模式中定义属性向域的映像，即说明它们分别出自哪个域，如：

DOM(SUPERVISOR)= DOM(POSTGRADUATE)=PERSON

关系模式通常可以简记为

$R(U)$

或 $R(A_1, A_2, \cdots, A_n)$

其中 R 为关系名，$A_1, A_2, \cdots, A_n$ 为属性名。而域名及属性向域的映像常常直接说明为属性的类型、长度。

关系是关系模式在某一时刻的状态或内容。关系模式是静态的、稳定的，而关系是动态的、随时间不断变化的，因为关系操作在不断地更新着数据库中的数据。例如，学生关系模式在不同的学年，学生关系是不同的。在实际工作中，人们常常把关系模式和关系都笼统地称为关系，这不难从上下文中加以区别，希望读者注意。

2.1.3　关系数据库

在关系模型中，实体以及实体间的联系都是用关系来表示的。例如导师实体、研究生实体、导师与研究生之间的一对多联系都可以分别用一个关系来表示。在一个给定的应用领域中，所有关系的集合构成一个关系数据库。

关系数据库也有型和值之分。关系数据库的型也称为关系数据库模式，是对关系数据库的描述。关系数据库模式包括若干域的定义，以及在这些域上定义的若干关系模式。

关系数据库的值是这些关系模式在某一时刻对应的关系的集合，通常就称为关系数据库。

2.1.4　关系模型的存储结构

我们已经知道，在关系数据模型中实体及实体间的联系都用表来表示，但表是关系数据的逻辑模型。在关系数据库的物理组织中，有的关系数据库管理系统中一个表对应一个操作系统文件，将物理数据组织交给操作系统完成；有的关系数据库管理系统从操作系统那里申请若干个大的文件，自己划分文件空间，组织表、索引等存储结构，并进行存储管理。

2.2　关 系 操 作

关系模型给出了关系操作的能力的说明，但不对关系数据库管理系统语言给出具体的语法要求，也就是说不同的关系数据库管理系统可以定义和开发不同的语言来实现这些操作。

2.2.1　基本的关系操作

关系模型中常用的关系操作包括查询（query）操作和插入（insert）、删除（delete）、修改（update）操作两大部分。

关系的查询表达能力很强，是关系操作中最主要的部分。查询操作又可以分为选择（select）、投影（project）、连接（join）、除（divide）、并（union）、差（except）、交（intersection）、笛卡儿积等。其中选择、投影、并、差、笛卡儿积是 5 种基本操作，其他操作可以用基本操作来定义和导出，就像乘法可以用加法来定义和导出一样。

关系操作的特点是集合操作方式，即操作的对象和结果都是集合。这种操作方式也称为一次一集合（set-at-a-time）的方式。相应地，非关系数据模型的数据操作方式则为一次一记录（record-at-a-time）的方式。

2.2.2 关系数据语言的分类

早期的关系操作能力通常用代数方式或逻辑方式来表示，分别称为关系代数（relational algebra）和关系演算（relational calculus）。关系代数用对关系的运算来表达查询要求，关系演算则用谓词来表达查询要求。关系演算又可按谓词变元的基本对象是元组变量还是域变量分为元组关系演算和域关系演算。一个关系数据语言能够表示关系代数可以表示的查询，称为具有完备的表达能力，简称关系完备性。已经证明关系代数、元组关系演算和域关系演算三种语言在表达能力上是等价的，都具有完备的表达能力。

关系代数、元组关系演算和域关系演算均是抽象的查询语言，这些抽象的语言与具体的关系数据库管理系统中实现的实际语言并不完全一样。但它们能用作评估实际系统中查询语言能力的标准或基础。实际的查询语言除了提供关系代数或关系演算的功能外，还提供了许多附加功能，例如聚集函数（aggregation function）、关系赋值、算术运算等，使得目前实际查询语言的功能十分强大。

另外，还有一种介于关系代数和关系演算之间的结构化查询语言（Structured Query Language，SQL）。SQL 不仅具有丰富的查询功能，而且具有数据定义和数据控制功能，是集查询、数据定义语言、数据操纵语言和数据控制语言（Data Control Language，DCL）于一体的关系数据语言。它充分体现了关系数据语言的特点和优点，是关系数据库的标准语言。

因此，关系数据语言可以分为三类：

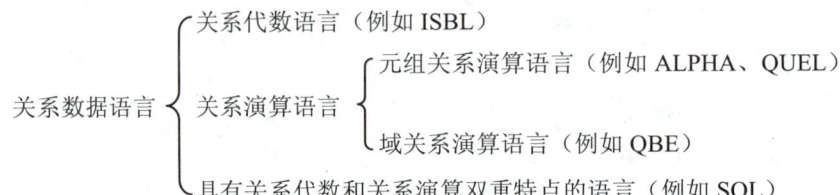

特别地，SQL 语言是一种高度非过程化的语言，用户不必请求数据库管理员为其建立特殊的存取路径，存取路径的选择由关系数据库管理系统的优化机制来完成。例如，在一个存储有几百万条记录的关系中查找符合条件的某一个或某一些记录，从原理上讲可以有多种查找方法。例如，可以顺序扫描这个关系，也可以通过某一种索引来查找。不同的查找路径（或者称为存取路径）的效率是不同的，有的完成某一个查询可能很快，有的可能极慢。关系数据库管理系统中研究和开发了查询优化方法，系统可以自动选择较优的存取路径，提高查询效率。

2.3 关系的完整性

关系模型的完整性规则是对关系的某种约束条件。也就是说关系的值随着时间变化时应该满足一些约束条件。这些约束条件实际上是现实世界的要求。任何关系在任何时刻都要满足这些语义约束。

关系模型中有三类完整性约束：实体完整性（entity integrity）、参照完整性（referential integrity）和用户定义的完整性（user-defined integrity）。其中实体完整性和参照完整性是关系模型必须满足的完整性约束条件，被称作是关系的两个不变性，应该由关系系统自动支持。用户定义的完整性是应用领域需要遵循的约束条件，体现了具体领域中的语义约束。

2.3.1 实体完整性

关系数据库中每个元组应该是可区分的，是唯一的。这样的约束条件用实体完整性来保证。

规则 2.1 实体完整性规则 若属性（指一个或一组属性）A 是基本关系 R 的主属性，则 A 不能取空值（null value）。所谓空值就是"不知道"或"不存在"或"无意义"的值。有关空值的处理将在第三章 3.6 节"空值的处理"中详细讲解。

例如，学生（学号，姓名，性别，专业号，年龄）关系中学号为主码，则学号不能取空值。

按照实体完整性规则的规定，如果主码由若干属性组成，则所有这些主属性都不能取空值。例如选修（学号，课程号，成绩）关系中，"学号、课程号"为主码，则"学号"和"课程号"两个属性都不能取空值。

对于实体完整性规则说明如下：

（1）实体完整性规则是针对基本关系而言的。一个基本表通常对应现实世界的一个实体集。例如学生关系对应于学生的集合。

（2）现实世界中的实体是可区分的，即它们具有某种唯一性标识。例如每个学生都是独立的个体，是不一样的。

（3）相应地，关系模型中以主码作为唯一性标识。

（4）主码中的属性不能取空值。如果取了空值，就说明存在某个不可标识的实体，即存在不可区分的实体，这与第（2）点相矛盾，因此这个规则称为实体完整性。

2.3.2 参照完整性

现实世界中的实体之间往往存在某种联系，在关系模型中实体及实体间的联系都是用关系来描述的，这样就自然存在着关系与关系间的引用。先来看三个例子。

[例 2.1] 学生实体和专业实体可以用下面的关系来表示,其中主码用下划线标识。

学生(<u>学号</u>,姓名,性别,专业号,年龄)

专业(<u>专业号</u>,专业名)

这两个关系之间存在着属性的引用,即学生关系引用了专业关系的主码"专业号"。显然,学生关系中的"专业号"值必须是确实存在的专业的专业号,即专业关系中有该专业的记录。也就是说,学生关系中的某个属性的取值需要参照专业关系的属性取值。

[例 2.2] 学生、课程、学生与课程之间的多对多联系可以如下三个关系表示:

学生(<u>学号</u>,姓名,性别,专业号,年龄)

课程(<u>课程号</u>,课程名,学分)

选修(<u>学号,课程号</u>,成绩)

这三个关系之间也存在着属性的引用,即选修关系引用了学生关系的主码"学号"和课程关系的主码"课程号"。同样,选修关系中的"学号"值必须是确实存在的学生的学号,即学生关系中有该学生的记录;选修关系中的"课程号"值也必须是确实存在的课程的课程号,即课程关系中有该课程的记录。换句话说,选修关系中某些属性的取值需要参照其他关系的属性取值。

不仅两个或两个以上的关系间可以存在引用关系,同一关系内部属性间也可能存在引用关系。

[例 2.3] 在学生(<u>学号</u>,姓名,性别,专业号,年龄,班长)关系中,"学号"属性是主码,"班长"属性表示该学生所在班级的班长的学号,它引用了本关系"学号"属性,即"班长"必须是确实存在的学生的学号。

这三个例子说明关系与关系之间存在着相互引用、相互约束的情况。下面先引入外码的概念,然后给出表达关系之间相互引用约束的参照完整性的定义。

定义 2.5 设 F 是基本关系 R 的一个或一组属性,但不是关系 R 的码,K_s 是基本关系 S 的主码。如果 F 与 K_s 相对应,则称 F 是 R 的外码(foreign key),并称基本关系 R 为参照关系(referencing relation),基本关系 S 为被参照关系(referenced relation)或目标关系(target relation)。关系 R 和 S 不一定是不同的关系。

$$R(K_r, F, \cdots) \quad S(K_s, \cdots)$$
参照关系 ⟶ 被参照关系(目标关系)

显然,目标关系 S 的主码 K_s 和参照关系 R 的外码 F 必须定义在同一个(或同一组)域上。

在例 2.1 中,学生关系的"专业号"属性与专业关系的主码"专业号"相对应,因此"专业号"属性是学生关系的外码。这里专业关系是被参照关系,学生关系为参照关系。如图 2.1(a)所示。

在例 2.2 中，选修关系的"学号"属性与学生关系的主码"学号"相对应；选修关系的"课程号"属性与课程关系的主码"课程号"相对应，因此"学号"和"课程号"属性是选修关系的外码。这里学生关系和课程关系均为被参照关系，选修关系为参照关系。如图 2.1(b)所示。

在例 2.3 中，"班长"属性与本身的主码"学号"属性相对应，因此"班长"是外码。这里，学生关系既是参照关系也是被参照关系。如图 2.1(c)所示。

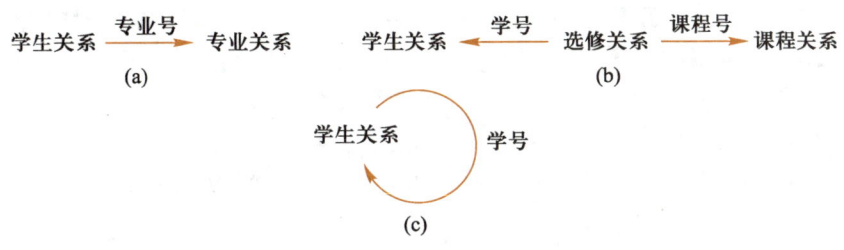

图 2.1　关系的参照图

需要指出的是，外码并不一定要与相应的主码同名，如例 2.3 中学生关系的主码为学号，外码为班长。不过，在实际应用中为了便于识别，当外码与相应的主码属于不同关系时，往往给它们取相同的名字。

参照完整性规则就是定义外码与主码之间的引用规则。

规则 2.2　参照完整性规则　若属性（或属性组）F 是基本关系 R 的外码，它与基本关系 S 的主码 K_s 相对应（基本关系 R 和 S 不一定是不同的关系），则对于 R 中每个元组在 F 上的值必须：

- 或者取空值（F 的每个属性值均为空值）；
- 或者等于 S 中某个元组的主码值。

例如，对于例 2.1，学生关系中每个元组的"专业号"属性只能取下面两类值：

- 空值，表示尚未给该学生分配专业；
- 非空值，这时该值必须是专业关系中某个元组的"专业号"值，表示该学生不可能分配到一个不存在的专业中。即被参照关系"专业"中一定存在一个元组，它的主码值等于该参照关系"学生"中的外码值。

对于例 2.2，按照参照完整性规则，"学号"和"课程号"属性也可以取两类值：空值或目标关系中已经存在的值。但由于"学号"和"课程号"是选修关系中的主属性，按照实体完整性规则，它们均不能取空值，所以选修关系中的"学号"和"课程号"属性实际上只能取相应被参照关系中已经存在的主码值。

参照完整性规则中，R 与 S 可以是同一个关系。例如对于例 2.3，按照参照完整性规则，

"班长"属性值可以取两类值:
- 空值,表示该学生所在班级尚未选出班长;
- 非空值,这时该值必须是本关系中某个元组的学号值。

2.3.3 用户定义的完整性

任何关系数据库系统都应该支持实体完整性和参照完整性。这是关系模型所要求的。除此之外,不同的关系数据库系统根据其应用环境的不同,往往还需要一些特殊的约束条件。用户定义的完整性就是针对某一具体关系数据库的约束条件,它反映某一具体应用所涉及的数据必须满足的语义要求。例如某个属性必须取唯一值、某个非主属性不能取空值等。例如,在例 2.1 的学生关系中,若按照应用的要求学生不能没有姓名,则可以定义学生姓名不能取空值;某个属性(如学生的成绩),的取值范围可以定义在 0~100 之间等。

关系模型应提供定义和检验这类完整性的机制,以便用统一的系统的方法处理它们,而不需由应用程序承担这一功能。

在早期的关系数据库管理系统中没有提供定义和检验这些完整性的机制,因此需要应用开发人员在应用系统的程序中进行检查。例如在例 2.2 的选修关系中,每插入一条记录,必须在应用程序中写一段程序来检查其中的学号是否等于学生关系中的某个学号,并检查其中的课程号是否等于课程关系中的某个课程号。如果等于,则插入这一条选修记录,否则就拒绝插入,并给出错误信息。

2.4 关系代数

关系代数是一种抽象的查询语言,它用对关系的运算来表达查询。

任何一种运算都是将一定的运算符作用于一定的运算对象上,得到预期的运算结果。所以运算对象、运算符、运算结果是运算的三大要素。

关系代数的运算对象是关系,运算结果亦为关系。关系代数用到的运算符包括两类:集合运算符和专门的关系运算符,如表 2.4 所示。

关系代数的运算按运算符的不同可分为传统的集合运算和专门的关系运算两类。其中,传统的集合运算将关系看成元组的集合,其运算是从关系的"水平"方向,即行的角度来进行;而专门的关系运算不仅涉及行,而且涉及列。比较运算符和逻辑运算符是用来

表 2.4 关系代数运算符

运算符		含义
集合运算符	∪	并
	−	差
	∩	交
	×	笛卡儿积
专门的关系运算符	σ	选择
	Π	投影
	⋈	连接
	÷	除

辅助专门的关系运算符进行操作的。

2.4.1 传统的集合运算

传统的集合运算是二目运算，包括并、差、交、笛卡儿积 4 种运算。

设关系 R 和关系 S 具有相同的目 n（即两个关系都有 n 个属性），且相应的属性取自同一个域，t 是元组变量，$t \in R$ 表示 t 是 R 的一个元组。

可以定义并、差、交、笛卡儿积运算如下。

（1）并（union）

关系 R 与关系 S 的并记作

$$R \cup S = \{t | t \in R \vee t \in S\}$$

其结果仍为 n 目关系，由属于 R 或属于 S 的元组组成。

（2）差（except）

关系 R 与关系 S 的差记作

$$R - S = \{t | t \in R \wedge t \notin S\}$$

其结果关系仍为 n 目关系，由属于 R 而不属于 S 的所有元组组成。

（3）交（intersection）

关系 R 与关系 S 的交记作

$$R \cap S = \{t | t \in R \wedge t \in S\}$$

其结果关系仍为 n 目关系，由既属于 R 又属于 S 的元组组成。关系的交可以用差来表示，即 $R \cap S = R - (R - S)$。

（4）笛卡儿积（cartesian product）

这里的笛卡儿积严格地讲应该是广义的笛卡儿积（extended cartesian product），因为这里笛卡儿积的元素是元组。

两个分别为 n 目和 m 目的关系 R 和 S 的笛卡儿积是一个（$n+m$）列的元组的集合。元组的前 n 列是关系 R 的一个元组，后 m 列是关系 S 的一个元组。若 R 有 k_1 个元组，S 有 k_2 个元组，则关系 R 和关系 S 的笛卡儿积有 $k_1 \times k_2$ 个元组。记作

$$R \times S = \{\widehat{t_r t_s} | t_r \in R \wedge t_s \in S\}$$

图 2.2(a)、图 2.2(b) 分别为具有三个属性列的关系 R、S。图 2.2(c) 为关系 R 与 S 的并。图 2.2(d) 为关系 R 与 S 的交。图 2.2(e) 为关系 R 和 S 的差。图 2.2(f) 为关系 R 和 S 的笛卡儿积。

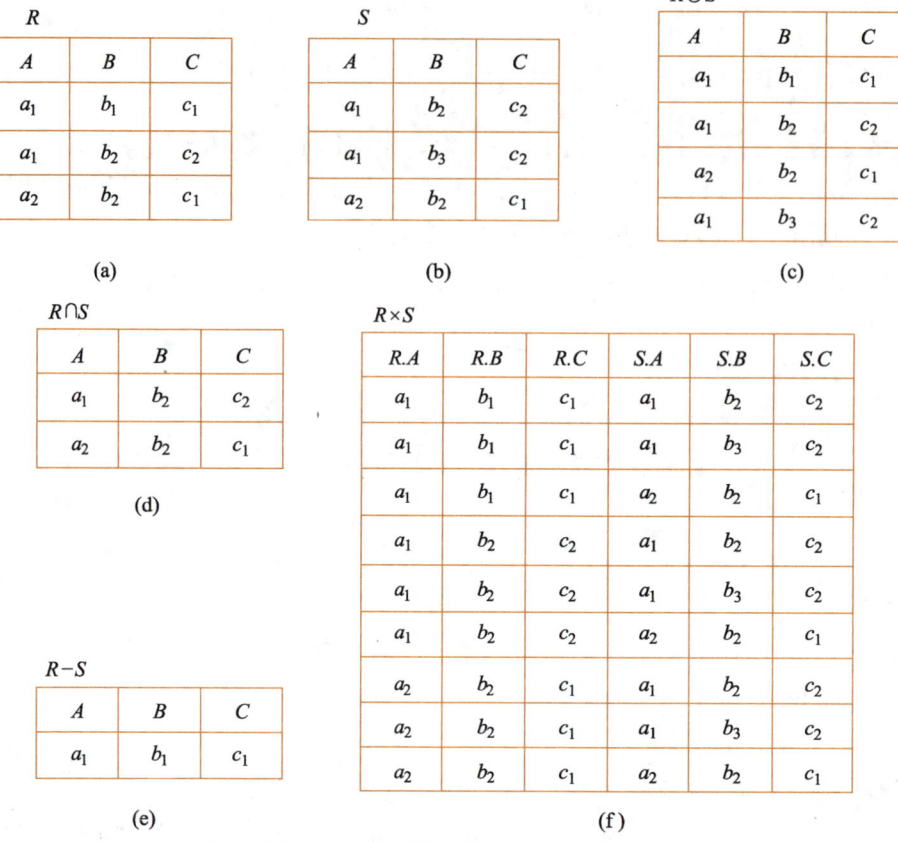

图 2.2 传统集合运算举例

2.4.2 专门的关系运算

专门的关系运算包括选择、投影、连接、除运算等。为了叙述上的方便，先引入几个记号。

(1) 设关系模式为 $R(A_1, A_2, \cdots, A_n)$，它的一个关系设为 R。$t \in R$ 表示 t 是 R 的一个元组。$t[A_i]$ 则表示元组 t 中相应于属性 A_i 的一个分量。

(2) 若 $A=\{A_{i1}, A_{i2}, \cdots, A_{ik}\}$，其中 $A_{i1}, A_{i2}, \cdots, A_{ik}$ 是 $A_1, A_2, \cdots, A_n$ 中的一部分，则 A 称为属性列或属性组。$t[A]=(t[A_{i1}], t[A_{i2}], \cdots, t[A_{ik}])$ 表示元组 t 在属性列 A 上诸分量的集合，$\overline{A}$ 则表示 $\{A_1, A_2, \cdots, A_n\}$ 中去掉 $\{A_{i1}, A_{i2}, \cdots, A_{ik}\}$ 后剩余的属性组。

(3) R 为 n 目关系，S 为 m 目关系。$t_r \in R$，$t_s \in S$，$\widehat{t_r t_s}$ 称为元组的连接（concatenation）或元组的串接。它是一个 $n+m$ 列的元组，前 n 个分量为 R 中的一个 n 元组，后 m 个分量为 S

中的一个 m 元组。

（4）给定一个关系 $R(X, Z)$，X 和 Z 为属性组。当 $t[X]=x$ 时，x 在 R 中的**象集**（images set）定义为

$$Z_x=\{t[Z]\,|\,t\in R,\ t[X]=x\}$$

它表示 R 中属性组 X 上值为 x 的诸元组在 Z 上分量的集合。

例如，图 2.3 中，x_1 在 R 中的象集 $Z_{x1}=\{Z_1, Z_2, Z_3\}$，

x_2 在 R 中的象集 $Z_{x2}=\{Z_2, Z_3\}$，

x_3 在 R 中的象集 $Z_{x3}=\{Z_1, Z_3\}$

下面给出这些专门的关系运算的定义。

1．选择（selection）

选择又称为限制（restriction）。它是在关系 R 中选择满足给定条件的诸元组，记作

$$\sigma_F(R)=\{t\,|\,t\in R \wedge F(t)='真'\}$$

其中 F 表示选择条件，它是一个逻辑表达式，取逻辑值"真"或"假"。

逻辑表达式 F 的基本形式为

$$X_1\theta Y_1$$

其中 θ 表示比较运算符，它可以是 $>$，$\geqslant$，$<$，$\leqslant$，$=$ 或 $<>$。X_1，Y_1 等是属性名，或为常量，或为简单函数；属性名也可以用它的序号来代替。在基本的选择条件上可以进一步进行逻辑运算，即进行求非（¬）、与（∧）、或（∨）运算。条件表达式中的运算符如表 2.5 所示。

R	
x_1	Z_1
x_1	Z_2
x_1	Z_3
x_2	Z_2
x_2	Z_3
x_3	Z_1
x_3	Z_3

图 2.3　象集举例

表 2.5　条件表达式中的运算符

运算符		含义
比较运算符	$>$	大于
	$\geqslant$	大于等于
	$<$	小于
	$\leqslant$	小于等于
	$=$	等于
	$<>$	不等于
逻辑运算符	¬	非
	∧	与
	∨	或

选择运算实际上是从关系 R 中选取使逻辑表达式 F 为真的元组。这是从行的角度进行的运算。

设有一个学生-课程数据库，包括学生关系 Student、课程关系 Course 和选修关系 SC。如图 2.4 所示。下面的多个例子将对这三个关系进行运算。

Student

学号 Sno	姓名 Sname	性别 Ssex	年龄 Sage	所在系 Sdept
201215121	李勇	男	20	CS
201215122	刘晨	女	19	CS
201215123	王敏	女	18	MA
201215125	张立	男	19	IS

(a)

Course

课程号 Cno	课程名 Cname	先行课 Cpno	学分 Ccredit
1	数据库	5	4
2	数学		2
3	信息系统	1	4
4	操作系统	6	3
5	数据结构	7	4
6	数据处理		2
7	PASCAL语言	6	4

(b)

SC

学号 Sno	课程号 Cno	成绩 Grade
201215121	1	92
201215121	2	85
201215121	3	88
201215122	2	90
201215122	3	80

(c)

图 2.4　学生-课程数据库

[**例 2.4**]　查询信息系（IS 系）全体学生。

$\sigma_{Sdept='IS'}(Student)$

结果如图 2.5(a)所示。

Sno	Sname	Ssex	Sage	Sdept
201215125	张立	男	19	IS

(a)

Sno	Sname	Ssex	Sage	Sdept
201215122	刘晨	女	19	CS
201215123	王敏	女	18	MA
201215125	张立	男	19	IS

(b)

图 2.5　选择运算举例

2.4 关系代数

[**例 2.5**] 查询年龄小于 20 岁的学生。

$$\sigma_{Sage<20}(Student)$$

结果如图 2.5(b)所示。

2. 投影（projection）

关系 R 上的投影是从 R 中选择出若干属性列组成新的关系。记作

$$\Pi_A(R)=\{t[A] \mid t \in R\}$$

其中 A 为 R 中的属性列。

投影操作是从列的角度进行的运算。

[**例 2.6**] 查询学生的姓名和所在系，即求 Student 关系上学生姓名和所在系两个属性上的投影。

$$\Pi_{Sname,Sdept}(Student)$$

结果如图 2.6(a)所示。

投影之后不仅取消了原关系中的某些列，而且还可能取消某些元组，因为取消了某些属性列后，就可能出现重复行，应取消这些完全相同的行。

[**例 2.7**] 查询学生关系 Student 中都有哪些系，即查询关系 Student 上所在系属性上的投影。

$$\Pi_{Sdept}(Student)$$

结果如图 2.6(b)所示。Student 关系原来有 4 个元组，而投影结果取消了重复的 CS 元组，因此只有三个元组。

Sname	Sdept
李勇	CS
刘晨	CS
王敏	MA
张立	IS

(a)

Sdept
CS
IS
MA

(b)

图 2.6 投影运算举例

3. 连接（join）

连接也称为 θ 连接。它是从两个关系的笛卡儿积中选取属性间满足一定条件的元组。记作

$$R \underset{A\theta B}{\bowtie} S = \{\widehat{t_r t_s} \mid t_r \in R \wedge t_s \in S \wedge t_r[A] \theta t_s[B]\}$$

其中，A 和 B 分别为 R 和 S 上列数相等且可比的属性组，θ 是比较运算符。连接运算从 R 和 S 的笛卡儿积 $R \times S$ 中选取 R 关系在 A 属性组上的值与 S 关系在 B 属性组上的值满足比

较关系 θ 的元组。

连接运算中有两种最为重要也最为常用的连接，一种是等值连接（equijoin），另一种是自然连接（natural join）。

θ 为"="的连接运算称为等值连接。它是从关系 R 与 S 的广义笛卡儿积中选取 A、B 属性值相等的那些元组，即等值连接为

$$R \underset{A=B}{\bowtie} S = \{\widehat{t_r t_s} | t_r \in R \land t_s \in S \land t_r[A] = t_s[B]\}$$

自然连接是一种特殊的等值连接。它要求两个关系中进行比较的分量必须是同名的属性组，并且在结果中把重复的属性列去掉。即若 R 和 S 中具有相同的属性组 B，U 为 R 和 S 的全体属性集合，则自然连接可记作

$$R \bowtie S = \{\widehat{t_r t_s}[U-B] | t_r \in R \land t_s \in S \land t_r[B] = t_s[B]\}$$

一般的连接操作是从行的角度进行运算，但自然连接还需要取消重复列，所以是同时从行和列的角度进行运算。

[**例 2.8**] 设图 2.7(a)和(b)分别为关系 R 和关系 S，图 2.7(c)为非等值连接 $R \underset{C<E}{\bowtie} S$ 的结果，图 2.7(d)为等值连接 $R \underset{R.B=S.B}{\bowtie} S$ 的结果，图 2.7(e)为自然连接 $R \bowtie S$ 的结果。

R

A	B	C
a_1	b_1	5
a_1	b_2	6
a_2	b_3	8
a_2	b_4	12

(a) 关系 R

S

B	E
b_1	3
b_2	7
b_3	10
b_3	2
b_5	2

(b) 关系 S

$R \bowtie S$
$C<E$

A	$R.B$	C	$S.B$	E
a_1	b_1	5	b_2	7
a_1	b_1	5	b_3	10
a_1	b_2	6	b_2	7
a_1	b_2	6	b_3	10
a_2	b_3	8	b_3	10

(c) 非等值连接

A	$R.B$	C	$S.B$	E
a_1	b_1	5	b_1	3
a_1	b_2	6	b_2	7
a_2	b_3	8	b_3	10
a_2	b_3	8	b_3	2

(d) 等值连接

A	B	C	E
a_1	b_1	5	3
a_1	b_2	6	7
a_2	b_3	8	10
a_2	b_3	8	2

(e) 自然连接

图 2.7 连接运算举例

两个关系 R 和 S 在做自然连接时，选择两个关系在公共属性上值相等的元组构成新的

关系。此时，关系 R 中某些元组有可能在 S 中不存在公共属性上值相等的元组，从而造成 R 中这些元组在操作时被舍弃了，同样，S 中某些元组也可能被舍弃。这些被舍弃的元组称为**悬浮元组**（dangling tuple）。例如，在图 2.7(e) 的自然连接中，R 中的第 4 个元组，S 中的第 5 个元组都是被舍弃掉的悬浮元组。

如果把悬浮元组也保存在结果关系中，而在其他属性上填空值（NULL），那么这种连接就叫做**外连接**（outer join），记作 $R ⟗ S$；如果只保留左边关系 R 中的悬浮元组就叫做**左外连接**（left outer join 或 left join），记作 $R ⟕ S$；如果只保留右边关系 S 中的悬浮元组就叫做**右外连接**（right outer join 或 right join），记作 $R ⟖ S$。在图 2.8 中，图(a)是图 2.7 中的关系 R 和关系 S 的外连接，图(b)是左外连接，图(c)是右外连接。

A	B	C	E
a_1	b_1	5	3
a_1	b_2	6	7
a_2	b_3	8	10
a_2	b_3	8	2
a_2	b_4	12	NULL
NULL	b_5	NULL	2

(a) 外连接

A	B	C	E
a_1	b_1	5	3
a_1	b_2	6	7
a_2	b_3	8	10
a_2	b_3	8	2
a_2	b_4	12	NULL

(b) 左外连接

A	B	C	E
a_1	b_1	5	3
a_1	b_2	6	7
a_2	b_3	8	10
a_2	b_3	8	2
NULL	b_5	NULL	2

(c) 右外连接

图 2.8　外连接运算举例

4. 除运算（division）

设关系 R 除以关系 S 的结果为关系 T，则 T 包含所有在 R 但不在 S 中的属性及其值，且 T 的元组与 S 的元组的所有组合都在 R 中。

下面用**象集**来定义除法：

给定关系 $R(X, Y)$ 和 $S(Y, Z)$，其中 X、Y、Z 为属性组。R 中的 Y 与 S 中的 Y 可以有不同的属性名，但必须出自相同的域集。

R 与 S 的除运算得到一个新的关系 $P(X)$，P 是 R 中满足下列条件的元组在 X 属性列上的投影：元组在 X 上分量值 x 的象集 Y_x 包含 S 在 Y 上投影的集合。记作

$$R÷S = \{t_r[X] | t_r \in R \wedge \Pi_Y(S) \subseteq Y_x\}$$

其中 Y_x 为 x 在 R 中的象集，$x = t_r[X]$。

除操作是同时从行和列角度进行运算。

[**例 2.9**]　设关系 R、S 分别为图 2.9 中的(a)和(b)，$R÷S$ 的结果为图 2.9(c)。

在关系 R 中，A 可以取 4 个值 $\{a_1, a_2, a_3, a_4\}$。其中：

a_1 的象集为 $\{(b_1, c_2), (b_2, c_3), (b_2, c_1)\}$

a_2 的象集为 $\{(b_3, c_7), (b_2, c_3)\}$

a_3 的象集为 $\{(b_4, c_6)\}$

a_4 的象集为 $\{(b_6, c_6)\}$

S 在 (B, C) 上的投影为 $\{(b_1, c_2), (b_2, c_1), (b_2, c_3)\}$。

显然只有 a_1 的象集 $(B, C)_{a_1}$ 包含了 S 在 (B, C) 属性组上的投影,所以

$R \div S = \{a_1\}$

R

A	B	C
a_1	b_1	c_2
a_2	b_3	c_7
a_3	b_4	c_6
a_1	b_2	c_3
a_4	b_6	c_6
a_2	b_2	c_3
a_1	b_2	c_1

(a)

S

B	C	D
b_1	c_2	d_1
b_2	c_1	d_1
b_2	c_3	d_2

(b)

$R \div S$

A
a_1

(c)

图 2.9 除运算举例

下面再以学生-课程数据库为例,给出几个综合应用多种关系代数运算进行查询的例子。

[**例 2.10**] 查询至少选修 1 号课程和 3 号课程的学生号码。

首先建立一个临时关系 K:

K

Cno
1
3

然后求

$\Pi_{Sno, Cno}(SC) \div K$

结果为 $\{201215121\}$。

求解过程与例 2.9 类似,先对 SC 关系在(Sno,Cno)属性上投影,然后逐一求出每一学生(Sno)的象集,并依次检查这些象集是否包含 K。

[**例 2.11**] 查询选修了 2 号课程的学生的学号。

$\Pi_{Sno}(\sigma_{Cno='2'}(SC)) = \{201215121, 201215122\}$

[**例 2.12**] 查询至少选修了一门其直接先行课为 5 号课程的学生姓名。

$$\Pi_{Sname}(\sigma_{Cpno='5'}(Course) \bowtie SC \bowtie \Pi_{Sno, Sname}(Student))$$

或

$$\Pi_{Sname}(\Pi_{Sno}(\sigma_{Cpno='5'}(Course) \bowtie SC) \bowtie \Pi_{Sno, Sname}(Student))$$

[例 2.13] 查询选修了全部课程的学生号码和姓名。

$$\Pi_{Sno, Cno}(SC) \div \Pi_{Cno}(Course) \bowtie \Pi_{Sno, Sname}(Student)$$

本节介绍了 8 种关系代数运算，其中并、差、笛卡儿积、选择和投影这 5 种运算为基本的运算。其他三种运算，即交、连接和除，均可以用这 5 种基本运算来表达。引进它们并不增加语言的能力，但可以简化表达。

关系代数中，这些运算经有限次复合后形成的表达式称为**关系代数表达式**。

*2.5 关系演算

关系演算是以数理逻辑中的谓词演算为基础的。按谓词变元的不同，关系演算可分为元组关系演算和域关系演算。本节先介绍元组关系演算，然后简单介绍域关系演算。

*2.5.1 元组关系演算语言 ALPHA

元组关系演算以元组变量作为谓词变元的基本对象。一种典型的元组关系演算语言是 E.F.Codd 提出的 ALPHA 语言。这一语言虽然没有实际实现，但关系数据库管理系统 INGRES 最初所用的 QUEL 语言是参照 ALPHA 语言研制的，与 ALPHA 十分类似。

ALPHA 语言主要有 GET、PUT、HOLD、UPDATE、DELETE、DROP 6 条语句，语句的基本格式为

操作语句 工作空间名（表达式）：操作条件

其中表达式用于指定语句的操作对象，它可以是关系名或（和）属性名，一条语句可以同时操作多个关系或多个属性。操作条件是一个逻辑表达式，用于将操作结果限定在满足条件的元组中，操作条件可以为空。除此之外，还可以在基本格式的基础上加上排序要求以及指定返回元组的条数等。

1. 检索操作

检索操作用 GET 语句实现。

（1）简单检索（即不带条件的检索）

[例 2.14] 查询所有被选修的课程号码。

GET W (SC.Cno)

W 为工作空间名。这里条件为空，表示没有限定条件。

[例 2.15] 查询所有学生的数据。

GET W (Student)

（2）限定的检索（即带条件的检索）

[例 2.16] 查询信息系（IS）中年龄小于 20 岁的学生的学号和年龄。

GET W (Student.Sno,Student.Sage): Student.Sdept='IS'∧Student.Sage<20

（3）带排序的检索

[例 2.17] 查询计算机科学系（CS）学生的学号、年龄，结果按年龄降序排序。

GET W (Student.Sno,Student.Sage): Student.Sdept='CS' DOWN Student.Sage

DOWN 表示降序排序。

（4）指定返回元组的条数的检索

[例 2.18] 取出一个信息系学生的学号。

GET W (1) (Student.Sno): Student.Sdept='IS'

在 W 后括号中的数量就是指定的返回元组的个数。

[例 2.19] 查询信息系年龄最大的三个学生的学号及其年龄，结果按年龄降序排序。

GET W (3) (Student.Sno,Student.Sage): Student.Sdept='IS' DOWN Student.Sage

（5）用元组变量的检索

前面已讲到，元组关系演算是以元组变量作为谓词变元的基本对象。元组变量是在某一关系范围内变化的，所以也称为范围变量（range variable），一个关系可以设多个元组变量。

元组变量主要有两方面的用途：

① 简化关系名。如果关系的名字很长，使用起来就会感到不方便，这时可以设一个较短名字的元组变量来代替关系名。如例 2.20。

② 操作条件中使用量词时必须用元组变量。如例 2.21 至例 2.24。

[例 2.20] 查询信息系学生的名字。

RANGE Student X

GET W (X.Sname): X.Sdept='IS'

ALPHA 语言用 RANGE 来说明元组变量。本例中 X 是关系 Student 上的元组变量，用途是简化关系名，即用 X 代表 Student。

（6）用存在量词（existential quantifier）的检索

操作条件中使用量词时必须用元组变量。

[例 2.21] 查询选修 2 号课程的学生名字。

RANGE SC X

GET W (Student.Sname): ∃X(X.Sno=Student.Sno∧X.Cno='2')

[例 2.22] 查询选修了这样课程的学生学号，其直接先行课是 6 号课程。

RANGE Course CX

GET W (SC.Sno): ∃CX (CX.Cno=SC.Cno∧CX.Pcno='6')

[例 2.23] 查询至少选修一门其先行课为 6 号课程的学生名字。

　　　　RANGE Course CX
　　　　　　　　SC SCX
　　　　　　GET W (Student.Sname): ∃SCX(SCX.Sno=Student.Sno∧
　　　　　　　　　　　　∃CX (CX.Cno=SCX.Cno∧CX.Pcno='6'))

在本例中的元组关系演算公式可以变换为前束范式（prenex normal form）的形式：
　　　　　　GET W (Student.Sname):∃SCX∃CX(SCX.Sno=Student.Sno∧
　　　　　　　　　　　　CX.Cno=SCX.Cno∧CX.Pcno='6')

例 2.21、例 2.22、例 2.23 中的元组变量都是为存在量词而设的。其中例 2.23 需要对两个关系使用存在量词，所以设了两个元组变量。

（7）带有多个关系的表达式的检索

上面所举的各个例子中，虽然查询时可能会涉及多个关系，即公式中可能涉及多个关系，但查询结果表达式中只有一个关系。实际上表达式中是可以有多个关系的。

[**例 2.24**]　查询成绩为 90 分以上的学生名字与课程名字。

本查询所要求的结果是学生名字和课程名字，分别在 Student 和 Course 两个关系中。
　　　　RANGE SC SCX
　　　　　　GET W (Student.Sname,Course.Cname):∃SCX (SCX.Grade≥90∧
　　　　　　　　　　　　SCX.Sno=Student.Sno∧Course.Cno=SCX.Cno)

（8）用全称量词（generality quantifier）的检索

[**例 2.25**]　查询不选 1 号课程的学生名字。
　　　　RANGE SC SCX
　　　　　　GET W (Student.Sname): ∀SCX (SCX.Sno≠Student.Sno∨SCX.Cno≠'1')

本例也可以用存在量词来表示：
　　　　RANGE SC SCX
　　　　　　GET W (Student.Sname):¬∃SCX (SCX.Sno=Student.Sno∧SCX.Cno='1')

（9）用两种量词的检索

[**例 2.26**]　查询选修了全部课程的学生姓名。
　　　　RANGE Course CX
　　　　　　　SC SCX
　　　　　　GET W (Student.Sname): ∀CX∃SCX (SCX.Sno=Student.Sno∧SCX.Cno=CX.Cno)

（10）用蕴涵（implication）的检索

[**例 2.27**]　查询最少选修了 201215122 学生所选课程的学生学号。

本例题的求解思路是，对 Course 中的所有课程依次检查每一门课程，看 201215122 是否选修了该课程，如果选修了，则再看某一个学生是否也选修了该门课。如果对于 201215122 所选的每门课程该学生都选修了，则该学生为满足要求的学生。把所有这样的学生全都找出来即完成了本题。
```
RANGE Course CX
        SC SCX    (注意，这里 SC 设了两个元组变量)
        SC SCY
GET W (Student.Sno): ∀ CX(∃ SCX (SCX.Sno='201215122'∧SCX.Cno=CX.Cno)
        ⇒ ∃SCY(SCY.Sno=Student.Sno∧SCY.Cno=CX.Cno) )
```

（11）聚集函数

用户在使用查询语言时经常要作一些简单的计算，例如要求符合某一查询要求的元组数，求某个关系中所有元组在某属性上的值的总和或平均值等。为了方便用户，关系数据语言中建立了有关这类运算的标准函数库供用户选用。这类函数通常称为聚集函数或内置函数（built-in function）。关系演算中提供了 COUNT、TOTAL、MAX、MIN、AVG 等聚集函数，其含义如表 2.6 所示。

表 2.6　关系演算中的聚集函数

函数名	功能
COUNT	对元组计数
TOTAL	求总和
MAX	求最大值
MIN	求最小值
AVG	求平均值

［例 2.28］　查询学生所在系的数目。
```
        GET W (COUNT(Student.Sdept))
```
COUNT 函数在计数时会自动排除重复值。

［例 2.29］　查询信息系学生的平均年龄。
```
        GET W (AVG(Student.Sage): Student.Sdept='IS')
```

2．更新操作

（1）修改操作

修改操作用 UPDATE 语句实现。其步骤是：

① 首先用 HOLD 语句将要修改的元组从数据库中读到工作空间中；
② 然后用宿主语言修改工作空间中元组的属性值；
③ 最后用 UPDATE 语句将修改后的元组送回数据库中。

需要注意的是，单纯检索数据使用 GET 语句即可，但为修改数据而读元组时必须使用 HOLD 语句，HOLD 语句是带上并发控制的 GET 语句。有关并发控制的概念将在第 11 章并发控制中详细介绍。

［例 2.30］　把 201215127 学生从计算机科学系转到信息系。
```
        HOLD W (Student.Sno, Student.Sdept): Student.Sno='201215127'
                                    （从 Student 关系中读出 201215127 学生的数据）
        MOVE 'IS' TO W.Sdept        （用宿主语言进行修改）
        UPDATE W                    （把修改后的元组送回 Student 关系）
```
在该例中用 HOLD 语句来读 201215127 的数据，而不是用 GET 语句。

如果修改操作涉及两个关系的话,就要执行两次 HOLD-MOVE-UPDATE 操作序列。

在 ALPHA 语言中，修改关系主码的操作是不允许的，例如不能用 UPDATE 语句将学号 201215121 改为 201215122。如果需要修改主码值，只能先用删除操作删除该元组，然后再把具有新主码值的元组插入到关系中。

（2）插入操作

插入操作用 PUT 语句实现。其步骤是：

① 首先用宿主语言在工作空间中建立新元组；

② 然后用 PUT 语句把该元组存入指定的关系中。

[例 2.31] 学校新开设了一门 2 学分的课程"计算机组织与结构"，其课程号为 8，直接先行课为 6 号课程。插入该课程元组。

  MOVE '8' TO W.Cno

  MOVE '计算机组织与结构' TO W.Cname

  MOVE '6' TO W.Cpno

  MOVE '2' TO W.Ccredit

  PUT W (Course)   （把 W 中的元组插入指定关系 Course 中）

PUT 语句只对一个关系操作，也就是说表达式必须为单个关系名。

（3）删除

删除操作用 DELETE 语句实现。其步骤为：

① 用 HOLD 语句把要删除的元组从数据库中读到工作空间中；

② 用 DELETE 语句删除该元组。

[例 2.32] 201215230 学生因故退学，删除该学生元组。

  HOLD W (Student): Student.Sno='201215230'

  DELETE W

[例 2.33] 将学号 201215121 改为 201215122。

  HOLD W (Student): Student.Sno='201215121'

  DELETE W

  MOVE '201215122' TO W.Sno

  MOVE '李勇' TO W.Sname

  MOVE '男' TO W.Ssex

  MOVE '20' TO W.Sage

  MOVE 'CS' TO W.Sdept

  PUT W (Student)

[例 2.34] 删除全部学生。

  HOLD W (Student)

  DELETE W

由于 SC 关系与 Student 关系之间具有参照关系，为保证参照完整性，删除 Student 中元组时相应地要删除 SC 中的元组（手工删除或由数据库管理系统自动执行）：
  HOLD W (SC)
  DELETE W

*2.5.2 元组关系演算

为了讨论方便，先允许关系（的基数）是无限的，然后再对这种情况下定义的演算做适当的修改，保证关系演算中各个公式表示的是有限关系。

在元组关系演算系统中，称 $\{t \mid \phi(t)\}$ 为**元组演算表达式**。其中 t 是元组变量，$\phi(t)$ 为**元组关系演算公式**，简称公式，它由原子公式和运算符组成。

原子公式有以下三类：

（1）$R(t)$

R 是关系名，t 是元组变量。$R(t)$表示 t 是 R 中的元组。于是，关系 R 可表示为 $\{t \mid R(t)\}$。

（2）$t[i]\theta u[j]$

t 和 u 是元组变量，θ 是算术比较运算符。$t[i]\theta u[j]$表示断言"元组 t 的第 i 个分量与元组 u 的第 j 个分量满足比较关系 θ"。例如，$t[2]<u[3]$表示元组 t 的第 2 个分量小于元组 u 的第 3 个分量。

（3）$t[i]\theta c$ 或 $c\theta t[i]$

这里 c 是常量，该公式表示"t 的第 i 个分量与常量 c 满足比较关系 θ"。例如，$t[4]=3$ 表示元组 t 的第 4 个分量等于 3。

在关系演算中定义了"自由元组变量"和"约束元组变量"的概念。这些概念和谓词演算中的概念完全一样。若公式中的一个元组变量前有"全称量词"或"存在量词"，则称该变量为约束元组变量，否则称自由元组变量。

公式可以递归定义如下。

（1）每个原子公式是公式。

（2）如果 ϕ_1 和 ϕ_2 是公式，则 $\phi_1 \wedge \phi_2$，$\phi_1 \vee \phi_2$，$\neg \phi_1$ 也是公式。分别表示：

① 如果 ϕ_1 和 ϕ_2 同时为真，则 $\phi_1 \wedge \phi_2$ 才为真，否则为假；

② 如果 ϕ_1 和 ϕ_2 中一个或同时为真，则 $\phi_1 \vee \phi_2$ 为真，仅当 ϕ_1 和 ϕ_2 同时为假时，$\phi_1 \vee \phi_2$ 才为假。

③ 若 ϕ_1 为真，则 $\neg \phi_1$ 为假。

（3）若 ϕ 是公式，则 $\exists t(\phi)$ 也是公式。其中符号 $\exists$ 是存在量词符号，$\exists t(\phi)$ 表示：若有一个 t 使 ϕ 为真，则 $\exists t(\phi)$ 为真，否则 $\exists t(\phi)$ 为假。

（4）若 ϕ 是公式，则 $\forall t(\phi)$ 也是公式。其中符号 $\forall$ 是全称量词符号，$\forall t(\phi)$ 表示：如果对所有 t 都使 ϕ 为真，则 $\forall t(\phi)$ 为真，否则 $\forall t(\phi)$ 为假。

(5) 在元组演算公式中,各种运算符的优先次序为:
① 算术比较运算符最高。
② 量词次之,且∃的优先级高于∀的优先级。
③ 逻辑运算符最低,且¬的优先级高于∧的优先级,∧的优先级高于∨的优先级。
④ 加括号时,括号中运算符优先,同一括号内的运算符之优先级遵循①、②、③各项。
(6) 有限次地使用上述 5 条规则得到的公式是元组关系演算公式,其他公式不是元组关系演算公式。

一个元组演算表达式 $\{t|\phi(t)\}$ 表示了使$\phi(t)$ 为真的元组集合。

关系代数的运算均可以用关系演算表达式来表示(反之亦然)。下面用关系演算表达式来表示 5 种基本运算。

(1) 并
$$R \cup S = \{t \mid R(t) \vee S(t)\}$$
(2) 差
$$R - S = \{t \mid R(t) \wedge \neg S(t)\}$$
(3) 笛卡儿积
$$R \times S = \{t^{(n+m)} | (\exists u^{(n)})(\exists v^{(m)})(R(u) \wedge S(v) \wedge t[1] = u[1] \wedge \cdots \wedge t[n]$$
$$= u[n] \wedge t[n+1] = v[1] \wedge \cdots \wedge t[n+m] = v[m])\}$$

这里 $t^{(n+m)}$ 表示 t 的目数是($n+m$)。

(4) 投影
$$\Pi_{i_1, i_2, \cdots, i_k}(R) = \{t^{(k)} | (\exists u)(R(u) \wedge t[1] = u[i_1] \wedge \cdots \wedge t[k] = u[i_k])\}$$
(5) 选择
$$\sigma_F(R) = \{t \mid R(t) \wedge F'\}$$

F'是公式 F 用 $t[i]$代替运算对象 i 得到的等价公式。

下面用关系演算来对图 2.4 学生-课程数据库进行查询。

[例 2.35] 查询信息(IS)系全体学生。
$$S_{IS} = \{t \mid Student(t) \wedge t[5] = 'IS'\}$$

[例 2.36] 查询年龄小于 20 岁的学生。
$$S_{20} = \{t \mid Student(t) \wedge t[4] < 20\}$$

[例 2.37] 查询学生的姓名和所在系。
$$S_1 = \{t^{(2)} | (\exists u)(Student(u) \wedge t[1] = u[2] \wedge t[2] = u[5])\}$$

上面定义的关系演算允许出现无限关系。例如,$\{t \mid \neg R(t)\}$表示所有不属于 R 的元组(元组的目数等于 R 的目数)。要求出这些可能的元组是做不到的,所以必须排除这类无意义的表达式。把不产生无限关系的表达式称为安全表达式,所采取的措施称为安全限制。安全限制通常是定义一个有限的符号集 $dom(\phi)$,$dom(\phi)$一定包括出现在ϕ以及中间结果和最后结果的关系中的所有符号（实际上是各列中值的汇集）。dom(ϕ)不必是最小集。

当满足下列条件时，元组演算表达式$\{t|\phi(t)\}$是安全的：

（1）如果t使$\phi(t)$为真，则t的每个分量是dom(ϕ)中的元素。

（2）对于ϕ中每一个形如$(\exists u)(W(u))$的子表达式，若u使$W(u)$为真，则u的每个分量是dom(ϕ)中的元素。

（3）对于ϕ中每一个形如$(\forall u)(W(u))$的子表达式，若u使$W(u)$为假，则u的每个分量必属于dom(ϕ)。换言之，若u某一分量不属于dom(ϕ)，则$W(u)$为真。

[**例 2.38**] 设有关系R如图 2.10（a）所示，$S=\{t|\neg R(t)\}$，若不进行安全限制，则可能是一个无限关系。所以定义

$$dom(\phi) = \Pi_A(R) \cup \Pi_B(R) \cup \Pi_C(R)$$
$$= \{\{a_1, a_2\}, \{b_1, b_2\}, \{c_1, c_2\}\}$$

则S是dom(ϕ)中各域值中元素的笛卡儿积与R的差集。结果如图 2.10(b)所示。注意，在做笛卡儿积时各个域中的元素不能搞混。

R

A	B	C
a_1	b_1	c_1
a_2	b_2	c_2

(a)

S

A	B	C
a_1	b_1	c_2
a_1	b_2	c_1
a_1	b_2	c_2
a_2	b_1	c_1
a_2	b_1	c_2
a_2	b_2	c_1

(b)

图 2.10 关系演算安全限制示例

*2.5.3 域关系演算语言 QBE

关系演算的另一种形式是域关系演算。域关系演算以元组变量的分量（即域变量）作为谓词变元的基本对象。1975 年由 M.M.Zloof 提出的 QBE 就是一个很有特色的域关系演算语言，该语言于 1978 年在 IBM 370 上得以实现。

QBE 是 Query By Example（即通过例子进行查询）的简称，它最突出的特点是操作方式。它是一种高度非过程化的基于屏幕表格的查询语言，用户通过终端屏幕编辑程序，以填写表格的方式构造查询要求，而查询结果也是以表格形式显示，因此非常直观、易学易用。

QBE 中用示例元素来表示查询结果可能的情况，示例元素实质上就是域变量。QBE 操作框架如图 2.11 所示。

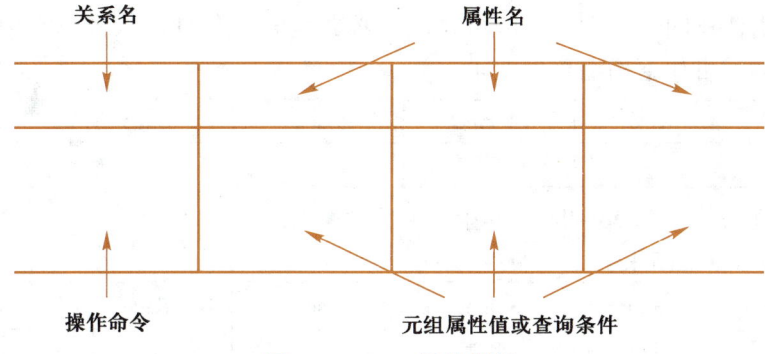

图 2.11 QBE 操作框架

下面以学生-课程关系数据库为例，说明 QBE 的用法。

1．检索操作

（1）简单查询

[例 2.39] 求信息系全体学生的姓名。

操作步骤为：

① 用户提出要求。

② 屏幕显示空白表格。

③ 用户在最左边一栏输入关系名 Student。

Student					

④ 系统显示该关系的属性名。

Student	Sno	Sname	Ssex	Sage	Sdept

⑤ 用户在上面构造查询要求。

Student	Sno	Sname	Ssex	Sage	Sdept
		P. T			IS

这里 T 是示例元素，即域变量。QBE 要求示例元素下面一定要加下划线。IS 是查询条件，不用加下划线。P.是操作符，表示打印（Print），实际上是显示。

查询条件中可以使用比较运算符 $>$，$\geqslant$，$<$，$\leqslant$，$=$ 和 $\neq$，其中 $=$ 可以省略。

示例元素是这个域中可能的一个值，它不必是查询结果中的元素。比如要求信息系的学生，只要给出任意的一个学生名即可，而不必真是信息系的某个学生名。

对于例 2.39，可如下构造查询要求：

Student	Sno	Sname	Ssex	Sage	Sdept
		P. 李勇			IS

这里的查询条件是 Sdept='IS'，其中"＝"被省略。

⑥ 屏幕显示查询结果。

Student	Sno	Sname	Ssex	Sage	Sdept
		张立			IS

即根据用户的查询要求求出了信息系的学生姓名。

[例 2.40] 查询全体学生的全部数据。

Student	Sno	Sname	Ssex	Sage	Sdept
	P. 201215121	P. 李勇	P.男	P.20	P.CS

显示全部数据也可以简单地把 P.操作符作用在关系名上。因此本查询也可以简单地表示如下：

Student	Sno	Sname	Ssex	Sage	Sdept
P.					

（2）条件查询

[例 2.41] 求年龄大于 19 岁的学生的学号。

Student	Sno	Sname	Ssex	Sage	Sdept
	P. 201215121			>19	

[例 2.42] 求计算机科学系年龄大于 19 岁的学生的学号。

本查询的条件是 Sdept='CS'和 Sage>19 两个条件的"与"。在 QBE 中，表示两个条件的"与"有两种方法：

① 把两个条件写在同一行上；

Student	Sno	Sname	Ssex	Sage	Sdept
	P. 201215121			>19	CS

② 把两个条件写在不同行上，但使用相同的示例元素值。

Student	Sno	Sname	Ssex	Sage	Sdept
	P. 201215121				CS
	P. 201215121			>19	

[例 2.43] 查询计算机科学系或者年龄大于 19 岁的学生的学号。

本查询的条件是 Sdept='CS'和 Sage>19 两个条件的"或"。在 QBE 中把两个条件写在不同行上，并且使用不同的示例元素值，即表示条件的"或"。

Student	Sno	Sname	Ssex	Sage	Sdept
	P. 201215121				CS
	P. 201215122			>19	

对于多行条件的查询，如例 2.42②和例 2.43，先输入哪一行是任意的，不影响查询结果。这就允许用户以不同的思考方式进行查询，十分灵活、自由。

[例 2.44] 查询既选修了 1 号课程又选修了 2 号课程的学生的学号。

本查询条件是在一个属性中的"与"关系，它只能用"与"条件的第②种方法表示，即写两行，但示例元素相同。

SC	Sno	Cno	Grade
	P. 201215121	1	
	P. 201215121	2	

[例 2.45] 查询选修 1 号课程的学生姓名。

本查询涉及两个关系：SC 和 Student。在 QBE 中实现这种查询的方法是通过相同的连接属性值把多个关系连接起来。

Student	Sno	Sname	Ssex	Sage	Sdept
	201215121	P.李勇			

SC	Sno	Cno	Grade
	201215121	1	

这里示例元素 Sno 是连接属性，其值在两个表中要相同。

[例 2.46] 查询未选修 1 号课程的学生姓名。

这里的查询条件中用到逻辑非。在 QBE 中表示逻辑非的方法是将逻辑非写在关系名下面。

Student	Sno	Sname	Ssex	Sage	Sdept
	201215121	P.李勇			
	201215122	P.王勇			

SC	Sno	Cno	Grade
¬	201215121	1	
¬	201215122		

这个查询就是显示学号为 201215121 的学生名字，而该学生选修 1 号课程的情况为假或者学生（201215122）什么课程都没有选修。

［例 2.47］ 查询有两个人以上选修的课程号。

本查询是在一个表内连接。这个查询就是要显示这样的课程 1，它不仅被 201215121 选修，而且也被另一个学生（¬201215121）选修了。

SC	Sno	Cno	Grade
	201215121	P. 1	
	¬201215121	1	

（3）聚集函数

为了方便用户，QBE 提供了一些聚集函数，主要包括 CNT、SUM、AVG、MAX、MIN 等，其含义如表 2.7 所示。

表 2.7　QBE 中的聚集函数

函数名	功能
CNT	对元组计数
SUM	求总和
AVG	求平均值
MAX	求最大值
MIN	求最小值

［例 2.48］ 查询信息系学生的平均年龄。

Student	Sno	Sname	Ssex	Sage	Sdept
				P.AVG.ALL.	IS

（4）对查询结果排序

对查询结果按某个属性值的升序排序，只需在相应列中填入"AO."，按降序排序则填"DO."。如果按多列排序，用 AO(*i*).或 DO(*i*).表示，其中 *i* 为排序的优先级，*i* 值越小，优先级越高。

［例 2.49］ 查全体男生的姓名，要求查询结果按所在系升序排序，对相同系的学生按年龄降序排序。

Student	Sno	Sname	Ssex	Sage	Sdept
		P.李勇	男	DO(2).	AO(1).

2．更新操作

（1）修改操作

修改操作符为"U."。在 QBE 中关系的主码不允许修改，如果需要修改某个元组的主码，只能先删除该元组，然后再插入新的主码的元组。

[例 2.50] 把 201215121 学生的年龄改为 18 岁。

这是一个简单修改操作，不包含算术表达式，因此可以有两种表示方法：

① 将操作符"U."放在值上。

Student	Sno	Sname	Ssex	Sage	Sdept
	201215121			U.18	

② 将操作符"U."放在关系上。

Student	Sno	Sname	Ssex	Sage	Sdept
U.	201215121			18	

这里，码 201215121 标明要修改的元组。"U."标明所在的行是修改后的新值。由于主码是不能修改的，所以即使在第二种写法中，系统也不会混淆要修改的属性。

[例 2.51] 把 201215121 学生的年龄增加 1 岁。

这个修改操作涉及表达式，所以只能将操作符"U."放在关系上。

Student	Sno	Sname	Ssex	Sage	Sdept
	201215121			<u>17</u>	
U.	201215121			<u>17</u>+1	

[例 2.52] 将计算机科学系所有学生的年龄都增加 1 岁。

Student	Sno	Sname	Ssex	Sage	Sdept
	<u>201215128</u>			<u>18</u>	CS
U.	<u>201215128</u>			<u>18</u>+1	

（2）插入操作

插入操作符为"I."。新插入的元组必须具有码值，其他属性值可以为空。

[例 2.53] 把信息系女生 201215801，姓名张三，年龄 17 岁存入数据库中。

Student	Sno	Sname	Ssex	Sage	Sdept
I.	201215801	张三	女	17	IS

（3）删除操作

删除操作符为"D."。

[例 2.54] 删除学生 201215189。

Student	Sno	Sname	Ssex	Sage	Sdept
D.	201215189				

由于 SC 关系与 Student 关系之间具有参照关系,为保证参照完整性,删除 201215189 学生后,通常还应删除 201215189 学生选修的全部课程。

SC	Sno	Sname	Ssex	Sage	Sdept
D.	201215189				

2.6 小 结

关系数据库系统是本书的重点,这是因为关系数据库系统是目前使用最广泛的数据库系统。20 世纪 70 年代以后开发的数据库管理系统产品几乎都是基于关系的。在数据库发展的历史上,最重要的成就之一是关系模型。

关系数据库系统与非关系数据库系统的区别是,关系系统只有"表"这一种数据结构;而非关系数据库系统还有其他数据结构,以及对这些数据结构的操作。

本章系统地讲解了关系数据库的重要概念,包括关系模型的数据结构、关系操作以及关系的三类完整性;介绍了用代数方式和逻辑方式来表达的关系语言即关系代数、元组关系演算和域关系演算。在关系演算中先介绍了实际的语言 ALPHA(元组关系演算语言)和抽象的元组关系演算,然后介绍了 QBE(域关系演算语言)。

习 题

1. 试述关系模型的三个组成部分。
2. 简述关系数据语言的特点和分类。
3. 定义并理解下列术语,说明它们之间的联系与区别:
 (1) 域,笛卡儿积,关系,元组,属性;
 (2) 主码,候选码,外码;
 (3) 关系模式,关系,关系数据库。
4. 举例说明关系模式和关系的区别。
5. 试述关系模型的完整性规则。在参照完整性中,什么情况下外码属性的值可以为空值?
6. 设有一个 SPJ 数据库,包括 S、P、J 及 SPJ 4 个关系模式:

  S(SNO,SNAME,STATUS,CITY);
  P(PNO,PNAME,COLOR,WEIGHT);
  J(JNO,JNAME,CITY);
  SPJ(SNO,PNO,JNO,QTY).

供应商表 S 由供应商代码(SNO)、供应商姓名(SNAME)、供应商状态(STATUS)、供应商所在城市（CITY）组成。

零件表 P 由零件代码（PNO）、零件名（PNAME）、颜色（COLOR）、重量（WEIGHT）组成。

工程项目表 J 由工程项目代码（JNO）、工程项目名（JNAME）、工程项目所在城市（CITY）组成。

供应情况表 SPJ 由供应商代码（SNO）、零件代码（PNO）、工程项目代码（JNO）、供应数量（QTY）组成，表示某供应商供应某种零件给某工程项目的数量为 QTY。

今有若干数据如下：

S 表

SNO	SNAME	STATUS	CITY
S1	精益	20	天津
S2	盛锡	10	北京
S3	东方红	30	北京
S4	丰泰盛	20	天津
S5	为民	30	上海

P 表

PNO	PNAME	COLOR	WEIGHT
P1	螺母	红	12
P2	螺栓	绿	17
P3	螺丝刀	蓝	14
P4	螺丝刀	红	14
P5	凸轮	蓝	40
P6	齿轮	红	30

J 表

JNO	JNAME	CITY
J1	三建	北京
J2	一汽	长春
J3	弹簧厂	天津
J4	造船厂	天津
J5	机车厂	唐山
J6	无线电厂	常州
J7	半导体厂	南京

SPJ 表

SNO	PNO	JNO	QTY
S1	P1	J1	200
S1	P1	J3	100
S1	P1	J4	700
S1	P2	J2	100
S2	P3	J1	400
S2	P3	J2	200
S2	P3	J4	500
S2	P3	J5	400
S2	P5	J1	400
S2	P5	J2	100
S3	P1	J1	200
S3	P3	J1	200
S4	P5	J1	100
S4	P6	J3	300
S4	P6	J4	200
S5	P2	J4	100
S5	P3	J1	200
S5	P6	J2	200
S5	P6	J4	500

试用关系代数、ALPHA 语言、QBE 语言完成如下查询：

(1) 求供应工程 J1 零件的供应商号码 SNO；

(2) 求供应工程 J1 零件 P1 的供应商号码 SNO；

（3）求供应工程 J1 零件为红色的供应商号码 SNO；

（4）求没有使用天津供应商生产的红色零件的工程号 JNO；

（5）求至少用了供应商 S1 所供应的全部零件的工程号 JNO。

7．试述等值连接与自然连接的区别和联系。

8．关系代数的基本运算有哪些？如何用这些基本运算来表示其他运算？

实　　验

实验准备

实验准备主要包括实验环境配置和实验数据准备两部分工作。实验环境推荐使用国产的金仓数据库管理系统 KingbaseES 最新版本。建议学生亲自安装金仓数据库管理系统，观察数据库安装过程，记录和理解安装配置参数，熟悉数据库管理系统的客户端图形管理工具。实验数据推荐使用 TPC-H（http://www.tpc.org/tpch/）数据库模式，建议学生熟悉 TPC-H 数据库模式，了解和掌握几种实验数据产生的工具或方式（如使用 DBGEN 产生模拟数据），建立 TPC-H 数据库，装载准备好的实验数据，利用数据库图形管理工具浏览 TPC-H 实验数据，理解数据库中数据的语义及数据之间的联系，为后续实验打下良好的基础。

请参考《数据库系统概论（第 5 版）实验指导与习题解析》的第二章实验环境建设和第三章实验数据准备。

本章参考文献

[1] CODD E F. A Relational Model of Data for Large Shared Data Banks. CACM,1970(13): 6.

（1970 年，E.F.Codd 在文献［1］中首先提出了关系数据模型，以后 Codd 又提出了关系代数和关系演算的概念，提出了函数依赖的概念，1972 年提出了关系的第一、第二、第三范式，1974 年提出了 BC（Boyce-Codd）范式，为关系数据库系统奠定了理论基础。由于对关系数据库理论的突出贡献，1981 年 Codd 获得了 ACM 的最高奖——图灵奖。）

[2] CODD E F. A Data Base Sublanguage Founded on the Relational Calculus. Proceedings of ACM SIGFIDET Workshop on Data Description．Access and Control，1971.

[3] CODD E F. Relational Completeness of Data Base Sublanguages in Data Base Systems．Courant Computer Science Symposia Series，1972(6).

[4] CODD E F. Further Normalization of the Data Base Relational Model. In Data Base Systems，Prentice-Hall，1972.

[5] CODD E F. Recent Investigations in Relational Database Systems．in Proceedings of the IFIP Congress，1974.

[6] ULLMAN J. Principles of Database Systems. 2nd ed. Computer Science Press，1982.

（Ullman 在文献［6］中给出了关系代数、元组关系演算和域关系演算的等价性证明。）

[7] ZLOOF M M. Query By Example. Proceeding of the NCC，AFIPS，44，1975.

[8] LACROIX M，PIROTTE A. Domain-Oriented Relational Languages. Proceedings of the 3rd International Conference on Very Large Data Bases，1977.

[9] LACROIX M，PIROTTE A. ILL：An English Structured Query Language for Relational Data Bases．in Nijssen，1977.

（域关系演算的思想出现在文献［7］描述的 QBE 语言中，形式化定义由 Lacroix 和 Pirotte 在文献［8］中给出。文献［9］给出了一个域关系演算语言 ILL。）

[10] STONEBRAKER M，WONG E，KREPS P，et al. The Design and Implementation of INGRES. TODS，1976(1):3.

[11] ZOOK W，et al. INGRES Reference Manual. Department of EECS，University of California at Berkeley，1977.

[12] ZOOK W，et al. RTI INGRES Reference Manual. Relational Technology Inc，1983.

（文献［10］讨论的 QUEL 语言是建立在元组关系演算基础上的查询语言。QUEL 语言是 INGRES 数据库系统的原始查询语言，文献［11］描述了大学版 INGRES 系统的 QUEL 语言，文献［12］介绍了商品化 INGRES 数据库系统的 QUEL 语言。）

[13] DATE C J. Referential Integrity. Proceedings of the 7th International Conference on Very Large Data Bases，1981.

[14] DATE C J. Why Relations Should Have Exactly One Primary Key. ANSI Database Committee (X3H2) Working Paper X3H2-84-118，1984.

第 3 章　关系数据库标准语言 SQL

结构化查询语言（Structured Query Language，SQL）是关系数据库的标准语言，也是一个通用的、功能极强的关系数据库语言。其功能不仅仅是查询，而是包括数据库模式创建、数据库数据的插入与修改、数据库安全性完整性定义与控制等一系列功能。

本章详细介绍 SQL 的基本功能，并进一步讲述关系数据库的基本概念。

3.1　SQL 概述

自 SQL 成为国际标准语言以后，各个数据库厂家纷纷推出各自的 SQL 软件或与 SQL 的接口软件。这就使大多数数据库均用 SQL 作为共同的数据存取语言和标准接口，使不同数据库系统之间的互操作有了共同的基础。SQL 已成为数据库领域中的主流语言，其意义十分重大。有人把确立 SQL 为关系数据库语言标准及其后的发展称为是一场革命。

3.1.1　SQL 的产生与发展

SQL 是在 1974 年由 Boyce 和 Chamberlin 提出的，最初叫 Sequel，并在 IBM 公司研制的关系数据库管理系统原型 System R 上实现。由于 SQL 简单易学，功能丰富，深受用户及计算机工业界欢迎，因此被数据库厂商所采用。经各公司的不断修改、扩充和完善，SQL 得到业界的认可。1986 年 10 月，美国国家标准局（American National Standard Institute，ANSI）的数据库委员会 X3H2 批准了 SQL 作为关系数据库语言的美国标准，同年公布了 SQL 标准文本（简称 SQL-86）。1987 年，国际标准化组织（International Organization for Standardization，ISO）也通过了这一标准。

SQL 标准从公布以来随数据库技术的发展而不断发展、不断丰富。表 3.1 是 SQL 标准的进展过程。

表 3.1 SQL 标准的进展过程

标准	大致页数	发布日期	标准	大致页数	发布日期
SQL/86		1986 年 10 月	SQL 2003	3 600 页	2003 年
SQL/89(FIPS 127-1)	120 页	1989 年	SQL 2008	3 777 页	2006 年
SQL/92	622 页	1992 年	SQL 2011		2010 年
SQL 99（SQL 3）	1 700 页	1999 年			

2008 年、2011 年又对 SQL2003 做了一些修改和补充。可以发现，SQL 标准的内容越来越丰富，也越来越复杂。SQL 99 合计超过 1 700 页。SQL/86 和 SQL/89 都是单个文档。SQL/92 和 SQL 99 已经扩展为一系列开放的部分。例如，SQL/92 除了 SQL 基本部分外还增加了 SQL 调用接口、SQL 永久存储模块；而 SQL 99 则进一步扩展为框架、SQL 基础部分、SQL 调用接口、SQL 永久存储模块、SQL 宿主语言绑定、SQL 外部数据的管理和 SQL 对象语言绑定等多个部分。

目前，没有一个数据库系统能够支持 SQL 标准的所有概念和特性。大部分数据库系统能支持 SQL/92 标准中的大部分功能以及 SQL99、SQL2003 中的部分新概念。同时，许多软件厂商对 SQL 基本命令集还进行了不同程度的扩充和修改，又可以支持标准以外的一些功能特性。本书不是介绍完整的 SQL，而是介绍 SQL 的基本概念和基本功能。因此，在使用具体系统时要查阅各产品的用户手册。

3.1.2 SQL 的特点

SQL 之所以能够为用户和业界所接受并成为国际标准，是因为它是一个综合的、功能极强同时又简洁易学的语言。SQL 集数据查询（data query）、数据操纵（data manipulation）、数据定义（data definition）和数据控制（data control）功能于一体，其主要特点包括以下几部分。

1．综合统一

数据库系统的主要功能是通过数据库支持的数据语言来实现的。

非关系模型（层次模型、网状模型）的数据语言一般都分为：

（1）模式数据定义语言（Schema Data Definition Language，模式 DDL）。

（2）外模式数据定义语言（Subschema Data Definition Language，外模式 DDL 或子模式 DDL）。

（3）数据存储有关的描述语言（Data Storage Description Language，DSDL）。

（4）数据操纵语言（Data Manipulation Language，DML）。

它们分别用于定义模式、外模式、内模式和进行数据的存取与处置。当用户数据库投入运行后，如果需要修改模式，必须停止现有数据库的运行，转储数据，修改模式并编译后再重装数据库，十分麻烦。

SQL 集数据定义语言、数据操纵语言、数据控制语言的功能于一体，语言风格统一，可以独立完成数据库生命周期中的全部活动，包括以下一系列操作要求：
- 定义和修改、删除关系模式，定义和删除视图，插入数据，建立数据库。
- 对数据库中的数据进行查询和更新。
- 数据库重构和维护。
- 数据库安全性、完整性控制，以及事务控制。
- 嵌入式 SQL 和动态 SQL 定义。

这就为数据库应用系统的开发提供了良好的环境。特别是用户在数据库系统投入运行后还可根据需要随时地、逐步地修改模式，并不影响数据库的运行，从而使系统具有良好的可扩展性。

另外，在关系模型中实体和实体间的联系均用关系表示，这种数据结构的单一性带来了数据操作符的统一性，查找、插入、删除、更新等每一种操作都只需一种操作符，从而克服了非关系系统由于信息表示方式的多样性带来的操作复杂性。例如，在 DBTG 网状数据库系统中，需要两种插入操作符：STORE 用来把记录存入数据库，CONNECT 用来把记录插入系值（系值是网状数据库中记录之间的一种联系方式）以建立数据之间的联系。

2. 高度非过程化

非关系数据模型的数据操纵语言是"面向过程"的语言，用"过程化"语言完成某项请求必须指定存取路径。而用 SQL 进行数据操作时，只要提出"做什么"，而无须指明"怎么做"，因此无须了解存取路径。存取路径的选择以及 SQL 的操作过程由系统自动完成。这不但大大减轻了用户负担，而且有利于提高数据独立性。

3. 面向集合的操作方式

非关系数据模型采用的是面向记录的操作方式，操作对象是一条记录。例如查询所有平均成绩在 80 分以上的学生姓名，用户必须一条一条地把满足条件的学生记录找出来（通常要说明具体处理过程，即按照哪条路径，如何循环等）。而 SQL 采用集合操作方式，不仅操作对象、查找结果可以是元组的集合，而且一次插入、删除、更新操作的对象也可以是元组的集合。

4. 以同一种语法结构提供多种使用方式

SQL 既是独立的语言，又是嵌入式语言。作为独立的语言，它能够独立地用于联机交互的使用方式，用户可以在终端键盘上直接键入 SQL 命令对数据库进行操作；作为嵌入式语言，SQL 语句能够嵌入到高级语言（例如 C、C++、Java）程序中，供程序员设计程序时使用。而在两种不同的使用方式下，SQL 的语法结构基本上是一致的。这种以统一的语法结构提供多种不同使用方式的做法，提供了极大的灵活性与方便性。

5．语言简洁，易学易用

SQL 功能极强，由于设计巧妙，语言十分简洁，完成核心功能只用了 9 个动词，如表 3.2 所示。SQL 接近英语口语，因此易于学习和使用。

表 3.2　SQL 的动词

SQL 功能	动词
数据查询	SELECT
数据定义	CREATE，DROP，ALTER
数据操纵	INSERT，UPDATE，DELETE
数据控制	GRANT，REVOKE

3.1.3　SQL 的基本概念

支持 SQL 的关系数据库管理系统同样支持关系数据库三级模式结构，如图 3.1 所示。其中外模式包括若干视图（view）和部分基本表（base table），模式包括若干基本表，内模式包括若干存储文件（stored file）。

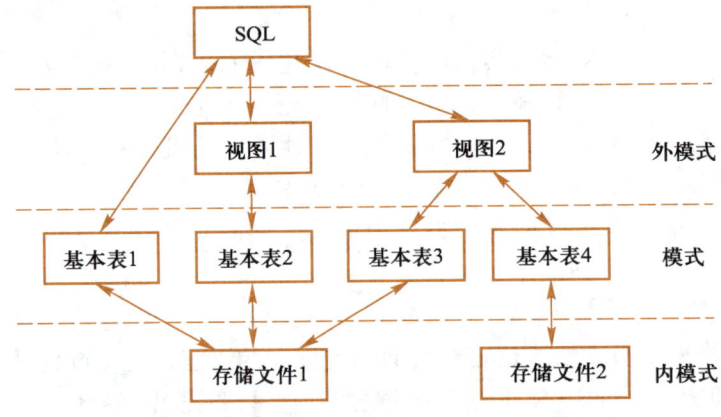

图 3.1　SQL 对关系数据库模式的支持

用户可以用 SQL 对基本表和视图进行查询或其他操作，基本表和视图一样，都是关系。

基本表是本身独立存在的表，在关系数据库管理系统中一个关系就对应一个基本表。一个或多个基本表对应一个存储文件，一个表可以带若干索引，索引也存放在存储文件中。

存储文件的逻辑结构组成了关系数据库的内模式。存储文件的物理结构对最终用户是隐蔽的。

视图是从一个或几个基本表导出的表。它本身不独立存储在数据库中，即数据库中只存放视图的定义而不存放视图对应的数据。这些数据仍存放在导出视图的基本表中，因此视图是一个虚表。视图在概念上与基本表等同，用户可以在视图上再定义视图。

下面将逐一介绍各 SQL 语句的功能和格式。为了突出基本概念和基本功能，略去了许多语法细节。各个关系数据库管理系统产品在实现标准 SQL 时各有差别，与 SQL 标准的符合程度也不相同，一般在 85%以上。因此，具体使用某个关系数据库管理系统产品时，还应参阅系统提供的有关手册。

3.2 学生-课程数据库

本章以学生-课程数据库为例来讲解 SQL 的数据定义、数据操纵、数据查询和数据控制语句。

为此，首先要定义一个学生-课程模式 S-T（见 3.3.1 小节中例 3.1）。学生-课程数据库中包括以下三个表，它们的定义见 3.3.2 小节中例 3.5、例 3.6 和例 3.7。

- 学生表：Student(<u>Sno</u>,Sname,Ssex,Sage,Sdept)
- 课程表：Course(<u>Cno</u>,Cname,Cpno,Ccredit)
- 学生选课表：SC(<u>Sno</u>,<u>Cno</u>,Grade)

关系的主码加下划线表示。各个表中的数据示例如图 3.2 所示。

Student

学号 Sno	姓名 Sname	性别 Ssex	年龄 Sage	所在系 Sdept
201215121	李勇	男	20	CS
201215122	刘晨	女	19	CS
201215123	王敏	女	18	MA
201215125	张立	男	19	IS

(a)

Course

课程号 Cno	课程名 Cname	先行课 Cpno	学分 Ccredit
1	数据库	5	4
2	数学		2
3	信息系统	1	4
4	操作系统	6	3
5	数据结构	7	4
6	数据处理		2
7	PASCAL语言	6	4

(b)

SC

学号 Sno	课程号 Cno	成绩 Grade
201215121	1	92
201215121	2	85
201215121	3	88
201215122	2	90
201215122	3	80

(c)

图 3.2 学生-课程数据库的数据示例

3.3 数据定义

关系数据库系统支持三级模式结构，其模式、外模式和内模式中的基本对象有模式、表、视图和索引等。因此 SQL 的数据定义功能包括模式定义、表定义、视图和索引的定义，如表 3.3 所示。

表 3.3 SQL 的数据定义语句

操作对象	操作方式		
	创建	删除	修改
模式	CREATE SCHEMA	DROP SCHEMA	
表	CREATE TABLE	DROP TABLE	ALTER TABLE
视图	CREATE VIEW	DROP VIEW	
索引	CREATE INDEX	DROP INDEX	ALTER INDEX

SQL 标准不提供修改模式定义和修改视图定义的操作。用户如果想修改这些对象，只能先将它们删除然后再重建。SQL 标准也没有提供索引相关的语句，但为了提高查询效率，商用关系数据库管理系统通常都提供了索引机制和相关的语句，如表 3.3 中创建、删除和修改索引等。

在早期的数据库系统中，所有数据库对象都属于一个数据库，也就是说只有一个命名空间。现代的关系数据库管理系统提供了一个层次化的数据库对象命名机制，如图 3.3 所示。一个关系数据库管理系统的实例（instance）中可以建立多个数据库，一个数据

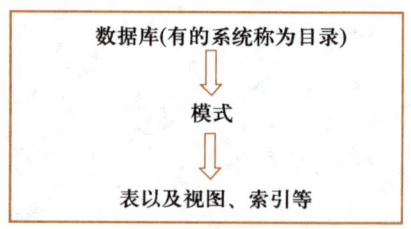

图 3.3 数据库对象命名机制的层次结构

库中可以建立多个模式,一个模式下通常包括多个表、视图和索引等数据库对象。

本节介绍如何定义模式、基本表和索引,视图的概念及其定义方法将在 3.7 节专门讨论。

3.3.1 模式的定义与删除

1.定义模式

在 SQL 中,模式定义语句如下:

    CREATE SCHEMA <模式名> AUTHORIZATION <用户名>;

如果没有指定<模式名>,那么<模式名>隐含为<用户名>。

要创建模式,调用该命令的用户必须拥有数据库管理员权限,或者获得了数据库管理员授予的 CREATE SCHEMA 的权限。

[例 3.1] 为用户 WANG 定义一个学生-课程模式 S-T。

    CREATE SCHEMA"S-T" AUTHORIZATION WANG;

[例 3.2] CREATE SCHEMA AUTHORIZATION WANG;

该语句没有指定<模式名>,所以<模式名>隐含为用户名 WANG。

定义模式实际上定义了一个命名空间,在这个空间中可以进一步定义该模式包含的数据库对象,例如基本表、视图、索引等。

这些数据库对象可以用表 3.3 中相应的 CREATE 语句来定义。

目前,在 CREATE SCHEMA 中可以接受 CREATE TABLE,CREATE VIEW 和 GRANT 子句。也就是说用户可以在创建模式的同时在这个模式定义中进一步创建基本表、视图,定义授权。即

    CREATE SCHEMA <模式名> AUTHORIZATION <用户名> [<表定义子句>|<视图定义子句>|
        <授权定义子句>];

[例 3.3] 为用户 ZHANG 创建一个模式 TEST,并且在其中定义一个表 TAB1。

    CREATE SCHEMA TEST AUTHORIZATION ZHANG
    CREATE TABLE TAB1(COL1 SMALLINT,
                 COL2 INT,
                 COL3 CHAR(20),
                 COL4 NUMERIC(10,3),
                 COL5 DECIMAL(5,2)
                 );

2.删除模式

在 SQL 中,删除模式语句如下:

DROP SCHEMA <模式名><CASCADE | RESTRICT>；

其中 CASCADE 和 RESTRICT 两者必选其一。选择了 CASCADE（级联），表示在删除模式的同时把该模式中所有的数据库对象全部删除；选择了 RESTRICT（限制），表示如果该模式中已经定义了下属的数据库对象（如表、视图等），则拒绝该删除语句的执行。只有当该模式中没有任何下属的对象时才能执行 DROP SCHEMA 语句。

[例 3.4]　DROP SCHEMA ZHANG CASCADE；

该语句删除了模式 ZHANG，同时，该模式中已经定义的表 TAB1 也被删除了。

3.3.2　基本表的定义、删除与修改

1. 定义基本表

创建了一个模式就建立了一个数据库的命名空间，一个框架。在这个空间中首先要定义的是该模式包含的数据库基本表。

SQL 语言使用 CREATE TABLE 语句定义基本表，其基本格式如下：

CREATE TABLE <表名>（<列名><数据类型>[列级完整性约束条件]
　　　　　　　　[,<列名><数据类型>[列级完整性约束条件]]
　　　　　　　　…
　　　　　　　　[,<表级完整性约束条件>]）；

建表的同时通常还可以定义与该表有关的完整性约束条件，这些完整性约束条件被存入系统的数据字典中，当用户操作表中数据时由关系数据库管理系统自动检查该操作是否违背这些完整性约束条件。如果完整性约束条件涉及该表的多个属性列，则必须定义在表级上，否则既可以定义在列级也可以定义在表级。

[例 3.5]　建立一个"学生"表 Student。

```
CREATE TABLE Student
    (Sno CHAR(9) PRIMARY KEY,         /*列级完整性约束条件，Sno 是主码*/
    Sname CHAR(20) UNIQUE,            /* Sname 取唯一值*/
    Ssex CHAR(2),
    Sage SMALLINT,
    Sdept CHAR(20)
    );
```

系统执行该 CREATE TABLE 语句后，就在数据库中建立一个新的空"学生"表 Student，并将有关"学生"表的定义及有关约束条件存放在数据字典中。

[例 3.6]　建立一个"课程"表 Course。

```
CREATE TABLE Course
    (Cno CHAR(4) PRIMARY KEY,         /*列级完整性约束条件，Cno 是主码*/
```

```
        Cname CHAR(40) NOT NULL,        /*列级完整性约束条件，Cname 不能取空值*/
        Cpno CHAR(4),                   /* Cpno 的含义是先修课  */
        Ccredit SMALLINT,
        FOREIGN KEY (Cpno) REFERENCES Course(Cno)
                /*表级完整性约束条件，Cpno 是外码，被参照表是 Course，被参照列是 Cno */
);
```
本例说明参照表和被参照表可以是同一个表。

[**例 3.7**]　建立学生选课表 SC。

```
CREATE TABLE SC
    (Sno CHAR(9),
    Cno CHAR(4),
    Grade SMALLINT,
    PRIMARY KEY (Sno,Cno),     /*主码由两个属性构成，必须作为表级完整性进行定义*/
    FOREIGN KEY (Sno) REFERENCES Student(Sno),
            /*表级完整性约束条件，Sno 是外码，被参照表是 Student */
    FOREIGN KEY (Cno) REFERENCES Course(Cno)
            /*表级完整性约束条件，Cno 是外码，被参照表是 Course*/
);
```

2．数据类型

关系模型中一个很重要的概念是域。每一个属性来自一个域，它的取值必须是域中的值。

在 SQL 中域的概念用数据类型来实现。定义表的各个属性时需要指明其数据类型及长度。SQL 标准支持多种数据类型，表 3.4 列出了几种常用数据类型。要注意，不同的关系数据库管理系统中支持的数据类型不完全相同。

表 3.4　数　据　类　型

数据类型	含义
CHAR(n), CHARACTER(n)	长度为 n 的定长字符串
VARCHAR(n), CHARACTERVARYING(n)	最大长度为 n 的变长字符串
CLOB	字符串大对象
BLOB	二进制大对象
INT，INTEGER	长整数（4 字节）
SMALLINT	短整数（2 字节）
BIGINT	大整数（8 字节）

续表

数据类型	含 义
NUMERIC(p,d)	定点数，由 p 位数字（不包括符号、小数点）组成，小数点后面有 d 位数字
DECIMAL(p,d), DEC(p,d)	同 NUMERIC
REAL	取决于机器精度的单精度浮点数
DOUBLE PRECISION	取决于机器精度的双精度浮点数
FLOAT(n)	可选精度的浮点数，精度至少为 n 位数字
BOOLEAN	逻辑布尔量
DATE	日期，包含年、月、日，格式为 YYYY-MM-DD
TIME	时间，包含一日的时、分、秒，格式为 HH:MM:SS
TIMESTAMP	时间戳类型
INTERVAL	时间间隔类型

一个属性选用哪种数据类型要根据实际情况来决定，一般要从两个方面来考虑，一是取值范围，二是要做哪些运算。例如，对于年龄（Sage）属性，可以采用 CHAR(3)作为数据类型，但考虑到要在年龄上做算术运算（如求平均年龄），所以要采用整数作为数据类型，因为在 CHAR(n)数据类型上不能进行算术运算。整数又有长整数和短整数两种，因为一个人的年龄在百岁左右，所以选用短整数作为年龄的数据类型。

3. 模式与表

每一个基本表都属于某一个模式，一个模式包含多个基本表。当定义基本表时一般可以有三种方法定义它所属的模式。例如在例 3.1 中定义了一个学生-课程模式 S-T。现在要在 S-T 中定义 Student、Cource、SC 等基本表。

方法一，在表名中明显地给出模式名。

  CREATE TABLE "S-T".Student(…); /* Student 所属的模式是 S-T */
  CREATE TABLE "S-T".Course(…); /* Course 所属的模式是 S-T */
  CREATE TABLE "S-T".SC(…); /* SC 所属的模式是 S-T */

方法二，在创建模式语句中同时创建表，如例 3.3 所示。

方法三，设置所属的模式，这样在创建表时表名中不必给出模式名。

当用户创建基本表（其他数据库对象也一样）时若没有指定模式，系统根据搜索路径（search path）来确定该对象所属的模式。

搜索路径包含一组模式列表，关系数据库管理系统会使用模式列表中第一个存在的模式作为数据库对象的模式名。若搜索路径中的模式名都不存在，系统将给出错误。

使用下面的语句可以显示当前的搜索路径：

SHOW search_path;

搜索路径的当前默认值是$user, PUBLIC。其含义是首先搜索与用户名相同的模式名，如果该模式名不存在，则使用 PUBLIC 模式。

数据库管理员也可以设置搜索路径，例如：

SET search_path TO "S-T", PUBLIC;

然后，定义基本表：

CREATE TABLE Student (…);

实际结果是建立了 S-T.Student 基本表。因为关系数据库管理系统发现搜索路径中第一个模式名 S-T 存在，就把该模式作为基本表 Student 所属的模式。

4．修改基本表

随着应用环境和应用需求的变化，有时需要修改已建立好的基本表。SQL 语言用 ALTER TABLE 语句修改基本表，其一般格式为

ALTER TABLE <表名>
[ADD [COLUMN] <新列名><数据类型> [完整性约束]]
[ADD <表级完整性约束>]
[DROP [COLUMN] <列名> [CASCADE| RESTRICT]]
[DROP CONSTRAINT<完整性约束名> [RESTRICT | CASCADE]]
[ALTER COLUMN <列名><数据类型>] ;

其中<表名>是要修改的基本表，ADD 子句用于增加新列、新的列级完整性约束条件和新的表级完整性约束条件。DROP COLUMN 子句用于删除表中的列，如果指定了 CASCADE 短语，则自动删除引用了该列的其他对象，比如视图；如果指定了 RESTRICT 短语，则如果该列被其他对象引用，RDBMS 将拒绝删除该列。DROP CONSTRAINT 子句用于删除指定的完整性约束条件。ALTER COLUMN 子句用于修改原有的列定义，包括修改列名和数据类型。

［例 3.8］ 向 Student 表增加"入学时间"列，其数据类型为日期型。

ALTER TABLE Student ADD S_entrance DATE;

不论基本表中原来是否已有数据，新增加的列一律为空值。

［例 3.9］ 将年龄的数据类型由字符型（假设原来的数据类型是字符型）改为整数。

ALTER TABLE Student ALTER COLUMN Sage INT;

［例 3.10］ 增加课程名称必须取唯一值的约束条件。

ALTER TABLE Course ADD UNIQUE(Cname);

5．删除基本表

当某个基本表不再需要时，可以使用 DROP TABLE 语句删除它。其一般格式为：

DROP TABLE <表名> [RESTRICT | CASCADE] ;

若选择 RESTRICT，则该表的删除是有限制条件的。欲删除的基本表不能被其他表的约束所引用（如 CHECK，FOREIGN KEY 等约束），不能有视图，不能有触发器（trigger），不能有存储过程或函数等。如果存在这些依赖该表的对象，则此表不能被删除。

若选择 CASCADE，则该表的删除没有限制条件。在删除基本表的同时，相关的依赖对象，例如视图，都将被一起删除。

默认情况是 RESTRICT。

[**例 3.11**] 删除 Student 表。

```
DROP TABLE Student CASCADE;
```

基本表定义一旦被删除，不仅表中的数据和此表的定义将被删除，而且此表上建立的索引、触发器等对象一般也都将被删除。有的关系数据库管理系统还会同时删除在此表上建立的视图。如果欲删除的基本表被其他基本表所引用，则这些表也可能被删除。例如 SC 表通过外码 Sno 引用 Student，则执行例 3.11 后 Student 表被删除，SC 也被级联删除。因此执行删除基本表的操作一定要格外小心。

[**例 3.12**] 若表上建有视图，选择 RESTRICT 时表不能删除；选择 CASCADE 时可以删除表，视图也自动被删除。

```
CREATE VIEW IS_Student                 /* Student 表上建立视图*/
AS
SELECT Sno,Sname,Sage
FROM Student
WHERE Sdept='IS';


DROP TABLE Student RESTRICT;           /*删除 Student 表*/
--ERROR: cannot drop table Student because other objects depend on it
                       /* 系统返回错误信息，存在依赖该表的对象，此表不能被删除*/
DROP TABLE Student CASCADE;            /*删除 Student 表*/
--NOTICE: drop cascades to view IS_Student   /*系统返回提示，此表上的视图也被删除*/

SELECT * FROM IS_Student;
--ERROR: relation " IS_Student " does not exist
```

注意：不同的数据库产品在遵循 SQL 标准的基础上具体实现细节和处理策略会与标准有差别。

下面就 SQL 2011 标准对 DROP TABLE 的规定，对比分析 Kingbase ES、Oracle 12c Release 1(12.1)、MS SQL Server 2012 这三种数据库产品对 DROP TABLE 的不同处理策略。

表 3.5 中的 R 表示 RESTRICT，即 DROP TABLE <基本表名> RESTRICT；C 表示

CASCADE，即 DROP TABLE <基本表名> CASCADE；其中 Oracle 12c 没有 RESTRICT 选项；SQL Server 没有 RESTRICT 和 CASCADE 选项。

表 3.5 DROP TABLE 时，SQL2011 与 3 个关系数据库管理系统的处理策略比较

序号	标准及主流数据库的处理方式 / 依赖基本表的对象	SQL2011 R	SQL2011 C	Kingbase ES R	Kingbase ES C	Oracle 12c C	MS SQL Server 2012
1	索引	无规定		√	√	√	√
2	视图	×	√	×	√	√ 保留	√ 保留
3	DEFAULT，PRIMARY KEY，CHECK（只含该表的列）NOT NULL 等约束	√	√	√	√	√	√
4	外码 FOREIGN KEY	×	√	×	√	×	×
5	触发器 TRIGGER	×	√	×	√	√	√
6	函数或存储过程	×	√	√ 保留	√ 保留	√ 保留	√ 保留

"×"表示不能删除基本表，"√"表示能删除基本表，"保留"表示删除基本表后，还保留依赖对象。从比较表中可以知道：

（1）对于索引，删除基本表后，这三个关系数据库管理系统都自动删除该基本表上已经建立的所有索引。

（2）对于视图，Oracle 12c 与 SQL Server 2012 是删除基本表后，还保留此基本表上的视图定义，但是已经失效。Kingbase ES 分两种情况，若删除基本表时带 RESTRICT 选项，则不可以删除基本表；若删除基本表时带 CASCADE 选项，则可以删除基本表，同时也删除视图。Kingbase ES 的这种策略符合 SQL 2011 标准。

（3）对于存储过程和函数，删除基本表后，这三个数据库产品都不自动删除建立在此基本表上的存储过程和函数，但是已经失效。

（4）如果欲删除的基本表上有触发器，或者被其他基本表的约束所引用（CHECK，FOREIGN KEY 等），读者可以从比较表中得到这三个系统的处理策略，这里就不一一说明了。

同样，对于其他的 SQL 语句，不同的数据库产品在处理策略上会与标准有所差别。因此，如果发现本书中个别例子在某个数据库产品上不能通过时，请读者参见有关产品的用户手册，适当修改即可。

3.3.3 索引的建立与删除

当表的数据量比较大时，查询操作会比较耗时。建立索引是加快查询速度的有效手段。数据库索引类似于图书后面的索引，能快速定位到需要查询的内容。用户可以根据应用环

境的需要在基本表上建立一个或多个索引,以提供多种存取路径,加快查找速度。

数据库索引有多种类型,常见索引包括顺序文件上的索引、B+树索引、散列(hash)索引、位图索引等。顺序文件上的索引是针对按指定属性值升序或降序存储的关系,在该属性上建立一个顺序索引文件,索引文件由属性值和相应的元组指针组成。B+树索引是将索引属性组织成 B+树形式,B+树的叶结点为属性值和相应的元组指针。B+树索引具有动态平衡的优点。散列索引是建立若干个桶,将索引属性按照其散列函数值映射到相应桶中,桶中存放索引属性值和相应的元组指针。散列索引具有查找速度快的特点。位图索引是用位向量记录索引属性中可能出现的值,每个位向量对应一个可能值。

索引虽然能够加速数据库查询,但需要占用一定的存储空间,当基本表更新时,索引要进行相应的维护,这些都会增加数据库的负担,因此要根据实际应用的需要有选择地创建索引。

目前 SQL 标准中没有涉及索引,但商用关系数据库管理系统一般都支持索引机制,只是不同的关系数据库管理系统支持的索引类型不尽相同。

一般说来,建立与删除索引由数据库管理员或表的属主(owner),即建立表的人,负责完成。关系数据库管理系统在执行查询时会自动选择合适的索引作为存取路径,用户不必也不能显式地选择索引。索引是关系数据库管理系统的内部实现技术,属于内模式的范畴。

1. 建立索引

在 SQL 语言中,建立索引使用 CREATE INDEX 语句,其一般格式为

CREATE [UNIQUE] [CLUSTER] INDEX <索引名>
ON <表名>(<列名> [<次序>] [,<列名> [<次序>]] …);

其中,<表名>是要建索引的基本表的名字。索引可以建立在该表的一列或多列上,各列名之间用逗号分隔。每个<列名>后面还可以用<次序>指定索引值的排列次序,可选 ASC(升序)或 DESC(降序),默认值为 ASC。

UNIQUE 表明此索引的每一个索引值只对应唯一的数据记录。

CLUSTER 表示要建立的索引是聚簇索引。有关聚簇索引的概念在第 7 章 7.5.2 小节关系模式存取方法选择中介绍。

[例 3.13] 为学生-课程数据库中的 Student、Course 和 SC 三个表建立索引。其中 Student 表按学号升序建唯一索引,Course 表按课程号升序建唯一索引,SC 表按学号升序和课程号降序建唯一索引。

CREATE UNIQUE INDEX Stusno ON Student(Sno);
CREATE UNIQUE INDEX Coucno ON Course(Cno);
CREATE UNIQUE INDEX SCno ON SC(Sno ASC,Cno DESC);

2. 修改索引

对于已经建立的索引,如果需要对其重新命名,可以使用 ALTER INDEX 语句。其一

般格式为

  ALTER INDEX <旧索引名> RENAME TO <新索引名>;

[**例 3.14**] 将 SC 表的 SCno 索引名改为 SCSno。

  ALTER INDEX SCno RENAME TO SCSno;

3．删除索引

索引一经建立就由系统使用和维护，不需用户干预。建立索引是为了减少查询操作的时间，但如果数据增、删、改频繁，系统会花费许多时间来维护索引，从而降低了查询效率。这时可以删除一些不必要的索引。

在 SQL 中，删除索引使用 DROP INDEX 语句，其一般格式为

  DROP INDEX <索引名>;

[**例 3.15**] 删除 Student 表的 Stusname 索引。

  DROP INDEX Stusname;

删除索引时，系统会同时从数据字典中删去有关该索引的描述。

3.3.4 数据字典

数据字典是关系数据库管理系统内部的一组系统表，它记录了数据库中所有的定义信息，包括关系模式定义、视图定义、索引定义、完整性约束定义、各类用户对数据库的操作权限、统计信息等。关系数据库管理系统在执行 SQL 的数据定义语句时，实际上就是在更新数据字典表中的相应信息。在进行查询优化和查询处理时，数据字典中的信息是其重要依据。

3.4 数据查询

数据查询是数据库的核心操作。SQL 提供了 SELECT 语句进行数据查询，该语句具有灵活的使用方式和丰富的功能。其一般格式为

  SELECT ［ALL | DISTINCT］<目标列表达式> [,<目标列表达式>] …
  FROM <表名或视图名> [,<表名或视图名>…] | (<SELECT 语句>) [AS] <别名>
  [WHERE <条件表达式>]
  [GROUP BY <列名 1> [HAVING <条件表达式>]]
  [ORDER BY <列名 2> [ASC | DESC]];

整个 SELECT 语句的含义是，根据 WHERE 子句的条件表达式从 FROM 子句指定的基本表、视图或派生表中找出满足条件的元组，再按 SELECT 子句中的目标列表达式选出元组中的属性值形成结果表。

如果有 GROUP BY 子句，则将结果按<列名 1>的值进行分组，该属性列值相等的元组

为一个组。通常会在每组中作用聚集函数。如果 GROUP BY 子句带 HAVING 短语，则只有满足指定条件的组才予以输出。

如果有 ORDER BY 子句，则结果表还要按<列名 2>的值的升序或降序排序。

SELECT 语句既可以完成简单的单表查询，也可以完成复杂的连接查询和嵌套查询。下面以学生-课程数据库为例说明 SELECT 语句的各种用法。

3.4.1 单表查询

单表查询是指仅涉及一个表的查询。

1. 选择表中的若干列

选择表中的全部或部分列即关系代数的投影运算。

（1）查询指定列

在很多情况下，用户只对表中的一部分属性列感兴趣，这时可以通过在 SELECT 子句的<目标列表达式>中指定要查询的属性列。

［例 3.16］ 查询全体学生的学号与姓名。

    SELECT Sno,Sname
    FROM Student;

该语句的执行过程可以是这样的：从 Student 表中取出一个元组，取出该元组在属性 Sno 和 Sname 上的值，形成一个新的元组作为输出。对 Student 表中的所有元组做相同的处理，最后形成一个结果关系作为输出。

［例 3.17］ 查询全体学生的姓名、学号、所在系。

    SELECT Sname,Sno,Sdept
    FROM Student;

<目标列表达式>中各个列的先后顺序可以与表中的顺序不一致。用户可以根据应用的需要改变列的显示顺序。本例中先列出姓名，再列出学号和所在系。

（2）查询全部列

将表中的所有属性列都选出来有两种方法，一种方法就是在 SELECT 关键字后列出所有列名；如果列的显示顺序与其在基表中的顺序相同，也可以简单地将<目标列表达式>指定为 *。

［例 3.18］ 查询全体学生的详细记录。

    SELECT *
    FROM Student;

等价于

    SELECT Sno,Sname,Ssex,Sage,Sdept
    FROM Student;

（3）查询经过计算的值

SELECT 子句的<目标列表达式>不仅可以是表中的属性列，也可以是表达式。

[**例 3.19**] 查询全体学生的姓名及其出生年份。

  SELECT Sname,2014-Sage /*查询结果的第 2 列是一个算术表达式*/

  FROM Student;

查询结果中第 2 列不是列名而是一个计算表达式，是用当时的年份（假设为 2014 年）减去学生的年龄。这样所得的即是学生的出生年份。输出的结果为

Sname	2014-Sage
李勇	1994
刘晨	1995
王敏	1996
张立	1995

<目标列表达式>不仅可以是算术表达式，还可以是字符串常量、函数等。

[**例 3.20**] 查询全体学生的姓名、出生年份和所在的院系，要求用小写字母表示系名。

  SELECT Sname,'Year of Birth: ',2014-Sage,LOWER(Sdept)

  FROM Student;

结果为

Sname	'Year of Birth: '	2014-Sage	LOWER(Sdept)
李勇	Year of Birth:	1994	cs
刘晨	Year of Birth:	1995	cs
王敏	Year of Birth:	1996	ma
张立	Year of Birth:	1995	is

用户可以通过指定别名来改变查询结果的列标题，这对于含算术表达式、常量、函数名的目标列表达式尤为有用。例如对于例 3.20 可以定义如下列别名：

  SELECT Sname NAME,'Year of Birth:' BIRTH,2014-Sage BIRTHDAY,

    LOWER(Sdept) DEPARTMENT

  FROM Student;

结果为

NAME	BIRTH	BIRTHDAY	DEPARTMENT
李勇	Year of Birth:	1994	cs
刘晨	Year of Birth:	1995	cs
王敏	Year of Birth:	1996	ma
张立	Year of Birth:	1995	is

2．选择表中的若干元组

（1）消除取值重复的行

两个本来并不完全相同的元组在投影到指定的某些列上后，可能会变成相同的行。可以用 DISTINCT 消除它们。

[例 3.21] 查询选修了课程的学生学号。

    SELECT Sno
    FROM SC;

执行上面的 SELECT 语句后，结果为

Sno
201215121
201215121
201215121
201215122
201215122

该查询结果里包含了许多重复的行。如想去掉结果表中的重复行，必须指定 DISTINCT：

    SELECT DISTINCT Sno
    FROM SC;

则执行结果为

Sno
201215121
201215122

如果没有指定 DISTINCT 关键词，则默认为 ALL，即保留结果表中取值重复的行。

    SELECT Sno
    FROM SC;

等价于

    SELECT ALL Sno
    FROM SC;

（2）查询满足条件的元组

查询满足指定条件的元组可以通过 WHERE 子句实现。WHERE 子句常用的查询条件如表 3.6 所示。

表 3.6　WHERE 子句常用的查询条件

查询条件	谓词
比较	=，>，<，>=，<=，!=，<>，!>，!<；NOT+上述比较运算符
确定范围	BETWEEN AND，NOT BETWEEN AND
确定集合	IN，NOT IN
字符匹配	LIKE，NOT LIKE
空值	IS NULL，IS NOT NULL
多重条件（逻辑运算）	AND，OR，NOT

① 比较大小

用于进行比较的运算符一般包括=（等于），>（大于），<（小于），>=（大于等于），<=（小于等于），!=或<>（不等于），!>（不大于），!<（不小于）。

［例 3.22］　查询计算机科学系全体学生的名单。

  SELECT Sname
  FROM Student
  WHERE Sdept='CS';

关系数据库管理系统执行该查询的一种可能过程是：对 Student 表进行全表扫描，取出一个元组，检查该元组在 Sdept 列的值是否等于'CS'，如果相等，则取出 Sname 列的值形成一个新的元组输出；否则跳过该元组，取下一个元组。重复该过程，直到处理完 Student 表的所有元组。

如果全校有数万个学生，计算机系的学生人数是全校学生的 5%左右，可以在 Student 表的 Sdept 列上建立索引，系统会利用该索引找出 Sdept='CS'的元组，从中取出 Sname 列值形成结果关系。这就避免了对 Student 表的全表扫描，加快了查询速度。注意如果学生较少，索引查找不一定能提高查询效率，系统仍会使用全表扫描。这由查询优化器按照某些规则或估计执行代价来作出选择。

［例 3.23］　查询所有年龄在 20 岁以下的学生姓名及其年龄。

  SELECT Sname,Sage
  FROM Student
  WHERE Sage<20;

［例 3.24］　查询考试成绩不及格的学生的学号。

  SELECT DISTINCT Sno
  FROM SC
  WHERE Grade<60;

这里使用了 DISTINCT 短语,当一个学生有多门课程不及格,他的学号也只列一次。

② 确定范围

谓词 BETWEEN…AND…和 NOT BETWEEN…AND…可以用来查找属性值在(或不在)指定范围内的元组,其中 BETWEEN 后是范围的下限(即低值),AND 后是范围的上限(即高值)。

[例 3.25] 查询年龄在 20~23 岁(包括 20 岁和 23 岁)之间的学生的姓名、系别和年龄。

  SELECT Sname,Sdept,Sage

  FROM Student

  WHERE Sage BETWEEN 20 AND 23;

[例 3.26] 查询年龄不在 20~23 岁之间的学生姓名、系别和年龄。

  SELECT Sname,Sdept,Sage

  FROM Student

  WHERE Sage NOT BETWEEN 20 AND 23;

③ 确定集合

谓词 IN 可以用来查找属性值属于指定集合的元组。

[例 3.27] 查询计算机科学系(CS)、数学系(MA)和信息系(IS)学生的姓名和性别。

  SELECT Sname,Ssex

  FROM Student

  WHERE Sdept IN ('CS','MA','IS');

与 IN 相对的谓词是 NOT IN,用于查找属性值不属于指定集合的元组。

[例 3.28] 查询既不是计算机科学系、数学系,也不是信息系的学生的姓名和性别。

  SELECT Sname,Ssex

  FROM Student

  WHERE Sdept NOT IN ('CS','MA','IS');

④ 字符匹配

谓词 LIKE 可以用来进行字符串的匹配。其一般语法格式如下:

  [NOT] LIKE '<匹配串>' [ESCAPE '<换码字符>']

其含义是查找指定的属性列值与<匹配串>相匹配的元组。<匹配串>可以是一个完整的字符串,也可以含有通配符%和 _。其中:

● %(百分号)代表任意长度(长度可以为 0)的字符串。例如 a%b 表示以 a 开头,以 b 结尾的任意长度的字符串。如 acb、addgb、ab 等都满足该匹配串。

● _(下横线)代表任意单个字符。

例如 a_b 表示以 a 开头,以 b 结尾的长度为 3 的任意字符串。如 acb、afb 等都满足该匹配串。

[例 3.29]　查询学号为 201215121 的学生的详细情况。

  SELECT*

  FROM Student

  WHERE Sno LIKE '201215121';

等价于

  SELECT*

  FROM Student

  WHERE Sno='201215121';

如果 LIKE 后面的匹配串中不含通配符，则可以用=（等于）运算符取代 LIKE 谓词，用 !=或<>（不等于）运算符取代 NOT LIKE 谓词。

[例 3.30]　查询所有姓刘的学生的姓名、学号和性别。

  SELECT Sname,Sno,Ssex

  FROM Student

  WHERE Sname LIKE '刘%';

[例 3.31]　查询姓"欧阳"且全名为三个汉字的学生的姓名。

  SELECT Sname

  FROM Student

  WHERE Sname LIKE '欧阳_';

注意：数据库字符集为 ASCII 时一个汉字需要两个_；当字符集为 GBK 时只需要一个_。

[例 3.32]　查询名字中第二个字为"阳"的学生的姓名和学号。

  SELECT Sname,Sno

  FROM Student

  WHERE Sname LIKE '_阳%';

[例 3.33]　查询所有不姓刘的学生的姓名、学号和性别。

  SELECT Sname,Sno,Ssex

  FROM Student

  WHERE Sname NOT LIKE '刘%';

如果用户要查询的字符串本身就含有通配符 % 或 _，这时就要使用 ESCAPE '<换码字符>' 短语对通配符进行转义了。

[例 3.34]　查询 DB_Design 课程的课程号和学分。

  SELECT Cno,Ccredit

  FROM Course

  WHERE Cname LIKE 'DB_Design'　ESCAPE '\';

ESCAPE '\' 表示"\"为换码字符。这样匹配串中紧跟在"\"后面的字符"_"不再具有通配符的含义，转义为普通的"_"字符。

[例 3.35] 查询以"DB_"开头，且倒数第三个字符为 i 的课程的详细情况。

  SELECT *
  FROM Course
  WHERE Cname LIKE 'DB_%i__' ESCAPE '\\';

这里的匹配串为"DB_%i__"。第一个_前面有换码字符\\，所以它被转义为普通的_字符。而 i 后面的两个_ 的前面均没有换码字符\\，所以它们仍作为通配符。

⑤ 涉及空值的查询

[例 3.36] 某些学生选修课程后没有参加考试，所以有选课记录，但没有考试成绩。查询缺少成绩的学生的学号和相应的课程号。

  SELECT Sno,Cno
  FROM SC
  WHERE Grade IS NULL; /*分数 Grade 是空值*/

注意这里的"IS"不能用等号（=）代替。

[例 3.37] 查所有有成绩的学生学号和课程号。

  SELECT Sno,Cno
  FROM SC
  WHERE Grade IS NOT NULL;

⑥ 多重条件查询

逻辑运算符 AND 和 OR 可用来连接多个查询条件。AND 的优先级高于 OR，但用户可以用括号改变优先级。

[例 3.38] 查询计算机科学系年龄在 20 岁以下的学生姓名。

  SELECT Sname
  FROM Student
  WHERE Sdept='CS' AND Sage<20;

在例 3.27 中的 IN 谓词实际上是多个 OR 运算符的缩写，因此该例中的查询也可以用 OR 运算符写成如下等价形式：

  SELECT Sname,Ssex
  FROM Student
  WHERE Sdept='CS ' OR Sdept=' MA' OR Sdept=' IS ';

3. ORDER BY 子句

用户可以用 ORDER BY 子句对查询结果按照一个或多个属性列的升序（ASC）或降序（DESC）排列，默认值为升序。

[例 3.39] 查询选修了 3 号课程的学生的学号及其成绩，查询结果按分数的降序排列。

```
SELECT Sno,Grade
FROM SC
WHERE Cno=' 3 '
ORDER BY Grade DESC;
```

对于空值，排序时显示的次序由具体系统实现来决定。例如按升序排，含空值的元组最后显示；按降序排，空值的元组则最先显示。各个系统的实现可以不同，只要保持一致就行。

[例 3.40] 查询全体学生情况，查询结果按所在系的系号升序排列，同一系中的学生按年龄降序排列。

```
SELECT *
FROM Student
ORDER BY Sdept,Sage DESC;
```

4．聚集函数

为了进一步方便用户，增强检索功能，SQL 提供了许多聚集函数，主要有：

COUNT(*)	统计元组个数
COUNT（[DISTINCT|ALL] <列名>）	统计一列中值的个数
SUM（[DISTINCT|ALL] <列名>）	计算一列值的总和（此列必须是数值型）
AVG（[DISTINCT|ALL] <列名>）	计算一列值的平均值（此列必须是数值型）
MAX（[DISTINCT|ALL] <列名>）	求一列值中的最大值
MIN（[DISTINCT|ALL] <列名>）	求一列值中的最小值

如果指定 DISTINCT 短语，则表示在计算时要取消指定列中的重复值。如果不指定 DISTINCT 短语或指定 ALL 短语（ALL 为默认值），则表示不取消重复值。

[例 3.41] 查询学生总人数。

```
SELECT COUNT(*)
FROM Student;
```

[例 3.42] 查询选修了课程的学生人数。

```
SELECT COUNT(DISTINCT Sno)
FROM SC;
```

学生每选修一门课，在 SC 中都有一条相应的记录。一个学生要选修多门课程，为避免重复计算学生人数，必须在 COUNT 函数中用 DISTINCT 短语。

[例 3.43] 计算选修 1 号课程的学生平均成绩。

```
SELECT AVG(Grade)
FROM SC
WHERE Cno=' 1 ';
```

[例 3.44] 查询选修 1 号课程的学生最高分数。

SELECT MAX(Grade)
FROM SC
WHERE Cno=' 1 ';

[例 3.45] 查询学生 201215012 选修课程的总学分数。

SELECT SUM(Ccredit)
FROM SC, Course
WHERE Sno='201215012' AND SC.Cno=Course.Cno;

当聚集函数遇到空值时，除 COUNT（*）外，都跳过空值而只处理非空值。COUNT（*）是对元组进行计数，某个元组的一个或部分列取空值不影响 COUNT 的统计结果。

注意，WHERE 子句中是不能用聚集函数作为条件表达式的。聚集函数只能用于 SELECT 子句和 GROUP BY 中的 HAVING 子句。

5. GROUP BY 子句

GROUP BY 子句将查询结果按某一列或多列的值分组，值相等的为一组。

对查询结果分组的目的是为了细化聚集函数的作用对象。如果未对查询结果分组，聚集函数将作用于整个查询结果，如前面的例 3.41～3.45。分组后聚集函数将作用于每一个组，即每一组都有一个函数值。

[例 3.46] 求各个课程号及相应的选课人数。

SELECT Cno,COUNT(Sno)
FROM SC
GROUP BY Cno;

该语句对查询结果按 Cno 的值分组，所有具有相同 Cno 值的元组为一组，然后对每一组作用聚集函数 COUNT 进行计算，以求得该组的学生人数。

查询结果可能为

Cno	COUNT(Sno)
1	22
2	34
3	44
4	33
5	48

如果分组后还要求按一定的条件对这些组进行筛选，最终只输出满足指定条件的组，则可以使用 HAVING 短语指定筛选条件。

[例 3.47] 查询选修了三门以上课程的学生学号。

SELECT Sno
FROM SC

GROUP BY Sno

HAVING COUNT(*) >3;

这里先用 GROUP BY 子句按 Sno 进行分组，再用聚集函数 COUNT 对每一组计数；HAVING 短语给出了选择组的条件，只有满足条件（即元组个数>3，表示此学生选修的课超过 3 门）的组才会被选出来。

WHERE 子句与 HAVING 短语的区别在于作用对象不同。WHERE 子句作用于基本表或视图，从中选择满足条件的元组。HAVING 短语作用于组，从中选择满足条件的组。

[例 3.48] 查询平均成绩大于等于 90 分的学生学号和平均成绩。

下面的语句是不对的：

SELECT Sno,AVG(Grade)

FROM SC

WHERE AVG(Grade)>=90

GROUP BY Sno;

因为 WHERE 子句中是不能用聚集函数作为条件表达式的，正确的查询语句应该是：

SELECT Sno,AVG(Grade)

FROM SC

GROUP BY Sno

HAVING AVG(Grade)>=90;

3.4.2　连接查询

前面的查询都是针对一个表进行的。若一个查询同时涉及两个以上的表，则称之为连接查询。连接查询是关系数据库中最主要的查询，包括等值连接查询、自然连接查询、非等值连接查询、自身连接查询、外连接查询和复合条件连接查询等。

1. 等值与非等值连接查询

连接查询的 WHERE 子句中用来连接两个表的条件称为**连接条件**或**连接谓词**，其一般格式为

[<表名 1>.] <列名 1><比较运算符> [<表名 2>.] <列名 2>

其中比较运算符主要有=、>、<、>=、<=、!=（或<>）等。

此外连接谓词还可以使用下面形式：

[<表名 1>.] <列名 1> BETWEEN [<表名 2>.] <列名 2> AND [<表名 2>.] <列名 3>

当连接运算符为=时，称为**等值连接**。使用其他运算符称为**非等值连接**。

连接谓词中的列名称为**连接字段**。连接条件中的各连接字段类型必须是可比的，但名字不必相同。

[例 3.49] 查询每个学生及其选修课程的情况。

学生情况存放在 Student 表中，学生选课情况存放在 SC 表中，所以本查询实际上涉及 Student 与 SC 两个表。这两个表之间的联系是通过公共属性 Sno 实现的。

```
SELECT Student.*,SC.*
FROM Student,SC
WHERE Student.Sno=SC.Sno;           /* 将 Student 与 SC 中同一学生的元组连接起来 */
```

假设 Student 表、SC 表的数据如图 3.2 所示，该查询的执行结果如图 3.4 所示。

Student.Sno	Sname	Ssex	Sage	Sdept	SC.Sno	Cno	Grade
201215121	李勇	男	20	CS	201215121	1	92
201215121	李勇	男	20	CS	201215121	2	85
201215121	李勇	男	20	CS	201215121	3	88
201215122	刘晨	女	19	CS	201215122	2	90
201215122	刘晨	女	19	CS	201215122	3	80

图 3.4　例 3.49 查询结果

本例中，SELECT 子句与 WHERE 子句中的属性名前都加上了表名前缀，这是为了避免混淆。如果属性名在参加连接的各表中是唯一的，则可以省略表名前缀。

关系数据库管理系统执行该连接操作的一种可能过程是：首先在表 Student 中找到第一个元组，然后从头开始扫描 SC 表，逐一查找与 Student 第一个元组的 Sno 相等的 SC 元组，找到后就将 Student 中的第一个元组与该元组拼接起来，形成结果表中一个元组。SC 全部查找完后，再找 Student 中第二个元组，然后再从头开始扫描 SC，逐一查找满足连接条件的元组，找到后就将 Student 中的第二个元组与该元组拼接起来，形成结果表中一个元组。重复上述操作，直到 Student 中的全部元组都处理完毕为止。这就是嵌套循环连接算法的基本思想。如图 3.5 所示。

Student

学号 Sno	姓名 Sname	性别 Ssex	年龄 Sage	所在系 Sdept
201215121	李勇	男	20	CS
201215122	刘晨	女	19	CS
201215123	王敏	女	18	MA
201215125	张立	男	19	IS

SC

学号 Sno	课程号 Cno	成绩 Grade
201215121	1	92
201215121	2	85
201215121	3	88
201215122	2	90
201215122	3	80

图 3.5　关系数据库管理系统执行连接操作的示意图

如果在 SC 表 Sno 上建立了索引的话，就不用每次全表扫描 SC 表了，而是根据 Sno 值通过索引找到相应的 SC 元组。用索引查询 SC 中满足条件的元组一般会比全表扫描快。

若在等值连接中把目标列中重复的属性列去掉则为自然连接。

[例 3.50] 对例 3.49 用自然连接完成。

  SELECT Student.Sno,Sname,Ssex,Sage,Sdept,Cno,Grade

  FROM Student,SC

  WHERE Student.Sno=SC.Sno;

本例中，由于 Sname，Ssex，Sage，Sdept，Cno 和 Grade 属性列在 Student 表与 SC 表中是唯一的，因此引用时可以去掉表名前缀；而 Sno 在两个表都出现了，因此引用时必须加上表名前缀。

一条 SQL 语句可以同时完成选择和连接查询，这时 WHERE 子句是由连接谓词和选择谓词组成的复合条件。

[例 3.51] 查询选修 2 号课程且成绩在 90 分以上的所有学生的学号和姓名。

  SELECT Student.Sno,Sname

  FROM Student,SC

  WHERE Student.Sno=SC.Sno AND   /*连接谓词 */

    SC.Cno=' 2 ' AND SC.Grade>90;   /*其他限定条件 */

该查询的一种优化（高效）的执行过程是，先从 SC 中挑选出 Cno='2'并且 Grade>90 的元组形成一个中间关系，再和 Student 中满足连接条件的元组进行连接得到最终的结果关系。

2．自身连接

连接操作不仅可以在两个表之间进行，也可以是一个表与其自己进行连接，称为表的**自身连接**。

[例 3.52] 查询每一门课的间接先修课（即先修课的先修课）。

在 Course 表中只有每门课的直接先修课信息，而没有先修课的先修课。要得到这个信息，必须先对一门课找到其先修课，再按此先修课的课程号查找它的先修课程。这就要将 Course 表与其自身连接。

为此，要为 Course 表取两个别名，一个是 FIRST，另一个是 SECOND。

FIRST 表（Course 表）

Cno	Cname	Cpno	Ccredit
1	数据库	5	4
2	数学		2
3	信息系统	1	4
4	操作系统	6	3
5	数据结构	7	4
6	数据处理		2
7	PASCAL 语言	6	4

SECOND 表（Course 表）

Cno	Cname	Cpno	Ccredit
1	数据库	5	4
2	数学		2
3	信息系统	1	4
4	操作系统	6	3
5	数据结构	7	4
6	数据处理		2
7	PASCAL 语言	6	4

完成该查询的 SQL 语句为

```
SELECT FIRST.Cno,SECOND.Cpno
FROM Course FIRST,Course SECOND
WHERE FIRST.Cpno=SECOND.Cno;
```

结果为

Cno	Cpno
1	7
3	5
5	6

3．外连接

在通常的连接操作中，只有满足连接条件的元组才能作为结果输出。如例 3.49 的结果表中没有 201215123 和 201215125 两个学生的信息，原因在于他们没有选课，在 SC 表中没有相应的元组，导致 Student 中这些元组在连接时被舍弃了。

有时想以 Student 表为主体列出每个学生的基本情况及其选课情况。若某个学生没有选课，仍把 Student 的悬浮元组保存在结果关系中，而在 SC 表的属性上填空值 NULL，这时就需要使用**外连接**。外连接的概念已经在第二章 2.4.2 小节中讲解过。可以参照例 3.53 改写例 3.49。

[例 3.53]

```
SELECT Student.Sno,Sname,Ssex,Sage,Sdept,Cno,Grade
FROM Student LEFT OUTER JOIN SC ON (Student.Sno=SC.Sno);
/*也可以使用 USING 来去掉结果中的重复值：FROM Student LEFT OUTER JOIN SC USING (Sno); */
```

执行结果如下：

Student.Sno	Sname	Ssex	Sage	Sdept	Cno	Grade
201215121	李勇	男	20	CS	1	92
201215121	李勇	男	20	CS	2	85
201215121	李勇	男	20	CS	3	88
201215122	刘晨	女	19	CS	2	90
201215122	刘晨	女	19	CS	3	80
201215123	王敏	女	18	MA	NULL	NULL
201215125	张立	男	19	IS	NULL	NULL

左外连接列出左边关系（如本例 Student）中所有的元组，**右外连接**列出右边关系中所有的元组。

4．多表连接

连接操作除了可以是**两表连接**、一个表与其自身连接外，还可以是两个以上的表进行连接，后者通常称为**多表连接**。

[**例 3.54**] 查询每个学生的学号、姓名、选修的课程名及成绩。

本查询涉及三个表，完成该查询的 SQL 语句如下：

```
SELECT Student.Sno,Sname,Cname,Grade
FROM Student,SC,Course
WHERE Student.Sno=SC.Sno AND SC.Cno=Course.Cno;
```

关系数据库管理系统在执行多表连接时，通常是先进行两个表的连接操作，再将其连接结果与第三个表进行连接。本例的一种可能的执行方式是，先将 Student 表与 SC 表进行连接，得到每个学生的学号、姓名、所选课程号和相应的成绩，然后再将其与 Course 表进行连接，得到最终结果。

3.4.3 嵌套查询

在 SQL 语言中，一个 SELECT-FROM-WHERE 语句称为一个**查询块**。将一个查询块嵌套在另一个查询块的 WHERE 子句或 HAVING 短语的条件中的查询称为**嵌套查询**（nested query）。例如：

```
SELECT Sname                /*外层查询或父查询*/
FROM Student
WHERE Sno IN
        (SELECT Sno         /*内层查询或子查询*/
         FROM SC
         WHERE Cno=' 2 ');
```

本例中，下层查询块 SELECT Sno FROM SC WHERE Cno='2'是嵌套在上层查询块 SELECT Sname FROM Student WHERE Sno IN 的 WHERE 条件中的。上层的查询块称为**外层查询**或**父查询**，下层查询块称为**内层查询**或**子查询**。

SQL 语言允许多层嵌套查询，即一个子查询中还可以嵌套其他子查询。需要特别指出的是，子查询的 SELECT 语句中**不能使用 ORDER BY** 子句，ORDER BY 子句只能对最终查询结果排序。

嵌套查询使用户可以用多个简单查询构成复杂的查询，从而增强 SQL 的查询能力。以层层嵌套的方式来构造程序正是 SQL 中"结构化"的含义所在。

1．带有 IN 谓词的子查询

在嵌套查询中，子查询的结果往往是一个集合，所以谓词 IN 是嵌套查询中最经常使用的谓词。

[**例 3.55**] 查询与"刘晨"在同一个系学习的学生。
先分步来完成此查询，然后再构造嵌套查询。
① 确定"刘晨"所在系名
  SELECT Sdept
  FROM Student
  WHERE Sname='刘晨';

结果为 CS。
② 查找所有在 CS 系学习的学生。
  SELECT Sno,Sname,Sdept
  FROM Student
  WHERE Sdept=' CS ';

结果为

Sno	Sname	Sdept
201215121	李勇	CS
201215122	刘晨	CS

将第一步查询嵌入到第二步查询的条件中，构造嵌套查询如下：
  SELECT Sno,Sname,Sdept   /*例 3.55 的解法一*/
  FROM Student
  WHERE Sdept IN
    (SELECT Sdept
     FROM Student
     WHERE Sname='刘晨');

本例中，**子查询的查询条件不依赖于父查询**，称为**不相关子查询**。一种求解方法是由里向外处理，即先执行子查询，子查询的结果用于建立其父查询的查找条件。得到如下的语句：
  SELECT Sno,Sname,Sdept
  FROM Student
  WHERE Sdept IN ('CS');

然后执行该语句。

本例中的查询也可以用自身连接来完成：
  SELECT S1.Sno,S1.Sname,S1.Sdept   /*例 3.55 的解法二 */
  FROM Student S1,Student S2
  WHERE S1.Sdept=S2.Sdept AND S2.Sname='刘晨';

可见，实现同一个查询请求可以有多种方法，当然不同的方法其执行效率可能会有差别，甚至会差别很大。这就是数据库编程人员应该掌握的数据库性能调优技术，有兴趣的读者可以参考本章相关文献资料和具体产品的性能调优方法。

[**例 3.56**] 查询选修了课程名为"信息系统"的学生学号和姓名。

本查询涉及学号、姓名和课程名三个属性。学号和姓名存放在 Student 表中，课程名存放在 Course 表中，但 Student 与 Course 两个表之间没有直接联系，必须通过 SC 表建立它们二者之间的联系。所以本查询实际上涉及三个关系。

```
SELECT Sno,Sname                      ③ 最后在 Student 关系中
FROM Student                             取出 Sno 和 Sname
WHERE Sno IN
    (SELECT Sno                       ② 然后在 SC 关系中找出
    FROM SC                              选修了 3 号课程的学生
    WHERE Cno IN                         学号
        (SELECT Cno                   ① 首先在 Course 关系中
        FROM Course                      找出"信息系统"的课
        WHERE Cname='信息系统'           程号，结果为 3 号
        )
    );
```

本查询同样可以用连接查询实现：

```
SELECT Student.Sno,Sname
FROM Student,SC,Course
WHERE Student.Sno=SC.Sno AND
    SC.Cno=Course.Cno AND
    Course.Cname='信息系统';
```

有些嵌套查询可以用连接运算替代，有些是不能替代的。从例 3.55 和例 3.56 可以看到，查询涉及多个关系时，用嵌套查询逐步求解层次清楚，易于构造，具有结构化程序设计的优点。但是相比于连接运算，目前商用关系数据库管理系统对嵌套查询的优化做得还不够完善，所以在实际应用中，能够用连接运算表达的查询尽可能采用连接运算。

例 3.55 和例 3.56 中子查询的查询条件不依赖于父查询，这类子查询称为**不相关子查询**。不相关子查询是较简单的一类子查询。如果子查询的查询条件依赖于父查询，这类子查询称为**相关子查询**（correlated subquery），整个查询语句称为**相关嵌套查询**（correlated nested query）语句。

例 3.57 就是一个相关子查询的例子。

2．带有比较运算符的子查询

带有比较运算符的子查询是指父查询与子查询之间用比较运算符进行连接。当用户能确切知道内层查询返回的是单个值时，可以用>、<、=、>=、<=、!=或<>等比较运算符。

例如在例 3.55 中，由于一个学生只可能在一个系学习，也就是说内查询的结果是一个值，因此可以用=代替 IN：

```
SELECT Sno,Sname,Sdept              /*例 3.55 的解法三 */
FROM Student
WHERE Sdept =
    (SELECT Sdept
     FROM Student
     WHERE Sname='刘晨');
```

[例 3.57]　找出每个学生超过他自己选修课程平均成绩的课程号。

```
SELECT Sno,Cno
FROM SC x
WHERE Grade >=(SELECT AVG(Grade)    /*某学生的平均成绩*/
               FROM SC y
               WHERE y.Sno=x.Sno);
```

x 是表 SC 的别名，又称为元组变量，可以用来表示 SC 的一个元组。内层查询是求一个学生所有选修课程平均成绩的，至于是哪个学生的平均成绩要看参数 x.Sno 的值，而该值是与父查询相关的，因此这类查询称为**相关子查询**。

这个语句的一种可能的执行过程采用以下三个步骤。

① 从外层查询中取出 SC 的一个元组 x，将元组 x 的 Sno 值（201215121）传送给内层查询。

```
SELECT AVG(Grade)
FROM SC y
WHERE y.Sno='201215121';
```

② 执行内层查询，得到值 88（近似值），用该值代替内层查询，得到外层查询：

```
SELECT Sno, Cno
FROM SC x
WHERE Grade >=88;
```

③ 执行这个查询，得到

（201215121,1）

（201215121,3）

然后外层查询取出下一个元组重复做上述①至③步骤的处理，直到外层的 SC 元组全部处理完毕。结果为

（201215121,1）

（201215121,3）

（201215122,2）

求解相关子查询不能像求解不相关子查询那样一次将子查询求解出来，然后求解父查询。内层查询由于与外层查询有关，因此必须反复求值。

3. 带有 ANY（SOME）或 ALL 谓词的子查询

子查询返回单值时可以用比较运算符，但返回多值时要用 ANY（有的系统用 SOME）或 ALL 谓词修饰符。而使用 ANY 或 ALL 谓词时则必须同时使用比较运算符。其语义如下所示：

>ANY	大于子查询结果中的某个值
>ALL	大于子查询结果中的所有值
<ANY	小于子查询结果中的某个值
<ALL	小于子查询结果中的所有值
>=ANY	大于等于子查询结果中的某个值
>=ALL	大于等于子查询结果中的所有值
<=ANY	小于等于子查询结果中的某个值
<=ALL	小于等于子查询结果中的所有值
=ANY	等于子查询结果中的某个值
=ALL	等于子查询结果中的所有值（通常没有实际意义）
!=（或<>）ANY	不等于子查询结果中的某个值
!=（或<>）ALL	不等于子查询结果中的任何一个值

[例 3.58] 查询非计算机科学系中比计算机科学系任意一个学生年龄小的学生姓名和年龄。

```
SELECT Sname,Sage
FROM Student
WHERE Sage<ANY (SELECT Sage
                FROM Student
                WHERE Sdept=' CS ')
AND Sdept <> ' CS ';            /* 注意这是父查询块中的条件 */
```

结果如下：

Sname	Sage
王敏	18
张立	19

关系数据库管理系统执行此查询时，首先处理子查询，找出 CS 系中所有学生的年龄，构成一个集合(20,19)；然后处理父查询，找所有不是 CS 系且年龄小于 20 或 19 的学生。

本查询也可以用聚集函数来实现，首先用子查询找出 CS 系中最大年龄（20），然后在父查询中查所有非 CS 系且年龄小于 20 岁的学生。SQL 语句如下：

```
SELECT Sname,Sage
FROM Student
WHERE Sage <
        (SELECT MAX(Sage)
         FROM Student
         WHERE Sdept=' CS ')
AND Sdept <> ' CS ';
```

[例 3.59] 查询非计算机科学系中比计算机科学系所有学生年龄都小的学生姓名及年龄。

```
SELECT Sname,Sage
FROM Student
WHERE Sage < ALL
        (SELECT Sage
         FROM Student
         WHERE Sdept=' CS ')
AND Sdept <> ' CS ';
```

关系数据库管理系统执行此查询时，首先处理子查询，找出 CS 系中所有学生的年龄，构成一个集合(20,19)。然后处理父查询，找所有不是 CS 系且年龄既小于 20，也小于 19 的学生。查询结果为

Sname	Sage
王敏	18

本查询同样也可以用聚集函数实现。SQL 语句如下：

```
SELECT Sname,Sage
FROM Student
WHERE Sage <
        (SELECT MIN(Sage)
         FROM Student
         WHERE Sdept='CS')
AND Sdept <>'CS';
```

事实上，用聚集函数实现子查询通常比直接用 ANY 或 ALL 查询效率要高。ANY、ALL

与聚集函数的对应关系如表 3.7 所示。

表 3.7　ANY（或 SOME）、ALL 谓词与聚集函数、IN 谓词的等价转换关系

	=	<>或!=	<	<=	>	>=
ANY	IN	--	<MAX	<=MAX	>MIN	>=MIN
ALL	--	NOT IN	<MIN	<=MIN	>MAX	>=MAX

表 3.7 中，=ANY 等价于 IN 谓词，<ANY 等价于<MAX，<>ALL 等价于 NOT IN 谓词，<ALL 等价于<MIN，等等。

4. 带有 EXISTS 谓词的子查询

EXISTS 代表存在量词∃。带有 EXISTS 谓词的子查询不返回任何数据，只产生逻辑真值"true"或逻辑假值"false"。

可以利用 EXISTS 来判断 x∈S、S⊆R、S=R、S∩R 非空等是否成立。

[**例 3.60**]　查询所有选修了 1 号课程的学生姓名。

本查询涉及 Student 和 SC 表。可以在 Student 中依次取每个元组的 Sno 值，用此值去检查 SC 表。若 SC 中存在这样的元组，其 Sno 值等于此 Student.Sno 值，并且其 Cno='1'，则取此 Student.Sname 送入结果表。将此想法写成 SQL 语句是

```
SELECT Sname
FROM Student
WHERE EXISTS
      (SELECT *
       FROM SC
       WHERE Sno=Student.Sno AND Cno='1');
```

使用存在量词 EXISTS 后，若内层查询结果非空，则外层的 WHERE 子句返回真值，否则返回假值。

由 EXISTS 引出的子查询，其目标列表达式通常都用 *，因为带 EXISTS 的子查询只返回真值或假值，给出列名无实际意义。

本例中子查询的查询条件依赖于外层父查询的某个属性值（Student 的 Sno 值），因此也是相关子查询。这个相关子查询的处理过程是：首先取外层查询中 Student 表的第一个元组，根据它与内层查询相关的属性值（Sno 值）处理内层查询，若 WHERE 子句返回值为真，则取外层查询中该元组的 Sname 放入结果表；然后再取 Student 表的下一个元组；重复这一过程，直至外层 Student 表全部检查完为止。

本例中的查询也可以用连接运算来实现，读者可以参照有关的例子自己给出相应的 SQL 语句。

与 EXISTS 谓词相对应的是 NOT EXISTS 谓词。使用存在量词 NOT EXISTS 后，若内

层查询结果为空，则外层的 WHERE 子句返回真值，否则返回假值。

［例 3.61］ 查询没有选修 1 号课程的学生姓名。

```
SELECT Sname
FROM Student
WHERE NOT EXISTS
    (SELECT *
     FROM SC
     WHERE Sno=Student.Sno AND Cno='1');
```

一些带 EXISTS 或 NOT EXISTS 谓词的子查询不能被其他形式的子查询等价替换，但所有带 IN 谓词、比较运算符、ANY 和 ALL 谓词的子查询都能用带 EXISTS 谓词的子查询等价替换。例如带有 IN 谓词的例 3.55 可以用如下带 EXISTS 谓词的子查询替换：

```
SELECT Sno,Sname,Sdept                /*例 3.55 的解法四 */
FROM Student S1
WHERE EXISTS
    (SELECT *
     FROM Student S2
     WHERE S2.Sdept=S1.Sdept AND
         S2.Sname='刘晨');
```

由于带 EXISTS 量词的相关子查询只关心内层查询是否有返回值，并不需要查具体值，因此其效率并不一定低于不相关子查询，有时是高效的方法。

［例 3.62］ 查询选修了全部课程的学生姓名。

SQL 中没有全称量词（for all），但是可以把带有全称量词的谓词转换为等价的带有存在量词的谓词：

$$(\forall x)P \equiv \neg(\exists x(\neg P))$$

由于没有全称量词，可将题目的意思转换成等价的用存在量词的形式：查询这样的学生，没有一门课程是他不选修的。其 SQL 语句如下：

```
SELECT Sname
FROM Student
WHERE NOT EXISTS
    (SELECT *
     FROM Course
     WHERE NOT EXISTS
         (SELECT *
          FROM SC
```

                WHERE Sno=Student.Sno
                    AND Cno=Course.Cno));
从而用 EXIST/NOT EXIST 来实现带全称量词的查询。

[例 3.63] 查询至少选修了学生 201215122 选修的全部课程的学生号码。

本查询可以用逻辑蕴涵来表达：查询学号为 x 的学生，对所有的课程 y，只要 201215122 学生选修了课程 y，则 x 也选修了 y。形式化表示如下：

用 p 表示谓词"学生 201215122 选修了课程 y"

用 q 表示谓词"学生 x 选修了课程 y"

则上述查询为

$$(\forall y) p \rightarrow q$$

SQL 语言中没有蕴涵（implication）逻辑运算，但是可以利用谓词演算将一个逻辑蕴涵的谓词等价转换为

$$p \rightarrow q \equiv \neg p \vee q$$

该查询可以转换为如下等价形式：

$$(\forall y)p \rightarrow q \equiv \neg (\exists y(\neg (p \rightarrow q))) \equiv \neg (\exists y(\neg (\neg p \vee q))) \equiv \neg \exists y(p \wedge \neg q)$$

它所表达的语义为：不存在这样的课程 y，学生 201215122 选修了 y，而学生 x 没有选。用 SQL 语言表示如下：

```
SELECT DISTINCT Sno
FROM SC SCX
WHERE NOT EXISTS
    (SELECT *
     FROM SC SCY
     WHERE SCY.Sno=' 201215122 ' AND
        NOT EXISTS
            (SELECT *
             FROM SC SCZ
             WHERE SCZ.Sno=SCX.Sno AND
                SCZ.Cno=SCY.Cno));
```

3.4.4 集合查询

SELECT 语句的查询结果是元组的集合，所以多个 SELECT 语句的结果可进行集合操作。集合操作主要包括并操作 UNION、交操作 INTERSECT 和差操作 EXCEPT。

注意，参加集合操作的各查询结果的列数必须相同；对应项的数据类型也必须相同。

[例 3.64] 查询计算机科学系的学生及年龄不大于 19 岁的学生。

```
SELECT   *
FROM Student
WHERE Sdept='CS'
UNION
SELECT *
FROM Student
WHERE Sage<=19;
```

本查询实际上是求计算机科学系的所有学生与年龄不大于 19 岁的学生的并集。使用 UNION 将多个查询结果合并起来时，系统会自动去掉重复元组。如果要保留重复元组则用 UNION ALL 操作符。

[例 3.65] 查询选修了课程 1 或者选修了课程 2 的学生。

本例即查询选修课程 1 的学生集合与选修课程 2 的学生集合的并集。

```
SELECT Sno
FROM SC
WHERE Cno=' 1 '
UNION
SELECT Sno
FROM SC
WHERE Cno=' 2 ';
```

[例 3.66] 查询计算机科学系的学生与年龄不大于 19 岁的学生的交集。

```
SELECT *
FROM Student
WHERE Sdept='CS'
INTERSECT
SELECT *
FROM Student
WHERE Sage<=19;
```

这实际上就是查询计算机科学系中年龄不大于 19 岁的学生。

```
SELECT *
FROM Student
WHERE Sdept='CS' AND
       Sage<=19;
```

[例 3.67] 查询既选修了课程 1 又选修了课程 2 的学生。就是查询选修课程 1 的学生集合与选修课程 2 的学生集合的交集。

```
    SELECT Sno
    FROM SC
    WHERE Cno=' 1 '
    INTERSECT
    SELECT Sno
    FROM SC
    WHERE Cno='2 ';
```
本例也可以表示为
```
    SELECT Sno
    FROM SC
    WHERE Cno=' 1 ' AND Sno IN
                    (SELECT Sno
                     FROM SC
                     WHERE Cno=' 2 ');
```

[例 3.68] 查询计算机科学系的学生与年龄不大于 19 岁的学生的差集。
```
    SELECT *
    FROM Student
    WHERE Sdept='CS'
    EXCEPT
    SELECT *
    FROM Student
    WHERE Sage <=19;
```
也就是查询计算机科学系中年龄大于 19 岁的学生。
```
    SELECT *
    FROM Student
    WHERE Sdept='CS' AND Sage>19;
```

3.4.5 基于派生表的查询

子查询不仅可以出现在 WHERE 子句中，还可以出现在 FROM 子句中，这时子查询生成的临时**派生表**（derived table）成为主查询的查询对象。例如，例 3.57 找出每个学生超过他自己选修课程平均成绩的课程号，也可以用如下的查询完成：
```
    SELECT Sno, Cno
    FROM SC, (SELECT Sno, Avg(Grade) FROM SC GROUP BY Sno)
             AS Avg_sc(avg_sno,avg_grade)
```

WHERE SC.Sno = Avg_sc.avg_sno AND SC.Grade >= Avg_sc.avg_grade;

这里 FROM 子句中的子查询将生成一个派生表 Avg_sc。该表由 avg_sno 和 avg_grade 两个属性组成，记录了每个学生的学号及平均成绩。主查询将 SC 表与 Avg_sc 按学号相等进行连接，选出选修课成绩大于其平均成绩的课程号。

如果子查询中没有聚集函数，派生表可以不指定属性列，子查询 SELECT 子句后面的列名为其默认属性。例如例 3.60 查询所有选修了 1 号课程的学生姓名，可以用如下查询完成：

SELECT Sname
FROM   Student, (SELECT Sno FROM SC WHERE Cno=' 1 ') AS SC1
WHERE   Student.Sno=SC1.Sno;

需要说明的是，通过 FROM 子句生成派生表时，AS 关键字可以省略，但必须为派生关系指定一个别名。而对于基本表，别名是可选择项。

3.4.6 SELECT 语句的一般格式

SELECT 语句是 SQL 的核心语句，从前面的例子可以看到其语句成分丰富多样，下面总结一下它们的一般格式。

SELECT 语句的一般格式：

SELECT［ALL|DISTINCT］<目标列表达式>［别名］[,<目标列表达式>［别名］]…
FROM <表名或视图名>［别名］[,<表名或视图名>［别名］]… |(<SELECT 语句>)［AS］<别名>
[WHERE <条件表达式>]
[GROUP BY <列名 1>［HAVING <条件表达式>]]
[ORDER BY <列名 2>［ASC|DESC］];

1．目标列表达式的可选格式

（1）*
（2）<表名>.*
（3）COUNT(［DISTINCT|ALL］*)
（4）[<表名>.]<属性列名表达式>［,[<表名>.]<属性列名表达式>]…

其中，<属性列名表达式>可以是由属性列、作用于属性列的聚集函数和常量的任意算术运算(+，-，*，/)组成的运算公式。

2．聚集函数的一般格式

$$\left\{\begin{array}{l} \text{COUNT} \\ \text{SUM} \\ \text{AVG} \\ \text{MAX} \\ \text{MIN} \end{array}\right\} ([\text{DISTINCT|ALL}] <列名>)$$

3. WHERE 子句的条件表达式的可选格式

（1）

$$<属性列名>\theta \begin{Bmatrix} <属性列名> \\ <常量> \\ [\text{ANY}|\text{ALL}] \text{ (SELECT 语句)} \end{Bmatrix}$$

（2）

$$<属性列名> [\text{NOT}] \text{ BETWEEN} \begin{Bmatrix} <属性列名> \\ <常量> \\ (\text{SELECT 语句}) \end{Bmatrix} \text{AND} \begin{Bmatrix} <属性列名> \\ <常量> \\ (\text{SELECT 语句}) \end{Bmatrix}$$

（3）

$$<属性列名> [\text{NOT}] \text{ IN} \begin{Bmatrix} (<值1>[,<值2>]\cdots) \\ (\text{SELECT 语句}) \end{Bmatrix}$$

（4）<属性列名>［NOT］ LIKE <匹配串>

（5）<属性列名> IS ［NOT］ NULL

（6）［NOT］ EXISTS (SELECT 语句)

（7）

$$<条件表达式> \begin{Bmatrix} \text{AND} \\ \text{OR} \end{Bmatrix} <条件表达式> \begin{Bmatrix} \text{AND} \\ \text{OR} \end{Bmatrix} <条件表达式>\cdots$$

3.5 数据更新

数据更新操作有三种：向表中添加若干行数据、修改表中的数据和删除表中的若干行数据。在 SQL 中有相应的三类语句。

3.5.1 插入数据

SQL 的数据插入语句 INSERT 通常有两种形式，一种是插入一个元组，另一种是插入子查询结果。后者可以一次插入多个元组。

1. 插入元组

插入元组的 INSERT 语句的格式为

INSERT

INTO <表名> [(<属性列 1> [,<属性列 2>] …)]
VALUES (<常量 1> [,<常量 2>] …);

其功能是将新元组插入指定表中。其中新元组的属性列 1 的值为常量 1，属性列 2 的值为常量 2，…。INTO 子句中没有出现的属性列，新元组在这些列上将取空值。但必须注意的是，在表定义时说明了 NOT NULL 的属性列不能取空值，否则会出错。

如果 INTO 子句中没有指明任何属性列名，则新插入的元组必须在每个属性列上均有值。

[例 3.69] 将一个新学生元组（学号：201215128，姓名：陈冬，性别：男，所在系：IS，年龄：18 岁）插入到 Student 表中。

  INSERT
  INTO Student (Sno,Sname,Ssex,Sdept,Sage)
  VALUES ('201215128', '陈冬', '男', 'IS', 18);

在 INTO 子句中指出了表名 Student，并指出了新增加的元组在哪些属性上要赋值，属性的顺序可以与 CREATE TABLE 中的顺序不一样。VALUES 子句对新元组的各属性赋值，字符串常数要用单引号（英文符号）括起来。

[例 3.70] 将学生张成民的信息插入到 Student 表中。

  INSERT
  INTO Student
  VALUES ('201215126', '张成民', '男',18, 'CS');

与例 3.69 的不同是在 INTO 子句中只指出了表名，没有指出属性名。这表示新元组要在表的所有属性列上都指定值，属性列的次序与 CREATE TABLE 中的次序相同。VALUES 子句对新元组的各属性列赋值，一定要注意值与属性列要一一对应，如果像例 3.69 那样，成为('201215126','张成民','男','CS',18)，则含义是将'CS'赋予了列 Sage，而 18 赋予了列 Sdept，这样则会因为数据类型不匹配出错。

[例 3.71] 插入一条选课记录('201215128','1')。

  INSERT
  INTO SC(Sno,Cno)
  VALUES (' 201215128 ',' 1 ');

关系数据库管理系统将在新插入记录的 Grade 列上自动地赋空值。

或者：

  INSERT
  INTO SC
  VALUES (' 201215128 ',' 1 ',NULL);

因为没有指出 SC 的属性名，在 Grade 列上要明确给出空值。

2. 插入子查询结果

子查询不仅可以嵌套在 SELECT 语句中用以构造父查询的条件（如 3.4.3 小节所述），也可以嵌套在 INSERT 语句中用以生成要插入的批量数据。

插入子查询结果的 INSERT 语句格式为

  INSERT
  INTO <表名> [(<属性列 1> [,<属性列 2>…)]
  子查询;

［例 3.72］ 对每一个系，求学生的平均年龄，并把结果存入数据库。

首先在数据库中建立一个新表，其中一列存放系名，另一列存放相应的学生平均年龄。

  CREATE TABLE Dept_age
    (Sdept CHAR(15)
    Avg_age SMALLINT);

然后对 Student 表按系分组求平均年龄，再把系名和平均年龄存入新表中。

  INSERT
  INTO Dept_age(Sdept,Avg_age)
  SELECT Sdept,AVG(Sage)
  FROM Student
  GROUP BY Sdept;

3.5.2 修改数据

修改操作又称为更新操作，其语句的一般格式为

  UPDATE <表名>
  SET <列名>=<表达式> [,<列名>=<表达式>] …
  ［WHERE <条件>］;

其功能是修改指定表中满足 WHERE 子句条件的元组。其中 SET 子句给出<表达式>的值用于取代相应的属性列值。如果省略 WHERE 子句，则表示要修改表中的所有元组。

1. 修改某一个元组的值

［例 3.73］ 将学生 201215121 的年龄改为 22 岁。

  UPDATE Student
  SET Sage=22
  WHERE Sno=' 201215121 ';

2. 修改多个元组的值

［例 3.74］ 将所有学生的年龄增加 1 岁。

  UPDATE Student

SET Sage=Sage+1;

3．带子查询的修改语句

子查询也可以嵌套在 UPDATE 语句中，用以构造修改的条件。

[例 3.75] 将计算机科学系全体学生的成绩置零。

```
UPDATE SC
SET Grade=0
WHERE Sno IN
    ( SELECT Sno
    FROM Student
    WHERE Sdept= 'CS' );
```

3.5.3 删除数据

删除语句的一般格式为

```
DELETE
FROM <表名>
[WHERE <条件>];
```

DELETE 语句的功能是从指定表中删除满足 WHERE 子句条件的所有元组。如果省略 WHERE 子句则表示删除表中全部元组，但表的定义仍在字典中。也就是说，DELETE 语句删除的是表中的数据，而不是关于表的定义。

1．删除某一个元组的值

[例 3.76] 删除学号为 201215128 的学生记录。

```
DELETE
FROM Student
WHERE Sno='201215128';
```

2．删除多个元组的值

[例 3.77] 删除所有的学生选课记录。

```
DELETE
FROM SC;
```

这条 DELETE 语句将使 SC 成为空表，它删除了 SC 的所有元组。

3．带子查询的删除语句

子查询同样也可以嵌套在 DELETE 语句中，用以构造执行删除操作的条件。

[例 3.78] 删除计算机科学系所有学生的选课记录。

```
DELETE
FROM SC
```

```
WHERE Sno IN
    ( SELECT Sno
      FROM Student
      WHERE Sdept= 'CS' );
```

对某个基本表中数据的增、删、改操作有可能会破坏参照完整性，第 5 章 5.2 节　参照完整性将详细讲解如何进行参照完整性检查和控制。

3.6　空值的处理

前面已经多处提到空值（NULL）的概念和空值的处理，这里再系统介绍一下这个问题。所谓空值就是"不知道"或"不存在"或"无意义"的值。SQL 语言中允许某些元组的某些属性在一定情况下取空值。一般有以下几种情况：

- 该属性应该有一个值，但目前不知道它的具体值。例如，某学生的年龄属性，因为学生登记表漏填了，不知道该学生年龄，因此取空值。
- 该属性不应该有值。例如，缺考学生的成绩为空，因为他没有参加考试。
- 由于某种原因不便于填写。例如，一个人的电话号码不想让大家知道，则取空值。

因此，空值是一个很特殊的值，含有不确定性，对关系运算带来特殊的问题，需要做特殊的处理。

1．空值的产生

［例 3.79］ 向 SC 表中插入一个元组，学生号是"201215126"，课程号是"1"，成绩为空。

```
INSERT INTO SC(Sno,Cno,Grade)
    VALUES('201215126', '1', NULL);    /*在插入时该学生还没有考试成绩，取空值*/
```

或

```
INSERT INTO SC(Sno,Cno)
    VALUES('201215126', '1');          /*在插入语句中没有赋值的属性，其值为空值*/
```

［例 3.80］ 将 Student 表中学生号为"201215200"的学生所属的系改为空值。

```
UPDATE Student
SET Sdept = NULL
WHERE Sno='201215200';
```

另外，外连接也会产生空值，参见 3.4.2 小节。空值的关系运算也会产生空值。

2．空值的判断

判断一个属性的值是否为空值，用 IS NULL 或 IS NOT NULL 来表示。

[例 3.81] 从 Student 表中找出漏填了数据的学生信息。

SELECT *
FROM Student
WHERE Sname IS NULL OR Ssex IS NULL OR Sage IS NULL OR Sdept IS NULL;

3．空值的约束条件

属性定义（或者域定义）中有 NOT NULL 约束条件的不能取空值，码属性不能取空值。

4．空值的算术运算、比较运算和逻辑运算

空值与另一个值（包括另一个空值）的算术运算的结果为空值，空值与另一个值（包括另一个空值）的比较运算的结果为 UNKNOWN。有了 UNKNOWN 后，传统的逻辑运算中二值（TRUE，FALSE）逻辑就扩展成了三值逻辑。AND、OR、NOT 的真值表如表 3.8 所示，其中 T 表示 TRUE，F 表示 FALSE，U 表示 UNKNOWN。

在查询语句中，只有使 WHERE 和 HAVING 子句中的选择条件为 TRUE 的元组才被选出作为输出结果。

表 3.8 逻辑运算符真值表

x	y	x AND y	x OR y	NOT x
T	T	T	T	F
T	U	U	T	F
T	F	F	T	F
U	T	U	T	U
U	U	U	U	U
U	F	F	U	U
F	T	F	T	T
F	U	F	U	T
F	F	F	F	T

[例 3.82] 找出选修 1 号课程的不及格的学生。

SELECT Sno
FROM SC
WHERE Grade < 60 AND Cno='1';

选出的学生是那些参加了考试（Grade 属性为非空值）而不及格的学生，不包括缺考的学生。因为前者使条件 Grade<60 的值为 TRUE，后者使条件的值为 UNKNOWN。

[例 3.83] 选出选修 1 号课程的不及格的学生以及缺考的学生。

SELECT Sno
FROM SC
WHERE Grade < 60 AND Cno='1'
UNION
SELECT Sno
FROM SC
WHERE Grade IS NULL AND Cno='1';

或

```
SELECT Sno
FROM SC
WHERE Cno='1' AND (Grade < 60 OR Grade IS NULL);
```

3.7 视　　图

视图是从一个或几个基本表（或视图）导出的表。它与基本表不同，是一个虚表。数据库中只存放视图的定义，而不存放视图对应的数据，这些数据仍存放在原来的基本表中。所以一旦基本表中的数据发生变化，从视图中查询出的数据也就随之改变了。从这个意义上讲，视图就像一个窗口，透过它可以看到数据库中自己感兴趣的数据及其变化。

视图一经定义，就可以和基本表一样被查询、被删除。也可以在一个视图之上再定义新的视图，但对视图的更新（增、删、改）操作则有一定的限制。

本节专门讨论视图的定义、操作及作用。

3.7.1　定义视图

1. 建立视图

SQL 语言用 CREATE VIEW 命令建立视图，其一般格式为

CREATE VIEW <视图名> [(<列名> [,<列名>] …)]
AS <子查询>
[WITH CHECK OPTION]；

其中，子查询可以是任意的 SELECT 语句，是否可以含有 ORDER BY 子句和 DISTINCT 短语，则取决于具体系统的实现。

WITH CHECK OPTION 表示对视图进行 UPDATE、INSERT 和 DELETE 操作时要保证更新、插入或删除的行满足视图定义中的谓词条件（即子查询中的条件表达式）。

组成视图的属性列名或者全部省略或者全部指定，没有第三种选择。如果省略了视图的各个属性列名，则隐含该视图由子查询中 SELECT 子句目标列中的诸字段组成。但在下列三种情况下必须明确指定组成视图的所有列名：

（1）某个目标列不是单纯的属性名，而是聚集函数或列表达式；
（2）多表连接时选出了几个同名列作为视图的字段；
（3）需要在视图中为某个列启用新的更合适的名字。

［例 3.84］　建立信息系学生的视图。

```
CREATE VIEW IS_Student
AS
SELECT Sno,Sname,Sage
```

FROM Student
WHERE Sdept='IS';

本例中省略了视图 IS_Student 的列名，隐含了由子查询中 SELECT 子句中的三个列名组成。

关系数据库管理系统执行 CREATE VIEW 语句的结果只是把视图的定义存入数据字典，并不执行其中的 SELECT 语句。只是在对视图查询时，才按视图的定义从基本表中将数据查出。

[例 3.85] 建立信息系学生的视图，并要求进行修改和插入操作时仍需保证该视图只有信息系的学生。

CREATE VIEW IS_Student
AS
SELECT Sno,Sname,Sage
FROM Student
WHERE Sdept='IS'
WITH CHECK OPTION;

由于在定义 IS_Student 视图时加上了 WITH CHECK OPTION 子句，以后对该视图进行插入、修改和删除操作时，关系数据库管理系统会自动加上 Sdept='IS'的条件。

若一个视图是从单个基本表导出的，并且只是去掉了基本表的某些行和某些列，但保留了主码，则称这类视图为**行列子集视图**。IS_Student 视图就是一个行列子集视图。

视图不仅可以建立在单个基本表上，也可以建立在多个基本表上。

[例 3.86] 建立信息系选修了 1 号课程的学生的视图（包括学号、姓名、成绩）。

CREATE VIEW IS_S1(Sno,Sname,Grade)
AS
SELECT Student.Sno,Sname,Grade
FROM Student,SC
WHERE Sdept='IS' AND
      Student.Sno=SC.Sno AND
      SC.Cno='1';

由于视图 IS_S1 的属性列中包含了 Student 表与 SC 表的同名列 Sno，所以必须在视图名后面明确说明视图的各个属性列名。

视图不仅可以建立在一个或多个基本表上，也可以建立在一个或多个已定义好的视图上，或建立在基本表与视图上。

[例 3.87] 建立信息系选修了 1 号课程且成绩在 90 分以上的学生的视图。

CREATE VIEW IS_S2

AS

SELECT Sno,Sname,Grade

FROM IS_S1

WHERE Grade>=90;

这里的视图 IS_S2 就是建立在视图 IS_S1 之上的。

定义基本表时，为了减少数据库中的冗余数据，表中只存放基本数据，由基本数据经过各种计算派生出的数据一般是不存储的。由于视图中的数据并不实际存储，所以定义视图时可以根据应用的需要设置一些派生属性列。这些派生属性由于在基本表中并不实际存在，也称它们为虚拟列。带虚拟列的视图也称为带表达式的视图。

[例 3.88] 定义一个反映学生出生年份的视图。

CREATE VIEW BT_S(Sno,Sname,Sbirth)

AS

SELECT Sno,Sname,2014-Sage

FROM Student;

这里视图 BT_S 是一个带表达式的视图。视图中的出生年份值是通过计算得到的。

还可以用带有聚集函数和 GROUP BY 子句的查询来定义视图，这种视图称为分组视图。

[例 3.89] 将学生的学号及平均成绩定义为一个视图。

CREATE VIEW S_G(Sno,Gavg)

AS

SELECT Sno,AVG(Grade)

FROM SC

GROUP BY Sno;

由于 AS 子句中 SELECT 语句的目标列平均成绩是通过作用聚集函数得到的，所以 CREATE VIEW 中必须明确定义组成 S_G 视图的各个属性列名。S_G 是一个分组视图。

[例 3.90] 将 Student 表中所有女生记录定义为一个视图。

CREATE VIEW F_Student(F_sno,name,sex,age,dept)

AS

SELECT *

FROM Student

WHERE Ssex='女';

这里视图 F_Student 是由子查询"SELECT *"建立的。F_Student 视图的属性列与 Student 表的属性列一一对应。如果以后修改了基本表 Student 的结构，则 Student 表与 F_Student 视图的映像关系就会被破坏，该视图就不能正常工作了。为避免出现这类问题，最好在修改基本表之后删除由该基本表导出的视图，然后重建这个视图。

2. 删除视图

该语句的格式为

DROP VIEW <视图名> [CASCADE];

视图删除后视图的定义将从数据字典中删除。如果该视图上还导出了其他视图，则使用 CASCADE 级联删除语句把该视图和由它导出的所有视图一起删除。

基本表删除后，由该基本表导出的所有视图均无法使用了，但是视图的定义没有从字典中清除。删除这些视图定义需要显式地使用 DROP VIEW 语句。

[例 3.91] 删除视图 BT_S 和视图 IS_S1：

DROP VIEW BT_S;   /*成功执行*/
DROP VIEW IS_S1;   /*拒绝执行*/

执行此语句时由于 IS_S1 视图上还导出了 IS_S2 视图，所以该语句被拒绝执行。如果确定要删除，则使用级联删除语句：

DROP VIEW IS_S1 CASCADE;   /*删除了视图 IS_S1 和由它导出的所有视图*/

3.7.2 查询视图

视图定义后，用户就可以像对基本表一样对视图进行查询了。

[例 3.92] 在信息系学生的视图中找出年龄小于 20 岁的学生。

SELECT Sno,Sage
FROM IS_Student
WHERE Sage<20;

关系数据库管理系统执行对视图的查询时，首先进行有效性检查，检查查询中涉及的表、视图等是否存在。如果存在，则从数据字典中取出视图的定义，把定义中的子查询和用户的查询结合起来，转换成等价的对基本表的查询，然后再执行修正了的查询。这一转换过程称为**视图消解**（view resolution）。

本例转换后的查询语句为

SELECT Sno,Sage
FROM Student
WHERE Sdept='IS' AND Sage<20;

[例 3.93] 查询选修了 1 号课程的信息系学生。

SELECT IS_Student.Sno,Sname
FROM IS_Student,SC
WHERE IS_Student.Sno=SC.Sno AND SC.Cno='1';

本查询涉及视图 IS_Student（虚表）和基本表 SC，通过这两个表的连接来完成用户请求。

在一般情况下，视图查询的转换是直截了当的。但有些情况下，这种转换不能直接进行，查询时就会出现问题，如例 3.94。

　　[**例 3.94**] 在 S_G 视图（例 3.89 中定义的视图）中查询平均成绩在 90 分以上的学生学号和平均成绩，语句为

　　　　SELECT *
　　　　FROM S_G
　　　　WHERE Gavg>=90;

　　例 3.89 中定义 S_G 视图的子查询为

　　　　SELECT Sno,AVG(Grade)
　　　　FROM SC
　　　　GROUP BY Sno;

　　将本例中的查询语句与定义 S_G 视图的子查询结合，形成下列查询语句：

　　　　SELECT Sno,AVG(Grade)
　　　　FROM SC
　　　　WHERE AVG(Grade)>=90
　　　　GROUP BY Sno;

　　因为 **WHERE 子句中是不能用聚集函数作为条件表达式的，因此执行此修正后的查询将会出现语法错误**。正确转换的查询语句应该是

　　　　SELECT Sno,AVG(Grade)
　　　　FROM SC
　　　　GROUP BY Sno
　　　　HAVING AVG(Grade)>=90;

　　目前多数关系数据库系统对行列子集视图的查询均能进行正确转换。但对非行列子集视图的查询（如例 3.94）就不一定能做转换了，因此这类查询应该直接对基本表进行。

　　例 3.94 也可以用如下 SQL 语句完成：

　　　　SELECT *
　　　　FROM (SELECT Sno,AVG(Grade)　　　　/*子查询生成一个派生表 S_G*/
　　　　　　　FROM SC
　　　　　　　GROUP BY Sno) AS S_G(Sno, Gavg)
　　　　WHERE Gavg>=90;

　　但定义视图并查询视图与基于派生表的查询是有区别的。视图一旦定义，其定义将永久保存在数据字典中，之后的所有查询都可以直接引用该视图。而派生表只是在语句执行时临时定义，语句执行后该定义即被删除。

3.7.3 更新视图

更新视图是指通过视图来插入（INSERT）、删除（DELETE）和修改（UPDATE）数据。

由于视图是不实际存储数据的虚表，因此对视图的更新最终要转换为对基本表的更新。像查询视图那样，对视图的更新操作也是通过视图消解，转换为对基本表的更新操作。

为防止用户通过视图对数据进行增加、删除、修改时，有意无意地对不属于视图范围内的基本表数据进行操作，可在定义视图时加上 WITH CHECK OPTION 子句。这样在视图上增、删、改数据时，关系数据库管理系统会检查视图定义中的条件，若不满足条件则拒绝执行该操作。

［例 3.95］ 将信息系学生视图 IS_Student 中学号为"201215122"的学生姓名改为"刘辰"。

```
UPDATE IS_Student
SET Sname='刘辰'
WHERE Sno='201215122';
```

转换后的更新语句为

```
UPDATE Student
SET Sname='刘辰'
WHERE Sno='201215122' AND Sdept='IS';
```

［例 3.96］ 向信息系学生视图 IS_Student 中插入一个新的学生记录，其中学号为"201215129"，姓名为"赵新"，年龄为 20 岁。

```
INSERT
INTO IS_Student
VALUES('201215129','赵新',20);
```

转换为对基本表的更新：

```
INSERT
INTO Student(Sno,Sname,Sage,Sdept)
VALUES('201215129','赵新',20,'IS' );
```

这里系统自动将系名'IS'放入 VALUES 子句中。

［例 3.97］ 删除信息系学生视图 IS_Student 中学号为"201215129"的记录。

```
DELETE
FROM IS_Student
WHERE Sno='201215129';
```

转换为对基本表的更新：

```
DELETE
FROM Student
```

WHERE Sno='201215129' AND Sdept='IS';

在关系数据库中,并不是所有的视图都是可更新的,因为有些视图的更新不能唯一地有意义地转换成对相应基本表的更新。

例如,例 3.89 定义的视图 S_G 是由学号和平均成绩两个属性列组成的,其中平均成绩一项是由 Student 表中对元组分组后计算平均值得来的:

CREATE VIEW S_G(Sno,Gavg)
AS
SELECT Sno,AVG(Grade)
FROM SC
GROUP BY Sno;

如果想把视图 S_G 中学号为"201215121"的学生的平均成绩改成 90 分,SQL 语句如下:

UPDATE S_G
SET Gavg=90
WHERE Sno='201215121';

但这个对视图的更新是无法转换成对基本表 SC 的更新的,因为系统无法修改各科成绩,以使平均成绩成为 90。所以 S_G 视图是不可更新的。

一般地,行列子集视图是可更新的。除行列子集视图外,有些视图理论上是可更新的,但它们的确切特征还是尚待研究的课题。还有些视图从理论上就是不可更新的。

目前,各个关系数据库管理系统一般都只允许对行列子集视图进行更新,而且各个系统对视图的更新还有更进一步的规定。由于各系统实现方法上的差异,这些规定也不尽相同。

例如,DB2 规定:

(1) 若视图是由两个以上基本表导出的,则此视图不允许更新。

(2) 若视图的字段来自字段表达式或常数,则不允许对此视图执行 INSERT 和 UPDATE 操作,但允许执行 DELETE 操作。

(3) 若视图的字段来自聚集函数,则此视图不允许更新。

(4) 若视图定义中含有 GROUP BY 子句,则此视图不允许更新。

(5) 若视图定义中含有 DISTINCT 短语,则此视图不允许更新。

(6) 若视图定义中有嵌套查询,并且内层查询的 FROM 子句中涉及的表也是导出该视图的基本表,则此视图不允许更新。例如,将 SC 表中成绩在平均成绩之上的元组定义成一个视图 GOOD_SC:

CREATE VIEW GOOD_SC
AS
SELECT Sno,Cno,Grade
FROM SC

```
            WHERE Grade >
                    (SELECT AVG(Grade)
                     FROM SC);
```

导出视图 GOOD_SC 的基本表是 SC，内层查询中涉及的表也是 SC，所以视图 GOOD_SC 是不允许更新的。

（7）一个不允许更新的视图上定义的视图也不允许更新。

应该指出的是，<u>不可更新的视图与不允许更新的视图是两个不同的概念</u>。前者指理论上已证明其是不可更新的视图。后者指实际系统中不支持其更新，但它本身有可能是可更新的视图。

3.7.4 视图的作用

视图最终是定义在基本表之上的，对视图的一切操作最终也要转换为对基本表的操作。而且对于非行列子集视图进行查询或更新时还有可能出现问题。既然如此，为什么还要定义视图呢？这是因为<u>合理使用视图能够带来许多好处</u>。

1．视图能够简化用户的操作

视图机制使用户可以将注意力集中在所关心的数据上。如果这些数据不是直接来自基本表，则可以通过定义视图使数据库看起来结构简单、清晰，并且可以简化用户的数据查询操作。例如，那些定义了若干张表连接的视图就将表与表之间的连接操作对用户隐蔽起来了。换句话说，用户所做的只是对一个虚表的简单查询，而这个虚表是怎样得来的，用户无须了解。

2．视图使用户能以多种角度看待同一数据

视图机制能使不同的用户以不同的方式看待同一数据，当许多不同种类的用户共享同一个数据库时，这种灵活性是非常重要的。

3．视图对重构数据库提供了一定程度的逻辑独立性

第 1 章中已经介绍过数据的物理独立性与逻辑独立性的概念。数据的物理独立性是指用户的应用程序不依赖于数据库的物理结构。数据的逻辑独立性是指当数据库重构造时，如增加新的关系或对原有关系增加新的字段等，用户的应用程序不会受影响。层次数据库和网状数据库一般能较好地支持数据的物理独立性，而对于逻辑独立性则不能完全地支持。

在关系数据库中，数据库的重构往往是不可避免的。重构数据库最常见的是将一个基本表"垂直"地分成多个基本表。例如：将学生关系

```
            Student(Sno,Sname,Ssex,Sage,Sdept)
```

分为 SX(Sno，Sname，Sage)和 SY(Sno，Ssex，Sdept)两个关系。这时原表 Student 为 SX 表和 SY 表自然连接的结果。如果建立一个视图 Student：

```
            CREATE VIEW Student(Sno,Sname,Ssex,Sage,Sdept)
            AS
            SELECT SX.Sno,SX.Sname,SY.Ssex,SX.Sage,SY.Sdept
```

```
FROM SX,SY
WHERE SX.Sno=SY.Sno;
```

这样尽管数据库的逻辑结构改变了（变为 SX 和 SY 两个表），但应用程序不必修改，因为新建立的视图定义为用户原来的关系，使用户的外模式保持不变，用户的应用程序通过视图仍然能够查找数据。

当然，视图只能在一定程度上提供数据的逻辑独立性，比如由于对视图的更新是有条件的，因此应用程序中修改数据的语句可能仍会因基本表结构的改变而需要做相应修改。

4. 视图能够对机密数据提供安全保护

有了视图机制，就可以在设计数据库应用系统时对不同的用户定义不同的视图，使机密数据不出现在不应看到这些数据的用户视图上。这样视图机制就自动提供了对机密数据的安全保护功能。例如，Student 表涉及全校 15 个院系的学生数据，可以在其上定义 15 个视图，每个视图只包含一个院系的学生数据，并只允许每个院系的主任查询和修改本院系的学生视图。

5. 适当利用视图可以更清晰地表达查询

例如，经常需要执行这样的查询"对每个同学找出他获得最高成绩的课程号"。可以先定义一个视图，求出每个同学获得的最高成绩：

```
CREATE VIEW VMGRADE
AS
SELECT Sno,MAX(Grade) Mgrade
FROM SC
GROUP BY Sno;
```

然后用如下的查询语句完成查询：

```
SELECT SC.Sno,Cno
FROM SC, VMGRADE
WHERE SC.Sno=VMGRADE.Sno AND SC.Grade=VMGRADE.Mgrade;
```

3.8 小　　结

SQL 可以分为数据定义、数据查询、数据更新、数据控制四大部分。人们有时把数据更新称为数据操纵，或把数据查询与数据更新合称为数据操纵。本章系统而详尽地讲解了前面三部分的内容。

数据控制中的数据安全性和完整性控制将放在第 5 章和第 6 章中讲解。嵌入式 SQL、过程性 SQL 与存储过程将放在第 8 章中讲解。

本章在讲解 SQL 的同时，进一步讲解了关系数据库系统的基本概念，使关系数据库的许多概念更加具体、更加丰富。

SQL 是关系数据库语言的工业标准。目前，大部分数据库管理系统产品都能支持 SQL 92，但是许多数据库系统只支持 SQL 99、SQL 2008 和 SQL 2011 的部分特征，至今尚没有一个数据库系统能够完全支持 SQL 99 以上的标准。

SQL 的数据查询功能是最丰富，也是最复杂的，读者应加强实验练习。

习　题

1. 试述 SQL 的特点。
2. 说明在 DROP TABLE 时，RESTRICT 和 CASCADE 的区别。
3. 有两个关系 S(A, B, C, D) 和 T(C, D, E, F)，写出与下列查询等价的 SQL 表达式：
(1) $\sigma_{A=10}(S)$；　(2) $\Pi_{A,B}(S)$；　(3) $S \bowtie T$；　(4) $S \underset{S.C=T.C}{\bowtie} T$；　(5) $S \underset{A<E}{\bowtie} T$；　(6) $\Pi_{C,D}(S) \times T$。
4. 用 SQL 语句建立第 2 章习题 6 中的 4 个表；针对建立的 4 个表用 SQL 完成第 2 章习题 6 中的查询。
5. 针对习题 4 中的 4 个表试用 SQL 完成以下各项操作：
（1）找出所有供应商的姓名和所在城市；
（2）找出所有零件的名称、颜色、重量；
（3）找出使用供应商 S1 所供应零件的工程号码；
（4）找出工程项目 J2 使用的各种零件的名称及其数量；
（5）找出上海厂商供应的所有零件号码；
（6）找出使用上海产的零件的工程名称；
（7）找出没有使用天津产的零件的工程号码；
（8）把全部红色零件的颜色改成蓝色；
（9）由 S5 供给 J4 的零件 P6 改为由 S3 供应，请作必要的修改；
（10）从供应商关系中删除 S2 的记录，并从供应情况关系中删除相应的记录；
（11）请将 (S2,J6,P4,200) 插入供应情况关系。
6. 什么是基本表？什么是视图？两者的区别和联系是什么？
7. 试述视图的优点。
8. 哪类视图是可以更新的？哪类视图是不可更新的？各举一例说明。
9. 请为三建工程项目建立一个供应情况的视图，包括供应商代码（SNO）、零件代码（PNO）、供应数量（QTY）。针对该视图完成下列查询：
（1）找出三建工程项目使用的各种零件代码及其数量；
（2）找出供应商 S1 的供应情况。

实　　验

实验 1　数据库定义与操作语言

理解和掌握关系数据库标准 SQL 语言，能够熟练使用 SQL 语言完成各种数据库操作和管理任务。包括使用 SQL DDL 语句创建、更改和删除数据库、模式和基本表；使用 SQL 查询语句完成各类查询操作（单表查询，连接查询，嵌套查询，集合查询）；使用 SQL DML 语句完成各类更新操作（插入数据，修改数据，删除数据）；理解视图的作用，掌握视图的创建、使用和删除等基本功能；理解和掌握索引的设计、创建、使用和维护等功能，体验索引对于大数据查询效率提高的效果；理解和掌握常用系统函数的使用方法。

本章参考文献

[1]　BOYCE R, CHAMBERLIN D D, HAMMER M，et al．Specifying Queries as Relational Expressions．CACM, 1975(18):11．

[2]　CHAMBERLIN D D, BOYCE R．SEQUEL: A Structured English Query Language．Proceedings of ACM SIGMOD Workshop on Data Description．Access and Control, 1974.

[3]　CHAMBERLIN D D, et al．SEQUEL 2: A Unified Approach to Data Definition, Manipulation and Control. IBM Journal of Research and Development, 1976, 20(6).

（SQL 原名 SEQUEL，是 Boyce 等人 1975 年在文献［1］提出的 SQUARE（Specifying Queries as Relational Expressions）语言的基础上发展起来的。文献［2］对 SQUARE 语言的语法进行了修改，形成了 SEQUEL。文献［3］对 SEQUEL 进行了进一步的改进，最后形成了 SQL。SEQUEL 最早在 IBM San Jose 研究中心设计的关系数据库系统 SYSTEM R 上实现。）

[4]　REISNER P．Use of Psychological Experimentation as an Aid to Development of a Query Language．TSE, 1977(3):3．

[5]　DATE C J．A Critique of the SQL Database Language．ACM SIGMOD．1984(14):3.

（文献［4］和［5］分析了 SQL 的优缺点。）

[6]　X3H2(American National Standards Database Committee)．American National Standard Database Language SQL: Working Draft．Document X3H2-85-1, 1984.

[7]　ANSI: The Database Language SQL, Document ANSI X3.315, 1986.

（1986 年美国国家标准局 ANSI 定义了 SQL 标准。）

[8]　GRIFITHS P P, WADE B W. An Authorization Mechanism for a Relational Database System. ACM TODS, 1976, 1(3).

[9] CHAMBERLIN D D. A Summary of User Experience with the SQL Data Sublanguage. Proceedings of the International Conference on Databases. Aberdeen, 1980.

[10] DATE C J. The Outer Join. in Proceedings of the 2nd International Conference on Database(ICOD-2). Cambridge, 1983.

[11] DAYAL U, BERNSTEIN P. On the Updatability of Relational Views. in Proceedings of the VLDB, 1978.

[12] KELLER A M. Updates to Relational Databases Through Views Involving Joins. In Improving Database Usability and Responsiveness. New York: Academic Press, 1982.

（文献［11］和［12］讨论了 SQL 语言的视图修改问题。）

[13] SHASHA D, BONNET P. Database Tuning：Principles Experiments and Troubleshooting Techniques. Morgan Kaufmann Publishers, 2002 (released in June 2002). TEXT. NOTE: the Coop has the books now.

[14] MATTOS N M. SQL3——新的 SQL 标准，新一代对象关系数据库. IBM 数据库通用技术, 1999.

[15] GULUTZAN P, PELZER T. SQL-99 Complete, Really. Miller Freeman, 1999.

（文献［15］全面描述 SQL3 标准，通过多个例子来说明 SQL3 的功能。该书的翻译本为《SQL-3 参考大全》，齐舒创作室翻译，机械工业出版社 2000 年出版。）

第 4 章　数据库安全性

在第一章中已经讲到,数据库的特点之一是由数据库管理系统提供统一的数据保护功能来保证数据的安全可靠和正确有效。数据库的数据保护主要包括数据的安全性和完整性。本章主要介绍数据库的安全性,第 5 章将讨论数据库的完整性。

4.1　数据库安全性概述

数据库的安全性是指保护数据库以防止不合法使用所造成的数据泄露、更改或破坏。

安全性问题不是数据库系统所独有的,所有计算机系统都存在不安全因素,只是在数据库系统中由于大量数据集中存放,而且为众多最终用户直接共享,从而使安全性问题更为突出。系统安全保护措施是否有效是数据库系统的主要技术指标之一。

4.1.1　数据库的不安全因素

对数据库安全性产生威胁的因素主要有以下几方面。

1. 非授权用户对数据库的恶意存取和破坏

一些黑客(hacker)和犯罪分子在用户存取数据库时猎取用户名和用户口令,然后假冒合法用户偷取、修改甚至破坏用户数据。因此,必须阻止有损数据库安全的非法操作,以保证数据免受未经授权的访问和破坏,数据库管理系统提供的安全措施主要包括用户身份鉴别、存取控制和视图等技术。

2. 数据库中重要或敏感的数据被泄露

黑客和敌对分子千方百计盗窃数据库中的重要数据,一些机密信息被暴露。为防止数据泄露,数据库管理系统提供的主要技术有强制存取控制、数据加密存储和加密传输等。

此外,在安全性要求较高的部门提供审计功能,通过分析审计日志,可以对潜在的威胁提前采取措施加以防范,对非授权用户的入侵行为及信息破坏情况能够进行跟踪,防止对数据库安全责任的否认。

3. 安全环境的脆弱性

数据库的安全性与计算机系统的安全性，包括计算机硬件、操作系统、网络系统等的安全性是紧密联系的。操作系统安全的脆弱，网络协议安全保障的不足等都会造成数据库安全性的破坏。因此，必须加强计算机系统的安全性保证。随着 Internet 技术的发展，计算机安全性问题越来越突出，对各种计算机及其相关产品、信息系统的安全性要求越来越高。为此，在计算机安全技术方面逐步发展建立了一套可信（trusted）计算机系统的概念和标准。只有建立了完善的可信标准即安全标准，才能规范和指导安全计算机系统部件的生产，较为准确地测定产品的安全性能指标，满足民用和军用的不同需要。

4.1.2 安全标准简介

计算机以及信息安全技术方面有一系列的安全标准，最有影响的当推 TCSEC 和 CC 这两个标准。

TCSEC 是指 1985 年美国国防部（Department of Defense，DoD）正式颁布的《DoD 可信计算机系统评估准则》（Trusted Computer System Evaluation Criteria，TCSEC 或 DoD85）。

在 TCSEC 推出后的 10 年里，不同的国家都开始启动开发建立在 TCSEC 概念上的评估准则，如欧洲的信息技术安全评估准则（Information Technology Security Evaluation Criteria，ITSEC）、加拿大的可信计算机产品评估准则（Canadian Trusted Computer Product Evaluation Criteria，CTCPEC）、美国的信息技术安全联邦标准（Federal Criteria，FC）草案等。这些准则比 TCSEC 更加灵活，适应了 IT 技术的发展。

为满足全球 IT 市场上互认标准化安全评估结果的需要，CTCPEC、FC、TCSEC 和 ITSEC 的发起组织于 1993 年起开始联合行动，解决原标准中概念和技术上的差异，将各自独立的准则集合成一组单一的、能被广泛使用的 IT 安全准则，这一行动被称为通用准则（Common Criteria，CC）项目。项目发起组织的代表建立了专门的委员会来开发通用准则，历经多次讨论和修订，CC V2.1 版于 1999 年被 ISO 采用为国际标准，2001 年被我国采用为国家标准。

目前 CC 已经基本取代了 TCSEC，成为评估信息产品安全性的主要标准。

上述一系列标准的发展历史如图 4.1 所示。本节简要介绍 TCSEC 和 CC V2.1 的基本内容。

TCSEC 又称桔皮书。1991 年 4 月，美国国家计算机安全中心(National Computer Security Center，NCSC)颁布了《可信计算机系统评估准则关于可信数据库系统的解释》（TCSEC/Trusted Database Interpretation，TCSEC/TDI，即紫皮书），将 TCSEC 扩展到数据库管理系统。TCSEC/TDI 中定义了数据库管理系统的设计与实现中需满足和用以进行安全性级别评估的标准,从 4 个方面来描述安全性级别划分的指标,即安全策略、责任、保证和文档。每个方面又细分为若干项。

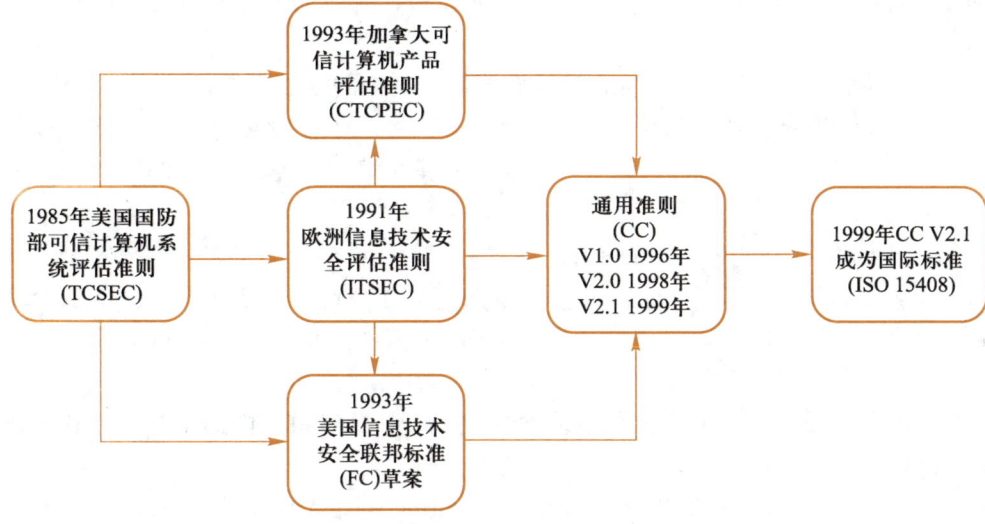

图 4.1　信息安全标准的发展简史

根据计算机系统对各项指标的支持情况,TCSEC/TDI 将系统划分为 4 组(division)7 个等级,依次是 D、C(C1,C2)、B(B1,B2,B3)、A(A1),按系统可靠或可信程度逐渐增高,如表 4.1 所示。

表 4.1　TCSEC/TDI 安全级别划分

安全级别	定义
A1	验证设计(verified design)
B3	安全域(security domains)
B2	结构化保护(structural protection)
B1	标记安全保护(labeled security protection)
C2	受控的存取保护(controlled access protection)
C1	自主安全保护(discretionary security protection)
D	最小保护(minimal protection)

D 级:该级是最低级别。保留 D 级的目的是为了将一切不符合更高标准的系统统统归于 D 组。如 DOS 就是操作系统中安全标准为 D 级的典型例子,它具有操作系统的基本功

能，如文件系统、进程调度等，但在安全性方面几乎没有什么专门的机制来保障。

C1 级：该级只提供了非常初级的自主安全保护，能够实现对用户和数据的分离，进行自主存取控制（DAC），保护或限制用户权限的传播。现有的商业系统往往稍作改进即可满足要求。

C2 级：该级实际上是安全产品的最低档，提供受控的存取保护，即将 C1 级的 DAC 进一步细化，以个人身份注册负责，并实施审计和资源隔离。达到 C2 级的产品在其名称中往往不突出"安全"（security）这一特色，如操作系统中的 Windows 2000、数据库产品中的 Oracle 7 等。

B1 级：标记安全保护。对系统的数据加以标记，并对标记的主体和客体实施强制存取控制（MAC）以及审计等安全机制。B1 级别的产品才被认为是真正意义上的安全产品，满足此级别的产品前一般多冠以"安全"（security）或"可信的"（trusted）字样，作为区别于普通产品的安全产品出售。

B2 级：结构化保护。建立形式化的安全策略模型，并对系统内的所有主体和客体实施 DAC 和 MAC。

B3 级：安全域。该级的 TCB（Trusted Computing Base）必须满足访问监控器的要求，审计跟踪能力更强，并提供系统恢复过程。

A1 级：验证设计，即提供 B3 级保护的同时给出系统的形式化设计说明和验证，以确信各安全保护真正实现。

CC 是在上述各评估准则及具体实践的基础上通过相互总结和互补发展而来的。和早期的评估准则相比，CC 具有结构开放、表达方式通用等特点。CC 提出了目前国际上公认的表述信息技术安全性的结构，即把对信息产品的安全要求分为安全功能要求和安全保证要求。安全功能要求用以规范产品和系统的安全行为，安全保证要求解决如何正确有效地实施这些功能。安全功能要求和安全保证要求都以"类-子类-组件"的结构表述，组件是安全要求的最小构件块。

CC 的文本由三部分组成，三个部分相互依存，缺一不可。

第一部分是简介和一般模型，介绍 CC 中的有关术语、基本概念和一般模型以及与评估有关的一些框架。

第二部分是安全功能要求，列出了一系列类、子类和组件。由 11 大类、66 个子类和 135 个组件构成。

第三部分是安全保证要求，列出了一系列保证类、子类和组件，包括 7 大类、26 个子类和 74 个组件。根据系统对安全保证要求的支持情况提出了评估保证级（Evaluation Assurance Level，EAL），从 EAL1 至 EAL7 共分为 7 级，按保证程度逐渐增高。如表 4.2 所示。

表 4.2　CC 评估保证级（EAL）的划分

评估保证级	定义	TCSEC 安全级别（近似相当）
EAL1	功能测试（functionally tested）	
EAL2	结构测试（structurally tested）	C1
EAL3	系统地测试和检查（methodically tested and checked）	C2
EAL4	系统地设计、测试和复查（methodically designed, tested and reviewed）	B1
EAL5	半形式化设计和测试（semiformally designed and tested）	B2
EAL6	半形式化验证的设计和测试（semiformally verified design and tested）	B3
EAL7	形式化验证的设计和测试（formally verified design and tested）	A1

CC 的附录部分主要介绍保护轮廓（Protection Profile，PP）和安全目标（Security Target，ST）的基本内容。

这三部分的有机结合具体体现在保护轮廓和安全目标中，CC 提出的安全功能要求和安全保证要求都可以在具体的保护轮廓和安全目标中进一步细化和扩展，这种开放式的结构更适应信息安全技术的发展。CC 的具体应用也是通过保护轮廓和安全目标这两种结构来实现的。

粗略而言，TCSEC 的 C1 和 C2 级分别相当于 EAL2 和 EAL3；B1、B2 和 B3 分别相当于 EAL4、EAL5 和 EAL6；A1 对应于 EAL7。

有关 CC 的具体要求这里不详细展开，有兴趣的读者请参阅本章后列出的参考文献[10]。

4.2　数据库安全性控制

在一般计算机系统中，安全措施是一级一级层层设置的。例如，在图 4.2 所示的安全模型中，用户要求进入计算机系统时，系统首先根据输入的用户标识进行用户身份鉴定，只有合法的用户才准许进入计算机系统；对已进入系统的用户，数据库管理系统还要进行存取控制，只允许用户执行合法操作；操作系统也会有自己的保护措施；数据最后还可以以密码形式存储到数据库中。操作系统的安全保护措施可参考操作系统的有关书籍，这里不再详述。另外，对于强力逼迫透露口令、盗窃物理存储设备等行为而采取的保安措施，例如出入机房登记、加锁等，也不在这里讨论之列。

下面讨论与数据库有关的安全性，主要包括用户身份鉴别、多层存取控制、审计、视图和数据加密等安全技术。

图 4.2 计算机系统的安全模型

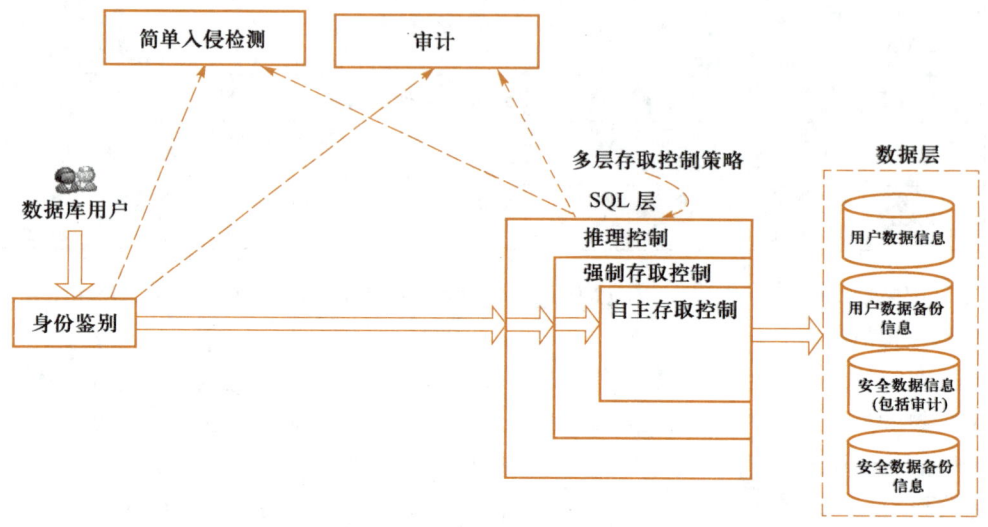

图 4.3 数据库管理系统安全性控制模型

图 4.3 是数据库安全保护的一个存取控制流程。首先，数据库管理系统对提出 SQL 访问请求的数据库用户进行身份鉴别，防止不可信用户使用系统；然后，在 SQL 处理层进行自主存取控制和强制存取控制，进一步还可以进行推理控制。为监控恶意访问，可根据具体安全需求配置审计规则，对用户访问行为和系统关键操作进行审计。通过设置简单入侵检测规则，对异常用户行为进行检测和处理。在数据存储层，数据库管理系统不仅存放用户数据，还存储与安全有关的标记和信息（称为安全数据），提供存储加密功能等。

4.2.1 用户身份鉴别

用户身份鉴别是数据库管理系统提供的最外层安全保护措施。每个用户在系统中都有一个用户标识。每个用户标识由用户名（user name）和用户标识号（UID）两部分组成。UID 在系统的整个生命周期内是唯一的。系统内部记录着所有合法用户的标识，系统鉴别是指由系统提供一定的方式让用户标识自己的名字或身份。每次用户要求进入系统时，由系统进行核对，通过鉴定后才提供使用数据库管理系统的权限。

用户身份鉴别的方法有很多种，而且在一个系统中往往是多种方法结合，以获得更强的安全性。常用的用户身份鉴别方法有以下几种。

1. 静态口令鉴别

这种方式是当前常用的鉴别方法。静态口令一般由用户自己设定，鉴别时只要按要求输入正确的口令，系统将允许用户使用数据库管理系统。这些口令是静态不变的，在实际应用中，用户常常用自己的生日、电话、简单易记的数字等内容作为口令，很容易被破解。而一旦被破解，非法用户就可以冒充该用户使用数据库。因此，这种方式虽然简单，但容易被攻击，安全性较低。

口令的安全可靠对数据库安全来说至关重要。因此，数据库管理系统从口令的复杂度，口令的管理、存储及传输等多方面来保障口令的安全可靠。例如，要求口令长度至少是 8 个（或者更多）字符；口令要求是字母、数字和特殊字符混合，其中，特殊符号是除空白符、英文字母、单引号和数字外的所有可见字符。在此基础上，管理员还能根据应用需求灵活地设置口令强度，例如，设定口令中数字、字母或特殊符号的个数；设置口令是否可以是简单的常见单词，是否允许口令与用户名相同；设置重复使用口令的最小时间间隔等。此外，在存储和传输过程中口令信息不可见，均以密文方式存在。用户身份鉴别可以重复多次。

2. 动态口令鉴别

它是目前较为安全的鉴别方式。这种方式的口令是动态变化的，每次鉴别时均需使用动态产生的新口令登录数据库管理系统，即采用一次一密的方法。常用的方式如短信密码和动态令牌方式，每次鉴别时要求用户使用通过短信或令牌等途径获取的新口令登录数据库管理系统。与静态口令鉴别相比，这种认证方式增加了口令被窃取或破解的难度，安全性相对高一些。

3. 生物特征鉴别

它是一种通过生物特征进行认证的技术，其中，生物特征是指生物体唯一具有的，可测量、识别和验证的稳定生物特征，如指纹、虹膜和掌纹等。这种方式通过采用图像处理和模式识别等技术实现了基于生物特征的认证，与传统的口令鉴别相比，无疑产生了质的飞跃，安全性较高。

4. 智能卡鉴别

智能卡是一种不可复制的硬件，内置集成电路的芯片，具有硬件加密功能。智能卡由用户随身携带，登录数据库管理系统时用户将智能卡插入专用的读卡器进行身份验证。由于每次从智能卡中读取的数据是静态的，通过内存扫描或网络监听等技术还是可能截取到用户的身份验证信息，存在安全隐患。因此，实际应用中一般采用个人身份识别码（PIN）和智能卡相结合的方式。这样，即使 PIN 或智能卡中有一种被窃取，用户身份仍不会被冒充。

4.2.2 存取控制

数据库安全最重要的一点就是确保只授权给有资格的用户访问数据库的权限,同时令所有未被授权的人员无法接近数据,这主要通过数据库系统的存取控制机制实现。

存取控制机制主要包括定义用户权限和合法权限检查两部分。

(1) 定义用户权限,并将用户权限登记到数据字典中

用户对某一数据对象的操作权力称为权限。某个用户应该具有何种权限是个管理问题和政策问题,而不是技术问题。数据库管理系统的功能是保证这些决定的执行。为此,数据库管理系统必须提供适当的语言来定义用户权限,这些定义经过编译后存储在数据字典中,被称做安全规则或授权规则。

(2) 合法权限检查

每当用户发出存取数据库的操作请求后(请求一般应包括操作类型、操作对象和操作用户等信息),数据库管理系统查找数据字典,根据安全规则进行合法权限检查,若用户的操作请求超出了定义的权限,系统将拒绝执行此操作。

定义用户权限和合法权限检查机制一起组成了数据库管理系统的存取控制子系统。

C2 级的数据库管理系统支持自主存取控制(Discretionary Access Control,DAC),B1 级的数据库管理系统支持强制存取控制(Mandatory Access Control,MAC)。

这两类方法的简单定义是:

(1) 在**自主存取控制**方法中,用户对于不同的数据库对象有不同的存取权限,不同的用户对同一对象也有不同的权限,而且用户还可将其拥有的存取权限转授给其他用户。因此自主存取控制非常灵活。

(2) 在**强制存取控制**方法中,每一个数据库对象被标以一定的密级,每一个用户也被授予某一个级别的许可证。对于任意一个对象,只有具有合法许可证的用户才可以存取。强制存取控制因此相对比较严格。

下面介绍这两种存取控制方法。

4.2.3 自主存取控制方法

大型数据库管理系统都支持自主存取控制,SQL 标准也对自主存取控制提供支持,这主要通过 SQL 的 GRANT 语句和 REVOKE 语句来实现。

用户权限是由两个要素组成的:数据库对象和操作类型。定义一个用户的存取权限就是要定义这个用户可以在哪些数据库对象上进行哪些类型的操作。在数据库系统中,定义存取权限称为授权(authorization)。

在非关系系统中,用户只能对数据进行操作,存取控制的数据库对象也仅限于数据本身。在关系数据库系统中,存取控制的对象不仅有数据本身(基本表中的数据、属性列上

的数据），还有数据库模式（包括模式、基本表、视图和索引的创建等），表 4.3 列出了主要的存取权限。

表 4.3 关系数据库系统中的存取权限

对象类型	对象	操作类型
数据库模式	模式	CREATE SCHEMA
	基本表	CREATE TABLE，ALTER TABLE
	视图	CREATE VIEW
	索引	CREATE INDEX
数据	基本表和视图	SELECT，INSERT，UPDATE，DELETE，REFERENCES，ALL PRIVILEGES
	属性列	SELECT，INSERT，UPDATE，REFERENCES，ALL PRIVILEGES

表 4.3 中，列权限包括 SELECT、REFERENCES、INSERT、UPDATE，其含义与表权限类似。需要说明的是，对列的 UPDATE 权限指对于表中存在的某一列的值可以进行修改。当然，有了这个权限之后，在修改的过程中还要遵守表在创建时定义的主码及其他约束。列上的 INSERT 权限指用户可以插入一个元组。对于插入的元组，授权用户可以插入指定的值，其他列或者为空，或者为默认值。在给用户授予列 INSERT 权限时，一定要包含主码的 INSERT 权限，否则用户的插入动作会因为主码为空而被拒绝。

4.2.4 授权：授予与收回

SQL 中使用 GRANT 和 REVOKE 语句向用户授予或收回对数据的操作权限。GRANT 语句向用户授予权限，REVOKE 语句收回已经授予用户的权限。

1. GRANT

GRANT 语句的一般格式为

```
GRANT <权限> [,<权限>]…
ON <对象类型> <对象名> [,<对象类型> <对象名>]…
TO <用户> [,<用户>]…
[WITH GRANT OPTION];
```

其语义为：将对指定操作对象的指定操作权限授予指定的用户。发出该 GRANT 语句的可以是数据库管理员，也可以是该数据库对象创建者（即属主 owner），还可以是已经拥有该权限的用户。接受权限的用户可以是一个或多个具体用户，也可以是 PUBLIC，即全体用户。

如果指定了 WITH GRANT OPTION 子句，则获得某种权限的用户还可以把这种权限再授予其他的用户。如果没有指定 WITH GRANT OPTION 子句，则获得某种权限的用户只能使用该权限，不能传播该权限。

SQL 标准允许具有 WITH GRANT OPTION 的用户把相应权限或其子集传递授予其他用户，但不允许循环授权，即被授权者不能把权限再授回给授权者或其祖先，如图 4.4 所示。

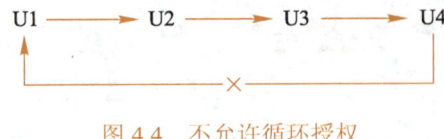

图 4.4　不允许循环授权

［例 4.1］　把查询 Student 表的权限授给用户 U1。

  GRANT SELECT

  ON TABLE Student

  TO U1;

［例 4.2］　把对 Student 表和 Course 表的全部操作权限授予用户 U2 和 U3。

  GRANT ALL PRIVILEGES

  ON TABLE Student, Course

  TO U2,U3;

［例 4.3］　把对表 SC 的查询权限授予所有用户。

  GRANT SELECT

  ON TABLE SC

  TO PUBLIC;

［例 4.4］　把查询 Student 表和修改学生学号的权限授给用户 U4。

  GRANT UPDATE(Sno),SELECT

  ON TABLE Student

  TO U4;

这里，实际上要授予 U4 用户的是对基本表 Student 的 SELECT 权限和对属性列 Sno 的 UPDATE 权限。对属性列授权时必须明确指出相应的属性列名。

［例 4.5］　把对表 SC 的 INSERT 权限授予 U5 用户，并允许将此权限再授予其他用户。

  GRANT INSERT

  ON TABLE SC

  TO U5

  WITH GRANT OPTION;

执行此 SQL 语句后，U5 不仅拥有了对表 SC 的 INSERT 权限，还可以传播此权限，即由 U5 用户发上述 GRANT 命令给其他用户。例如 U5 可以将此权限授予 U6（例 4.6）。

［例 4.6］　GRANT INSERT

  ON TABLE SC

TO U6

WITH GRANT OPTION;

同样，U6 还可以将此权限授予 U7（例 4.7）。

[例 4.7] GRANT INSERT

ON TABLE SC

TO U7;

因为 U6 未给 U7 传播的权限，因此 U7 不能再传播此权限。

由上面的例子可以看到，GRANT 语句可以一次向一个用户授权，如例 4.1 所示，这是最简单的一种授权操作；也可以一次向多个用户授权，如例 4.2、4.3 所示；还可以一次传播多个同类对象的权限，如例 4.2 所示；甚至一次可以完成对基本表和属性列这些不同对象的授权，如例 4.4 所示。表 4.4 是执行了例 4.1～4.7 的语句后学生-课程数据库中的用户权限定义表。

表 4.4 执行了例 4.1～4.7 语句后学生-课程数据库的用户权限定义

授权用户名	被授权用户名	数据库对象名	允许的操作类型	能否转授权
DBA	U1	关系 Student	SELECT	不能
DBA	U2	关系 Student	ALL	不能
DBA	U2	关系 Course	ALL	不能
DBA	U3	关系 Student	ALL	不能
DBA	U3	关系 Course	ALL	不能
DBA	PUBLIC	关系 SC	SELECT	不能
DBA	U4	关系 Student	SELECT	不能
DBA	U4	属性列 Student.Sno	UPDATE	不能
DBA	U5	关系 SC	INSERT	能
U5	U6	关系 SC	INSERT	能
U6	U7	关系 SC	INSERT	不能

2. REVOKE

授予用户的权限可以由数据库管理员或其他授权者用 REVOKE 语句收回，REVOKE 语句的一般格式为

REVOKE <权限> [,<权限>]…

ON <对象类型> <对象名> [,<对象类型><对象名>]…

FROM <用户> [,<用户>]…[CASCADE|RESTRICT];

[例 4.8] 把用户 U4 修改学生学号的权限收回。

REVOKE UPDATE(Sno)

ON TABLE Student

FROM U4;

[例 4.9] 收回所有用户对表 SC 的查询权限。

REVOKE SELECT

ON TABLE SC

FROM PUBLIC;

[例 4.10] 把用户 U5 对 SC 表的 INSERT 权限收回。

REVOKE INSERT

ON TABLE SC

FROM U5 CASCADE;

将用户 U5 的 INSERT 权限收回的同时，级联（CASCADE）收回了 U6 和 U7 的 INSERT 权限，否则系统将拒绝执行该命令。因为在例 4.6 中，U5 将对 SC 表的 INSERT 权限授予了 U6，而 U6 又将其授予了 U7（例 4.7）。

注意：这里默认值为 CASCADE，有的数据库管理系统默认值为 RESTRICT，将自动执行级联操作。如果 U6 或 U7 还从其他用户处获得对 SC 表的 INSERT 权限，则他们仍具有此权限，系统只收回直接或间接从 U5 处获得的权限。

表 4.5 是执行了例 4.8～4.10 的语句后学生-课程数据库的用户权限定义。

表 4.5 执行了例 4.8～4.10 语句后学生-课程数据库的用户权限定义

授权用户名	被授权用户名	数据库对象名	允许的操作类型	能否转授权
DBA	U1	关系 Student	SELECT	不能
DBA	U2	关系 Student	ALL	不能
DBA	U2	关系 Course	ALL	不能
DBA	U3	关系 Student	ALL	不能
DBA	U3	关系 Course	ALL	不能
DBA	U4	关系 Student	SELECT	不能

SQL 提供了非常灵活的授权机制。数据库管理员拥有对数据库中所有对象的所有权限，并可以根据实际情况将不同的权限授予不同的用户。

用户对自己建立的基本表和视图拥有全部的操作权限，并且可以用 GRANT 语句把其中某些权限授予其他用户。被授权的用户如果有"继续授权"的许可，还可以把获得的权限再授予其他用户。

所有授予出去的权力在必要时又都可以用 REVOKE 语句收回。

可见，用户可以"自主"地决定将数据的存取权限授予何人、决定是否也将"授权"

的权限授予别人。因此称这样的存取控制是自主存取控制。

3. 创建数据库模式的权限

GRANT 和 REVOKE 语句向用户授予或收回对数据的操作权限。对创建数据库模式一类的数据库对象的授权则由数据库管理员在创建用户时实现。

CREATE USER 语句一般格式如下：

CREATE USER <username> [WITH] [DBA | RESOURCE | CONNECT];

对 CREATE USER 语句说明如下：

- 只有系统的超级用户才有权创建一个新的数据库用户。
- 新创建的数据库用户有三种权限：CONNECT、RESOURCE 和 DBA。
- CREATE USER 命令中如果没有指定创建的新用户的权限，默认该用户拥有 CONNECT 权限。拥有 CONNECT 权限的用户不能创建新用户，不能创建模式，也不能创建基本表，只能登录数据库。由数据库管理员或其他用户授予他应有的权限，根据获得的授权情况他可以对数据库对象进行权限范围内的操作。
- 拥有 RESOURCE 权限的用户能创建基本表和视图，成为所创建对象的属主，但不能创建模式，不能创建新的用户。数据库对象的属主可以使用 GRANT 语句把该对象上的存取权限授予其他用户。
- 拥有 DBA 权限的用户是系统中的超级用户，可以创建新的用户、创建模式、创建基本表和视图等；DBA 拥有对所有数据库对象的存取权限，还可以把这些权限授予一般用户。

以上说明可以用表 4.6 来总结。

表 4.6 权限与可执行的操作对照表

拥有的权限	可否执行的操作			
	CREATE USER	CREATE SCHEMA	CREATE TABLE	登录数据库，执行数据查询和操纵
DBA	可以	可以	可以	可以
RESOURCE	不可以	不可以	可以	可以
CONNECT	不可以	不可以	不可以	可以，但必须拥有相应权限

注意：CREATE USER 语句不是 SQL 标准，因此不同的关系数据库管理系统的语法和内容相差甚远。这里介绍该语句的目的是说明对于数据库模式这一类数据对象也有安全控制的需要，也是要授权的。

4.2.5 数据库角色

数据库角色是被命名的一组与数据库操作相关的权限，角色是权限的集合。因此，可以为一组具有相同权限的用户创建一个角色，使用角色来管理数据库权限可以简化授权的过程。

在 SQL 中首先用 CREATE ROLE 语句创建角色，然后用 GRANT 语句给角色授权，用 REVOKE 语句收回授予角色的权限。

1．角色的创建

创建角色的 SQL 语句格式是

CREATE ROLE <角色名>

刚刚创建的角色是空的，没有任何内容。可以用 GRANT 为角色授权。

2．给角色授权

GRANT <权限> [,<权限>]…
ON <对象类型>对象名
TO <角色> [,<角色>]…

数据库管理员和用户可以利用 GRANT 语句将权限授予某一个或几个角色。

3．将一个角色授予其他的角色或用户

GRANT <角色 1> [,<角色 2>]…
TO <角色 3> [,<用户 1>]…
[WITH ADMIN OPTION]

该语句把角色授予某用户，或授予另一个角色。这样，一个角色（例如角色 3）所拥有的权限就是授予它的全部角色（例如角色 1 和角色 2）所包含的权限的总和。

授予者或者是角色的创建者，或者拥有在这个角色上的 ADMIN OPTION。

如果指定了 WITH ADMIN OPTION 子句，则获得某种权限的角色或用户还可以把这种权限再授予其他的角色。

一个角色包含的权限包括直接授予这个角色的全部权限加上其他角色授予这个角色的全部权限。

4．角色权限的收回

REVOKE <权限> [,<权限>]…
ON <对象类型> <对象名>
FROM <角色> [,<角色>]…

用户可以收回角色的权限，从而修改角色拥有的权限。

REVOKE 动作的执行者或者是角色的创建者，或者拥有在这个（些）角色上的 ADMIN OPTION。

［例 4.11］ 通过角色来实现将一组权限授予一个用户。

步骤如下：

① 首先创建一个角色 R1。

```
CREATE ROLE R1;
```
② 然后使用 GRANT 语句，使角色 R1 拥有 Student 表的 SELECT、UPDATE、INSERT 权限。
```
GRANT SELECT,UPDATE,INSERT
ON TABLE Student
TO R1;
```
③ 将这个角色授予王平、张明、赵玲，使他们具有角色 R1 所包含的全部权限。
```
GRANT R1
TO 王平,张明,赵玲;
```
④ 当然，也可以一次性地通过 R1 来收回王平的这三个权限。
```
REVOKE R1
FROM 王平;
```
[例 4.12] 角色的权限修改。
```
GRANT DELETE
ON TABLE Student
TO R1
```
使角色 R1 在原来的基础上增加了 Student 表的 DELETE 权限。

[例 4.13]
```
REVOKE SELECT
ON TABLE Student
FROM R1;
```
使 R1 减少了 SELECT 权限。

可以看出，数据库角色是一组权限的集合。使用角色来管理数据库权限可以简化授权的过程，使自主授权的执行更加灵活、方便。

4.2.6　强制存取控制方法

自主存取控制能够通过授权机制有效地控制对敏感数据的存取。但是由于用户对数据的存取权限是"自主"的，用户可以自由地决定将数据的存取权限授予何人，以及决定是否也将"授权"的权限授予别人。在这种授权机制下，仍可能存在数据的"无意泄露"。比如，甲将自己权限范围内的某些数据存取权限授权给乙，甲的意图是仅允许乙本人操纵这些数据。但甲的这种安全性要求并不能得到保证，因为乙一旦获得了对数据的权限，就可以将数据备份，获得自身权限内的副本，并在不征得甲同意的前提下传播副本。造成这一问题的根本原因就在于，这种机制仅仅通过对数据的存取权限来进行安全控制，而数据本身并无安全性标记。要解决这一问题，就需要对系统控制下的所有主客体实施强制存取控制策略。

所谓强制存取控制是指系统为保证更高程度的安全性，按照 TDI/TCSEC 标准中安全策略的要求所采取的强制存取检查手段。它不是用户能直接感知或进行控制的。强制存取控制适用于那些对数据有严格而固定密级分类的部门，例如军事部门或政府部门。

在强制存取控制中，数据库管理系统所管理的全部实体被分为主体和客体两大类。

主体是系统中的活动实体，既包括数据库管理系统所管理的实际用户，也包括代表用户的各进程。**客体**是系统中的被动实体，是受主体操纵的，包括文件、基本表、索引、视图等。对于主体和客体，数据库管理系统为它们每个实例（值）指派一个**敏感度标记**（label）。

敏感度标记被分成若干级别，例如**绝密**（Top Secret，TS）、**机密**（Secret，S）、**可信**（Confidential，C）、**公开**（Public，P）等。密级的次序是 TS >= S >= C >= P。主体的敏感度标记称为许可证级别（clearance level），客体的敏感度标记称为密级（classification level）。强制存取控制机制就是通过对比主体的敏感度标记和客体的敏感度标记，最终确定主体是否能够存取客体。

当某一用户（或某一主体）以标记 label 注册入系统时，系统要求他对任何客体的存取必须遵循如下规则：

（1）仅当主体的许可证级别大于或等于客体的密级时，该主体才能读取相应的客体。

（2）仅当主体的许可证级别小于或等于客体的密级时，该主体才能写相应的客体。

规则（1）的意义是明显的，而规则（2）需要解释一下。按照规则（2），用户可以为写入的数据对象赋予高于自己的许可证级别的密级。这样一旦数据被写入，该用户自己也不能再读该数据对象了。如果违反了规则（2），就有可能把数据的密级从高流向低，造成数据的泄露。例如，某个 TS 密级的主体把一个密级为 TS 的数据恶意地降低为 P，然后把它写回。这样原来是 TS 密级的数据大家都可以读到了，造成了 TS 密级数据的泄露。

强制存取控制是对数据本身进行密级标记，无论数据如何复制，标记与数据是一个不可分的整体，只有符合密级标记要求的用户才可以操纵数据，从而提供了更高级别的安全性。前面已经提到，较高安全性级别提供的安全保护要包含较低级别的所有保护，因此在实现强制存取控制时要首先实现自主存取控制，即自主存取控制与强制存取控制共同构成数据库管理系统的安全机制，如图 4.5 所示。系统首先进行自主存取控制检查，对通过自主存取控制检查的允许存取的数据库对象再由系统自动进行强制存取控制检查，只有通过强制存取控制检查的数据库对象方可存取。

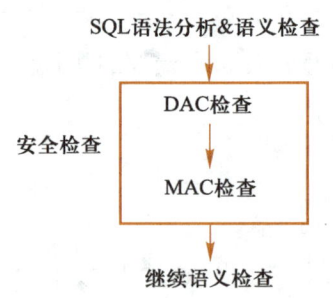

图 4.5 DAC+MAC 安全检查示意图

4.3 视图机制

可以为不同的用户定义不同的视图,把数据对象限制在一定的范围内。也就是说,通过视图机制把要保密的数据对无权存取的用户隐藏起来,从而自动对数据提供一定程度的安全保护。

视图机制间接地实现支持存取谓词的用户权限定义。例如,在某大学中假定王平老师只能检索计算机系学生的信息,系主任张明具有检索和增删改计算机系学生信息的所有权限。这就要求系统能支持"存取谓词"的用户权限定义。在不直接支持存取谓词的系统中,可以先建立计算机系学生的视图 CS_Student,然后在视图上进一步定义存取权限。

[例 4.14] 建立计算机系学生的视图,把对该视图的 SELECT 权限授予王平,把该视图上的所有操作权限授予张明。

```
CREATE VIEW CS_Student        /*先建立视图 CS_Student*/
AS
SELECT *
FROM Student
WHERE Sdept='CS';

GRANT SELECT                  /*王平老师只能检索计算机系学生的信息*/
ON CS_Student
TO  王平;

GRANT ALL PRIVILEGES          /*系主任具有检索和增删改计算机系学生信息的所有权限*/
ON CS_Student
TO  张明;
```

4.4 审计

前面讲的用户身份鉴别、存取控制是数据库安全保护的重要技术(安全策略方面),但不是全部。为了使数据库管理系统达到一定的安全级别,还需要在其他方面提供相应的支持。例如按照 TDI/TCSEC 标准中安全策略的要求,审计(audit)功能就是数据库管理系统达到 C2 以上安全级别必不可少的一项指标。

因为任何系统的安全保护措施都不是完美无缺的,蓄意盗窃、破坏数据的人总是想方设法打破控制。审计功能把用户对数据库的所有操作自动记录下来放入审计日志(audit log）中。审计员可以利用审计日志监控数据库中的各种行为，重现导致数据库现有状况的一系列事件，找出非法存取数据的人、时间和内容等。还可以通过对审计日志分析，对潜在的威胁提前采取措施加以防范。

审计通常是很费时间和空间的，所以数据库管理系统往往都将审计设置为可选特征，允许数据库管理员根据具体应用对安全性的要求灵活地打开或关闭审计功能。审计功能主要用于安全性要求较高的部门。

可审计事件有服务器事件、系统权限、语句事件及模式对象事件，还包括用户鉴别、自主访问控制和强制访问控制事件。换句话说，它能对普通和特权用户行为、各种表操作、身份鉴别、自主和强制访问控制等操作进行审计。它既能审计成功操作，也能审计失败操作。

1. 审计事件

审计事件一般有多个类别，例如，

- 服务器事件：审计数据库服务器发生的事件，包含数据库服务器的启动、停止、数据库服务器配置文件的重新加载。
- 系统权限：对系统拥有的结构或模式对象进行操作的审计，要求该操作的权限是通过系统权限获得的。
- 语句事件：对 SQL 语句，如 DDL、DML、DQL（Data Query Language，数据查询语言）及 DCL 语句的审计。
- 模式对象事件：对特定模式对象上进行的 SELECT 或 DML 操作的审计。模式对象包括表、视图、存储过程、函数等。模式对象不包括依附于表的索引、约束、触发器、分区表等。

2. 审计功能

审计功能主要包括以下几方面内容：

- 基本功能，提供多种审计查阅方式：基本的、可选的、有限的，等等。
- 提供多套审计规则，审计规则一般在数据库初始化时设定，以方便审计员管理。
- 提供审计分析和报表功能。
- 审计日志管理功能，包括为防止审计员误删审计记录，审计日志必须先转储后删除；对转储的审计记录文件提供完整性和保密性保护；只允许审计员查阅和转储审计记录，不允许任何用户新增和修改审计记录；等等。
- 系统提供查询审计设置及审计记录信息的专门视图。对于系统权限级别、语句级别及模式对象级别的审计记录也可通过相关的系统表直接查看。

3. AUDIT 语句和 NOAUDIT 语句

AUDIT 语句用来设置审计功能，NOAUDIT 语句则取消审计功能。

审计一般可以分为用户级审计和系统级审计。用户级审计是任何用户可设置的审计，主要是用户针对自己创建的数据库表或视图进行审计，记录所有用户对这些表或视图的一切成功和（或）不成功的访问要求以及各种类型的 SQL 操作。

系统级审计只能由数据库管理员设置，用以监测成功或失败的登录要求、监测授权和收回操作以及其他数据库级权限下的操作。

[例 4.15] 对修改 SC 表结构或修改 SC 表数据的操作进行审计。

  AUDIT ALTER, UPDATE
  ON SC;

[例 4.16] 取消对 SC 表的一切审计。

  NOAUDIT ALTER, UPDATE
  ON SC;

审计设置以及审计日志一般都存储在数据字典中。必须把审计开关打开（即把系统参数 audit_trail 设为 true），才可以在系统表 SYS_AUDITTRAIL 中查看到审计信息。

数据库安全审计系统提供了一种事后检查的安全机制。安全审计机制将特定用户或者特定对象相关的操作记录到系统审计日志中，作为后续对操作的查询分析和追踪的依据。通过审计机制，可以约束用户可能的恶意操作。

4.5 数据加密

对于高度敏感性数据，例如财务数据、军事数据、国家机密数据等，除前面介绍的安全性措施外，还可以采用数据加密技术。数据加密是防止数据库数据在存储和传输中失密的有效手段。加密的基本思想是根据一定的算法将原始数据——明文（plain text）变换为不可直接识别的格式——密文（cipher text），从而使得不知道解密算法的人无法获知数据的内容。

数据加密主要包括存储加密和传输加密。

1. 存储加密

对于存储加密，一般提供透明和非透明两种存储加密方式。透明存储加密是内核级加密保护方式，对用户完全透明；非透明存储加密则是通过多个加密函数实现的。

透明存储加密是数据在写到磁盘时对数据进行加密，授权用户读取数据时再对其进行解密。由于数据加密对用户透明，数据库的应用程序不需要做任何修改，只需在创建表语句中说明需加密的字段即可。当对加密数据进行增、删、改、查询操作时，数据库管理系统将自动对数据进行加、解密工作。基于数据库内核的数据存储加密、解密方法性能较好，安全完备性较高。

2. 传输加密

在客户/服务器结构中，数据库用户与服务器之间若采用明文方式传输数据，容易被网络恶意用户截获或篡改，存在安全隐患。因此，为保证二者之间的安全数据交换，数据库管理系统提供了传输加密功能。

常用的传输加密方式如链路加密和端到端加密。其中,链路加密对传输数据在链路层进行加密,它的传输信息由报头和报文两部分组成,前者是路由选择信息,而后者是传送的数据信息。这种方式对报文和报头均加密。相对地,端到端加密对传输数据在发送端加密,接收端解密。它只加密报文,不加密报头。与链路加密相比,它只在发送端和接收端需要密码设备,而中间节点不需要密码设备,因此它所需密码设备数量相对较少。但这种方式不加密报头,从而容易被非法监听者发现并从中获取敏感信息。

图 4.6 是一种基于安全套接层协议(Security Socket Layer,SSL)的数据库管理系统可信传输方案。它采用的是一种端到端的传输加密方式。在这个方案中,通信双方协商建立可信连接,一次会话采用一个密钥,传输数据在发送端加密,接收端解密,有效降低了重放攻击和恶意篡改的风险。此外,出于易用性考虑,这个方案的通信加密还对应用程序透明。它的实现思路包含以下三点。

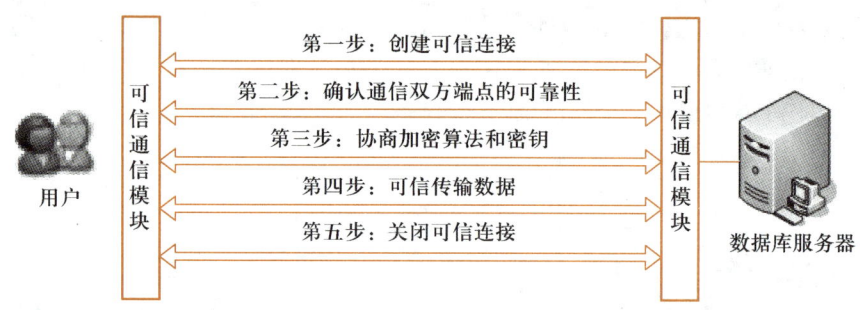

图 4.6 数据库管理系统可信传输示意图

(1) 确认通信双方端点的可靠性

数据库管理系统采用基于数字证书的服务器和客户端认证方式实现通信双方的可靠性确认。用户和服务器各自持有由知名数字证书认证(Certificate Authority,CA)中心或企业内建 CA 颁发的数字证书,双方在进行通信时均首先向对方提供己方证书,然后使用本地的 CA 信任列表和证书撤销列表(Certificate Revocation List,CRL)对接收到的对方证书进行验证,以确保证书的合法性和有效性,进而保证对方确系通信的目的端。

(2) 协商加密算法和密钥

确认双方端点的可靠性后,通信双方协商本次会话的加密算法与密钥。在这个过程中,通信双方利用公钥基础设施(Public Key Infrastructure,PKI)方式保证了服务器和客户端的协商过程通信的安全可靠。

(3) 可信数据传输

在加密算法和密钥协商完成后,通信双方开始进行业务数据交换。与普通通信路径不同的是,这些业务数据在被发送之前将被用某一组特定的密钥进行加密和消息摘要计算,以密文形式在网络上传输。当业务数据被接收的时候,需用相同一组特定的密钥进行解密和摘要计算。所谓特定的密钥，是由先前通信双方磋商决定的，为且仅为双方共享，通常称之为会话密钥。第三方即使窃取传输密文，因无会话密钥也无法识别密文信息。一旦第三方对密文进行任何篡改，均将会被真实的接收方通过摘要算法识破。另外，会话密钥的生命周期仅限于本次通信，理论上每次通信所采用的会话密钥将不同，因此避免了使用固定密钥而引起的密钥存储类问题。

数据库加密使用已有的密码技术和算法对数据库中存储的数据和传输的数据进行保护。加密后数据的安全性能够进一步提高。即使攻击者获取数据源文件，也很难获取原始数据。但是，数据库加密增加了查询处理的复杂性，查询效率会受到影响。加密数据的密钥的管理和数据加密对应用程序的影响也是数据加密过程中需要考虑的问题。

4.6 其他安全性保护

为满足较高安全等级数据库管理系统的安全性保护要求，在自主存取控制和强制存取控制之外，还有**推理控制**以及数据库应用中**隐蔽信道**和**数据隐私保护**等技术。

推理控制（inference control）处理的是强制存取控制未解决的问题。例如，利用列的函数依赖关系，用户能从低安全等级信息推导出其无权访问的高安全等级信息，进而导致信息泄露。

数据库推理控制机制用来避免用户利用其能够访问的数据推知更高密级的数据，即用户利用其被允许的多次查询的结果，结合相关的领域背景知识以及数据之间的约束，推导出其不能访问的数据。在推理控制方面，常用的方法如基于函数依赖的推理控制和基于敏感关联的推理控制等。例如，某个公司信息系统中假设姓名和职务属于低安全等级（如公开）信息，而工资属于高安全等级（如机密）信息。用户 A 的安全等级较低，他通过授权可以查询自己的工资、姓名、职务，及其他用户的姓名和职务。由于工资是机密信息，因此用户 A 不应知道其他用户的工资。但是，若用户 B 的职务和用户 A 相同，则利用函数依赖关系职务->工资，用户 A 可通过自己的工资信息（假设 3 000 元），推出 B 的工资也是 3 000 元，从而导致高安全等级的敏感信息泄露。

隐蔽信道（covert channal）处理内容也是强制存取控制未解决的问题。下面的例子就是利用未被强制存取控制的 SQL 执行后反馈的信息进行间接信息传递。

通常，如果 insert 语句对 unique 属性列写入重复值，则系统会报错且操作失败。那么，针对 unique 约束列，高安全等级用户（发送者）可先向该列插入（或者不插入）数据，而低安全等级用户（接收者）向该列插入相同数据。

如果插入失败，则表明发送者已向该列插入数据，此时二者约定发送者传输信息位为 0；如果插入成功，则表明发送者未向该列插入数据，此时二者约定发送者传输信息位为 1。通过这种方式，高安全等级用户按事先约定方式主动向低安全等级用户传输信息，使得信息流从高安全等级向低安全等级流动,从而导致高安全等级敏感信息泄露。

随着人们对隐私的重视,**数据隐私(data privacy)**成为数据库应用中新的数据保护模式。

所谓数据隐私是控制不愿被他人知道或他人不便知道的个人数据的能力。数据隐私范围很广,涉及数据管理中的数据收集、数据存储、数据处理和数据发布等各个阶段。例如,在数据存储阶段应避免非授权的用户访问个人的隐私数据。通常可以使用数据库安全技术实现这一阶段的隐私保护。如使用自主访问控制、强制访问控制和基于角色的访问控制以及数据加密等。在数据处理阶段,需要考虑数据推理带来的隐私数据泄露。非授权用户可能通过分析多次查询的结果,或者基于完整性约束信息,推导出其他用户的隐私数据。在数据发布阶段,应使包含隐私的数据发布结果满足特定的安全性标准。如发布的关系数据表首先不能包含原有表的候选码,同时还要考虑准标识符的影响。

准标识符是能够唯一确定大部分记录的属性集合。在现有安全性标准中,k-匿名化(k-anonymization)标准要求每个具有相同准标识符的记录组中至少包括 k 条记录,从而控制攻击者判别隐私数据所属个体的概率。还有 l-多样化标准(l-diversity)、t-临近标准(t-closeness)等,从而使攻击者不能从发布数据中推导出额外的隐私数据。数据隐私保护也是当前研究的热点。

要想万无一失地保证数据库安全,使之免于遭到任何蓄意的破坏几乎是不可能的。但高度的安全措施将使蓄意的攻击者付出高昂的代价,从而迫使攻击者不得不放弃他们的破坏企图。

4.7 小　　结

随着数据库应用的深入和计算机网络的发展,数据的共享日益加强,数据的安全保密越来越重要。数据库管理系统是管理数据的核心,因而其自身必须具有一整套完整而有效的安全性机制。

实现数据库系统安全性的技术和方法有多种,数据库管理系统提供的安全措施主要包括用户身份鉴别、自主存取控制和强制存取控制技术、视图技术和审计技术、数据加密存储和加密传输等。本章简要讲解了这些技术。

习　　题

1. 什么是数据库的安全性?
2. 举例说明对数据库安全性产生威胁的因素。
3. 试述信息安全标准的发展历史,试述 CC 评估保证级划分的基本内容。
4. 试述实现数据库安全性控制的常用方法和技术。

5. 什么是数据库中的自主存取控制方法和强制存取控制方法？

6. 对下列两个关系模式：

　　学生（学号，姓名，年龄，性别，家庭住址，班级号）

　　班级（班级号，班级名，班主任，班长）

使用 GRANT 语句完成下列授权功能：

　　（1）授予用户 U1 对两个表的所有权限，并可给其他用户授权。

　　（2）授予用户 U2 对学生表具有查看权限，对家庭住址具有更新权限。

　　（3）将对班级表查看权限授予所有用户。

　　（4）将对学生表的查询、更新权限授予角色 R1。

　　（5）将角色 R1 授予用户 U1，并且 U1 可继续授权给其他角色。

7. 今有以下两个关系模式：

　　职工（职工号，姓名，年龄，职务，工资，部门号）

　　部门（部门号，名称，经理名，地址，电话号）

请用 SQL 的 GRANT 和 REVOKE 语句（加上视图机制）完成以下授权定义或存取控制功能：

　　（1）用户王明对两个表有 SELECT 权限。

　　（2）用户李勇对两个表有 INSERT 和 DELETE 权限。

　　（3）每个职工只对自己的记录有 SELECT 权限。

　　（4）用户刘星对职工表有 SELECT 权限，对工资字段具有更新权限。

　　（5）用户张新具有修改这两个表的结构的权限。

　　（6）用户周平具有对两个表的所有权限（读、插、改、删数据），并具有给其他用户授权的权限。

　　（7）用户杨兰具有从每个部门职工中 SELECT 最高工资、最低工资、平均工资的权限，她不能查看每个人的工资。

8. 针对习题 7 中（1）～（7）的每一种情况，撤销各用户所授予的权限。

9. 解释强制存取控制机制中主体、客体、敏感度标记的含义。

10. 举例说明强制存取控制机制是如何确定主体能否存取客体的。

11. 什么是数据库的审计功能，为什么要提供审计功能？

实　　验

实验 2　安全性语言

理解和掌握如何使用关系数据库标准 SQL 语言中的 DCL 语句实现数据库安全性，主要包括自主存取控制和审计两部分安全功能。理解和掌握自主存取控制权限的定义和维护方法，包括定义用户、定义角色、分配权限给角色、分配权限给用户和回收权限等基本功能。使用用户名登录数据库验证权限分配是否正确。

掌握数据库审计的设置和管理方法，以便监控数据库操作，维护数据库安全，包括设置数据库审计开关、审计数据库对象、审计数据库语句、查看数据库审计记录，并验证审计设置是否生效。

本章参考文献

[1] Department of Defense(USA). Department of Defense Trusted Computer System Evaluation Criteria (Orange Book)，Rainbow Series 12/85 (DoD 5200.28 std).

[2] Department of Defense. Trusted Database Management System of TCSEC, 1991.

[3] FERNFANDEZ E B, SUMMERS R C, WOOD C. Database Security and Integrity. Reading Mass: Addison Wesley, 1981.

（文献［3］详细地讨论了数据库的安全性和完整性问题。）

[4] GRIFFITHS P, WADE B. An Authorization Mechanism for a Relational Database System. ACM TODS, 1976 (1):3.

（文献［4］讨论了 SYSTEM R 的授权机制。关系数据库系统原型 SYSTEM R 首先提出了授权和撤销权力的概念。）

[5] LEISS E. Principles of Data Security. Plenum Press, 1982.

（文献［5］详细讨论了计算机系统和数据库的安全性问题。）

[6] 刘启原. 数据库与信息系统的安全. 数据库技术丛书之一. 北京：科学出版社，1999.

（文献［6］系统讲解了信息系统的安全性问题，包括安全模型、与安全有关的标准、密码学与信息保密、攻击检测技术和理论、数据库的安全性、数据仓库的安全问题、网络安全问题、Java 语言及其安全性问题、信息安全和病毒问题等。）

[7] 张孝. 可信 COBASE 的系统强制存取控制的设计与实现. 中国人民大学硕士论文，1998.

（文献［7］系统讨论了数据库系统的安全性问题，给出了可信 COBASE 的系统设计和实现技术。可信 COBASE 是 COBASE V 2.0 的安全版本。可信 COBASE 依据 TCSEC 和 TDI 对 B1 级的要求进行设计，实现了强制存取控制和安全审计。）

[8] 张俊，彭朝晖，肖艳芹，等. DBMS 安全性评估保护轮廓 PP 的研究与开发. 第 22 届全国数据库学术会议论文集，2005.

（文献［8］在深入研究 CC 以及国外主流 DBMS CC 安全性评估情况的基础上，总结出 DBMS PP 的开发原则和方法，并初步研究和开发了一个 EAL4 级 DBMS PP。根据该 PP 对 Kingbase ES 进行安全性开发、测试和内部评估，取得良好的效果。）

[9] Common Criteria for Information Technology Security Evaluation.Version 2.1.ISO/IEC 15408. CCIB 99-031，1999.

[10] 国家技术监督局. 信息技术、安全技术、信息技术安全性评估准则. GB/T 18336-2001，2001.

[11] 张效祥，徐家福. 计算机科学技术百科全书. 3 版. 北京：清华大学出版社，2014.

第 5 章　数据库完整性

　　数据库的完整性(integrity)是指数据的正确性(correctness)和相容性(compat- ability)。数据的正确性是指数据是符合现实世界语义、反映当前实际状况的；数据的相容性是指数据库同一对象在不同关系表中的数据是符合逻辑的。

　　例如，学生的学号必须唯一，性别只能是男或女，本科学生年龄的取值范围为 14～50 的整数，学生所选的课程必须是学校开设的课程，学生所在的院系必须是学校已成立的院系等。

　　数据的完整性和安全性是两个既有联系又不尽相同的概念。数据的完整性是为了防止数据库中存在不符合语义的数据，也就是防止数据库中存在不正确的数据。数据的安全性是保护数据库防止恶意破坏和非法存取。因此，完整性检查和控制的防范对象是不合语义的、不正确的数据，防止它们进入数据库。安全性控制的防范对象是非法用户和非法操作，防止他们对数据库数据的非法存取。

　　为维护数据库的完整性，数据库管理系统必须能够实现如下功能。

1. 提供定义完整性约束条件的机制

　　完整性约束条件也称为完整性规则，是数据库中的数据必须满足的语义约束条件。它表达了给定的数据模型中数据及其联系所具有的制约和依存规则，用以限定符合数据模型的数据库状态以及状态的变化，以保证数据的正确、有效和相容。SQL 标准使用了一系列概念来描述完整性，包括关系模型的实体完整性、参照完整性和用户定义完整性。这些完整性一般由 SQL 的数据定义语言语句来实现，它们作为数据库模式的一部分存入数据字典中。

2. 提供完整性检查的方法

　　数据库管理系统中检查数据是否满足完整性约束条件的机制称为完整性检查。一般在 INSERT、UPDATE、DELETE 语句执行后开始检查，也可以在事务提交时检查。检查这些操作执行后数据库中的数据是否违背了完整性约束条件。

3. 进行违约处理

　　数据库管理系统若发现用户的操作违背了完整性约束条件将采取一定的动作，如拒绝

(NO ACTION）执行该操作或级联（CASCADE）执行其他操作，进行违约处理以保证数据的完整性。

早期的数据库管理系统不支持完整性检查，因为完整性检查费时费资源。现在商用的关系数据库管理系统产品都支持完整性控制，即完整性定义和检查控制由关系数据库管理系统实现，不必由应用程序来完成，从而减轻了应用程序员的负担。更重要的是，关系数据库管理系统使得完整性控制成为其核心支持的功能，从而能够为所有用户和应用提供一致的数据库完整性。因为由应用程序来实现完整性控制是有漏洞的，有的应用程序定义的完整性约束条件可能被其他应用程序破坏，数据库数据的正确性仍然无法保障。

第 2 章 2.3 节关系的完整性已经讲解了关系数据库三类完整性约束的基本概念，下面将介绍 SQL 语言中实现这些完整性控制功能的方法。

5.1 实体完整性

5.1.1 定义实体完整性

关系模型的实体完整性在 CREATE TABLE 中用 PRIMARY KEY 定义。对单属性构成的码有两种说明方法，一种是定义为列级约束条件，另一种是定义为表级约束条件。对多个属性构成的码只有一种说明方法，即定义为表级约束条件。

［例 5.1］ 将 Student 表中的 Sno 属性定义为码。

```
CREATE TABLE Student
    (Sno CHAR(9) PRIMARY KEY,          /*在列级定义主码*/
    Sname CHAR(20) NOT NULL,
    Ssex CHAR(2),
    Sage SMALLINT,
    Sdept CHAR(20)
    );
```

或者

```
CREATE TABLE Student
    (Sno CHAR(9),
    Sname CHAR(20) NOT NULL,
    Ssex CHAR(2) ,
    Sage SMALLINT,
    Sdept CHAR(20),
    PRIMARY KEY (Sno)                  /*在表级定义主码*/
```

    );
[例 5.2] 将 SC 表中的 Sno、Cno 属性组定义为码。
    CREATE TABLE SC
        (Sno CHAR(9) NOT NULL,
          Cno CHAR(4) NOT NULL,
          Grade SMALLINT,
          PRIMARY KEY (Sno,Cno)   /*只能在表级定义主码*/
    );

5.1.2 实体完整性检查和违约处理

用 PRIMARY KEY 短语定义了关系的主码后，每当用户程序对基本表插入一条记录或对主码列进行更新操作时，关系数据库管理系统将按照第 2 章 2.3.1 小节中讲解的实体完整性规则自动进行检查。包括：

（1）检查主码值是否唯一，如果不唯一则拒绝插入或修改。
（2）检查主码的各个属性是否为空，只要有一个为空就拒绝插入或修改。
从而保证了实体完整性。

检查记录中主码值是否唯一的一种方法是进行全表扫描，依次判断表中每一条记录的主码值与将插入记录的主码值（或者修改的新主码值）是否相同，如图 5.1 所示。

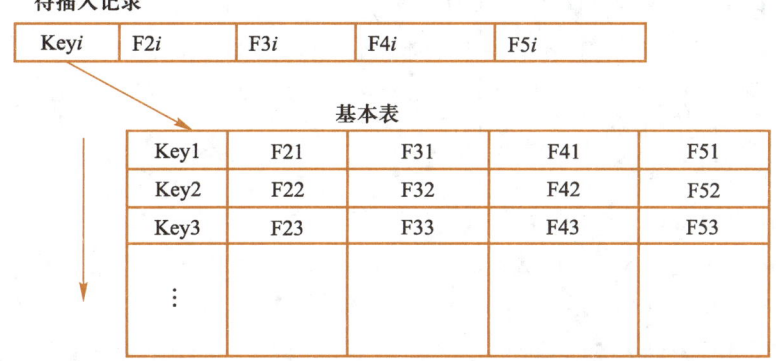

图 5.1 用全表扫描方法检查主码唯一性

全表扫描是十分耗时的。为了避免对基本表进行全表扫描，关系数据库管理系统一般都在主码上自动建立一个索引，如图 5.2 的 $B+$ 树索引，通过索引查找基本表中是否已经存在新的主码值将大大提高效率。例如，如果新插入记录的主码值是 25，通过主码索引，从 $B+$ 树的根结点开始查找，只要读取三个结点就可以知道该主码值已经存在，所以不能插入这条记录。这三个结点是根结点（51）、中间结点（12 30）和叶结点（15 20 25）。如果新插入记录的主码值是 86，也只要查找三个结点就可以知道该主码值不存在，所以可以插入该记录。

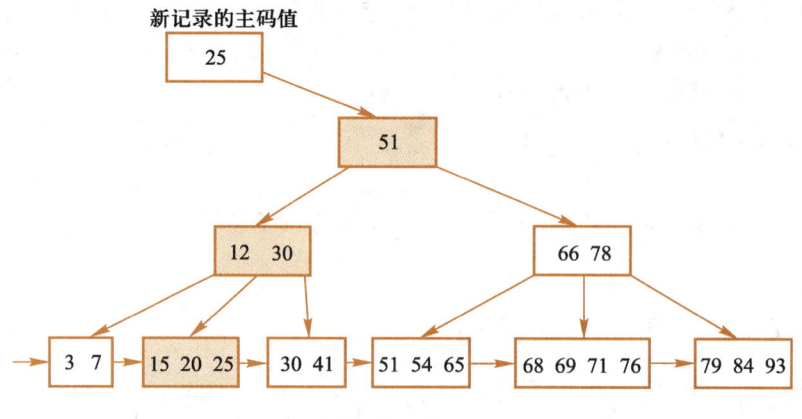

图 5.2 使用索引检查主码唯一

5.2 参照完整性

5.2.1 定义参照完整性

关系模型的参照完整性在 CREATE TABLE 中用 FOREIGN KEY 短语定义哪些列为外码，用 REFERENCES 短语指明这些外码参照哪些表的主码。

例如，关系 SC 中一个元组表示一个学生选修的某门课程的成绩，（Sno，Cno）是主码。Sno、Cno 分别参照引用 Student 表的主码和 Course 表的主码。

［例 5.3］ 定义 SC 中的参照完整性。
```
CREATE TABLE SC
   (Sno CHAR(9) NOT NULL,
    Cno CHAR(4) NOT NULL,
    Grade SMALLINT,
    PRIMARY KEY (Sno, Cno),                          /*在表级定义实体完整性*/
    FOREIGN KEY (Sno) REFERENCES Student(Sno),       /*在表级定义参照完整性*/
    FOREIGN KEY (Cno) REFERENCES Course(Cno)         /*在表级定义参照完整性*/
   );
```

5.2.2 参照完整性检查和违约处理

参照完整性将两个表中的相应元组联系起来了。因此，对被参照表和参照表进行增、删、改操作时有可能破坏参照完整性，必须进行检查以保证这两个表的相容性。

例如，对表 SC 和 Student 有 4 种可能破坏参照完整性的情况，如表 5.1 所示。

表 5.1 可能破坏参照完整性的情况及违约处理

被参照表（例如 Student）	参照表（例如 SC）	违约处理
可能破坏参照完整性 ←	插入元组	拒绝
可能破坏参照完整性 ←	修改外码值	拒绝
删除元组 →	可能破坏参照完整性	拒绝/级联删除/设置为空值
修改主码值 →	可能破坏参照完整性	拒绝/级联修改/设置为空值

（1）SC 表中增加一个元组，该元组的 Sno 属性值在表 Student 中找不到一个元组，其 Sno 属性值与之相等。

（2）修改 SC 表中的一个元组，修改后该元组的 Sno 属性值在表 Student 中找不到一个元组，其 Sno 属性值与之相等。

（3）从 Student 表中删除一个元组，造成 SC 表中某些元组的 Sno 属性值在表 Student 中找不到一个元组，其 Sno 属性值与之相等。

（4）修改 Student 表中一个元组的 Sno 属性，造成 SC 表中某些元组的 Sno 属性值在表 Student 中找不到一个元组，其 Sno 属性值与之相等。

当上述的不一致发生时，系统可以采用以下策略加以处理。

（1）**拒绝（NO ACTION）执行**

不允许该操作执行。该策略一般设置为**默认策略**。

（2）**级联（CASCADE）操作**

当删除或修改被参照表（Student）的一个元组导致与参照表（SC）的不一致时，删除或修改参照表中的所有导致不一致的元组。

例如，删除 Student 表中 Sno 值为"201215121"的元组，则从要 SC 表中级联删除 SC.Sno='201215121'的所有元组。

（3）**设置为空值**

当删除或修改被参照表的一个元组时造成了不一致，则将参照表中的所有造成不一致的元组的对应属性设置为空值。例如，有下面两个关系：

　　学生(学号,姓名,性别,专业号,年龄)

　　专业(专业号,专业名)

其中学生关系的"专业号"是外码，因为专业号是专业关系的主码。

假设专业表中某个元组被删除，专业号为 12，按照设置为空值的策略，就要把学生表中专业号=12 的所有元组的专业号设置为空值。这对应了这样的语义：某个专业被删除了，该专业的所有学生专业未定，等待重新分配专业。

这里讲解一下外码能否接受空值的问题。

例如，学生表中"专业号"是外码，按照应用的实际情况可以取空值，表示这个学生的专业尚未确定。但在学生－选课数据库中，关系 Student 为被参照关系，其主码为 Sno；SC 为参照关系，Sno 为外码，它能否取空值呢？答案是否定的。因为 Sno 为 SC 的主属性，按照实体完整性 Sno 不能为空值。若 SC 的 Sno 为空值，则表明尚不存在的某个学生，或者某个不知学号的学生，选修了某门课程，其成绩记录在 Grade 列中。这与学校的应用环境是不相符的，因此 SC 的 Sno 列不能取空值。同样，SC 的 Cno 是外码，也是 SC 的主属性，也不能取空值。

因此对于参照完整性，除了应该定义外码，还应定义外码列是否允许空值。

一般地，当对参照表和被参照表的操作违反了参照完整性时，系统选用默认策略，即拒绝执行。如果想让系统采用其他策略则必须在创建参照表时显式地加以说明。

[例 5.4] 显式说明参照完整性的违约处理示例。

```
CREATE TABLE SC
( Sno CHAR(9),
  Cno CHAR(4),
  Grade SMALLINT,
  PRIMARY KEY(Sno,Cno), /*在表级定义实体完整性，Sno、Cno 都不能取空值*/
  FOREIGN KEY (Sno) REFERENCES Student(Sno)        /*在表级定义参照完整性*/
    ON DELETE CASCADE
                      /*当删除 Student 表中的元组时，级联删除 SC 表中相应的元组*/
    ON UPDATE CASCADE,
                      /*当更新 Student 表中的 sno 时，级联更新 SC 表中相应的元组*/
  FOREIGN KEY (Cno) REFERENCES Course(Cno)         /*在表级定义参照完整性*/
    ON DELETE NO ACTION
                      /*当删除 Course 表中的元组造成与 SC 表不一致时，拒绝删除*/
    ON UPDATE CASCADE
                      /*当更新 Course 表中的 cno 时，级联更新 SC 表中相应的元组*/
);
```

可以对 DELETE 和 UPDATE 采用不同的策略。例如，例 5.4 中当删除被参照表 Course 表中的元组，造成与参照表（SC 表）不一致时，拒绝删除被参照表的元组；对更新操作则采取级联更新的策略。

从上面的讨论可以看到，关系数据库管理系统在实现参照完整性时，除了要提供定义主码、外码的机制外，还需要提供不同的策略供用户选择。具体选择哪种策略，要根据应用环境的要求确定。

5.3 用户定义的完整性

用户定义的完整性就是针对某一具体应用的数据必须满足的语义要求。目前的关系数据库管理系统都提供了定义和检验这类完整性的机制，使用了和实体完整性、参照完整性相同的技术和方法来处理它们，而不必由应用程序承担这一功能。

5.3.1 属性上的约束条件

1. 属性上约束条件的定义

在 CREATE TABLE 中定义属性的同时，可以根据应用要求定义属性上的约束条件，即属性值限制，包括：

- 列值非空（NOT NULL）。
- 列值唯一（UNIQUE）。
- 检查列值是否满足一个条件表达式（CHECK 短语）。

（1）不允许取空值

［例 5.5］ 在定义 SC 表时，说明 Sno、Cno、Grade 属性不允许取空值。

```
CREATE TABLE SC
    ( Sno CHAR(9) NOT NULL,          /*Sno 属性不允许取空值*/
      Cno CHAR(4) NOT NULL,          /* Cno 属性不允许取空值*/
      Grade SMALLINT NOT NULL,       /* Grade 属性不允许取空值*/
      PRIMARY KEY (Sno, Cno),        /*在表级定义实体完整性，隐含了 Sno、Cno 不
                                        许取空值，在列级不允许取空值的定义可不写*/
              ⋮
    );
```

（2）列值唯一

［例 5.6］ 建立部门表 DEPT，要求部门名称 Dname 列取值唯一，部门编号 Deptno 列为主码。

```
CREATE TABLE DEPT
    ( Deptno NUMERIC(2),
      Dname CHAR(9) UNIQUE NOT NULL,   /*要求 Dname 列值唯一，且不能取空值*/
      Location CHAR(10),
      PRIMARY KEY (Deptno)
    );
```

(3) 用 CHECK 短语指定列值应该满足的条件

[例 5.7] Student 表的 Ssex 只允许取 "男" 或 "女"。

```
CREATE TABLE Student
    ( Sno CHAR(9) PRIMARY KEY,                    /*在列级定义主码*/
      Sname CHAR(8) NOT NULL,                     /* Sname 属性不允许取空值*/
      Ssex CHAR(2) CHECK (Ssex IN ('男','女') ),
                                                  /*性别属性 Ssex 只允许取'男'或'女' */
      Sage SMALLINT,
      Sdept CHAR(20)
    );
```

[例 5.8] SC 表的 Grade 的值应该在 0 和 100 之间。

```
CREATE TABLE SC
    ( Sno CHAR(9),
      Cno CHAR(4),
      Grade SMALLINT CHECK (Grade>=0 AND Grade <=100),   /*Grade 取值范围是 0 到 100*/
      PRIMARY KEY (Sno, Cno),
      FOREIGN KEY (Sno) REFERENCES Student(Sno),
      FOREIGN KEY (Cno) REFERENCES Course(Cno)
    );
```

2. 属性上约束条件的检查和违约处理

当往表中插入元组或修改属性的值时，关系数据库管理系统将检查属性上的约束条件是否被满足，如果不满足则操作被拒绝执行。

5.3.2 元组上的约束条件

1. 元组上约束条件的定义

与属性上约束条件的定义类似，在 CREATE TABLE 语句中可以用 CHECK 短语定义元组上的约束条件，即元组级的限制。同属性值限制相比，元组级的限制可以设置不同属性之间的取值的相互约束条件。

[例 5.9] 当学生的性别是男时，其名字不能以 Ms.打头。

```
CREATE TABLE Student
    ( Sno CHAR(9),
      Sname CHAR(8) NOT NULL,
      Ssex CHAR(2),
      Sage SMALLINT,
```

```
Sdept CHAR(20),
PRIMARY KEY (Sno),
CHECK (Ssex='女' OR Sname NOT LIKE 'Ms.%')
);            /*定义了元组中 Sname 和 Ssex 两个属性值之间的约束条件*/
```

性别是女性的元组都能通过该项 CHECK 检查，因为 Ssex='女'成立；当性别是男性时，要通过检查则名字一定不能以 Ms.打头，因为 Ssex='男'时，条件要想为真值，Sname NOT LIKE 'Ms.%' 必须为真值。

2. 元组上约束条件的检查和违约处理

当往表中插入元组或修改属性的值时，关系数据库管理系统将检查元组上的约束条件是否被满足，如果不满足则操作被拒绝执行。

5.4 完整性约束命名子句

以上讲解的完整性约束条件都在 CREATE TABLE 语句中定义，SQL 还在 CREATE TABLE 语句中提供了完整性约束命名子句 CONSTRAINT，用来对完整性约束条件命名，从而可以灵活地增加、删除一个完整性约束条件。

1. 完整性约束命名子句

CONSTRAINT <完整性约束条件名> <完整性约束条件>

<完整性约束条件>包括 NOT NULL、UNIQUE、PRIMARY KEY、FOREIGN KEY、CHECK 短语等。

[例 5.10] 建立学生登记表 Student，要求学号在 90000～99999 之间，姓名不能取空值，年龄小于 30，性别只能是"男"或"女"。

```
CREATE TABLE Student
    (Sno NUMERIC(6)
        CONSTRAINT C1 CHECK (Sno BETWEEN 90000 AND 99999),
    Sname CHAR(20)
        CONSTRAINT C2 NOT NULL,
    Sage NUMERIC(3)
        CONSTRAINT C3 CHECK (Sage < 30),
    Ssex CHAR(2)
        CONSTRAINT C4 CHECK (Ssex IN ('男','女')),
        CONSTRAINT StudentKey PRIMARY KEY(Sno)
    );
```

在 Student 表上建立了 5 个约束条件，包括主码约束（命名为 StudentKey）以及 C1、

C2、C3、C4 这 4 个列级约束。

[例 5.11] 建立教师表 TEACHER，要求每个教师的应发工资不低于 3 000 元。应发工资是工资列 Sal 与扣除项 Deduct 之和。

```
CREATE TABLE TEACHER
    ( Eno NUMERIC(4) PRIMARY KEY,                /*在列级定义主码*/
      Ename CHAR(10),
      Job CHAR(8),
      Sal NUMERIC(7,2),
      Deduct NUMERIC(7,2),
      Deptno NUMERIC(2),
      CONSTRAINT TEACHERKey FOREIGN KEY (Deptno)
          REFERENCES DEPT (Deptno),
      CONSTRAINT C1 CHECK (Sal + Deduct >= 3000)
    );
```

2．修改表中的完整性限制

可以使用 ALTER TABLE 语句修改表中的完整性限制。

[例 5.12] 去掉例 5.10 Student 表中对性别的限制。

```
ALTER TABLE Student
    DROP CONSTRAINT C4;
```

[例 5.13] 修改表 Student 中的约束条件，要求学号改为在 900 000～999 999 之间，年龄由小于 30 改为小于 40。

可以先删除原来的约束条件，再增加新的约束条件。

```
ALTER TABLE Student
    DROP CONSTRAINT C1;
ALTER TABLE Student
    ADD CONSTRAINT C1 CHECK (Sno BETWEEN 900000 AND 999999);
ALTER TABLE Student
    DROP CONSTRAINT C3;
ALTER TABLE Student
    ADD CONSTRAINT C3 CHECK (Sage < 40);
```

*5.5 域中的完整性限制

在第 1、2 章中已经讲到，域是数据库中一个重要概念。一般地，域是一组具有相同数据类型的值的集合。SQL 支持域的概念，并可以用 CREATE DOMAIN 语句建立一个域以及该域应该满足的完整性约束条件，然后就可以用域来定义属性。这样定义的优点是，数据库中不同的属性可以来自同一个域，当域上的完整性约束条件改变时只要修改域的定义即可，而不必一一修改域上的各个属性。

[例 5.14] 建立一个性别域，并声明性别域的取值范围。

  CREATE DOMAIN GenderDomain CHAR(2)
    CHECK (VALUE IN ('男', '女'));

这样例 5.10 中对 Ssex 的说明可以改写为：

  Ssex GenderDomain

[例 5.15] 建立一个性别域 GenderDomain，并对其中的限制命名。

  CREATE DOMAIN GenderDomain CHAR(2)
    CONSTRAINT GD CHECK (VALUE IN ('男', '女'));

[例 5.16] 删除域 GenderDomain 的限制条件 GD。

  ALTER DOMAIN GenderDomain
    DROP CONSTRAINT GD;

[例 5.17] 在域 GenderDomain 上增加性别的限制条件 GDD。

  ALTER DOMAIN GenderDomain
    ADD CONSTRAINT GDD CHECK (VALUE IN ('1', '0'));

这样，通过例 5.16 和例 5.17，就把性别的取值范围由('男', '女')改为 ('1', '0')。

本节的例子是按照 SQL 标准书写的。

5.6 断　　言

在 SQL 中可以使用数据定义语言中的 CREATE ASSERTION 语句，通过声明性断言（declarative assertions）来指定更具一般性的约束。可以定义涉及多个表或聚集操作的比较复杂的完整性约束。断言创建以后，任何对断言中所涉及关系的操作都会触发关系数据库管理系统对断言的检查，任何使断言不为真值的操作都会被拒绝执行。

1. 创建断言的语句格式

  CREATE ASSERTION <断言名> <CHECK 子句>

每个断言都被赋予一个名字，<CHECK 子句>中的约束条件与 WHERE 子句的条件表达式类似。

[例 5.18] 限制数据库课程最多 60 名学生选修。

  CREATE ASSERTION ASSE_SC_DB_NUM
    CHECK (60> = (SELECT count(*)　　/*此断言的谓词涉及聚集操作 count 的 SQL 语句*/

　　　　　　　　　FROM Course,SC
　　　　　　　　　WHERE SC.CNO=COURSE.CNO AND COURSE.CNAME = '数据库')
　　　　);

每当学生选修课程时，将在 SC 表中插入一条元组（Sno，Cno，NULL），ASSE_SC_DB_NUM 断言被触发检查。如果选修数据库课程的人数已经超过 60 人，CHECK 子句返回值为"假"，对 SC 表的插入操作被拒绝。

［例 5.19］ 限制每一门课程最多 60 名学生选修。

```
CREATE ASSERTION ASSE_SC_CNUM1
    CHECK( 60>=ALL ( SELECT count (*)     /*此断言的谓词，涉及聚集操作 count */
                     FROM SC              /*和分组函数 group by 的 SQL 语句*/
                     GROUP by cno )
          );
```

［例 5.20］ 限制每个学期每一门课程最多 60 名学生选修。

首先修改 SC 表的模式，增加一个"学期（TERM）"的属性。

　　　　ALTER TABLE SC ADD TERM DATE; /*先修改 SC 表，增加 TERM 属性，它的类型是 DATE*/

然后定义断言：

　　　　CREATE ASSERTION ASSE_SC_CNUM2
　　　　　　CHECK (60>=ALL (select count (*) from SC group by cno,TERM));

2．删除断言的语句格式

　　　　DROP ASSERTION <断言名>;

如果断言很复杂，则系统在检测和维护断言上的开销较高，这是在使用断言时应该注意的。

5.7 触 发 器

触发器（trigger）是用户定义在关系表上的一类由事件驱动的特殊过程。一旦定义，触发器将被保存在数据库服务器中。任何用户对表的增、删、改操作均由服务器自动激活相应的触发器，在关系数据库管理系统核心层进行集中的完整性控制。触发器类似于约束，但是比约束更加灵活，可以实施更为复杂的检查和操作，具有更精细和更强大的数据控制能力。

触发器在 SQL 99 之后才写入 SQL 标准，但是很多关系数据库管理系统很早就支持触发器，因此不同的关系数据库管理系统实现的触发器语法各不相同、互不兼容。请读者在上机实验时注意阅读所用系统的使用说明。

5.7.1 定义触发器

触发器又叫做事件-条件-动作（event-condition-action）规则。当特定的系统事件（如对一个表的增、删、改操作，事务的结束等）发生时，对规则的条件进行检查，如果条件成立则执行规则中的动作，否则不执行该动作。规则中的动作体可以很复杂，可以涉及其他表和其他数据库对象，通常是一段 SQL 存储过程。

SQL 使用 CREATE TRIGGER 命令建立触发器，其一般格式为

```
CREATE TRIGGER <触发器名>                    /*每当触发事件发生时，该触发器被激活*/
{BEFORE | AFTER} <触发事件> ON <表名>
                                            /*指明触发器激活的时间是在执行触发事件前或后*/
REFERENCING NEW|OLD ROW AS<变量>            /*REFERENCING 指出引用的变量*/
FOR EACH{ROW | STATEMENT}                   /*定义触发器的类型，指明动作体执行的频率*/
[WHEN <触发条件>] <触发动作体>              /*仅当触发条件为真时才执行触发动作体*/
```

下面对定义触发器的各部分语法进行详细说明。

（1）只有表的拥有者，即创建表的用户才可以在表上创建触发器，并且一个表上只能创建一定数量的触发器。触发器的具体数量由具体的关系数据库管理系统在设计时确定。

（2）触发器名

触发器名可以包含模式名，也可以不包含模式名。同一模式下，触发器名必须是唯一的，并且触发器名和表名必须在同一模式下。

（3）表名

触发器只能定义在基本表上，不能定义在视图上。当基本表的数据发生变化时，将激活定义在该表上相应触发事件的触发器，因此该表也称为触发器的目标表。

（4）触发事件

触发事件可以是 INSERT、DELETE 或 UPDATE，也可以是这几个事件的组合，如 INSERT OR DELETE 等，还可以是 UPDATE OF <触发列，…>，即进一步指明修改哪些列时激活触发器。AFTER/BEFORE 是触发的时机。AFTER 表示在触发事件的操作执行之后激活触发器；BEFORE 表示在触发事件的操作执行之前激活触发器。

（5）触发器类型

触发器按照所触发动作的间隔尺寸可以分为行级触发器（FOR EACH ROW）和语句级触发器（FOR EACH STATEMENT）。

例如，假设在例 5.11 的 TEACHER 表上创建了一个 AFTER UPDATE 触发器，触发事件是 UPDATE 语句：

```
UPDATE TEACHER SET Deptno=5;
```

假设表 TEACHER 有 1 000 行，如果定义的触发器为语句级触发器，那么执行完

UPDATE 语句后触发动作体执行一次；如果是行级触发器，触发动作体将执行 1 000 次。

（6）触发条件

触发器被激活时，只有当触发条件为真时触发动作体才执行，否则触发动作体不执行。如果省略 WHEN 触发条件，则触发动作体在触发器激活后立即执行。

（7）触发动作体

触发动作体既可以是一个匿名 PL/SQL 过程块，也可以是对已创建存储过程的调用。如果是行级触发器，用户可以在过程体中使用 NEW 和 OLD 引用 UPDATE/INSERT 事件之后的新值和 UPDATE/DELETE 事件之前的旧值；如果是语句级触发器，则不能在触发动作体中使用 NEW 或 OLD 进行引用。

如果触发动作体执行失败，激活触发器的事件（即对数据库的增、删、改操作）就会终止执行，触发器的目标表或触发器可能影响的其他对象不发生任何变化。

［例 5.21］ 当对表 SC 的 Grade 属性进行修改时，若分数增加了 10%，则将此次操作记录到另一个表 SC_U（Sno、Cno、Oldgrade、Newgrade）中，其中 Oldgrade 是修改前的分数，Newgrade 是修改后的分数。

```
CREATE TRIGGER SC_T                    /*SC_T 是触发器的名字*/
AFTER UPDATE OF Grade ON SC            /*UPDATE OF Grade ON SC 是触发事件，*/
        /* AFTER 是触发的时机，表示当对 SC 的 Grade 属性修改完后再触发下面的规则*/
REFERENCING
    OLDROW AS OldTuple,
    NEWROW AS NewTuple
FOR EACH ROW       /*行级触发器，即每执行一次 Grade 的更新，下面的规则就执行一次*/
WHEN (NewTuple.Grade >= 1.1 * OldTuple.Grade)     /*触发条件，只有该条件为真时才执行*/
    INSERT INTO SC_U (Sno,Cno,OldGrade,NewGrade)          /*下面的 INSERT 操作*/
    VALUES(OldTuple.Sno,OldTuple.Cno,OldTuple.Grade,NewTuple.Grade)
```

在本例中 REFERENCING 指出引用的变量，如果触发事件是 UPDATE 操作并且有 FOR EACH ROW 子句，则可以引用的变量有 OLDROW 和 NEWROW，分别表示修改之前的元组和修改之后的元组。若没有 FOR EACH ROW 子句，则可以引用的变量有 OLDTABLE 和 NEWTABLE，OLDTABLE 表示表中原来的内容，NEWTABLE 表示表中变化后的部分。

［例 5.22］ 将每次对表 Student 的插入操作所增加的学生个数记录到表 Student-InsertLog 中。

```
CREATE TRIGGER Student_Count
AFTER INSERT ON Student        /*指明触发器激活的时间是在执行 INSERT 后*/
REFERENCING
    NEW TABLE AS DELTA
```

```
              FOR EACH STATEMENT          /*语句级触发器，即执行完 INSERT 语句后下面的触发
                                          动作体才执行一次*/
              INSERT INTO StudentInsertLog (Numbers)
              SELECT COUNT(*) FROM DELTA
```

在本例中出现的 FOR EACH STATEMENT，表示触发事件 INSERT 语句执行完成后才执行一次触发器中的动作，这种触发器叫做语句级触发器。而例 5.21 中的触发器是行级触发器。默认的触发器是语句级触发器。DELTA 是一个关系名，其模式与 Student 相同，包含的元组是 INSERT 语句增加的元组。

[例 5.23] 定义一个 BEFORE 行级触发器，为教师表 Teacher 定义完整性规则"教授的工资不得低于 4 000 元，如果低于 4 000 元，自动改为 4 000 元"。

```
        CREATE TRIGGER Insert_Or_Update_Sal      /*对教师表插入或更新时激活触发器*/
        BEFORE INSERT OR UPDATE ON Teacher       /*BEFORE 触发事件*/
        REFERENCING NEW row AS newTuple
        FOR EACH ROW                             /*这是行级触发器*/
        BEGIN                                    /*定义触发动作体，这是一个 PL/SQL 过程块*/
            IF (newtuple.Job='教授') AND (newtuple.Sal < 4000)
                                                 /*因为是行级触发器，可在过程体中*/
                THEN newtuple.Sal :=4000;        /*使用插入或更新操作后的新值*/
            END IF;
        END;                                     /*触发动作体结束*/
```

因为定义的是 BEFORE 触发器，在插入和更新教师记录前就可以按照触发器的规则调整教授的工资，不必等插入后再检查再调整。

5.7.2 激活触发器

触发器的执行是由触发事件激活，并由数据库服务器自动执行的。一个数据表上可能定义了多个触发器，如多个 BEFORE 触发器、多个 AFTER 触发器等，同一个表上的多个触发器激活时遵循如下的执行顺序：

（1）执行该表上的 BEFORE 触发器。
（2）激活触发器的 SQL 语句。
（3）执行该表上的 AFTER 触发器。

对于同一个表上的多个 BEFORE(AFTER)触发器，遵循"谁先创建谁先执行"的原则，即按照触发器创建的时间先后顺序执行。有些关系数据库管理系统是按照触发器名称的字母排序顺序执行触发器。

5.7.3 删除触发器

删除触发器的 SQL 语法如下：

```
DROP TRIGGER <触发器名> ON <表名>;
```

触发器必须是一个已经创建的触发器，并且只能由具有相应权限的用户删除。

触发器是一种功能强大的工具，但在使用时要慎重，因为在每次访问一个表时都可能触发一个触发器，这样会影响系统的性能。

5.8 小　　结

数据库的完整性是为了保证数据库中存储的数据是正确的。所谓正确是指符合现实世界语义。本章讲解了关系数据库管理系统完整性实现的机制，包括完整性约束定义机制、完整性检查机制和违背完整性约束条件时关系数据库管理系统应采取的动作等。

在关系系统中，最重要的完整性约束是实体完整性和参照完整性，其他完整性约束条件则可以归入用户定义的完整性。

数据库完整性的定义一般由 SQL 的数据定义语言来实现。它们作为数据库模式的一部分存入数据字典中，在数据库数据修改时关系数据库管理系统的完整性检查机制将按照数据字典中定义的这些约束进行检查。

完整性机制的实施会影响系统性能。因此，许多数据库管理系统对完整性机制的支持比对安全性的支持要晚得多，也弱得多。随着硬件性能的提高以及数据库技术的发展，目前的关系数据库管理系统都提供了定义和检查实体完整性、参照完整性和用户定义的完整性的功能。

对于违反完整性的操作一般的处理是采用默认方式，如拒绝执行。对于违反参照完整性的操作，本书讲解了不同的处理策略。用户要根据应用语义来定义合适的处理策略，以保证数据库的正确性。

实现数据库完整性的一个重要方法是触发器。触发器和前面介绍的各种完整性约束不同之处是，完整性控制是当被限制的对象发生变化时系统就去检查该对象变化后能否满足完整性约束条件，如果不能满足就进行违约处理，违约处理通常比较简单。而触发器功能就要强得多，因为触发器规则中的动作体可以很复杂，通常是一段 SQL 存储过程。触发器不仅可以用于数据库完整性检查，也可以用来实现数据库系统的其他功能，包括数据库安全性，以及更加广泛的应用系统的一些业务流程和控制流程、基于规则的数据和业务控制功能等。不过也要特别注意，一个触发器的动作可能激活另一个触发器，最坏的情况是导致一个触发链，从而造成难以预见的错误。

习　题

1. 什么是数据库的完整性？
2. 数据库的完整性概念与数据库的安全性概念有什么区别和联系？
3. 什么是数据库的完整性约束条件？
4. 关系数据库管理系统的完整性控制机制应具有哪三方面的功能？
5. 关系数据库管理系统在实现参照完整性时需要考虑哪些方面？
6. 假设有下面两个关系模式：

    职工（职工号，姓名，年龄，职务，工资，部门号），其中职工号为主码；

    部门（部门号，名称，经理名，电话），其中部门号为主码。

   用 SQL 语言定义这两个关系模式，要求在模式中完成以下完整性约束条件的定义：

   （1）定义每个模式的主码；（2）定义参照完整性；（3）定义职工年龄不得超过 60 岁。

7. 在关系系统中，当操作违反实体完整性、参照完整性和用户定义的完整性约束条件时，一般是如何分别进行处理的？

8. 某单位想举行一个小型的联谊会，关系 Male 记录注册的男宾信息，关系 Female 记录注册的女宾信息。建立一个断言，将来宾的人数限制在 50 人以内。（提示，先创建关系 Female 和关系 Male。）

实　验

实验 3　完整性语言

理解和掌握数据库完整性设计以及完整性语言的使用方法。掌握实体完整性、参照完整性和用户自定义完整性的定义和维护方法。掌握单属性和多属性的实体完整性和参照完整性的定义、修改、删除等各种基本功能；掌握列级完整性约束和表级完整性约束的定义方法；掌握创建表时定义完整性和创建表后定义实体完整性两种方法，并能够设计 SQL 语句验证完整性约束是否起作用。

实验 4　触发器

理解和掌握利用触发器实现较为复杂的用户自定义完整性约束的机制和方法。理解和掌握数据库触发器的分类，了解和掌握各类数据库触发器的设计和使用方法，包括创建、使用、删除、激活等各种基本功能，并能设计和执行相应的 SQL 语句验证触发器的有效性。

本章参考文献

[1]　HAMMER M，MCLEOD D．Semantic Integrity in a Relational Data Base System．in Proceedings of

VLDB,1975.

(文献[1]讨论数据库管理系统中语义完整性的概念。)

[2] SCHMID J,SWENSON J. On the Semantics of the Relational Model. in SIGMOD,1975.

[3] CODD E F. Extending the Database Relational Model to Capture More Meaning. TODS,1979(4):4.

(文献[3]扩展了关系模型的语义表达能力。)

[4] STONEBRAKER M,WONG E. Access Control in a Relational Database Management System by Query Modification. Proceedings of the ACM Annual Conference,1974.

(文献[4]讨论 INGRES 数据库管理系统的完整性约束机制。)

[5] STONEBRAKER M R. Implementation of Integrity Constrains and Views by Query Modification. in Proceedings of SIGMOD,1975.

(文献[5]讨论 INGRES 数据库管理系统的完整性约束机制。)

[6] CHAMBERLIN D,et al. SEQUEL 2:A Unified Approach to Data Definition,Manipulation,and Control. IBM Journal of Research and Development,1976(20):6.

(文献[6]提出了 SYSTEM R 中 SQL 的 Integrity Assert(完整性断言)和触发器语句。)

[7] HAMMER M,SARIN S. Efficient Monitoring of Database Assertions. in SIGMOD,1978.

(文献[7]介绍了完整性断言的有效验证方法。)

[8] BERNSTEIN P,BLAUSTEIN B,CLARKE E. Fast Maintenance of Semantic Integrity Assertions Using Redundant Aggregate Data. in Proceedings of VLDB,1980.

[9] HSU A,IMIELINSKY T. Integrity Checking for Multiple Updates. in SIGMOD,1985.

第二篇 设计与应用开发篇

本篇讲解在开发应用系统时如何在已经选定的数据库管理系统基础上设计数据库，以及如何基于数据库系统编程。

本篇包括三章。

第 6 章关系数据理论，详细讲解关系规范化理论，它既是关系数据库的重要理论基础，也是数据库设计的有力工具。规范化理论为数据库设计提供了理论指南和工具。

第 7 章数据库设计，讨论数据库设计的方法和步骤，详细讲解数据库设计各阶段的目标、方法和应注意的问题；重点讲解概念结构和逻辑结构的设计。概念结构设计着重介绍实体-联系（E-R）模型的基本概念和设计方法。逻辑结构设计着重介绍把 E-R 模型转换为关系模型的方法。

第 8 章数据库编程，应用系统中可以采用多种方式来访问和管理数据库数据，本章讲解这些编程技术的概念和方法，包括嵌入式 SQL、过程化 SQL、存储过程和自定义函数、ODBC、OLE DB、JDBC 等。

第 6 章 关系数据理论

本章讨论关系数据理论。6.1 节从数据库逻辑设计中如何构造一个好的数据库模式这一问题出发，阐明了关系规范化理论研究的实际背景。6.2 节介绍规范化理论，讨论各种范式及可能存在的插入、删除等问题，并直观地描述解决办法。6.3 节和 6.4 节进一步讨论关系数据理论，其中，6.3 节讨论函数依赖的推理规则，6.4 节给出模式等价的不同定义及模式分解算法。本章所有内容中，6.1 和 6.2 两节内容是基本的，本科学生需要掌握，6.3 和 6.4 两节则可作为研究生的学习内容。

6.1 问题的提出

前面已经讨论了数据库系统的一般概念，介绍了关系数据库的基本概念、关系模型的三个部分以及关系数据库的标准语言 SQL。但是还有一个很基本的问题尚未涉及：针对一个具体问题，应该如何构造一个适合于它的数据库模式，即应该构造几个关系模式，每个关系由哪些属性组成等。这是数据库设计的问题，确切地讲是关系数据库逻辑设计问题。

实际上设计任何一种数据库应用系统，不论是层次的、网状的还是关系的，都会遇到如何构造合适的数据模式即逻辑结构的问题。由于关系模型有严格的数学理论基础，并且可以向别的数据模型转换，因此，人们就以关系模型为背景来讨论这个问题，形成了数据库逻辑设计的一个有力工具——关系数据库的规范化理论。规范化理论虽然是以关系模型为背景，但是它对于一般的数据库逻辑设计同样具有理论上的意义。

下面首先回顾一下关系模型的形式化定义。

在第 2 章关系数据库中已经讲过，一个关系模式应当是一个五元组。

$R(U, D, \text{DOM}, F)$

这里：
- 关系名 R 是符号化的元组语义。
- U 为一组属性。

- D 为属性组 U 中的属性所来自的域。
- DOM 为属性到域的映射。
- F 为属性组 U 上的一组数据依赖。

由于 D、DOM 与模式设计关系不大，因此在本章中把关系模式看作一个三元组：

$$R<U, F>$$

当且仅当 U 上的一个关系 r 满足 F 时，r 称为关系模式 $R<U,F>$ 的一个关系。

作为一个二维表，关系要符合一个最基本的条件：每一个分量必须是不可分的数据项。满足了这个条件的关系模式就属于**第一范式**（1NF）。

在模式设计中，假设已知一个模式 $S\phi$，它仅由单个关系模式组成，问题是要设计一个模式 SD，它与 $S\phi$ 等价，但在某些指定的方面更好一些。这里通过一个例子来说明一个不好的模式会有些什么问题，分析它们产生的原因，并从中找出设计一个好的关系模式的办法。

在举例之前，先非形式地讨论一下数据依赖的概念。

数据依赖是一个关系内部属性与属性之间的一种约束关系。这种约束关系是通过属性间值的相等与否体现出来的数据间相关联系。它是现实世界属性间相互联系的抽象，是数据内在的性质，是语义的体现。

人们已经提出了许多种类型的数据依赖，其中最重要的是**函数依赖**（Functional Dependency，FD）和**多值依赖**（Multi-Valued Dependency，MVD）。

函数依赖极为普遍地存在于现实生活中。比如描述一个学生的关系，可以有学号（Sno）、姓名（Sname）、系名（Sdept）等几个属性。由于一个学号只对应一个学生，一个学生只在一个系学习。因而当"学号"值确定之后，学生的姓名及所在系的值也就被唯一地确定了。属性间的这种依赖关系类似于数学中的函数 $y=f(x)$，自变量 x 确定之后，相应的函数值 y 也就唯一地确定了。

类似的有 Sname=f(Sno)，Sdept=f(Sno)，即 Sno 函数决定 Sname，Sno 函数决定 Sdept，或者说 Sname 和 Sdept 函数依赖于 Sno，记作 Sno→Sname，Sno→Sdept。

[**例 6.1**] 建立一个描述学校教务的数据库，该数据库涉及的对象包括学生的学号（Sno）、所在系（Sdept）、系主任姓名（Mname）、课程号（Cno）和成绩（Grade）。假设用一个单一的关系模式 Student 来表示，则该关系模式的属性集合为

$$U = \{Sno, Sdept, Mname, Cno, Grade\}$$

现实世界的已知事实（语义）告诉我们：
① 一个系有若干学生，但一个学生只属于一个系。
② 一个系只有一名（正职）负责人。
③ 一个学生可以选修多门课程，每门课程有若干学生选修。
④ 每个学生学习每一门课程有一个成绩。

于是得到属性组 U 上的一组函数依赖 F（如图 6.1 所示）。

$F=\{Sno \rightarrow Sdept, Sdept \rightarrow Mname, (Sno, Cno) \rightarrow Grade\}$

如果只考虑函数依赖这一种数据依赖，可以得到一个描述学生的关系模式 Student <U, F>。表 6.1 是某一时刻关系模式 Student 的一个实例，即数据表。

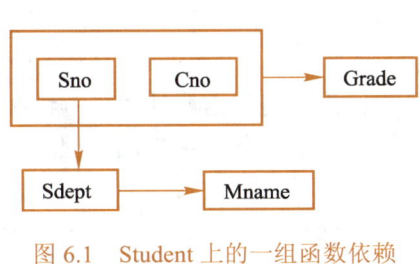

图 6.1 Student 上的一组函数依赖

表 6.1 Student 表

Sno	Sdept	Mname	Cno	Grade
S1	计算机系	张明	C1	95
S2	计算机系	张明	C1	90
S3	计算机系	张明	C1	88
S4	计算机系	张明	C1	70
S5	计算机系	张明	C1	78
⋮	⋮	⋮	⋮	⋮

但是，这个关系模式存在以下问题：

（1）**数据冗余**

比如，每一个系的系主任姓名重复出现，重复次数与该系所有学生的所有课程成绩出现次数相同，如表 6.1 所示。这将浪费大量的存储空间。

（2）**更新异常（update anomalies）**

由于数据冗余，当更新数据库中的数据时，系统要付出很大的代价来维护数据库的完整性，否则会面临数据不一致的危险。比如，某系更换系主任后，必须修改与该系学生有关的每一个元组。

（3）**插入异常（insertion anomalies）**

如果一个系刚成立，尚无学生，则无法把这个系及其系主任的信息存入数据库。

（4）**删除异常（deletion anomalies）**

如果某个系的学生全部毕业了，则在删除该系学生信息的同时，这个系及其系主任的信息也丢掉了。

鉴于存在以上种种问题，可以得出这样的结论：Student 关系模式不是一个好的模式。**一个好的模式应当不会发生插入异常、删除异常和更新异常，数据冗余应尽可能少。**

为什么会发生这些问题呢？

这是因为这个模式中的函数依赖存在某些不好的性质。这正是本章要讨论的问题。假如把这个单一的模式改造一下，分成三个关系模式：

S(Sno, Sdept, Sno→Sdept);

SC(Sno, Cno, Grade, (Sno, Cno)→Grade);

DEPT(Sdept, Mname, Sdept→Mname)

这三个模式都不会发生插入异常、删除异常的问题，数据的冗余也得到了控制。

一个模式的数据依赖会有哪些不好的性质，如何改造一个不好的模式，这就是下一节规范化要讨论的内容。

6.2 规 范 化

本节首先讨论一个关系属性间不同的依赖情况，讨论如何根据属性间依赖情况来判定关系是否具有某些不合适的性质，通常按属性间依赖情况来区分关系规范化程度为第一范式、第二范式、第三范式和第四范式等；然后直观地描述如何将具有不合适性质的关系转换为更合适的形式。

6.1 节关系模式 Student <U, F>中有 Sno→Sdept 成立，也就是说在任何时刻 Student 的关系实例（即 Student 数据表）中，不可能存在两个元组在 Sno 上的值相等，而在 Sdept 上的值不等。因此，表 6.2 的 Student 表是错误的。因为表中有两个元组在 Sno 上都等于 S_1，而 Sdept 上一个为计算机系，一个为自动化系。

表 6.2 一个错误的 Student 表

Sno	Sdept	Mname	Cno	Grade
S_1	计算机系	张明	C1	95
S_1	自动化系	张明	C1	90
S_3	计算机系	张明	C1	88
S_4	计算机系	张明	C1	70
S_5	计算机系	张明	C1	78
⋮	⋮	⋮	⋮	⋮

6.2.1 函数依赖

定义 6.1 设 $R(U)$ 是属性集 U 上的关系模式，X，Y 是 U 的子集。若对于 $R(U)$ 的任意一个可能的关系 r，r 中不可能存在两个元组在 X 上的属性值相等，而在 Y 上的属性值不等，则称 X 函数确定 Y 或 Y 函数依赖于 X，记作 $X→Y$。

函数依赖和别的数据依赖一样是语义范畴的概念，只能根据语义来确定一个函数依赖。例如，姓名→年龄这个函数依赖只有在该部门没有同名人的条件下成立。如果允许有同名人，则年龄就不再函数依赖于姓名了。

设计者也可以对现实世界作强制性规定，例如规定不允许同名人出现，因而使姓名→年龄函数依赖成立。这样当插入某个元组时这个元组上的属性值必须满足规定的函数依赖，若发现有同名人存在，则拒绝插入该元组。

注意：函数依赖不是指关系模式 R 的某个或某些关系满足的约束条件，而是指 R 的一切关系均要满足的约束条件。

下面介绍一些术语和记号。

- $X→Y$，但 $Y \not\subseteq X$，则称 $X→Y$ 是**非平凡的函数依赖**。

- $X \rightarrow Y$，但 $Y \subseteq X$，则称 $X \rightarrow Y$ 是**平凡的函数依赖**。对于任一关系模式，平凡函数依赖都是必然成立的，它不反映新的语义。若不特别声明，总是讨论非平凡的函数依赖。
- 若 $X \rightarrow Y$，则 X 称为这个函数依赖的决定属性组，也称为**决定因素**（determinant）。
- 若 $X \rightarrow Y$，$Y \rightarrow X$，则记作 $X \leftrightarrow Y$。
- 若 Y 不函数依赖于 X，则记作 $X \nrightarrow Y$。

定义 6.2 在 $R(U)$ 中，如果 $X \rightarrow Y$，并且对于 X 的任何一个真子集 X'，都有 $X' \nrightarrow Y$，则称 Y 对 X **完全函数依赖**，记作

$$X \xrightarrow{F} Y$$

若 $X \rightarrow Y$，但 Y 不完全函数依赖于 X，则称 Y 对 X **部分函数依赖**（partial functional dependency），记作

$$X \xrightarrow{P} Y$$

例 6.1 中 (Sno, Cno) $\xrightarrow{F}$ Grade 是完全函数依赖，(Sno, Cno) $\xrightarrow{P}$ Sdept 是部分函数依赖，因为 Sno → Sdept 成立，而 Sno 是 (Sno, Cno) 的真子集。

定义 6.3 在 $R(U)$ 中，如果 $X \rightarrow Y$ ($Y \not\subseteq X$)，$Y \nrightarrow X$，$Y \rightarrow Z$，$Z \not\subseteq Y$ 则称 Z 对 X **传递函数依赖**（transitive functional dependency）。记为 $X \xrightarrow{传递} Z$。

例 6.1 中有 Sno → Sdept，Sdept → Mname 成立，所以 Sno $\xrightarrow{传递}$ Mname。

这里加上条件 $Y \nrightarrow X$，是因为如果 $Y \rightarrow X$，则 $X \leftrightarrow Y$，实际上是 $X \xrightarrow{直接} Z$，是直接函数依赖而不是传递函数依赖。

6.2.2 码[①]

码是关系模式中的一个重要概念。在第 2 章中已给出了有关码的若干定义，这里用函数依赖的概念来定义码。

定义 6.4 设 K 为 $R<U, F>$ 中的属性或属性组合，若 $K \xrightarrow{F} U$，则 K 为 R 的**候选码**（candidate key）。

注意 U 是完全函数依赖于 K，而不是部分函数依赖于 K。一般地，如果 U 函数依赖于 K，即 $K \rightarrow U$，则 K 称为**超码**（Surpkey）。候选码是一类特殊的超码，即候选码的超集（如果存在）一定是超码，候选码的任何真子集一定不是超码。

若候选码多于一个，则选定其中的一个为**主码**（primary key）。

包含在任何一个候选码中的属性称为**主属性**（prime attribute）；不包含在任何候选码中的属性称为**非主属性**（nonprime attribute）或非码属性（non-key attribute）。最简单的情况，单个属性是码；最极端的情况，整个属性组是码，称为**全码**（all-key）。

在后面的章节中主码或候选码都简称为码。读者可以根据上下文加以识别。

---

① 在一些教材和文章里，码也称为"键"或"键码"。

[**例 6.2**] 关系模式 S（<u>Sno</u>, Sdept, Sage）中单个属性 Sno 是码，用下划线显示出来。SC（<u>Sno, Cno</u>, Grade）中属性组合（Sno, Cno）是码。

[**例 6.3**] 关系模式 $R(P, W, A)$ 中，属性 P 表示演奏者，W 表示作品，A 表示听众。假设一个演奏者可以演奏多个作品，某一作品可被多个演奏者演奏，听众也可以欣赏不同演奏者的不同作品，这个关系模式的码为（P, W, A），即 all-key。

定义 6.5 关系模式 R 中属性或属性组 X 并非 R 的码，但 X 是另一个关系模式的码，则称 X 是 R 的**外部码**（foreign key），也称**外码**。

如在 SC（<u>Sno, Cno</u>, Grade）中，Sno 不是码，但 Sno 是关系模式 S（<u>Sno</u>, Sdept, Sage）的码，则 Sno 是关系模式 SC 的外码。

主码与外码提供了一个表示关系间联系的手段，如例 6.2 中关系模式 S 与 SC 的联系就是通过 Sno 来体现的。

6.2.3 范式

关系数据库中的关系是要满足一定要求的，满足不同程度要求的为不同范式。满足最低要求的叫第一范式，简称 1NF；在第一范式中满足进一步要求的为第二范式，其余以此类推。

有关范式理论的研究主要是 E. F. Codd 做的工作。1971—1972 年 Codd 系统地提出了 1NF、2NF、3NF 的概念，讨论了规范化的问题。1974 年，Codd 和 Boyce 共同提出了一个新范式，即 BCNF。1976 年 Fagin 提出了 4NF。后来又有研究人员提出了 5NF。

所谓"第几范式"原本是表示关系的某一种级别，所以常称某一关系模式 R 为第几范式。现在则把范式这个概念理解成符合某一种级别的关系模式的集合，即 R 为第几范式就可以写成 $R \in x$ NF。

对于各种范式之间的关系有

$$5NF \subset 4NF \subset BCNF \subset 3NF \subset 2NF \subset 1NF$$

成立，如图 6.2 所示。

一个低一级范式的关系模式通过模式分解（schema decomposition）可以转换为若干个高一级范式的关系模式的集合，这种过程就叫**规范化**（normalization）。

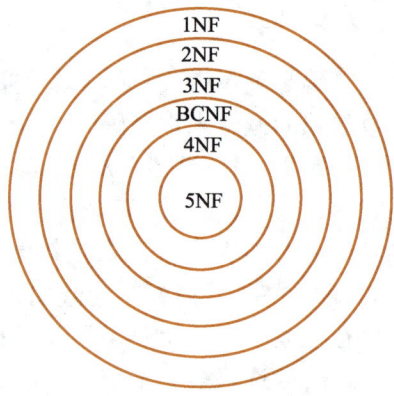

图 6.2 各种范式之间的关系

6.2.4 2NF

定义 6.6 若 $R \in 1NF$，且每一个非主属性完全函数依赖于任何一个候选码，则 $R \in 2NF$。

下面举一个不是 2NF 的例子。

[**例 6.4**] 有关系模式 S-L-C(Sno, Sdept, Sloc, Cno, Grade)，其中 Sloc 为学生的住处，并且每个系的学生住在同一个地方。S-L-C 的码为（Sno, Cno）。则函数依赖有

$(Sno, Cno) \xrightarrow{F} Ggrade$
$Sno \rightarrow Sdept, (Sno, Cno) \xrightarrow{P} Sdept$
$Sno \rightarrow Sloc, (Sno, Cno) \xrightarrow{P} Sloc,$
$Sdept \rightarrow Sloc$（每个系的学生只住一个地方）

函数依赖关系如图 6.3 所示。

图中用虚线表示部分函数依赖。另外，Sdept 还函数确定 Sloc，这一点在讨论第二范式时暂不考虑。可以看到非主属性 Sdept、Sloc 并不完全函数依赖于码。因此 S-L-C（Sno, Sdept, Sloc, Cno, Grade）不符合 2NF 定义，即 S-L-C $\notin$ 2NF。

图 6.3 函数依赖示例

一个关系模式 R 不属于 2NF，就会产生以下几个问题：

（1）插入异常。假若要插入一个学生 Sno=S7，Sdept=PHY，Sloc=BLD2，但该生还未选课，即这个学生无 Cno，这样的元组就插不进 S-L-C 中。因为插入元组时必须给定码值，而这时码值的一部分为空，因而学生的固有信息无法插入。

（2）删除异常。假定某个学生只选一门课，如 S4 就选了一门课 C3，现在 C3 这门课他也不选了，那么 C3 这个数据项就要删除。而 C3 是主属性，删除了 C3，整个元组就必须一起删除，使得 S4 的其他信息也被删除了，从而造成删除异常，即不应删除的信息也删除了。

（3）修改复杂。某个学生从数学系（MA）转到计算机科学系（CS），这本来只需修改此学生元组中的 Sdept 分量即可，但因为关系模式 S-L-C 中还含有系的住处 Sloc 属性，学生转系将同时改变住处，因而还必须修改元组中的 Sloc 分量。另外，如果这个学生选修了 k 门课，Sdept、Sloc 重复存储了 k 次，不仅存储冗余度大，而且必须无遗漏地修改 k 个元组中全部 Sdept、Sloc 信息，造成修改的复杂化。

分析上面的例子可以发现问题在于有两类非主属性，一类如 Grade，它对码是完全函数依赖；另一类如 Sdept、Sloc，它们对码不是完全函数依赖。解决的办法是用投影分解把关系模式 S-L-C 分解为两个关系模式：SC(Sno, Cno, Grade)和 S-L(Sno, Sdept, Sloc)。

关系模式 SC 与 S-L 中属性间的函数依赖可以用图 6.4、图 6.5 表示如下。

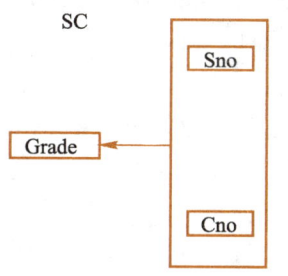

图 6.4 SC 中的函数依赖

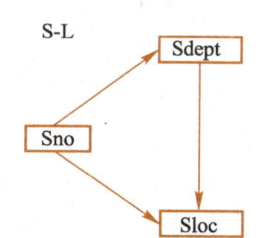

图 6.5 S-L 中的函数依赖

关系模式 SC 的码为（Sno, Cno），关系模式 S-L 的码为 Sno，这样就使得非主属性对码都是完全函数依赖了。

6.2.5　3NF

定义 6.7　设关系模式 $R<U, F>\in 1NF$，若 R 中不存在这样的码 X，属性组 Y 及非主属性 Z（$Z \nsubseteq Y$）使得 $X \rightarrow Y$，$Y \rightarrow Z$ 成立，$Y \nrightarrow X$，则称 $R<U, F> \in 3NF$。

由定义 6.7 可以证明，若 $R\in 3NF$，则每一个非主属性既不传递依赖于码，也不部分依赖于码。也就是说，可以证明如果 R 属于 3NF，则必有 R 属于 2NF。

在图 6.4 中关系模式 SC 没有传递依赖，而图 6.5 中关系模式 S-L 存在非主属性对码的传递依赖。在 S-L 中，由 Sno→Sdept（Sdept ↛ Sno），Sdept→Sloc，可得 Sno $\xrightarrow{传递}$ Sloc。因此 SC∈3NF，而 S-L∉3NF。

一个关系模式 R 若不是 3NF，就会产生与 6.2.4 节中 2NF 相类似的问题。读者可以类比 2NF 的反例加以说明。

解决的办法同样是将 S-L 分解为：S-D（Sno, Sdept）和 D-L（Sdept, Sloc）。分解后的关系模式 S-D 与 D-L 中不再存在传递依赖。

6.2.6　BCNF

BCNF（Boyce Codd Normal Form）是由 Boyce 与 Codd 提出的，比上述的 3NF 又进了一步，通常认为 BCNF 是修正的第三范式，有时也称为扩充的第三范式。

定义 6.8　关系模式 $R<U, F>\in 1NF$，若 $X\rightarrow Y$ 且 $Y \nsubseteq X$ 时 X 必含有码，则 $R<U, F>\in$ BCNF。

也就是说，关系模式 $R<U, F>$ 中，若每一个决定因素都包含码，则 $R<\dot{U}, F>\in$ BCNF。

由 BCNF 的定义可以得到结论，一个满足 BCNF 的关系模式有：
- 所有非主属性对每一个码都是完全函数依赖。
- 所有主属性对每一个不包含它的码也是完全函数依赖。
- 没有任何属性完全函数依赖于非码的任何一组属性。

由于 $R\in$ BCNF，按定义排除了任何属性对码的传递依赖与部分依赖，所以 $R\in 3NF$。严格的证明留给读者完成。但是若 $R\in 3NF$，R 未必属于 BCNF。

下面用几个例子说明属于 3NF 的关系模式有的属于 BCNF，但有的不属于 BCNF。

[例 6.5]　考察关系模式 C(Cno, Cname, Pcno)，它只有一个码 Cno，这里没有任何属性对 Cno 部分依赖或传递依赖，所以 C∈3NF。同时 C 中 Cno 是唯一的决定因素，所以 C∈BCNF。对于关系模式 SC(Sno, Cno, Grade)可作同样分析。

[例 6.6]　关系模式 S(Sno, Sname, Sdept, Sage)，假定 Sname 也具有唯一性，那么 S 就有两个码，这两个码都由单个属性组成，彼此不相交。其他属性不存在对码的传递依赖与

部分依赖，所以 S∈3NF。同时 S 中除 Sno、Sname 外没有其他决定因素，所以 S 也属于 BCNF。

以下再举几个例子。

[例 6.7] 关系模式 SJP(S, J, P)中，S 是学生，J 表示课程，P 表示名次。每一个学生选修每门课程的成绩有一定的名次，每门课程中每一名次只有一个学生（即没有并列名次）。由语义可得到下面的函数依赖：

(S, J)→P；(J, P)→S

所以（S, J）与（J, P）都可以作为候选码。这两个码各由两个属性组成，而且它们是相交的。这个关系模式中显然没有属性对码传递依赖或部分依赖。所以 SJP∈3NF，而且除（S, J）与（J, P）以外没有其他决定因素，所以 SJP∈BCNF。

[例 6.8] 关系模式 STJ(S, T, J)中，S 表示学生，T 表示教师，J 表示课程。每一教师只教一门课，每门课有若干教师，某一学生选定某门课，就对应一个固定的教师。由语义可得到如下的函数依赖。

(S, J)→T，(S, T)→J，T→J

函数依赖关系可以用图 6.6 表示，这里 (S, J)、(S, T) 都是候选码。

STJ 是 3NF，因为没有任何非主属性对码传递依赖或部分依赖，但 STJ 不是 BCNF 关系，因为 T 是决定因素，而 T 不包含码。

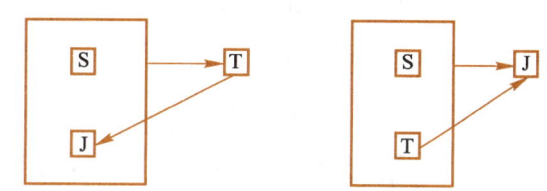

图 6.6 STJ 中的函数依赖

对于不是 BCNF 的关系模式，仍然存在不合适的地方。读者可自己举例指出 STJ 的不合适之处。非 BCNF 的关系模式也可以通过分解成为 BCNF。例如 STJ 可分解为 ST(S, T) 与 TJ(T, J)，它们都是 BCNF。

3NF 和 BCNF 是在函数依赖的条件下对模式分解所能达到的分离程度的测度。一个模式中的关系模式如果都属于 BCNF，那么在函数依赖范畴内它已实现了彻底的分离，已消除了插入和删除的异常。3NF 的"不彻底"性表现在可能存在主属性对码的部分依赖和传递依赖。

6.2.7 多值依赖

以上完全是在函数依赖的范畴内讨论问题。属于 BCNF 的关系模式是否就很完美了呢？下面来看一个例子。

[例 6.9] 学校中某一门课程由多个教师讲授，他们使用相同的一套参考书。每个教师可以讲授多门课程，每种参考书可以供多门课程使用。可以用一个非规范化的关系来表示教师 T、课程 C 和参考书 B 之间的关系（如表 6.3 所示）。

把这张表变成一张规范化的二维表，如表 6.4 所示。

表 6.3 非规范化关系示例

课程 C	教师 T	参考书 B
物理	李勇 王军	普通物理学 光学原理 物理习题集
数学	李勇 张平	数学分析 微分方程 高等代数
计算数学	张平 周峰	数学分析 … …
⋮	⋮	⋮

表 6.4 规范化的二维表 Teaching

课程 C	教师 T	参考书 B
物理	李勇	普通物理学
物理	李勇	光学原理
物理	李勇	物理习题集
物理	王军	普通物理学
物理	王军	光学原理
物理	王军	物理习题集
数学	李勇	数学分析
数学	李勇	微分方程
数学	李勇	高等代数
数学	张平	数学分析
数学	张平	微分方程
数学	张平	高等代数
⋮	⋮	⋮

关系模型 Teaching（C, T, B）的码是（C, T, B），即 all-key，因而 Teaching∈BCNF。但是当某一课程（如物理）增加一名讲课教师（如周英）时，必须插入多个（这里是三个）元组：（物理，周英，普通物理学），（物理，周英，光学原理），（物理，周英，物理习题集）。

同样，某一门课（如数学）要去掉一本参考书（如微分方程），则必须删除多个（这里是两个）元组：（数学，李勇，微分方程），（数学，张平，微分方程）。

因而对数据的增删改很不方便，数据的冗余也十分明显。仔细考察这类关系模式，发现它具有一种称之为多值依赖（Multi-Valued Dependency，MVD）的数据依赖。

定义 6.9 设 $R(U)$ 是属性集 U 上的一个关系模式。X, Y, Z 是 U 的子集，并且 $Z=U-X-Y$。关系模式 $R(U)$ 中**多值依赖** $X\rightarrow\rightarrow Y$ 成立，当且仅当对 $R(U)$ 的任一关系 r，给定的一对 (x,z) 值，有一组 Y 的值，这组值仅仅决定于 x 值而与 z 值无关。

例如，在关系模式 Teaching 中，对于一个（物理，光学原理）有一组 T 值{李勇，王军}，这组值仅仅决定于课程 C 上的值（物理）。也就是说对于另一个（物理，普通物理学），它对应的一组 T 值仍是{李勇，王军}，尽管这时参考书 B 的值已经改变了。因此 T 多值依赖于 C，即 $C\rightarrow\rightarrow T$。

对于多值依赖的另一个等价的形式化的定义是：在 $R(U)$ 的任一关系 r 中，如果存在元组 t、s 使得 $t[X]=s[X]$，那么就必然存在元组 w、$v\in r$（w、v 可以与 s、t 相同），使得 $w[X]=v[X]=t[X]$，而 $w[Y]=t[Y]$，$w[Z]=s[Z]$，$v[Y]=s[Y]$，$v[Z]=t[Z]$（即交换 s、t 元组的 Y 值所得的两个新元组必在 r 中），则 Y 多值依赖于 X，记为 $X\rightarrow\rightarrow Y$。这里，$X$、$Y$ 是 U 的子集，

$Z=U-X-Y$。

若 $X \rightarrow\rightarrow Y$，而 $Z=\phi$，即 Z 为空，则称 $X \rightarrow\rightarrow Y$ 为**平凡的多值依赖**。即对于 $R(X, Y)$，如果有 $X \rightarrow\rightarrow Y$ 成立，则 $X \rightarrow\rightarrow Y$ 为平凡的多值依赖。

下面再举一个具有多值依赖的关系模式的例子。

[**例 6.10**] 关系模式 WSC(W, S, C)中，W 表示仓库，S 表示保管员，C 表示商品。假设每个仓库有若干个保管员，有若干种商品。每个保管员保管所在仓库的所有商品，每种商品被所有保管员保管。列出关系如表 6.5 所示。

按照语义对于 W 的每一个值 W_i，S 有一个完整的集合与之对应而不问 C 取何值。所以 $W \rightarrow\rightarrow S$。

如果用图 6.7 来表示这种对应，则对应 W 的某一个值 W_i 的全部 S 值记作 $\{S\}_{Wi}$（表示此仓库工作的全部保管员），全部 C 值记作 $\{C\}_{Wi}$（表示在此仓库中存放的所有商品）。应当有 $\{S\}_{Wi}$ 中的每一个 S 值和 $\{C\}_{Wi}$ 中的每一个 C 值对应。于是 $\{S\}_{Wi}$ 与 $\{C\}_{Wi}$ 之间正好形成一个完全二分图，因而 $W \rightarrow\rightarrow S$。

表 6.5 WSC 表

W	S	C
W1	S1	C1
W1	S1	C2
W1	S1	C3
W1	S2	C1
W1	S2	C2
W1	S2	C3
W2	S3	C4
W2	S3	C5
W2	S4	C4
W2	S4	C5

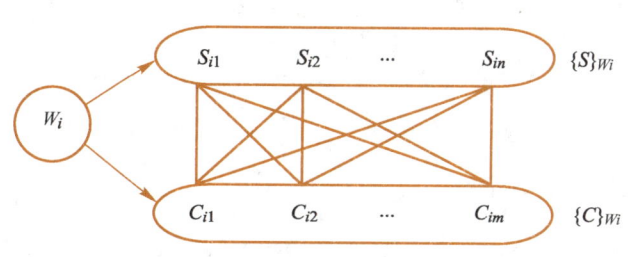

图 6.7 $W \rightarrow\rightarrow S$ 且 $W \rightarrow\rightarrow C$

由于 C 与 S 的完全对称性，必然有 $W \rightarrow\rightarrow C$ 成立。

多值依赖具有以下性质：

（1）**多值依赖具有对称性**。即若 $X \rightarrow\rightarrow Y$，则 $X \rightarrow\rightarrow Z$，其中 $Z=U-X-Y$。

从例 6.10 容易看出，因为每个保管员保管所有商品，同时每种商品被所有保管员保管，显然若 $W \rightarrow\rightarrow S$，必然有 $W \rightarrow\rightarrow C$。

（2）**多值依赖具有传递性**。即若 $X \rightarrow\rightarrow Y$，$Y \rightarrow\rightarrow Z$，则 $X \rightarrow\rightarrow Z-Y$。

（3）函数依赖可以看作是多值依赖的特殊情况，即若 $X\rightarrow Y$，则 $X\rightarrow\rightarrow Y$。这是因为当 $X\rightarrow Y$ 时，对 X 的每一个值 x，Y 有一个确定的值 y 与之对应，所以 $X\rightarrow\rightarrow Y$。

（4）若 $X\rightarrow\rightarrow Y$，$X\rightarrow\rightarrow Z$，则 $X\rightarrow\rightarrow YZ$。

（5）若 $X\rightarrow\rightarrow Y$，$X\rightarrow\rightarrow Z$，则 $X\rightarrow\rightarrow Y\cap Z$。

（6）若 $X\rightarrow\rightarrow Y$，$X\rightarrow\rightarrow Z$，则 $X\rightarrow\rightarrow Y-Z$，$X\rightarrow\rightarrow Z-Y$。

多值依赖与函数依赖相比，具有下面两个基本的区别：

（1）多值依赖的有效性与属性集的范围有关。若 $X\rightarrow\rightarrow Y$ 在 U 上成立，则在 $W(XY\subseteq W\subseteq U)$ 上一定成立；反之则不然，即 $X\rightarrow\rightarrow Y$ 在 $W(W\subset U)$ 上成立，在 U 上并不一定成立。这是因为多值依赖的定义中不仅涉及属性组 X 和 Y，而且涉及 U 中其余属性 Z。

一般地，在 $R(U)$ 上若有 $X\rightarrow\rightarrow Y$ 在 $W(W\subset U)$ 上成立，则称 $X\rightarrow\rightarrow Y$ 为 $R(U)$ 的嵌入型多值依赖。

但是在关系模式 $R(U)$ 中，函数依赖 $X\rightarrow Y$ 的有效性仅决定于 X、Y 这两个属性集的值。只要在 $R(U)$ 的任何一个关系 r 中，元组在 X 和 Y 上的值满足定义 6.1，则函数依赖 $X\rightarrow Y$ 在任何属性集 $W(XY\subseteq W\subseteq U)$ 上成立。

（2）若函数依赖 $X\rightarrow Y$ 在 $R(U)$ 上成立，则对于任何 $Y'\subset Y$ 均有 $X\rightarrow Y'$ 成立。而多值依赖 $X\rightarrow\rightarrow Y$ 若在 $R(U)$ 上成立，却不能断言对于任何 $Y'\subset Y$ 有 $X\rightarrow\rightarrow Y'$ 成立。

例如，有关系 $R(A,B,C,D)$ 如下，$A\rightarrow\rightarrow BC$，当然也有 $A\rightarrow\rightarrow D$ 成立。有 R 的一个关系实例，在此实例上 $A\rightarrow\rightarrow B$ 是不成立的，如表 6.6 所示。

表 6.6　R 的一个实例

A	B	C	D
a_1	b_1	c_1	d_1
a_1	b_1	c_1	d_2
a_1	b_2	c_2	d_1
a_1	b_2	c_2	d_2

6.2.8　4NF

定义 6.10　关系模式 $R<U,F>\in 1NF$，如果对于 R 的每个非平凡多值依赖 $X\rightarrow\rightarrow Y(Y\nsubseteq X)$，$X$ 都含有码，则称 $R<U,F>\in 4NF$。

4NF 就是限制关系模式的属性之间不允许有非平凡且非函数依赖的多值依赖。因为根据定义，对于每一个非平凡的多值依赖 $X\rightarrow\rightarrow Y$，$X$ 都含有候选码，于是就有 $X\rightarrow Y$，所以 4NF 所允许的非平凡的多值依赖实际上是函数依赖。

显然，如果一个关系模式是 4NF，则必为 BCNF。

在前面讨论的关系模式 WSC 中，$W\rightarrow\rightarrow S$，$W\rightarrow\rightarrow C$，它们都是非平凡的多值依赖。而 W 不是码，关系模式 WSC 的码是 (W,S,C)，即 all-key。因此 WSC$\notin$4NF。

一个关系模式如果已达到了 BCNF 但不是 4NF，这样的关系模式仍然具有不好的性质。以 WSC 为例，WSC$\notin$4NF，但是 WSC$\in$BCNF。对于 WSC 的某个关系，若某一仓库 W_i 有 n 个保管员，存放 m 件物品，则关系中分量为 W_i 的元组数目一定有 $m\times n$ 个。每个保管员重复存储 m 次，每种物品重复存储 n 次，数据的冗余度太大，因此还应该继续规范化使关系模式 WSC 达到 4NF。

可以用投影分解的方法消去非平凡且非函数依赖的多值依赖。例如可以把 WSC 分解为 WS(W, S)，WC(W, C)。在 WS 中虽然有 $W \rightarrow\rightarrow S$，但这是平凡的多值依赖。WS 中已不存在非平凡的非函数依赖的多值依赖，所以 WS∈4NF，同理 WC∈4NF。

函数依赖和多值依赖是两种最重要的数据依赖。如果只考虑函数依赖，则属于 BCNF 的关系模式规范化程度已经是最高的了；如果考虑多值依赖，则属于 4NF 的关系模式规范化程度是最高的。事实上，数据依赖中除函数依赖和多值依赖之外，还有其他数据依赖。例如有一种连接依赖。函数依赖是多值依赖的一种特殊情况，而多值依赖实际上又是连接依赖的一种特殊情况。但连接依赖不像函数依赖和多值依赖可由语义直接导出，而是在关系的连接运算时才反映出来。存在连接依赖的关系模式仍可能遇到数据冗余及插入、修改、删除异常等问题。如果消除了属于 4NF 的关系模式中存在的连接依赖，则可以进一步达到 5NF 的关系模式。这里不再讨论连接依赖和 5NF，有兴趣的读者可以参阅有关书籍。

6.2.9 规范化小结

在关系数据库中，对关系模式的基本要求是满足第一范式，这样的关系模式就是合法的、允许的。但是，人们发现有些关系模式存在插入、删除异常，以及修改复杂、数据冗余等问题，需要寻求解决这些问题的方法，这就是规范化的目的。

规范化的基本思想是逐步消除数据依赖中不合适的部分，使模式中的各关系模式达到某种程度的"分离"，即"一事一地"的模式设计原则。让一个关系描述一个概念、一个实体或者实体间的一种联系。若多于一个概念就把它"分离"出去。因此所谓规范化实质上是概念的单一化。

人们认识这个原则是经历了一个过程的。从认识非主属性的部分函数依赖的危害开始，2NF、3NF、BCNF、4NF 的相继提出是这个认识过程逐步深化的标志，图 6.8 可以概括这个过程。

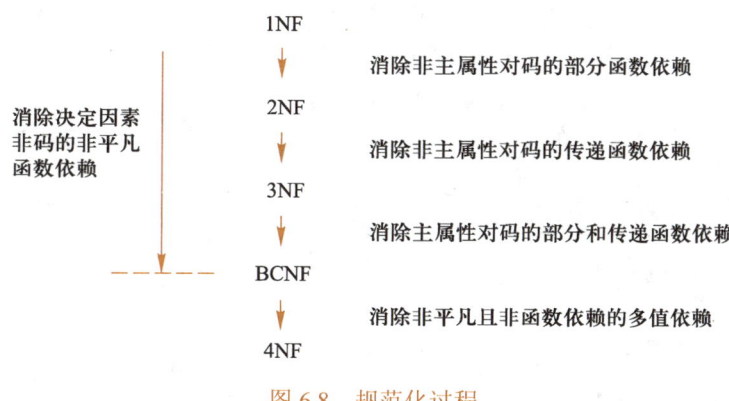

图 6.8 规范化过程

关系模式的规范化过程是通过对关系模式的分解来实现的，即把低一级的关系模式分解为若干个高一级的关系模式。这种分解不是唯一的。下面将进一步讨论分解后的关系模式与原关系模式"等价"的问题以及分解的算法。

6.3 数据依赖的公理系统

数据依赖的公理系统是模式分解算法的理论基础。下面首先讨论函数依赖的一个有效而完备的公理系统——Armstrong 公理系统。

定义 6.11 对于满足一组函数依赖 F 的关系模式 $R<U, F>$，其任何一个关系 r，若函数依赖 $X \rightarrow Y$ 都成立（即 r 中任意两元组 t、s，若 $t[X]=s[X]$，则 $t[Y]=s[Y]$），则称 F **逻辑蕴涵** $X \rightarrow Y$。

为了求得给定关系模式的码，为了从一组函数依赖求得蕴涵的函数依赖，例如已知函数依赖集 F，要问 $X \rightarrow Y$ 是否为 F 所蕴涵，就需要一套推理规则，这组推理规则是 1974 年首先由 Armstrong 提出来的。

Armstrong 公理系统（Armstrong's axiom）设 U 为属性集总体，F 是 U 上的一组函数依赖，于是有关系模式 $R<U, F>$，对 $R<U, F>$ 来说有以下的推理规则：

A1　**自反律**（reflexivity rule）：若 $Y \subseteq X \subseteq U$，则 $X \rightarrow Y$ 为 F 所蕴涵。

A2　**增广律**（augmentation rule）：若 $X \rightarrow Y$ 为 F 所蕴涵，且 $Z \subseteq U$，则 $XZ \rightarrow YZ$[①] 为 F 所蕴涵。

A3　**传递律**（transitivity rule）：若 $X \rightarrow Y$ 及 $Y \rightarrow Z$ 为 F 所蕴涵，则 $X \rightarrow Z$ 为 F 所蕴涵。

注意：由自反律所得到的函数依赖均是平凡的函数依赖，自反律的使用并不依赖于 F。

定理 6.1 Armstrong 推理规则是正确的。

下面从定义出发证明推理规则的正确性。

证

（1）设 $Y \subseteq X \subseteq U$。

对 $R<U, F>$ 的任一关系 r 中的任意两个元组 t、s：

若 $t[X]=s[X]$，由于 $Y \subseteq X$，有 $t[Y]=s[Y]$，

所以 $X \rightarrow Y$ 成立，自反律得证[②]。

（2）设 $X \rightarrow Y$ 为 F 所蕴涵，且 $Z \subseteq U$。

设 $R<U,F>$ 的任一关系 r 中任意的两个元组 t、s：

若 $t[XZ]=s[XZ]$，则有 $t[X]=s[X]$ 和 $t[Z]=s[Z]$；

[①] 为了简单起见，用 XZ 代表 $X \cup Z$，YZ 代表 $Y \cup Z$。
[②] $t[X]$ 表示元组 t 在属性（组）X 上的分量，等价于 $t.X$。

由 $X \to Y$，于是有 $t[Y]=s[Y]$，所以 $t[YZ]=s[YZ]$，$XZ \to YZ$ 为 F 所蕴涵，增广律得证。

（3）设 $X \to Y$ 及 $Y \to Z$ 为 F 所蕴涵。

对 $R<U, F>$ 的任一关系 r 中的任意两个元组 t、s：

若 $t[X]=s[X]$，由于 $X \to Y$，有 $t[Y]=s[Y]$；

再由 $Y \to Z$，有 $t[Z]=s[Z]$，所以 $X \to Z$ 为 F 所蕴涵，传递律得证。

根据 A1、A2、A3 这三条推理规则可以得到下面三条很有用的推理规则。

- **合并规则**（union rule）：由 $X \to Y$，$X \to Z$，有 $X \to YZ$。
- **伪传递规则**（pseudo transitivity rule）：由 $X \to Y$，$WY \to Z$，有 $XW \to Z$。
- **分解规则**（decomposition rule）：由 $X \to Y$ 及 $Z \subseteq Y$，有 $X \to Z$。

根据合并规则和分解规则，很容易得到这样一个重要事实：

引理 6.1 $X \to A_1A_2 \cdots A_k$ 成立的充分必要条件是 $X \to A_i$ 成立（$i=1, 2, \cdots, k$）。

定义 6.12 在关系模式 $R<U, F>$ 中为 F 所逻辑蕴涵的函数依赖的全体叫作 F 的**闭包**（closure），记为 F^+。

人们把自反律、传递律和增广律称为 Armstrong 公理系统。Armstrong 公理系统是有效的、完备的。Armstrong 公理的**有效性**指的是：由 F 出发根据 Armstrong 公理推导出来的每一个函数依赖一定在 F^+ 中；**完备性**指的是 F^+ 中的每一个函数依赖，必定可以由 F 出发根据 Armstrong 公理推导出来。

要证明完备性，就首先要解决如何判定一个函数依赖是否属于由 F 根据 Armstrong 公理推导出来的函数依赖的集合。当然，如果能求出这个集合，问题就解决了。但不幸的是，这是一个 NP 完全问题。例如，从 $F=\{X \to A_1, \cdots, X \to A_n\}$ 出发，至少可以推导出 2^n 个不同的函数依赖。为此引入了下面的概念：

定义 6.13 设 F 为属性集 U 上的一组函数依赖，X、$Y \subseteq U$，$X_F^+ = \{A | X \to A$ 能由 F 根据 Armstrong 公理导出$\}$，X_F^+ 称为**属性集 X 关于函数依赖集 F 的闭包**。

由引理 6.1 容易得出引理 6.2。

引理 6.2 设 F 为属性集 U 上的一组函数依赖，X、$Y \subseteq U$，$X \to Y$ 能由 F 根据 Armstrong 公理导出的充分必要条件是 $Y \subseteq X_F^+$。

于是，判定 $X \to Y$ 是否能由 F 根据 Armstrong 公理导出的问题就转化为求出 X_F^+，判定 Y 是否为 X_F^+ 的子集的问题。这个问题由算法 6.1 解决了。

算法 6.1 求属性集 X（$X \subseteq U$）关于 U 上的函数依赖集 F 的闭包 X_F^+。

输入：X、F

输出：X_F^+

步骤：

① 令 $X^{(0)}=X$，$i=0$。

② 求 B,这里 $B=\{A\,|(\exists V)(\exists W)(V\rightarrow W\in F \land V\subseteq X^{(i)} \land A\in W)\}$。

③ $X^{(i+1)}=B\cup X^{(i)}$。

④ 判断 $X^{(i+1)}=X^{(i)}$。

⑤ 若 $X^{(i+1)}$ 与 $X^{(i)}$ 相等或 $X^{(i)}=U$,则 $X^{(i)}$ 就是 X_F^+,算法终止。

⑥ 若否,则 $i=i+1$,返回第②步。

[**例 6.11**] 已知关系模式 $R<U,F>$,其中

$U=\{A,B,C,D,E\}$, $F=\{AB\rightarrow C, B\rightarrow D, C\rightarrow E, EC\rightarrow B, AC\rightarrow B\}$。

求 $(AB)_F^+$。

解 由算法 6.1,设 $X^{(0)}=AB$。

计算 $X^{(1)}$:逐一扫描 F 集合中各个函数依赖,找左部为 A、B 或 AB 的函数依赖,得到两个:$AB\rightarrow C$,$B\rightarrow D$。于是 $X^{(1)}=AB\cup CD=ABCD$。

因为 $X^{(0)}\neq X^{(1)}$,所以再找出左部为 $ABCD$ 子集的那些函数依赖,又得到 $C\rightarrow E$,$AC\rightarrow B$,于是 $X^{(2)}=X^{(1)}\cup BE=ABCDE$。

因为 $X^{(2)}$ 已等于全部属性集合,所以 $(AB)_F^+=ABCDE$。

对于算法 6.1,令 $a_i=|X^{(i)}|$,$\{a_i\}$ 形成一个步长大于 1 的严格递增的序列,序列的上界是 $|U|$,因此该算法最多 $|U|-|X|$ 次循环就会终止。

定理 6.2 Armstrong 公理系统是有效的、完备的。

Armstrong 公理系统的有效性可由定理 6.1 得到证明。这里给出完备性的证明。

证明完备性的逆否命题,即若函数依赖 $X\rightarrow Y$ 不能由 F 从 Armstrong 公理导出,那么它必然不为 F 所蕴涵,它的证明分三步。

(1) 若 $V\rightarrow W$ 成立,且 $V\subseteq X_F^+$,则 $W\subseteq X_F^+$。

证 因为 $V\subseteq X_F^+$,所以有 $X\rightarrow V$ 成立;于是 $X\rightarrow W$ 成立(因为 $X\rightarrow V$,$V\rightarrow W$),所以 $W\subseteq X_F^+$。

(2) 构造一张二维表 r,它由下列两个元组构成,可以证明 r 必是 $R(U,F)$ 的一个关系,即 F 中的全部函数依赖在 r 上成立。

$$\begin{array}{cc} \overbrace{}^{X_F^+} & \overbrace{}^{U-X_F^+} \\ 11\cdots\cdots 1 & 00\cdots\cdots 1 \\ 11\cdots\cdots 1 & 11\cdots\cdots 1 \end{array}$$

若 r 不是 $R<U,F>$ 的关系,则必由于 F 中有某一个函数依赖 $V\rightarrow W$ 在 r 上不成立所致。由 r 的构成可知,V 必定是 X_F^+ 的子集,而 W 不是 X_F^+ 的子集,可是由第(1)步,$W\subseteq X_F^+$,矛盾。所以 r 必是 $R<U,F>$ 的一个关系。

(3) 若 $X\rightarrow Y$ 不能由 F 从 Armstrong 公理导出,则 Y 不是 X_F^+ 的子集,因此必有 Y 的子集 Y' 满足 $Y'\subseteq U-X_F^+$,则 $X\rightarrow Y$ 在 r 中不成立,即 $X\rightarrow Y$ 必不为 $R<U,F>$ 蕴涵。

Armstrong 公理的完备性及有效性说明了"导出"与"蕴涵"是两个完全等价的概念。于是 F^+ 也可以说成是由 F 出发借助 Armstrong 公理导出的函数依赖的集合。

从蕴涵（或导出）的概念出发，又引出了两个函数依赖集等价和最小依赖集的概念。

定义 6.14 如果 $G^+=F^+$，就说函数依赖集 F 覆盖 G（F 是 G 的覆盖，或 G 是 F 的覆盖），或 F 与 G 等价。

引理 6.3 $F^+=G^+$ 的充分必要条件是 $F\subseteq G^+$ 和 $G\subseteq F^+$。

证 必要性显然，只证充分性。

（1）若 $F\subseteq G^+$，则 $X_F^+ \subseteq X_{G^+}^+$。

（2）任取 $X\rightarrow Y\in F^+$，则有 $Y\subseteq X_F^+ \subseteq X_{G^+}^+$。

所以 $X\rightarrow Y\in (G^+)^+=G^+$。即 $F^+\subseteq G^+$。

（3）同理可证 $G^+\subseteq F^+$，所以 $F^+=G^+$。

而要判定 $F\subseteq G^+$，只需逐一对 F 中的函数依赖 $X\rightarrow Y$ 考察 Y 是否属于 $X_{G^+}^+$ 即可。因此引理 6.3 给出了判断两个函数依赖集等价的可行算法。

定义 6.15 如果函数依赖集 F 满足下列条件，则称 F 为一个极小函数依赖集，亦称为**最小依赖集**或最小覆盖（minimal cover）。

（1）F 中任一函数依赖的右部仅含有一个属性。

（2）F 中不存在这样的函数依赖 $X\rightarrow A$，使得 F 与 $F-\{X\rightarrow A\}$ 等价。

（3）F 中不存在这样的函数依赖 $X\rightarrow A$，X 有真子集 Z 使得 $F-\{X\rightarrow A\}\cup\{Z\rightarrow A\}$ 与 F 等价。

定义 6.15（3）的含义是对于 F 中的每个函数依赖，它的左部要尽可能简。

［例 6.12］ 考察 6.1 节中的关系模式 $S<U, F>$，其中：

$U=\{$Sno, Sdept, Mname, Cno, Grade$\}$，

$F=\{$Sno$\rightarrow$Sdept, Sdept$\rightarrow$Mname, (Sno, Cno)$\rightarrow$Grade$\}$

设 $F'=\{$Sno$\rightarrow$Sdept, Sno$\rightarrow$Mname, Sdept$\rightarrow$Mname，

(Sno, Cno)$\rightarrow$Grade, (Sno, Sdept)$\rightarrow$Sdept$\}$

根据定义 6.15 可以验证 F 是最小覆盖，而 F' 不是。因为 $F'-\{$Sno$\rightarrow$Mname$\}$ 与 F' 等价，$F'-\{$(Sno, Sdept)$\rightarrow$Sdept$\}$ 与 F' 等价。

定理 6.3 每一个函数依赖集 F 均等价于一个极小函数依赖集 F_m。此 F_m 称为 F 的最小依赖集。

证 这是一个构造性的证明，分三步对 F 进行"极小化处理"，找出 F 的一个最小依赖集来。

（1）逐一检查 F 中各函数依赖 FD_i：$X\rightarrow Y$，若 $Y=A_1A_2\cdots A_k$，$k\geqslant 2$，则用 $\{X\rightarrow A_j \mid j=1, 2, \cdots, k\}$ 来取代 $X\rightarrow Y$。

(2) 逐一检查 F 中各函数依赖 FD_i：$X \to A$，令 $G=F-\{X \to A\}$，若 $A \in X_G^+$，则从 F 中去掉此函数依赖（因为 F 与 G 等价的充要条件是 $A \in X_G^+$）。

(3) 逐一取出 F 中各函数依赖 FD_i：$X \to A$，设 $X=B_1B_2\cdots B_m$，$m \geqslant 2$，逐一考查 B_i（$i=1, 2, \cdots, m$），若 $A \in (X-B_i)_F^+$，则以 $X-B_i$ 取代 X（因为 F 与 $F-\{X \to A\} \cup \{Z \to A\}$ 等价的充要条件是 $A \in Z_F^+$，其中 $Z=X-B_i$）。

最后剩下的 F 就一定是极小依赖集，并且与原来的 F 等价。因为对 F 的每一次"改造"都保证了改造前后的两个函数依赖集等价。这些证明很显然，请读者自行补上。

应当指出，F 的最小依赖集 F_m 不一定是唯一的，它与对各函数依赖 FD_i 及 $X \to A$ 中 X 各属性的处置顺序有关。

[例 6.13] $F=\{A \to B, B \to A, B \to C, A \to C, C \to A\}$
$F_{m1}=\{A \to B, B \to C, C \to A\}$
$F_{m2}=\{A \to B, B \to A, A \to C, C \to A\}$

这里给出了 F 的两个最小依赖集 F_{m1}、F_{m2}。

若改造后的 F 与原来的 F 相同，说明 F 本身就是一个最小依赖集，因此定理 6.3 的证明给出的极小化过程也可以看成是检验 F 是否为极小依赖集的一个算法。

两个关系模式 $R_1<U, F>$、$R_2<U, G>$，如果 F 与 G 等价，那么 R_1 的关系一定是 R_2 的关系；反过来，R_2 的关系也一定是 R_1 的关系。所以在 $R<U,F>$ 中用与 F 等价的依赖集 G 来取代 F 是允许的。

*6.4 模式的分解

在对函数依赖的基本性质有了初步了解之后，可以具体地来讨论模式的分解了。

定义 6.16 关系模式 $R<U, F>$ 的一个分解是指

$$\rho=\{R_1<U_1, F_1>, R_2<U_2, F_2>, \cdots, R_n<U_n, F_n>\}$$

其中 $U=\bigcup_{i=1}^{n}U_i$，并且没有 $U_i \subseteq U_j$，$1 \leqslant i, j \leqslant n$，$F_i$ 是 F 在 U_i 上的投影。

所谓"F_i 是 F 在 U_i 上的投影"的确切定义见定义 6.17。

定义 6.17 函数依赖集合 $\{X \to Y | X \to Y \in F^+ \wedge XY \subseteq U_i\}$ 的一个覆盖 F_i 叫作 F 在属性 U_i 上的投影。

6.4.1 模式分解的三个定义

对于一个模式的分解是多种多样的，但是分解后产生的模式应与原模式等价。

人们从不同的角度去观察问题，对"等价"的概念形成了三种不同的定义：

- 分解具有**无损连接性**（lossless join）。
- 分解要**保持函数依赖**（preserve functional dependency）。
- 分解既要保持函数依赖，又要具有无损连接性。

这三个定义是实行分解的三条不同的准则。按照不同的分解准则，模式所能达到的分离程度各不相同，各种范式就是对分离程度的测度。

本节要讨论的问题是：

（1）无损连接性和保持函数依赖的含义是什么？如何判断？

（2）对于不同的分解等价定义究竟能达到何种程度的分离，即分离后的关系模式是第几范式。

（3）如何实现分离，即给出分解的算法。

先来看两个例子，说明按定义 6.16，若只要求 $R<U, F>$ 分解后的各关系模式所含属性的"并"等于 U，这个限定是很不够的。

一个关系分解为多个关系，相应地原来存储在一张二维表内的数据就要分散存储到多张二维表中，要使这个分解有意义，起码的要求是后者不能丢失前者的信息。

[**例 6.14**] 已知关系模式 $R<U, F>$，其中 $U=\{Sno, Sdept, Mname\}$，$F=\{Sno\rightarrow Sdept, Sdept\rightarrow Mname\}$。$R<U, F>$ 的元组语义是学生 Sno 正在 Sdept 系学习，其系主任是 Mname；并且一个学生（Sno）只在一个系学习，一个系只有一名系主任。R 的一个关系见表 6.7 所示。

由于 R 中存在传递函数依赖 Sno→Mname，它会发生更新异常。例如，如果 S4 毕业，则 D3 系的系主任王一的信息也就丢掉了。反过来，如果一个系 D5 尚无在校学生，那么这个系的系主任赵某的信息也无法存入。于是进行了如下分解：

表 6.7　R 的一个关系示例

Sno	Sdept	Mname
S1	D1	张五
S2	D1	张五
S3	D2	李四
S4	D3	王一

$$\rho_1=\{R_1<Sno, \phi>, R_2<Sdept, \phi>, R_3<Mname, \phi>\}$$

分解后诸 R_i 的关系 r_i 是 R 在 U_i 上的投影，即 $r_i=R[U_i]$：

$r_1=\{S1, S2, S3, S4\}$，$r_2=\{D1, D2, D3\}$，$r_3=\{张五, 李四, 王一\}$。

对于分解后的数据库，要回答"S1 在哪个系学习"也不可能了。这样的分解还有什么用呢。

如果分解后的数据库能够恢复到原来的情况，不丢失信息的要求也就达到了。R_i 向 R 的恢复是通过自然连接来实现的，这就产生了无损连接性的概念。显然，本例的分解 ρ_1 所产生的诸关系自然连接的结果实际上是它们的笛卡儿积，元组增加了，信息丢失了。

于是对 R 又进行另一种分解：

$$\rho_2=\{R_1<\{Sno, Sdept\}, \{Sno\rightarrow Sdept\}>, R_2<\{Sno, Mname\}, \{Sno\rightarrow Mname\}>\}$$

以后可以证明 ρ_2 对 R 的分解是可恢复的，但是前面提到的插入和删除异常仍然没有解决，原因就在于原来在 R 中存在的函数依赖 Sdept→Mname，现在在 R_1 和 R_2 中都不再存在了。因此人们又要求分解具有"保持函数依赖"的特性。

最后对 R 进行了以下分解：

$\rho_3 = \{R_1 < \{Sno, Sdept\}, \{Sno \rightarrow Sdept\}>, R_2 < \{Sdept, Mname\}, \{Sdept \rightarrow Mname\}>\}$

可以证明分解 ρ_3 既具有无损连接性，又保持函数依赖。它解决了更新异常的问题，又没有丢失原数据库的信息，这是所希望的分解。

由此可以看出为什么要提出对数据库模式"等价"的三个不同定义的原因。

下面严格地定义分解的无损连接性和保持函数依赖性，并讨论它们的判别算法。

6.4.2 分解的无损连接性和保持函数依赖性

先定义一个记号：设 $\rho = \{R_1<U_1, F_1>, \cdots, R_k<U_k, F_k>\}$ 是 $R<U, F>$ 的一个分解，r 是 $R<U, F>$ 的一个关系。定义 $m_\rho(r) = \bowtie_{i=1}^{k} \pi_{R_i}(r)$，即 $m_\rho(r)$ 是 r 在 ρ 中各关系模式上投影的连接。这里 $\pi_{R_i}(r) = \{t.U_i | t \in r\}$。

引理 6.4 设 $R<U, F>$ 是一个关系模式，$\rho = \{R_1<U_1, F_1>, \cdots, R_k<U_k, F_k>\}$ 是 R 的一个分解，r 是 R 的一个关系，$r_i = \pi_{R_i}(r)$，则

(1) $r \subseteq m_\rho(r)$

(2) 若 $s = m_\rho(r)$，则 $\pi_{R_i}(s) = r_i$

(3) $m_\rho(m_\rho(r)) = m_\rho(r)$

证

(1) 证明 r 中的任何一个元组属于 $m_\rho(r)$。

任取 r 中的一个元组 t，$t \in r$，设 $t_i = t.U_i$（$i=1, 2, \cdots, k$）。对 k 进行归纳可以证明 $t_1 t_2 \cdots t_k \in \bowtie_{i=1}^{k} \pi_{R_i}(r)$，所以 $t \in m_\rho(r)$，即 $r \subseteq m_\rho(r)$。

(2) 由（1）得到 $r \subseteq m_\rho(r)$，已设 $s = m_\rho(r)$，所以 $r \subseteq s$，$\pi_{R_i}(r) \subseteq \pi_{R_i}(s)$。现只需证明 $\pi_{R_i}(s) \subseteq \pi_{R_i}(r)$，就有 $\pi_{R_i}(s) = \pi_{R_i}(r) = r_i$。

任取 $S_i \in \pi_{R_i}(s)$，必有 S 中的一个元组 v，使得 $v.U_i = S_i$。根据自然连接的定义 $v = t_1 t_2 \cdots t_k$，对于其中每一个 t_i，必存在 r 中的一个元组 t，使得 $t.U_i = t_i$。由前面 $\pi_{R_i}(r)$ 的定义即得 $t_i \in \pi_{R_i}(r)$。又因 $v = t_1 t_2 \cdots t_k$，故 $v.U_i = t_i$。又由上面证得：$v.U_i = S_i$，$t_i \in \pi_{R_i}(r)$，故 $S_i \in \pi_{R_i}(r)$。即 $\pi_{R_i}(s) \subseteq \pi_{R_i}(r)$。故 $\pi_{R_i}(s) = \pi_{R_i}(r)$。

(3) $m_\rho(m_\rho(r)) = \bowtie_{i=1}^{k} \pi_{R_i}(m_\rho(r)) = \bowtie_{i=1}^{k} \pi_{R_i}(s) = \bowtie_{i=1}^{k} \pi_{R_i}(r) = m_\rho(r)$

定义 6.18 $\rho = \{R_1<U_1, F_1>, \cdots, R_k<U_k, F_k>\}$ 是 $R<U, F>$ 的一个分解，若对 $R<U, F>$ 的任何一个关系 r 均有 $r = m_\rho(r)$ 成立，则称分解 ρ 具有无损连接性。简称 ρ 为无损分解。

直接根据定义 6.18 去鉴别一个分解的无损连接性是不可能的,算法 6.2 给出了一种判别方法。

算法 6.2　判别一个分解的无损连接性。

$\rho=\{R_1<U_1, F_1>, \cdots, R_k<U_k, F_k>\}$ 是 $R<U, F>$ 的一个分解,$U=\{A_1, \cdots, A_n\}$,$F=\{FD_1, FD_2, \cdots, FD_p\}$,不妨设 F 是一极小依赖集,记 FD_i 为 $X_i \rightarrow A_{li}$。

(1) 建立一张 n 列 k 行的表,每一列对应一个属性,每一行对应分解中的一个关系模式。若属性 A_j 属于 U_i,则在 j 列 i 行交叉处填上 a_j,否则填上 b_{ij}。

(2) 对每一个 FD_i 做下列操作:找到 X_i 所对应的列中具有相同符号的那些行,考察这些行中 li 列的元素。若其中有 a_{li},则全部改为 a_{li};否则全部改为 b_{mli}。其中 m 是这些行的行号最小值。

应当注意的是,若某个 b_{tli} 被更改,那么该表的 li 列中凡是 b_{tli} 的符号(不管它是否为开始找到的那些行)均应做相应的更改。

如在某次更改之后,有一行成为 $a_1, a_2, \cdots, a_n$,则算法终止,ρ 具有无损连接性,否则 ρ 不具有无损连接性。

对 F 中 p 个 FD 逐一进行一次这样的处置,称为对 F 的一次扫描。

(3) 比较扫描前后表有无变化,如有变化则返回第(2)步,否则算法终止。

如果发生循环,那么前次扫描至少应使该表减少一个符号,表中符号有限,因此循环必然终止。

定理 6.4　如果算法 6.2 终止时表中有一行为 $a_1, a_2, \cdots, a_n$,则 ρ 为无损连接分解。

证明从略。

[**例 6.15**]　已知 $R<U, F>$,$U=\{A, B, C, D, E\}$,$F=\{AB \rightarrow C, C \rightarrow D, D \rightarrow E\}$,$R$ 的一个分解为 $R_1(A, B, C)$,$R_2(C, D)$,$R_3(D, E)$。

(1) 首先构造初始表,如图 6.9(a)所示。

(2) 对 $AB \rightarrow C$,因各元组的第一、二列没有相同的分量,所以表不改变。由 $C \rightarrow D$ 可以把 b_{14} 改为 a_4,再由 $D \rightarrow E$ 可使 b_{15}、b_{25} 全改为 a_5。最后结果为图 6.9(b)。表中第一行成为 a_1、a_2、a_3、a_4、a_5,所以此分解具有无损连接性。

当关系模式 R 分解为两个关系模式 R_1、R_2 时有下面的判定准则。

定理 6.5　对于 $R<U, F>$ 的一个分解 $\rho=\{R_1<U_1, F_1>, R_2<U_2, F_2>\}$,如果 $U_1 \cap U_2 \rightarrow U_1 - U_2 \in F^+$ 或 $U_1 \cap U_2 \rightarrow U_2 - U_1 \in F^+$,则 ρ 具有无损连接性。

定理的证明留给读者完成。

定义 6.19　若 $F^+ = \left(\bigcup_{i=1}^{k} F_i \right)^+$,则 $R<U, F>$ 的分解 $\rho=\{R_1<U_1, F_1>, \cdots, R_k<U_k, F_k>\}$ 保持函数依赖。

A	B	C	D	E
a_1	a_2	a_3	b_{14}	b_{15}
b_{21}	b_{22}	a_3	a_4	b_{25}
b_{31}	b_{32}	b_{33}	a_4	a_5

(a)

A	B	C	D	E
a_1	a_2	a_3	a_4	a_5
b_{21}	b_{22}	a_3	a_4	a_5
b_{31}	b_{32}	b_{33}	a_4	a_5

(b)

图 6.9 分解具有无损连接性的一个实例

引理 6.3 给出了判断两个函数依赖集等价的可行算法。因此引理 6.3 也给出了判别 R 的分解 ρ 是否保持函数依赖的方法。

6.4.3 模式分解的算法

关于模式分解的几个重要事实是：

（1）若要求分解保持函数依赖，那么模式分离总可以达到 3NF，但不一定能达到 BCNF。

（2）若要求分解既保持函数依赖，又具有无损连接性，可以达到 3NF，但不一定能达到 BCNF。

（3）若要求分解具有无损连接性，那一定可达到 4NF。

它们分别由算法 6.3、算法 6.4、算法 6.5 和算法 6.6 来实现。

算法 6.3（合成法） 转换为 3NF 的保持函数依赖的分解。

（1）对 $R<U,F>$ 中的函数依赖集 F 进行"极小化处理"（处理后得到的依赖集仍记为 F）。

（2）找出所有不在 F 中出现的属性（记做 U_0），把这样的属性构成一个关系模式 $R_0<U_0, F_0>$。把这些属性从 U 中去掉，剩余的属性仍记为 U。

（3）若有 $X \rightarrow A \in F$，且 $XA=U$，则 $\rho=\{R\}$，算法终止。

（4）否则，对 F 按具有相同左部的原则分组（假定分为 k 组），每一组函数依赖所涉及的全部属性形成一个属性集 U_i。若 $U_i \subseteq U_j$（$i \neq j$）就去掉 U_i。由于经过了步骤（2），故 $U=\bigcup_{i=1}^{k} U_i$，于是 $\rho=\{R_1<U_1, F_1>, \cdots, R_k<U_k, F_k>\} \cup R_0<U_0, F_0>$ 构成 $R<U, F>$ 的一个保持函数依赖的分解，并且每个 $R_i<U_i, F_i>$ 均属 3NF。这里 F_i 是 F 在 U_i 上的投影，并且 F_i 不一定与 F_i' 相等，但 F_i' 一定被 F_i 所包含，因此分解 ρ 保持函数依赖是显然的。

下面证明每一个 $R_i<U_i, F_i>$ 一定属于 3NF。

设 $F_i'=\{X \to A_1, X \to A_2, \cdots, X \to A_k\}$, $U_i=\{X, A_1, A_2, \cdots, A_k\}$。

（1）$R_i<U_i, F_i>$ 一定以 X 为码。

（2）若 $R_i<U_i, F_i>$ 不属于 3NF，则必存在非主属性 A_m（$1 \leq m \leq k$）及属性组合 Y, $A_m \notin Y$，使得 $X \to Y$, $Y \to A_m \in F_i^+$，而 $Y \to X \notin F_i^+$。

若 $Y \subset X$，则与 $X \to A_m$ 属于最小依赖集 F 相矛盾，因而 $Y \not\subseteq X$。不妨设 $Y \cap X = X_1$，$Y-X=\{A_1, \cdots, A_\rho\}$，令 $G=F-\{X \to A_m\}$，显然 $Y \subseteq X_G^+$，即 $X \to Y \in G^+$。

可以断言 $Y \to A_m$ 也属于 G^+。因为 $Y \to A_m \in F_i^+$，所以 $A_m \in Y_F^+$。若 $Y \to A_m$ 不属于 G^+，则在求 Y_F^+ 的算法中，只有使用 $X \to A_m$ 才能将 A_m 引入。于是按算法 6.1 必有 j，使得 $X \subseteq Y(j)$，于是 $Y \to X$ 成立是矛盾的。

于是 $X \to A_m$ 属于 G^+，与 F 是最小依赖集相矛盾。所以 $R_i<U_i, F_i>$ 一定属于 3NF。

算法 6.4 转换为 3NF 既有无损连接性又保持函数依赖的分解。

（1）设 X 是 $R<U, F>$ 的码。$R<U, F>$ 已由算法 6.3 分解为 $\rho=\{R_1<U_1, F_1>, R_2<U_2, F_2>, \cdots, R_k<U_k, F_k>\} \cup R_0<U_0, F_0>$，令 $\tau=\rho \cup \{R^*<X, F_x>\}$。

（2）若有某个 U_i，$X \subseteq U_i$，将 $R^*<X, F_x>$ 从 τ 中去掉，或者 $U_i \subseteq X$，将 $R<U_i, F_x>$ 从 τ 中去掉。

（3）τ 就是所求的分解。

$R^*<X, F_x>$ 显然属于 3NF，而 τ 保持函数依赖也很显然，只要判定 τ 的无损连接性就行了。

由于 τ 中必有某关系模式 R(T) 的属性组 $T \supseteq X$, X 是 $R<U, F>$ 的码，任取 U-T 中的属性 B，必存在某个 i，使 $B \in T^{(i)}$（按算法 6.1）。对 i 施行归纳法可以证明由算法 6.2，表中关系模式 R(T) 所在的行一定可成为 $a_1, a_2, \cdots, a_n$。

τ 的无损连接性得证。

算法 6.5（分解法） 转换为 BCNF 的无损连接分解。

（1）令 $\rho=\{R<U, F>\}$。

（2）检查 ρ 中各关系模式是否均属于 BCNF。若是，则算法终止。

（3）设 ρ 中 $R_i<U_i, F_i>$ 不属于 BCNF，那么必有 $X \to A \in F_i^+$ ($A \notin X$)，且 X 非 R_i 的码。因此，XA 是 U_i 的真子集。对 R_i 进行分解：$\sigma=\{S_1, S_2\}$, $U_{S_1}=XA$, $U_{S_2}=U_i-\{A\}$，以 σ 代替 R_i（U_i, F_i），返回第（2）步。

由于 U 中属性有限，因而有限次循环后算法 6.5 一定会终止。

这是一个自顶向下的算法。它自然地形成一棵对 R(U, F) 的二叉分解树。应当指出，$R<U, F>$ 的分解树不一定是唯一的。这与步骤（3）中具体选定的 $X \to A$ 有关。

算法 6.5 最初令 $\rho=\{R<U, F>\}$，显然 ρ 是无损连接分解，而以后的分解则由下面的引理 6.5 保证了它的无损连接性。

引理 6.5 若 $\rho=\{R_1<U_1, F_1>,\cdots, R_k<U_k, F_k>\}$ 是 $R<U, F>$ 的一个无损连接分解，$\sigma=\{S_1, S_2,\cdots, S_m\}$ 是 ρ 中 $R_i<U_i, F_i>$ 的一个无损连接分解，那么

$\rho'=\{R_1, R_2, \cdots, R_{i-1}, S_1,\cdots, S_m, R_{i+1},\cdots, R_k\}$，

$\rho''=\{R_1,\cdots, R_k, R_{k+1},\cdots, R_n\}$ （ρ'' 是 $R<U, F>$ 包含 ρ 的关系模式集合的分解）

均是 $R<U, F>$ 的无损连接分解。

证明的关键是自然连接的结合律，给出结合律的证明，其他部分留给读者。

引理 6.6 $(R_1 \bowtie R_2) \bowtie R_3 = R_1 \bowtie (R_2 \bowtie R_3)$

证 设 r_i 是 $R_i<U_i, F_i>$ 的关系，$i=1, 2, 3$。

设 $U_1 \cap U_2 \cap U_3 = V$；

    $U_1 \cap U_2 - V = X$；

    $U_2 \cap U_3 - V = Y$；

    $U_1 \cap U_3 - V = Z$（如图 6.10 所示）。

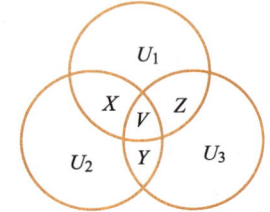

图 6.10 引理 6.6 三个关系属性的示意图

容易证明 t 是 $(R_1 \bowtie R_2) \bowtie R_3$ 中的一个元组的充要条件是：T_{R1}、T_{R2}、T_{R3} 是 t 的连串，这里 $T_{Ri} \in r_i (i=1, 2, 3)$，$T_{R1}[V]=T_{R2}[V]=T_{R3}[V]$，$T_{R1}[X]=T_{R2}[X]$，$T_{R1}[Z]=T_{R3}[Z]$，$T_{R2}[Y]= T_{R3}[Y]$。而这也是 t 为 $R_1 \bowtie (R_2 \bowtie R_3)$ 中的元组的充要条件。于是有

$$(R_1 \bowtie R_2) \bowtie R_3 = R_1 \bowtie (R_2 \bowtie R_3)$$

在 6.2.8 节中已经指出，一个关系模式中若存在多值依赖（指非平凡的非函数依赖的多值依赖），则数据的冗余度大且存在插入、修改、删除异常等问题。为此要消除这种多值依赖，使模式分离达到一个新的高度 4NF。下面讨论达到 4NF 的具有无损连接性的分解。

定理 6.6 关系模式 $R<U, D>$ 中，D 为 R 中函数依赖 FD 和多值依赖 MVD 的集合。则 $X\twoheadrightarrow Y$ 成立的充要条件是 R 的分解 $\rho=\{R_1(X, Y), R_2(X, Z)\}$ 具有无损连接性，其中 $Z=U-X-Y$。

证 先证充分性。

若 ρ 是 R 的一个无损连接分解，则对 $R<U, F>$ 的任一关系 r，有

$$r = \pi_{R_1}(r) \bowtie \pi_{R_2}(r)$$

设 $t, s \in r$，且 $t[X]=s[X]$，于是 $t[XY]$、$s[XY] \in \pi_{R_1}(r)$，$t[XZ]$、$s[XZ] \in \pi_{R_1}(r)$。由于 $t[X]=s[X]$，所以 $t[XY] \cdot s[XZ]$ 与 $t[XZ] \cdot s[XY]$ 均属于 $\pi_{R_1}(r) \pi_{R_2}(r)$，也即属于 r。令 $u=t[XY] \cdot s[XZ]$，$v=t[XZ] \cdot s[XY]$，就有 $u[X]=v[X]=t[X]$，$u[Y]=t[Y]$，$u[Z]=s[Z]$，$v[Y]=s[Y]$，$v[Z]=t[Z]$，所以 $X\twoheadrightarrow Y$ 成立。

再证必要性。

若 $X \rightarrow\rightarrow Y$ 成立，对于 $R<U, D>$ 的任一关系 r，任取 $\omega \in \pi_{R_1}(r) \pi_{R_2}(r)$，则必有 $t, s \in r$，使得 $\omega = t[XY] \cdot s[XZ]$，由于 $X \rightarrow\rightarrow Y$ 对 $R<U, D>$ 成立，ω 应当属于 r，所以 ρ 是无损连接分解。

定理 6.6 给出了对 $R<U, D>$ 的一个无损的分解方法。若 $R<U, D>$ 中 $X \rightarrow\rightarrow Y$ 成立，则 R 的分解 $\rho = \{R_1(X, Y), R_2(X, Z)\}$ 具有无损连接性。

算法 6.6 达到 4NF 的具有无损连接性的分解。

首先使用算法 6.5 得到 R 的一个达到了 BCNF 的无损连接分解 ρ，然后对某一 $R_i<U_i, D_i>$，若不属于 4NF，则可按定理 6.6 进行分解，直到每一个关系模式均属于 4NF 为止。定理 6.6 和引理 6.5 保证了最后得到的分解的无损连接性。

关系模式 $R<U, D>$，U 是属性总体集，D 是 U 上的一组数据依赖（函数依赖和多值依赖），对于包含函数依赖和多值依赖的数据依赖有一个有效且完备的公理系统。

A1：若 $Y \subseteq X \subseteq U$，则 $X \rightarrow Y$。
A2：若 $X \rightarrow Y$，且 $Z \subseteq U$，则 $XZ \rightarrow YZ$。
A3：若 $X \rightarrow Y$，$Y \rightarrow Z$，则 $X \rightarrow Z$。
A4：若 $X \rightarrow\rightarrow Y$，$V \subseteq W \subseteq U$，则 $XW \rightarrow\rightarrow YV$。
A5：若 $X \rightarrow\rightarrow Y$，则 $X \rightarrow\rightarrow U-X-Y$。
A6：若 $X \rightarrow\rightarrow Y$，$Y \rightarrow\rightarrow Z$，则 $X \rightarrow\rightarrow Z-Y$。
A7：若 $X \rightarrow Y$，则 $X \rightarrow\rightarrow Y$。
A8：若 $X \rightarrow\rightarrow Y$，$W \rightarrow Z$，$W \cap Y = \phi$，$Z \subseteq Y$，则 $X \rightarrow Z$。

公理系统的有效性是指从 D 出发根据 8 条公理推导出的函数依赖或多值依赖一定为 D 蕴涵；完备性是指凡 D 所蕴涵的函数依赖或多值依赖均可以从 D 根据 8 条公理推导出来。也就是说，在函数依赖和多值依赖的条件下，"蕴涵"与"导出"仍是等价的。

A1、A2、A3 的有效性前面 6.3 节已证明，其余的有效性证明留给读者自行完成。

由 8 条公理可得如下 4 条有用的推理规则：

（1）合并规则：$X \rightarrow\rightarrow Y$，$X \rightarrow\rightarrow Z$，则 $X \rightarrow\rightarrow YZ$。
（2）伪传递规则：$X \rightarrow\rightarrow Y$，$WY \rightarrow Z$，则 $WX \rightarrow\rightarrow Z-WY$。
（3）混合伪传递规则：$X \rightarrow\rightarrow Y$，$XY \rightarrow Z$，则 $X \rightarrow Z-Y$。
（4）分解规则：$X \rightarrow\rightarrow Y$，$X \rightarrow Z$，则 $X \rightarrow\rightarrow Y \cap Z$，$X \rightarrow\rightarrow Y-Z$，$X \rightarrow\rightarrow Z-Y$。

6.5 小　　结

本章在函数依赖、多值依赖的范畴内讨论了关系模式的规范化，其基本思想可用图 6.11 表示。

在整个讨论过程中，只采用了两种关系运算——投影和自然连接，并且总是从一个关系模式出发，而不是从一组关系模式出发实行分解。"等价"的定义也是一组关系模式与一个关系模式的"等价",这就是说,在开始讨论问题时事实上已经假设了存在着一个单一的关系模式,这就是泛关系(universal relation)假设。

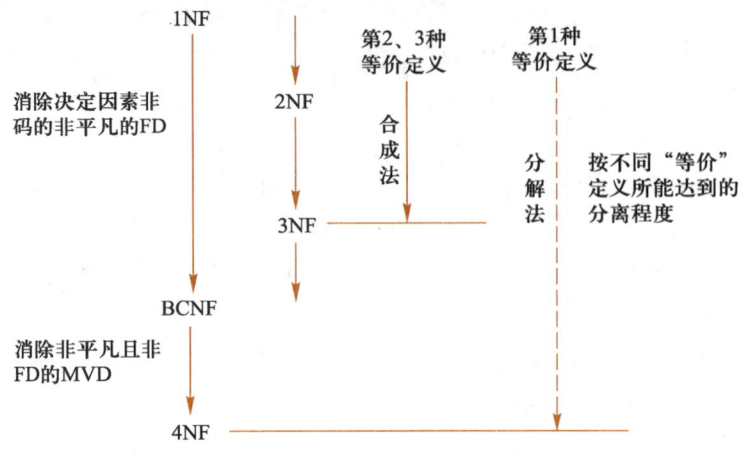

图 6.11　关系模式规范化小结

本章一开始就指出这是研究模式设计的一种特殊情况:"假设已知一个模式 Sϕ,它仅由单个关系模式组成,问题是要设计一个模式 SD,它与 Sϕ 等价,但在某些方面更好一些"。

泛关系假设是运用规范化理论时的障碍,因为承认了泛关系假设就等于承认了现实世界各实体间只能有一种联系,而这常常是办不到的。比如工人与机器之间就可以存在"使用"、"维护"等多种联系。对此人们提出了一些办法,希望解决这个矛盾。例如建立一个不受泛关系假设限制的理论,或者采用某些手段使现实世界向信息世界转换时适合于泛关系的要求。

最后应当强调的是,规范化理论为数据库设计提供了理论的指南和工具,但仅仅是指南和工具。并不是规范化程度越高模式就越好,必须结合应用环境和现实世界的具体情况合理地选择数据库模式。

习　　题

1. 理解并给出下列术语的定义:

函数依赖、部分函数依赖、完全函数依赖、传递依赖、候选码、超码、主码、外码、全码(all-key)、1NF、2NF、3NF、BCNF、多值依赖、4NF。

2. 建立一个关于系、学生、班级、学会等诸信息的关系数据库。

描述学生的属性有:学号、姓名、出生年月、系名、班号、宿舍区;

描述班级的属性有:班号、专业名、系名、人数、入校年份;

描述系的属性有：系名、系号、系办公室地点、人数；

描述学会的属性有：学会名、成立年份、地点、人数。

有关语义如下：一个系有若干专业，每个专业每年只招一个班，每个班有若干学生。一个系的学生住在同一宿舍区。每个学生可参加若干学会，每个学会有若干学生。学生参加某学会有一个入会年份。

请给出关系模式，写出每个关系模式的极小函数依赖集，指出是否存在传递函数依赖，对于函数依赖左部是多属性的情况，讨论函数依赖是完全函数依赖还是部分函数依赖。

指出各关系的候选码、外部码，并说明是否全码存在。

*3. 试由 Armostrong 公理系统推导出下面三条推理规则。

（1）合并规则：若 $X \rightarrow Z$，$X \rightarrow Y$，则有 $X \rightarrow YZ$。

（2）伪传递规则：由 $X \rightarrow Y$，$WY \rightarrow Z$，有 $XW \rightarrow Z$。

（3）分解规则：$X \rightarrow Y$，$Z \subseteq Y$，有 $X \rightarrow Z$。

4. 关于多值依赖的另一种定义是：

给定一个关系模式 $R(X, Y, Z)$，其中 X、Y、Z 可以是属性或属性组合。

设 $x \in X$，$y \in Y$，$z \in Z$，xz 在 R 中的像集为

$Y_{xz} = \{r.Y \mid r.X = x \land r.Z = z \land r \in R\}$

定义 $R(X,Y,Z)$ 当且仅当 $Y_{xz} = Y_{xz'}$ 对于每一组 (x, z, z') 都成立，则 Y 对 X 多值依赖，记作 $X \rightarrow\rightarrow Y$。这里，允许 Z 为空集，在 Z 为空集时，称为平凡的多值依赖。

请证明这里的定义和 6.2.7 节中定义 6.9 是等价的。

5. 试举出三个多值依赖的实例。

6. 有关系模式 $R(A, B, C, D, E)$，回答下面各个问题：

（1）若 A 是 R 的候选码，具有函数依赖 $BC \rightarrow DE$，那么在什么条件下 R 是 BCNF？

（2）如果存在函数依赖 $A \rightarrow B$，$BC \rightarrow D$，$DE \rightarrow A$，列出 R 的所有码。

（3）如果存在函数依赖 $A \rightarrow B$，$BC \rightarrow D$，$DE \rightarrow A$，R 属于 3NF 还是 BCNF。

7. 下面的结论哪些是正确的？哪些是错误的？对于错误的请给出一个反例说明之。

（1）任何一个二目关系是属于 3NF 的。

（2）任何一个二目关系是属于 BCNF 的。

（3）任何一个二目关系是属于 4NF 的。

（4）当且仅当函数依赖 $A \rightarrow B$ 在 R 上成立，关系 $R(A, B, C)$ 等于其投影 $R_1(A, B)$ 和 $R_2(A, C)$ 的连接。

（5）若 $R.A \rightarrow R.B$，$R.B \rightarrow R.C$，则 $R.A \rightarrow R.C$。

（6）若 $R.A \rightarrow R.B$，$R.A \rightarrow R.C$，则 $R.A \rightarrow R.(B, C)$。

（7）若 $R.B \rightarrow R.A$，$R.C \rightarrow R.A$，则 $R.(B, C) \rightarrow R.A$。

（8）若 $R.(B, C) \rightarrow R.A$，则 $R.B \rightarrow R.A$，$R.C \rightarrow R.A$。

8. 证明：

（1）如果 R 是 BCNF 关系模式，则 R 是 3NF 关系模式，反之则不然。

（2）如果 R 是 3NF 关系模式，则 R 一定是 2NF 关系模式。

本章参考文献

[1] CODD E F. Normalized Data Base Structure：A Brief Tutorial．Proceedings. of ACM SIGFIDET Workshop on Data Description，Access and Control, 1971.

[2] CODD E F. Further Normalized Data Base Relational Model．In Data Base Systems，Courant Computer Science Symposia Series.Vol.6，Englewood Ciffs.N.J.Prentice-Hall，1972.

[3] ARMSTRONG W W. Dependency Structures of Data Base Relationships. Proceedings of the IFIP Congress，1974.

（Armstrong 在文献［3］中提出了函数依赖公理系统，并给出了正确性和完备性证明。）

[4] BERNSTEIN P. Synthesizing Third Normal Form Relations from Functional Depende- ncies. ACM TODS，1976(1):4.

（文献［4］给出了关系数据库设计中达到第三范式的综合算法。）

[5] ZANIOLO C. Analysis and Design of Relational Schemata for Database Systems．Ph.D. Thesis，University of California，Los Angeles，1976.

（Zaniolo 在他的博士论文中提出了多值依赖的概念。）

[6] FAGIN R. Multivalued Dependencies and a New Normal Form for Relational Database．ACM TODS，1977(2):3.

（Fagin 在文献［6］中讨论并定义了第四范式。）

[7] BEERI C，FAGIN R，HOWARD J H. A Complete Axiomatization for Functional and Multivalued Dependencies．in Proceedings of ACM SIGMOD，1977.

（文献［7］研究了函数依赖和多值依赖的公理系统及其正确性和完备性。）

[8] BERNSTEIN P A. GOODMAN N. What Does Boyce-Codd Normal Form Do．in Proceedings of VLDB，1980.

[9] AHO A，BEERI C，ULLMAN J. The Theory of Joins in Relational Databases. ACM TODS，1979(4):3.

（文献［9］分析了无损连接性的性质。）

[10] MAIER D. The Theory of Relational Databases．Rockville.：Computer Science Press，1983.

（文献［10］中 Maier 对关系依赖理论进行了综合讨论，给出了许多有关函数依赖的定理及证明，介绍了求与给定函数依赖集等价的最小函数依赖集的方法等。）

[11] KENT W. Consequences of Assuming a Universal Relation．ACM TODS 1981(6):4.

[12] ULLMAN J D. On Kent's Consequences of Assuming a Universal Relation．ACM TODS 1983(8):4.

第 7 章　数据库设计

本章讨论数据库设计的技术和方法。主要讨论基于关系数据库管理系统的关系数据库设计问题。

7.1　数据库设计概述

在数据库领域内，通常把使用数据库的各类信息系统都称为数据库应用系统。例如，以数据库为基础的各种管理信息系统、办公自动化系统、地理信息系统、电子政务系统、电子商务系统等。

数据库设计，广义地讲，是数据库及其应用系统的设计，即设计整个数据库应用系统；狭义地讲，是设计数据库本身，即设计数据库的各级模式并建立数据库，这是数据库应用系统设计的一部分。本书的重点是讲解狭义的数据库设计。当然，设计一个好的数据库与设计一个好的数据库应用系统是密不可分的，一个好的数据库结构是应用系统的基础，特别在实际的系统开发项目中两者更是密切相关、并行进行的。

下面给出**数据库设计**（database design）的一般定义。

数据库设计是指对于一个给定的应用环境，构造（设计）优化的数据库逻辑模式和物理结构，并据此建立数据库及其应用系统，使之能够有效地存储和管理数据，满足各种用户的应用需求，包括信息管理要求和数据操作要求。

信息管理要求是指在数据库中应该存储和管理哪些数据对象；数据操作要求是指对数据对象需要进行哪些操作，如查询、增、删、改、统计等操作。

数据库设计的目标是为用户和各种应用系统提供一个信息基础设施和高效的运行环境。高效的运行环境指数据库数据的存取效率、数据库存储空间的利用率、数据库系统运行管理的效率等都是高的。

7.1.1 数据库设计的特点

大型数据库的设计和开发是一项庞大的工程,是涉及多学科的综合性技术。数据库建设是指数据库应用系统从设计、实施到运行与维护的全过程。数据库建设和一般的软件系统的设计、开发和运行与维护有许多相同之处,更有其自身的一些特点。

1. 数据库建设的基本规律

"**三分技术,七分管理,十二分基础数据**"是数据库设计的特点之一。

在数据库建设中不仅涉及技术,还涉及管理。要建设好一个数据库应用系统,开发技术固然重要,但是相比之下管理更加重要。这里的管理不仅仅包括数据库建设作为一个大型的工程项目本身的项目管理,还包括该企业(即应用部门)的业务管理。

企业的业务管理更加复杂,也更重要,对数据库结构的设计有直接影响。这是因为数据库结构(即数据库模式)是对企业中业务部门数据以及各业务部门之间数据联系的描述和抽象。业务部门数据以及各业务部门之间数据的联系是和各部门的职能、整个企业的管理模式密切相关的。

人们在数据库建设的长期实践中深刻认识到,一个企业数据库建设的过程是企业管理模式的改革和提高的过程。只有把企业的管理创新做好,才能实现技术创新并建设好一个数据库应用系统。

"**十二分基础数据**"则强调了数据的收集、整理、组织和不断更新是数据库建设中的重要环节。人们往往忽视基础数据在数据库建设中的地位和作用。基础数据的收集、入库是数据库建立初期工作量最大、最烦琐,也最细致的工作。在以后数据库的运行过程中更需要不断地把新数据加到数据库中,把历史数据加入数据仓库中,以便进行分析挖掘,改进业务管理,提高企业竞争力。

2. 结构(数据)设计和行为(处理)设计相结合

数据库设计应该和应用系统设计相结合。也就是说,整个设计过程中要把数据库结构设计和对数据的处理设计密切结合起来。这是数据库设计的特点之二。

在早期的数据库应用系统开发过程中,常常把数据库设计和应用系统的设计分离开来,如图 7.1 所示。由于数据库设计有其专门的技术和理论,因此需要专门来讲解数据库设计。但这并

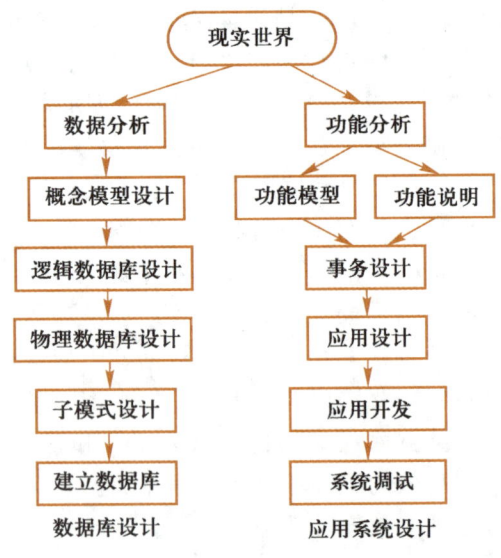

图 7.1 结构和行为分离的设计

不等于数据库设计和在数据库之上开发应用系统是相互分离的，相反，必须强调设计过程中数据库设计和应用系统设计的密切结合，并把它作为数据库设计的重要特点。

传统的软件工程忽视对应用中数据语义的分析和抽象。例如，结构化设计（Structure Design，SD）方法和逐步求精的方法着重于处理过程的特性，只要有可能就尽量推迟数据结构设计的决策。这种方法对于数据库应用系统的设计显然是不妥的。

早期的数据库设计致力于数据模型和数据库建模方法的研究，着重结构特性的设计而忽视了行为设计对结构设计的影响，这种方法也是不完善的。

我们则强调在数据库设计中要把结构特性和行为特性结合起来。

7.1.2 数据库设计方法

大型数据库设计是涉及多学科的综合性技术，又是一项庞大的工程项目。它要求从事数据库设计的专业人员具备多方面的知识和技术。主要包括：

- 计算机的基础知识；
- 软件工程的原理和方法；
- 程序设计的方法和技巧；
- 数据库的基本知识；
- 数据库设计技术；
- 应用领域的知识。

这样才能设计出符合具体领域要求的数据库及其应用系统。

早期数据库设计主要采用手工与经验相结合的方法，设计质量往往与设计人员的经验和水平有直接的关系。数据库设计是一种技艺，缺乏科学理论和工程方法的支持，设计质量难以保证。常常是数据库运行一段时间后又不同程度地发现各种问题，需要进行修改甚至重新设计，增加了系统维护的代价。

为此，人们努力探索，提出了各种数据库设计方法。例如，新奥尔良（New Orleans）方法、基于 E-R 模型的设计方法、3NF（第三范式）的设计方法、面向对象的数据库设计方法、统一建模语言（Unified Model Language，UML）方法等。

数据库工作者一直在研究和开发数据库设计工具。经过多年的努力，数据库设计工具已经实用化和产品化。这些工具软件可以辅助设计人员完成数据库设计过程中的很多任务，已经普遍地用于大型数据库设计之中。

7.1.3 数据库设计的基本步骤

按照结构化系统设计的方法，考虑数据库及其应用系统开发全过程，将数据库设计分为以下 6 个阶段（如图 7.2 所示）：

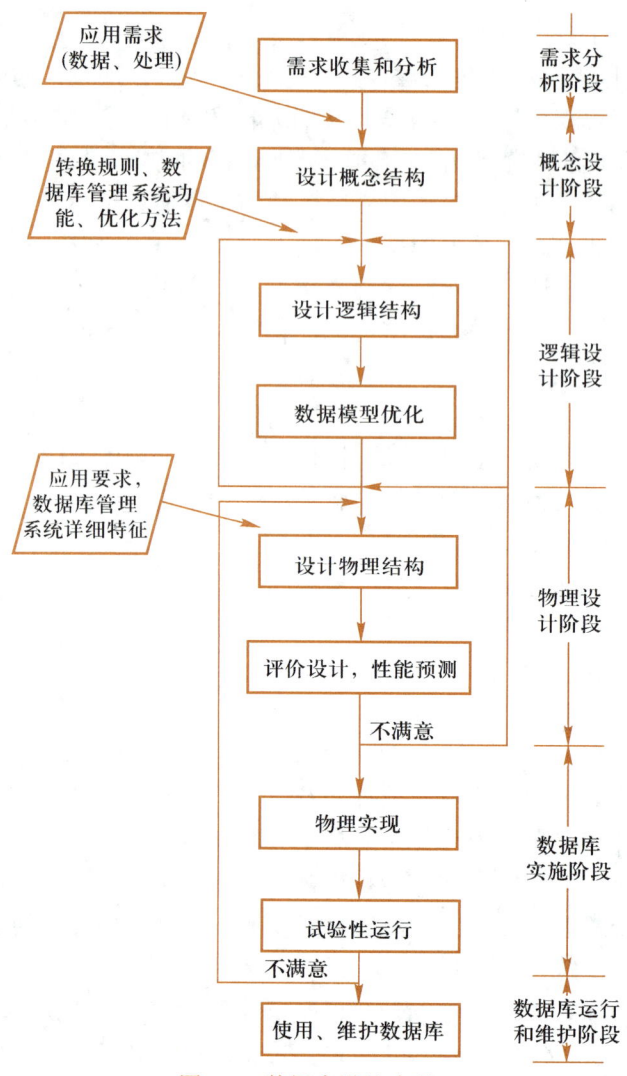

图 7.2 数据库设计步骤

- 需求分析;
- 概念结构设计;
- 逻辑结构设计;
- 物理结构设计;
- 数据库实施;
- 数据库运行和维护。

在数据库设计过程中,需求分析和概念结构设计可以独立于任何数据库管理系统进行,逻辑结构设计和物理结构设计与选用的数据库管理系统密切相关。

数据库设计开始之前，首先必须选定参加设计的人员，包括系统分析人员、数据库设计人员、应用开发人员、数据库管理员和用户代表。系统分析和数据库设计人员是数据库设计的核心人员，将自始至终参与数据库设计，其水平决定了数据库系统的质量。用户和数据库管理员在数据库设计中也是举足轻重的，主要参加需求分析与数据库的运行和维护，其积极参与（不仅仅是配合）不但能加速数据库设计，而且也是决定数据库设计质量的重要因素。应用开发人员（包括程序员和操作员）分别负责编制程序和准备软硬件环境，他们在系统实施阶段参与进来。

如果所设计的数据库应用系统比较复杂，还应该考虑是否需要使用数据库设计工具以及选用何种工具，以提高数据库设计质量并减少设计工作量。

1. 需求分析阶段

进行数据库设计首先必须准确了解与分析用户需求（包括数据与处理）。需求分析是整个设计过程的基础，是最困难和最耗费时间的一步。作为"地基"的需求分析是否做得充分与准确，决定了在其上构建数据库"大厦"的速度与质量。需求分析做得不好，可能会导致整个数据库设计返工重做。

2. 概念结构设计阶段

概念结构设计是整个数据库设计的关键，它通过对用户需求进行综合、归纳与抽象，形成一个独立于具体数据库管理系统的概念模型。

3. 逻辑结构设计阶段

逻辑结构设计是将概念结构转换为某个数据库管理系统所支持的数据模型，并对其进行优化。

4. 物理结构设计阶段

物理结构设计是为逻辑数据模型选取一个最适合应用环境的物理结构（包括存储结构和存取方法）。

5. 数据库实施阶段

在数据库实施阶段，设计人员运用数据库管理系统提供的数据库语言及其宿主语言，根据逻辑设计和物理设计的结果建立数据库，编写与调试应用程序，组织数据入库，并进行试运行。

6. 数据库运行和维护阶段

数据库应用系统经过试运行后即可投入正式运行。在数据库系统运行过程中必须不断地对其进行评估、调整与修改。

设计一个完善的数据库应用系统是不可能一蹴而就的，它往往是上述 6 个阶段的不断反复。

需要指出的是，这个设计步骤既是数据库设计的过程，也包括了数据库应用系统的设计过程。在设计过程中把数据库的设计和对数据库中数据处理的设计紧密结合起来，将这两个方面的需求分析、抽象、设计、实现在各个阶段同时进行，相互参照，相互补充，以完善两方面的设计。事实上，如果不了解应用环境对数据的处理要求，或没有考虑如何去实现这些处理要求，是不可能设计一个良好的数据库结构的。有关处理特性的设计描述，包括设计原理、采用的设计方法及工具等在软件工程和信息系统设计的课程中有详细介绍，这里不再讨论。图 7.3 概括地给出了设计过程各个阶段关于数据特性的设计描述。

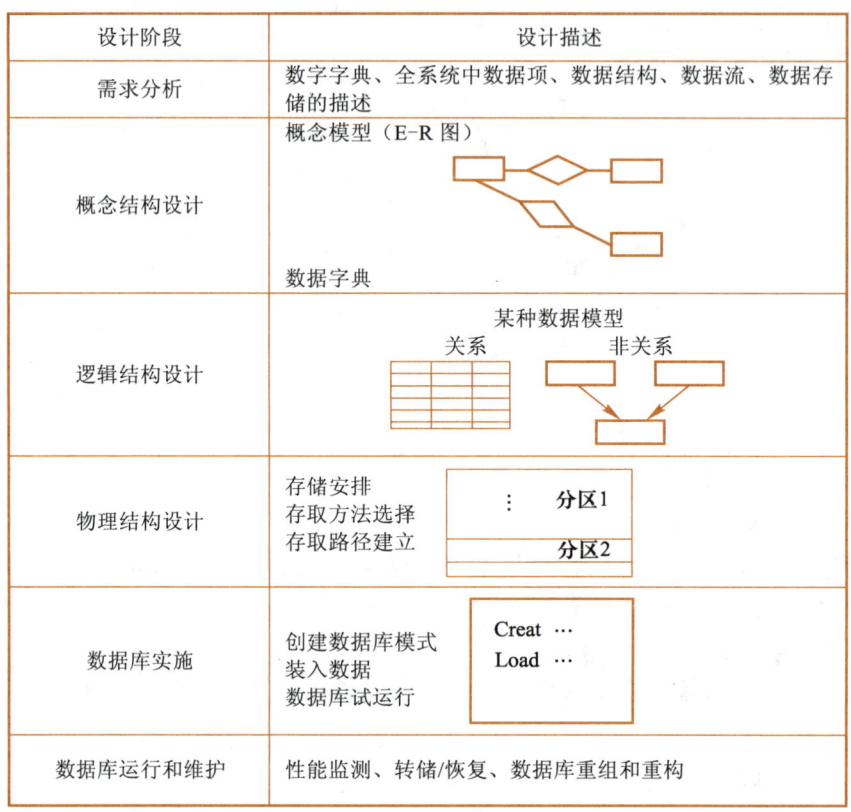

图 7.3　数据库设计各个阶段的数据设计描述

7.1.4　数据库设计过程中的各级模式

按照 7.1.3 小节的设计过程，数据库设计的不同阶段形成数据库的各级模式，如图 7.4 所示。在需求分析阶段综合各个用户的应用需求；在概念结构设计阶段形成独立于机器特点、独立于各个关系数据库管理系统产品的概念模式，在本篇中就是 E-R 图；在逻辑结构设计阶段将 E-R 图转换成具体的数据库产品支持的数据模型，如关系模型，形成数据库逻辑模式，然后根据用户处理的要求、安全性的考虑，在基本表的基础上再建立必要的视图，形成数据的外模式；在物理结构设计阶段，根据关系数据库管理系统的特点和处理的需要

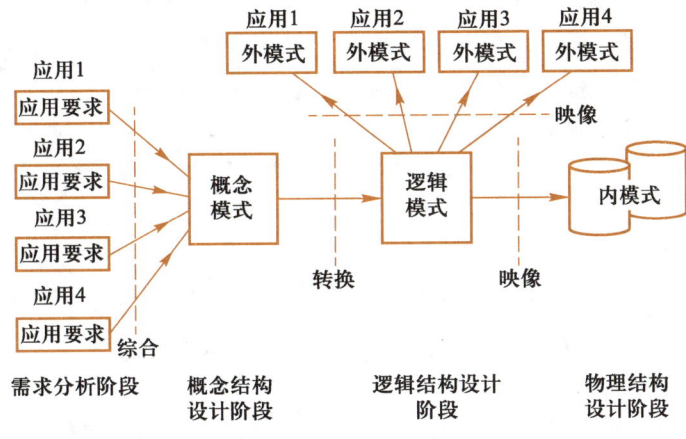

图 7.4 数据库的各级模式

进行物理存储安排,建立索引,形成数据库内模式。

下面就以图 7.2 的设计过程为主线,讨论数据库设计各阶段的设计内容、设计方法和工具。

7.2 需求分析

需求分析简单地说就是分析用户的要求。需求分析是设计数据库的起点,需求分析结果是否准确反映用户的实际要求将直接影响到后面各阶段的设计,并影响到设计结果是否合理和实用。

7.2.1 需求分析的任务

需求分析的任务是通过详细调查现实世界要处理的对象(组织、部门、企业等),充分了解原系统(手工系统或计算机系统)的工作概况,明确用户的各种需求,然后在此基础上确定新系统的功能。新系统必须充分考虑今后可能的扩充和改变,不能仅仅按当前应用需求来设计数据库。

调查的重点是"数据"和"处理",通过调查、收集与分析,获得用户对数据库的如下要求:

(1)信息要求。指用户需要从数据库中获得信息的内容与性质。由信息要求可以导出数据要求,即在数据库中需要存储哪些数据。

(2)处理要求。指用户要完成的数据处理功能,对处理性能的要求。

(3)安全性与完整性要求。

确定用户的最终需求是一件很困难的事,这是因为一方面用户缺少计算机知识,开始时无法确定计算机究竟能为自己做什么,不能做什么,因此往往不能准确地表达自己的需求,所提出的需求往往不断地变化。另一方面,设计人员缺少用户的专业知识,不易理解用户的真正需求,甚至误解用户的需求。因此设计人员必须不断深入地与用户交流,才能逐步确定用户的实际需求。

7.2.2 需求分析的方法

进行需求分析首先是调查清楚用户的实际要求,与用户达成共识,然后分析与表达这些需求。

调查用户需求的具体步骤是:

(1) 调查组织机构情况。包括了解该组织的部门组成情况、各部门的职责等,为分析信息流程做准备。

(2) 调查各部门的业务活动情况。包括了解各部门输入和使用什么数据,如何加工处理这些数据,输出什么信息,输出到什么部门,输出结果的格式是什么等,这是调查的重点。

(3) 在熟悉业务活动的基础上,协助用户明确对新系统的各种要求,包括信息要求、处理要求、安全性与完整性要求,这是调查的又一个重点。

(4) 确定新系统的边界。对前面调查的结果进行初步分析,确定哪些功能由计算机完成或将来准备让计算机完成,哪些活动由人工完成。由计算机完成的功能就是新系统应该实现的功能。

在调查过程中,可以根据不同的问题和条件使用不同的调查方法。**常用的调查方法有:**

(1) 跟班作业。通过亲身参加业务工作来了解业务活动的情况。

(2) 开调查会。通过与用户座谈来了解业务活动情况及用户需求。

(3) 请专人介绍。

(4) 询问。对某些调查中的问题可以找专人询问。

(5) 设计调查表请用户填写。如果调查表设计得合理,这种方法是很有效的。

(6) 查阅记录。查阅与原系统有关的数据记录。

做需求调查时往往需要同时采用上述多种方法,但无论使用何种调查方法,都必须有用户的积极参与和配合。

调查了解用户需求以后,还需要进一步分析和表达用户的需求。在众多分析方法中,结构化分析(Structured Analysis,SA)方法是一种简单实用的方法。SA 方法从最上层的系统组织机构入手,采用自顶向下、逐层分解的方式分析系统。

对用户需求进行分析与表达后,需求分析报告必须提交给用户,征得用户的认可。图 7.5 描述了需求分析的过程。

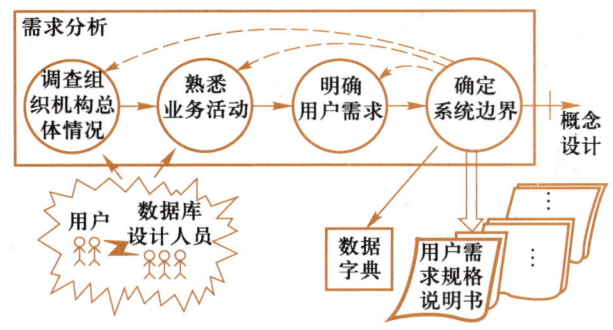

图 7.5 需求分析过程

7.2.3 数据字典

数据字典是进行详细的数据收集和数据分析所获得的主要成果。它是关于数据库中数据的描述，即元数据，而不是数据本身。数据字典是在需求分析阶段建立，在数据库设计过程中不断修改、充实、完善的。它在数据库设计中占有很重要的地位。

数据字典通常包括数据项、数据结构、数据流、数据存储和处理过程几部分。其中数据项是数据的最小组成单位，若干个数据项可以组成一个数据结构。数据字典通过对数据项和数据结构的定义来描述数据流、数据存储的逻辑内容。

1. 数据项

数据项是不可再分的数据单位。对数据项的描述通常包括以下内容：

数据项描述={数据项名，数据项含义说明，别名，数据类型，长度，取值范围，取值含义，与其他数据项的逻辑关系，数据项之间的联系}

其中，"取值范围"、"与其他数据项的逻辑关系"（如该数据项等于其他几个数据项的和、该数据项值等于另一数据项的值等）定义了数据的完整性约束条件，是设计数据检验功能的依据。

可以用关系规范化理论为指导，用数据依赖的概念分析和表示数据项之间的联系。即按实际语义写出每个数据项之间的数据依赖，它们是数据库逻辑设计阶段数据模型优化的依据。

2. 数据结构

数据结构反映了数据之间的组合关系。一个数据结构可以由若干个数据项组成，也可以由若干个数据结构组成，或由若干个数据项和数据结构混合组成。对数据结构的描述通常包括以下内容：

数据结构描述={数据结构名，含义说明，组成：{数据项或数据结构}}

3．数据流

数据流是数据结构在系统内传输的路径。对数据流的描述通常包括以下内容：

数据流描述={数据流名，说明，数据流来源，数据流去向，

组成：{数据结构}，平均流量，高峰期流量}

其中，"数据流来源"是说明该数据流来自哪个过程；"数据流去向"是说明该数据流将到哪个过程去；"平均流量"是指在单位时间（每天、每周、每月等）里的传输次数；"高峰期流量"则是指在高峰时期的数据流量。

4．数据存储

数据存储是数据结构停留或保存的地方，也是数据流的来源和去向之一。它可以是手工文档或手工凭单，也可以是计算机文档。对数据存储的描述通常包括以下内容：

数据存储描述={数据存储名，说明，编号，输入的数据流，输出的数据流，

组成：{数据结构}，数据量，存取频度，存取方式}

其中，"存取频度"指每小时、每天或每周存取次数及每次存取的数据量等信息；"存取方式"指是批处理还是联机处理、是检索还是更新、是顺序检索还是随机检索等；另外，"输入的数据流"要指出其来源；"输出的数据流"要指出其去向。

5．处理过程

处理过程的具体处理逻辑一般用判定表或判定树来描述。数据字典中只需要描述处理过程的说明性信息即可，通常包括以下内容：

处理过程描述={处理过程名，说明，输入：{数据流}，输出：{数据流}，

处理：{简要说明}}

其中，"简要说明"主要说明该处理过程的功能及处理要求。功能是指该处理过程用来做什么（而不是怎么做）；处理要求指处理频度要求，如单位时间里处理多少事务、多少数据量、响应时间要求等。这些处理要求是后面物理设计的输入及性能评价的标准。

明确地把需求收集和分析作为数据库设计的第一阶段是十分重要的。这一阶段收集到的基础数据（用数据字典来表达）是下一步进行概念设计的基础。

最后，要强调两点：

（1）需求分析阶段的一个重要而困难的任务是收集将来应用所涉及的数据，设计人员应充分考虑到可能的扩充和改变，使设计易于更改、系统易于扩充。

（2）必须强调用户的参与，这是数据库应用系统设计的特点。数据库应用系统和广泛的用户有密切的联系，许多人要使用数据库，数据库的设计和建立又可能对更多人的工作环境产生重要影响。因此用户的参与是数据库设计不可分割的一部分。在数据分析阶段，任何调查研究没有用户的积极参与都是寸步难行的。设计人员应该和用户取得共同的语言，帮助不熟悉计算机的用户建立数据库环境下的共同概念，并对设计工作的最后结果承担共同的责任。

7.3 概念结构设计

将需求分析得到的用户需求抽象为信息结构（即概念模型）的过程就是概念结构设计。它是整个数据库设计的关键。本节讲解概念模型的特点，以及用 E-R 模型来表示概念模型的方法。

7.3.1 概念模型

在需求分析阶段所得到的应用需求应该首先抽象为信息世界的结构，然后才能更好、更准确地用某一数据库管理系统实现这些需求。

概念模型的主要特点是：

（1）能真实、充分地反映现实世界，包括事物和事物之间的联系，能满足用户对数据的处理要求，是现实世界的一个真实模型。

（2）易于理解，可以用它和不熟悉计算机的用户交换意见。用户的积极参与是数据库设计成功的关键。

（3）易于更改，当应用环境和应用要求改变时容易对概念模型修改和扩充。

（4）易于向关系、网状、层次等各种数据模型转换。

概念模型是各种数据模型的共同基础，它比数据模型更独立于机器、更抽象，从而更加稳定。描述概念模型的有力工具是 E-R 模型。

7.3.2 E-R 模型

P.P.S.Chen 提出的 E-R 模型是用 E-R 图来描述现实世界的概念模型。第 1 章 1.2.2 小节已经简单介绍了 E-R 模型涉及的主要概念，包括实体、属性、实体之间的联系等，指出了实体应该区分实体集和实体型，初步讲解了实体之间的联系。下面首先对实体之间的联系做进一步介绍，然后讲解 E-R 图。

1. 实体之间的联系

在现实世界中，事物内部以及事物之间是有联系的。实体内部的联系通常是指组成实体的各属性之间的联系，实体之间的联系通常是指不同实体型的实体集之间的联系。

（1）两个实体型之间的联系

两个实体型之间的联系可以分为以下三种：

① 一对一联系（1:1）

如果对于实体集 A 中的每一个实体，实体集 B 中至多有一个（也可以没有）实体与之联系，反之亦然，则称实体集 A 与实体集 B 具有一对一联系，记为 1:1。

例如，学校里一个班级只有一个正班长，而一个班长只在一个班中任职，则班级与班长之间具有一对一联系。

② 一对多联系（1:n）

如果对于实体集 A 中的每一个实体，实体集 B 中有 n 个实体（$n≥0$）与之联系，反之，对于实体集 B 中的每一个实体，实体集 A 中至多只有一个实体与之联系，则称实体集 A 与实体集 B 有一对多联系，记为 $1:n$。

例如，一个班级中有若干名学生，而每个学生只在一个班级中学习，则班级与学生之间具有一对多联系。

③ 多对多联系（m:n）

如果对于实体集 A 中的每一个实体，实体集 B 中有 n 个实体（$n≥0$）与之联系，反之，对于实体集 B 中的每一个实体，实体集 A 中也有 m 个实体（$m≥0$）与之联系，则称实体集 A 与实体集 B 具有多对多联系，记为 $m:n$。

例如，一门课程同时有若干个学生选修，而一个学生可以同时选修多门课程，则课程与学生之间具有多对多联系。

可以用图形来表示两个实体型之间的这三类联系，如图 7.6 所示。

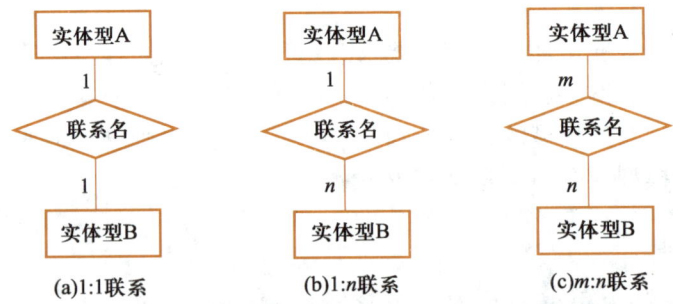

图 7.6　两个实体型之间的三类联系

（2）两个以上的实体型之间的联系

一般地，两个以上的实体型之间也存在着一对一、一对多和多对多联系。

例如，对于课程、教师与参考书三个实体型，如果一门课程可以有若干个教师讲授，使用若干本参考书，而每一个教师只讲授一门课程，每一本参考书只供一门课程使用，则课程与教师、参考书之间的联系是一对多的，如图 7.7(a)所示。

又如，有三个实体型：供应商、项目、零件，一个供应商可以供给多个项目多种零件，而每个项目可以使用多个供应商供应的零件，每种零件可由不同供应商供给，由此看出供应商、项目、零件三者之间是多对多的联系，如图 7.7(b)所示。

（3）单个实体型内的联系

同一个实体集内的各实体之间也可以存在一对一、一对多和多对多的联系。例如，职工实体型内部具有领导与被领导的联系，即某一职工（干部）"领导"若干名职工，而一个职工仅被另外一个职工直接领导，因此这是一对多的联系，如图 7.8 所示。

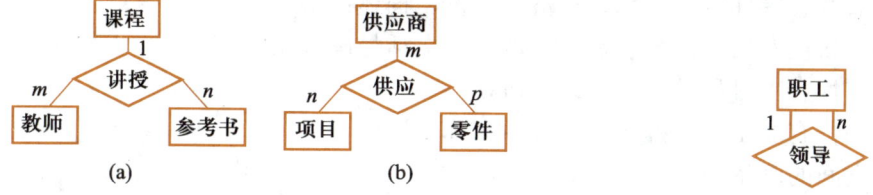

图 7.7　三个实体型之间的联系示例　　　　图 7.8　单个实体型内的一对多联系示例

一般地，把参与联系的实体型的数目称为联系的度。两个实体型之间的联系度为 2，也称为**二元联系**；三个实体型之间的联系度为 3，称为**三元联系**；N 个实体型之间的联系度为 N，也称为 **N 元联系**。

2．E-R 图

E-R 图提供了表示实体型、属性和联系的方法。
（1）实体型用矩形表示，矩形框内写明实体名。
（2）属性用椭圆形表示，并用无向边将其与相应的实体型连接起来。

例如，学生实体具有学号、姓名、性别、出生年份、系、入学时间等属性，用 E-R 图表示如图 7.9 所示。

（3）联系用菱形表示，菱形框内写明联系名，并用无向边分别与有关实体型连接起来，同时在无向边旁标上联系的类型（1:1、1:n 或 m:n）。

需要注意的是，如果一个联系具有属性，则这些属性也要用无向边与该联系连接起来。

例如图 7.7(b)中，如果用"供应量"来描述联系"供应"的属性，表示某供应商供应了多少数量的零件给某个项目，那么这三个实体及其之间联系的 E-R 图表示可如图 7.10 所示。

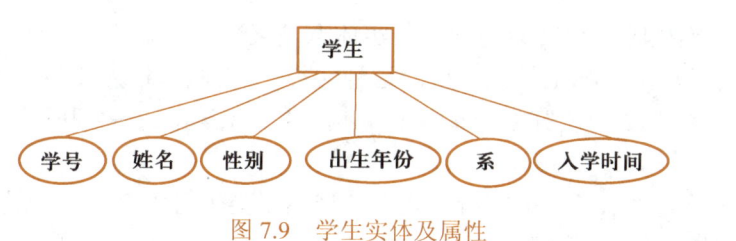

图 7.9　学生实体及属性

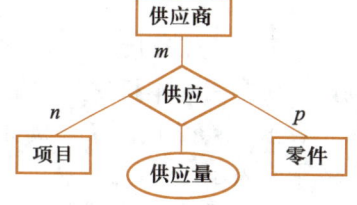

图 7.10　联系的属性

3．一个实例

下面用 E-R 图来表示某个工厂物资管理的概念模型。

物资管理涉及以下几个实体。
- 仓库：属性有仓库号、面积、电话号码；
- 零件：属性有零件号、名称、规格、单价、描述；
- 供应商：属性有供应商号、姓名、地址、电话号码、账号；
- 项目：属性有项目号、预算、开工日期；
- 职工：属性有职工号、姓名、年龄、职称。

这些实体之间的联系如下：

（1）一个仓库可以存放多种零件，一种零件可以存放在多个仓库中，因此仓库和零件具有多对多的联系。用库存量来表示某种零件在某个仓库中的数量。

（2）一个仓库有多个职工当仓库保管员，一个职工只能在一个仓库工作，因此仓库和职工之间是一对多的联系。

（3）职工之间具有领导与被领导关系，即仓库主任领导若干保管员，因此职工实体型中具有一对多的联系。

（4）供应商、项目和零件三者之间具有多对多的联系，即一个供应商可以供给若干项目多种零件，每个项目可以使用不同供应商供应的零件，每种零件可由不同供应商供给。

下面给出此工厂的物资管理 E-R 图，如图 7.11 所示。其中，图 7.11(a)为实体属性图，图 7.11(b)为实体联系图，图 7.11(c)为完整的 E-R 图。这里把实体的属性单独画出仅仅是为了更清晰地表示实体及实体之间的联系。

*7.3.3 扩展的 E-R 模型

E-R 方法是抽象和描述现实世界的有力工具。用 E-R 图表示的概念模型独立于具体的数据库管理系统所支持的数据模型，是各种数据模型的共同基础，因而比数据模型更一般、更抽象、更接近现实世界。E-R 模型得到了广泛的应用，人们在基本 E-R 模型的基础上进行了某些方面的扩展，使其表达能力更强。

1. ISA 联系

用 E-R 方法构建一个项目的模型时，经常会遇到某些实体型是某个实体型的子类型。例如，研究生和本科生是学生的子类型，学生是父类型。这种父类-子类联系称为 ISA 联系，表示"is a"的语义。例如，图 7.12 中研究生 is a 学生，本科生 is a 学生。ISA 联系用三角形来表示。

ISA 联系一个重要的性质是子类继承了父类的所有属性，当然子类也可以有自己的属性。例如，本科生和研究生是学生实体的子类型，他们具有学生实体的全部属性，研究生子实体型还有"导师姓名"和"研究方向"两个自己的属性。

ISA 联系描述了对一个实体型中实体的一种分类方法，下面对分类方法做进一步说明。

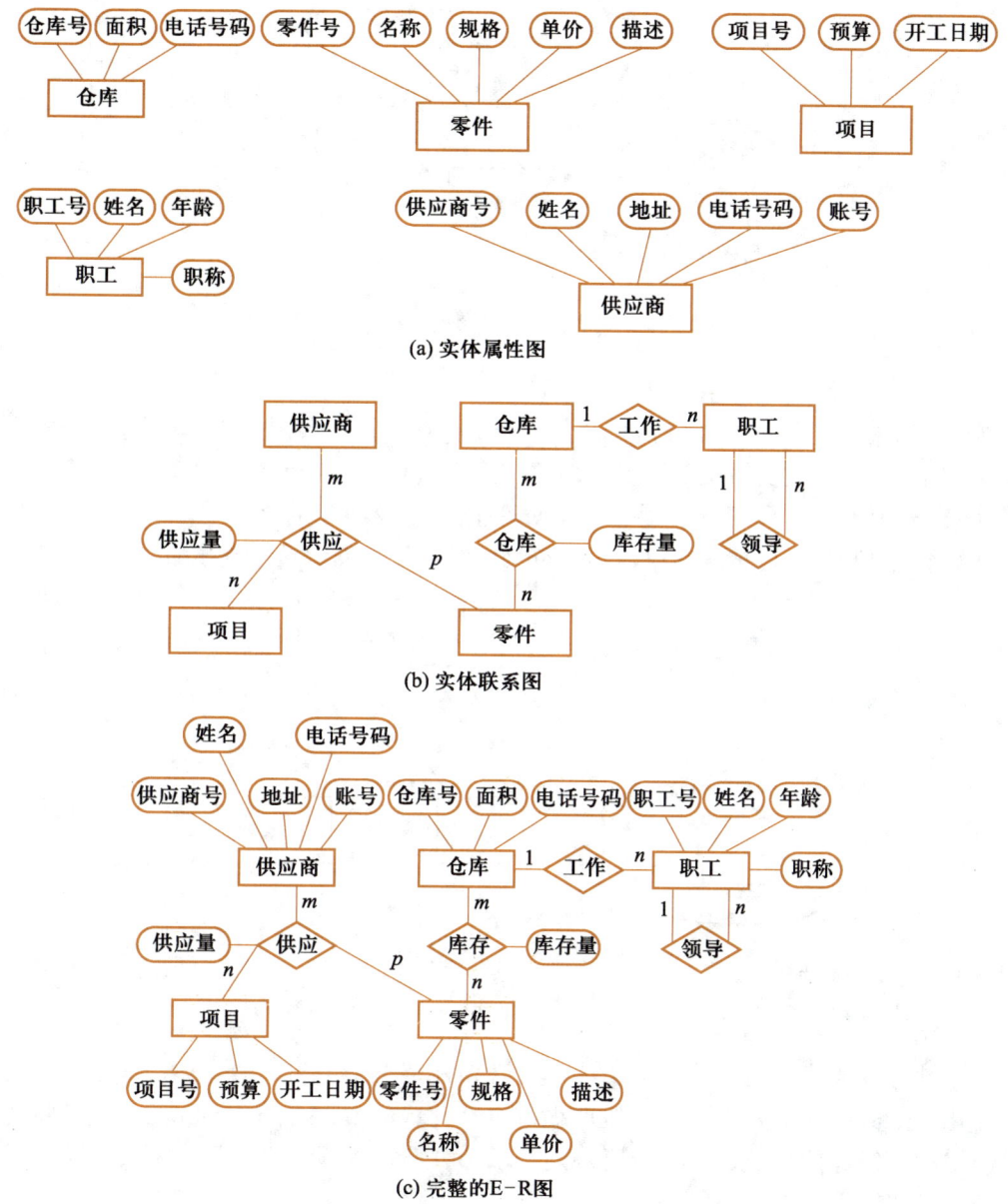

图 7.11 工厂物资管理 E-R 图

(1) 分类属性

根据分类属性的值把父实体型中的实体分派到子实体型中。例如图 7.12 中，在 ISA 联系符号三角形的右边加了一个分类属性"学生类别"，它说明一个学生是研究生还是本科生由"学生类别"这个分类属性的值决定。

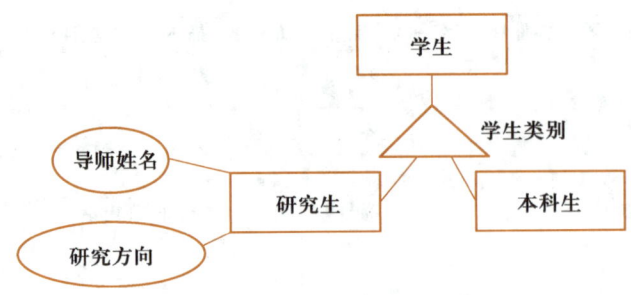

图 7.12　学生的两个子类型和分类属性

（2）不相交约束与可重叠约束

不相交约束描述父类中的一个实体不能同时属于多个子类中的实体集，即一个父类中的实体最多属于一个子类实体集，用 ISA 联系三角形符号内加一个叉号"X"来表示。例如，图 7.13 表明一个学生不能既是本科生又是研究生。如果父类中的一个实体能同时属于多个子类中的实体集，则称为可重叠约束，子类符号中没有叉号表示是可重叠的。

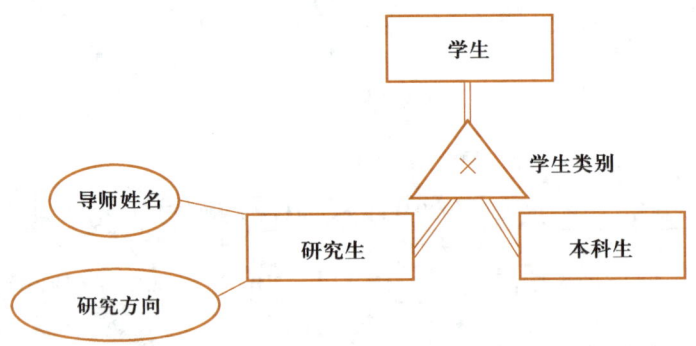

图 7.13　子类的不相交约束

（3）完备性约束

完备性约束描述父类中的一个实体是否必须是某一个子类中的实体，如果是，则叫做完全特化（total specialization），否则叫做部分特化（partial specialization）。完全特化用父类到子类的双线连接来表示，单线连接则表示部分特化。假设学生只有两类，要么是本科生，要么是研究生，二者必居其一，这就是完全特化的例子，如图 7.13 所示。

2．基数约束

基数约束是对实体之间一对一、一对多和多对多联系的细化。参与联系的每个实体型用基数约束来说明实体型中的任何一个实体可以在联系中出现的最少次数和最多次数。

约束用一个数对 min..max 表示，$0 \leqslant min \leqslant max$。例如，0..1、1..3、1..*（*代表无穷大）。min=1 的约束叫做强制参与约束，即被施加基数约束的实体型中的每个实体都要参与联系；

min=0 的约束叫做非强制参与约束，被施加基数约束的实体型中的实体可以出现在联系中，也可以不出现在联系中。本书中，二元联系的基数约束标注在远离施加约束的实体型，靠近参与联系的另外一个实体型的位置。例如，图 7.14(a)学生和学生证的联系中，一个学生必须拥有一本学生证，一本学生证只能属于一个学生，因此都是 1..1。

在图 7.14(b)中学生和课程是多对多的联系。假设学生实体型的基数约束是 20..30，表示每个学生必须选修 20～30 门课程；课程的一个合理的基数约束是 0..*，即一门课程一般会被很多同学选修，但是有的课程可能还没有任何一位同学选修，如新开课。

在图 7.14(c)班级和学生的联系中，一个学生必须参加一个班级，并只能参加一个班级，因此是 1..1，标在参与联系的班级实体一边。一个班级最少 30 个学生，最多 40 个学生，因此是 30..40，标在参与联系的学生实体一边。采用这种方式，一是可以方便地读出约束的类型（一对一、一对多、多对多），如班级和学生是一对多的联系；二是一些 E-R 辅助绘图工具也是采用这样的表现形式。

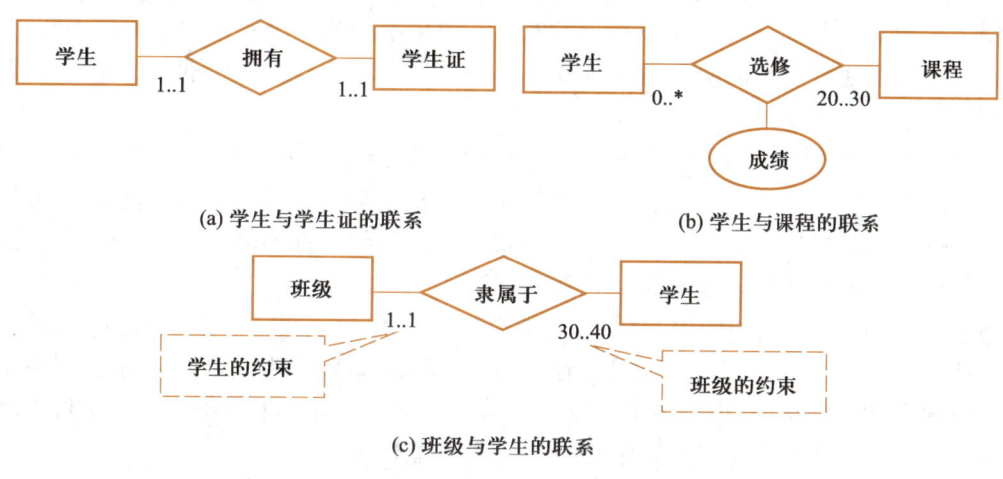

图 7.14 一对一、一对多、多对多的基数约束示例

3. Part-of 联系

Part-of 联系即部分联系，它表明某个实体型是另外一个实体型的一部分。例如汽车和轮子两个实体型，轮子实体是汽车实体的一部分，即 Part-of 汽车实体。Part-of 联系可以分为两种情况，一种是整体实体如果被破坏，部分实体仍然可以独立存在，称为非独占的 Part-of 联系。例如，汽车实体型和轮子实体型之间的联系，一辆汽车车体被损毁了，但是轮子还存在，可以拆下来独立存在，也可以再安装到其他汽车上。非独占的 Part-of 联系可以通过基数约束来表达。在图 7.15 中，汽车的基数约束是 4..4，即一辆汽车要有 4 个轮子。轮子的基数约束是 0..1，这样的约束表示非强制参与联系。例如，一个轮子可以安装到一辆汽车上，也可以没有被安装到任何车辆和独立存在，即一个轮子可以参与一个联系，也

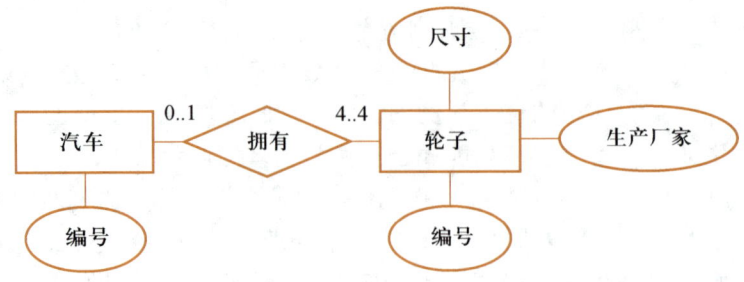

图 7.15 用非强制参与联系表示非独占的 Part-of 联系

可以不参与。因此，在 E-R 图中用非强制参与联系表示非独占 Part-of 联系。

与非独占联系相反，还有一种 Part-of 联系是**独占联系**。即整体实体如果被破坏，部分实体不能存在，在 E-R 图中用弱实体类型和识别联系来表示独占联系。如果一个实体型的存在依赖于其他实体型的存在，则这个实体型叫做**弱实体型**，否则叫做**强实体型**。前面介绍的绝大多数实体型都是强实体型。一般地讲，如果不能从一个实体型的属性中找出可以作为码的属性，则这个实体型是弱实体型。在 E-R 图中用双矩形表示弱实体型，用双菱形表示识别联系。

例如，图 7.16 所示为某用户从银行贷了一笔款用于购房，这笔款项一次贷出，分期归还。还款就是一个弱实体，它只有还款序号、日期和金额三个属性，第 1 笔还款的序号为 1，第 2 笔还款的序号为 2，依此类推，这些属性的任何组合都不能作为还款的码。还款的存在必须依赖于贷款实体，没有贷款自然就没有还款。

再看一个例子，房间和楼房的联系。如图 7.17 所示，每座楼都有唯一的编号或者名称，每个房间都有一个编号，如果房间号不包含楼号，则房间号不能作为码，因为不同的楼房中可能有编号相同的房间，所以房间是一个弱实体。例如，信息楼 500 号房间及明德楼 500 号房间，房间号都没有包含楼号，所以该房间号不能作为码。

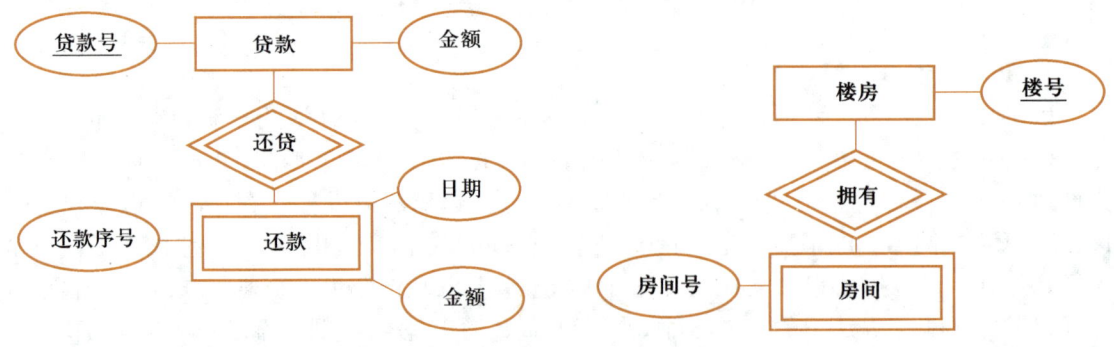

图 7.16 弱实体型和识别联系　　　　　　图 7.17 房间是一个弱实体

注意：由于 E-R 图的图形元素并没有标准化，不同的教材和不同的构建 E-R 图的工具软件都会有一些差异。

*7.3.4 UML

表示 E-R 图的方法有若干种，使用统一建模语言 UML 是其中之一。

UML 是对象管理组织（Object Management Group，OMG）的一个标准，它不是专门针对数据建模的，而是为软件开发的所有阶段提供模型化和可视化支持的规范语言，从需求规格描述到系统完成后的测试和维护都可以用到 UML。UML 可以用于数据建模、业务建模、对象建模、组件建模等，它提供了多种类型的模型描述图（diagram），借助这些图可以使得计算机应用系统开发中的应用程序更易理解。关于 UML 的概念、内容和使用方法等可以专门开设一门课程来讲解，已经超出本书范围，这里仅简单介绍如何用 UML 中的类图来建立概念模型（即 E-R 图）。

UML 中的类（class）大致对应 E-R 图中的实体。由于 UML 中的类具有面向对象的特征，它不仅描述对象的属性，还包含对象的方法（method）。方法是面向对象技术中的重要概念，在对象关系数据库中支持方法，但 E-R 模型和关系模型都不提供方法，因此本书在用 UML 表示 E-R 图时省略了对象方法的说明。

- 实体型：用类表示，矩形框中实体名放在上部，下面列出属性名。
- 实体的码：在类图中在属性后面加"PK"（primary key）来表示码属性。
- 联系：用类图之间的"关联"来表示。早期的 UML 只能表示二元关联，关联的两个类用无向边相连，在连线上面写关联的名称。例如，学生、课程、它们之间的联系以及基数约束的 E-R 图用 UML 表示如图 7.18 所示。现在 UML 也扩展了非二元关联，并用菱形框表示关联，框内写联系名，用无向边分别与关联的类连接起来。

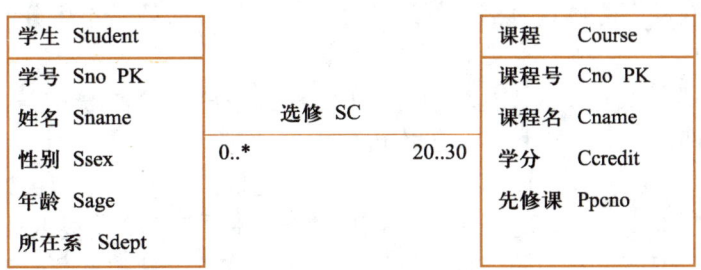

图 7.18 用 UML 的类图表示 E-R 图示例

- 基数约束：UML 中关联类之间基数约束的概念、表示和 E-R 图中的基数约束类似。用一个数对 min..max 表示类中的任何一个对象可以在关联中出现的最少次数和最多次数。例如，0..1、1..3、1..*。基数约束的标注方法和 7.3.3 中一样，在图 7.18 中学生和课程的基数约束标注表示每个学生必须选修 20~30 门课程；一门课程一般会被很多同学选修，也可能没有同学选修，因此为 0..*。

- **UML 中的子类**：面向对象技术支持超类-子类概念，子类可以继承超类的属性，也可以有自己的属性。这些概念和 E-R 图的父类-子类联系，或 ISA 联系是一致的。因此很容易用 UML 表示 E-R 图的父类-子类联系。

注意：如果计算机应用系统的设计和开发的全过程是使用 UML 规范，开发人员自然可以采用 UML 对数据建模。如果计算机应用系统的设计和开发不是使用 UML，则建议数据库设计采用 E-R 模型来表示概念模型。

7.3.5 概念结构设计

前面讲解了 E-R 图的基本概念，本节介绍在设计 E-R 图的过程中如何确定实体与属性，以及在集成 E-R 图时如何解决冲突等关键技术。

概念结构设计的第一步就是对需求分析阶段收集到的数据进行分类、组织，确定实体、实体的属性、实体之间的联系类型，形成 E-R 图。首先，如何确定实体和属性这个看似简单的问题常常会困扰设计人员，因为实体与属性之间并没有形式上可以截然划分的界限。

1. 实体与属性的划分原则

事实上，在现实世界中具体的应用环境常常对实体和属性已经作了自然的大体划分。在数据字典中，数据结构、数据流和数据存储都是若干属性有意义的聚合，这就已经体现了这种划分。可以先从这些内容出发定义 E-R 图，然后再进行必要的调整。在调整中遵循的一条原则是：为了简化 E-R 图的处置，现实世界的事物能作为属性对待的尽量作为属性对待。

那么，符合什么条件的事物可以作为属性对待呢？可以给出两条准则：

（1）作为属性，不能再具有需要描述的性质，即属性必须是不可分的数据项，不能包含其他属性。

（2）属性不能与其他实体具有联系，即 E-R 图中所表示的联系是实体之间的联系。

凡满足上述两条准则的事物，一般均可作为属性对待。

例如，职工是一个实体，职工号、姓名、年龄是职工的属性，职称如果没有与工资、岗位津贴、福利挂钩，换句话说，没有需要进一步描述的特性，则根据准则（1）可以作为职工实体的属性；但如果不同的职称有不同的工资、岗位津贴和不同的附加福利，则职称作为一个实体看待就更恰当，如图 7.19 所示。

又如，在医院中一个病人只能住在一个病房，病房号可以作为病人实体的一个属性；但如果病房还要与医生实体发生联系，即一个医生负责几个病房的病人的医疗工作，则根据准则（2）病房应作为一个实体，如图 7.20 所示。

再如，如果一种货物只存放在一个仓库中，那么就可以把存放货物的仓库的仓库号作

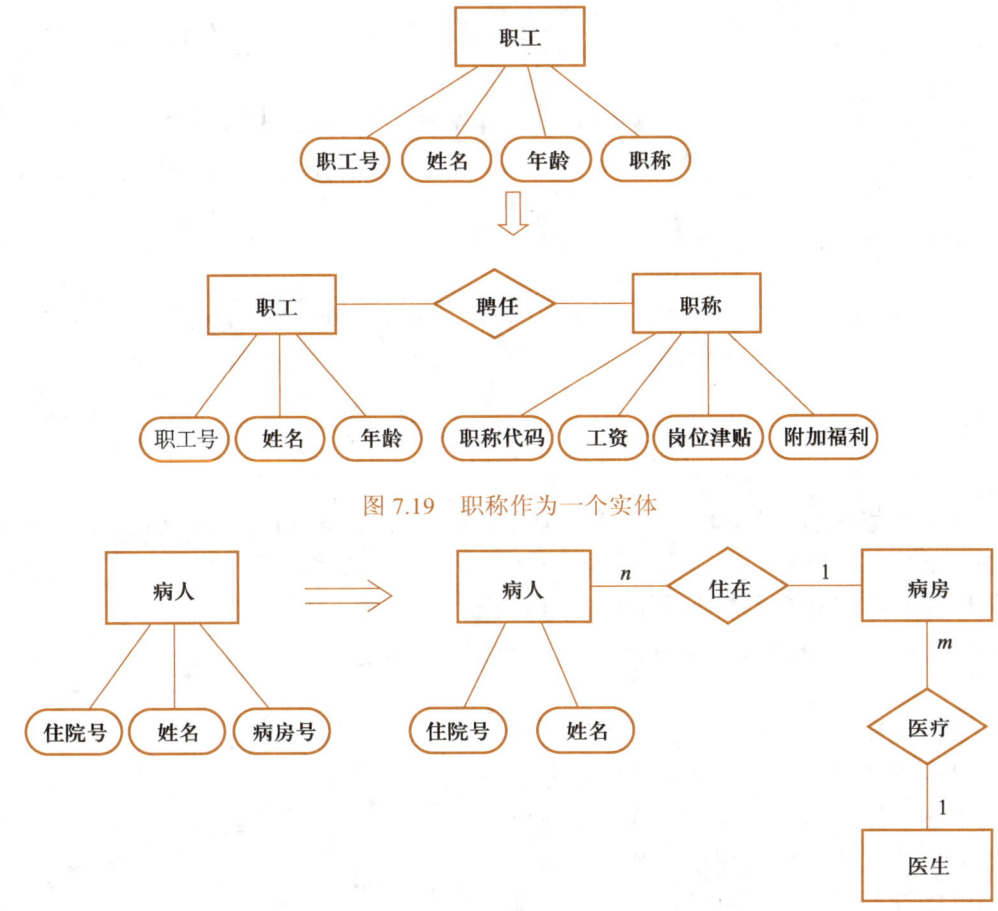

图 7.19 职称作为一个实体

图 7.20 病房作为一个实体

为描述货物存放地点的属性,但如果一种货物可以存放在多个仓库中,或者仓库本身又用面积作为属性,或者仓库与职工发生管理上的联系,那么就应把仓库作为一个实体,如图 7.21 所示。

[例 7.1] 销售管理子系统 E-R 图的设计。

某工厂开发管理信息系统,经过可行性分析,详细调查确定了该系统由物资管理、销售管理、劳动人事管理等子系统组成。为每个子系统组成了开发小组。

销售管理子系统开发小组的成员经过调查研究、信息流程分析和数据收集,明确了该子系统的主要功能是:处理顾客和销售员送来的订单;工厂是根据订货安排生产的;交出货物同时开出发票;收到顾客付款后,根据发票存根和信贷情况进行应收款处理。通过需求分析,知道整个系统功能围绕"订单"和"应收账款"的处理来实现。数据结构中订单、

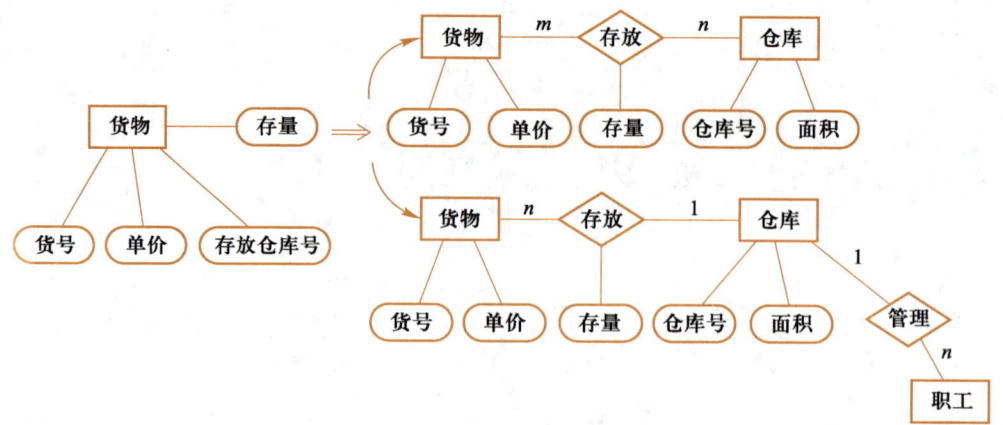

图 7.21 仓库作为一个实体

顾客、顾客应收账目用得最多，是许多子功能、数据流共享的数据，因此先设计该 E-R 图的草图（如图 7.22 所示）。

然后参照需求分析和数据字典中的详尽描述，遵循前面给出的两个准则，进行了如下一些调整：

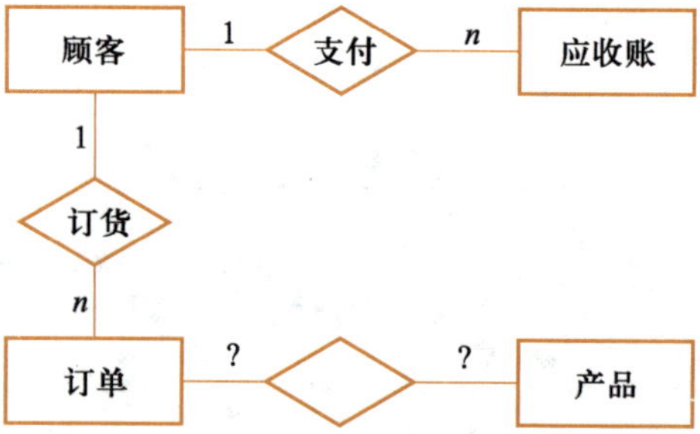

（1）每张订单由订单号、若干头信息和订单细节组成。订单细节又有订货的零件号、数量等来描述。按照第二条准则，订单细节就不能作为订单的属性处理而应该上升为实体。一张订单可以订若干产品，所以订单与订单细节两个实体之间是 1:n 的联系。

图 7.22 分 E-R 图的框架

（2）原订单和产品的联系实际上是订单细节和产品的联系。每条订货细节对应一个产品描述，订单处理时从中获得当前单价、产品重量等信息。

（3）工厂对大宗订货给予优惠。每种产品都规定了不同订货数量的折扣，应增加一个"折扣规则"实体存放这些信息，而不应把它们放在产品实体中。

最后得到销售管理子系统 E-R 图如图 7.23 所示。

对每个实体定义的属性如下所示。

　　顾客：{<u>顾客号</u>，顾客名，地址，电话，信贷状况，账目余额}
　　订单：{<u>订单号</u>，顾客号，订货项数，订货日期，交货日期，工种号，生产地点}
　　订单细则：{<u>订单号</u>，<u>细则号</u>，零件号，订货数，金额}

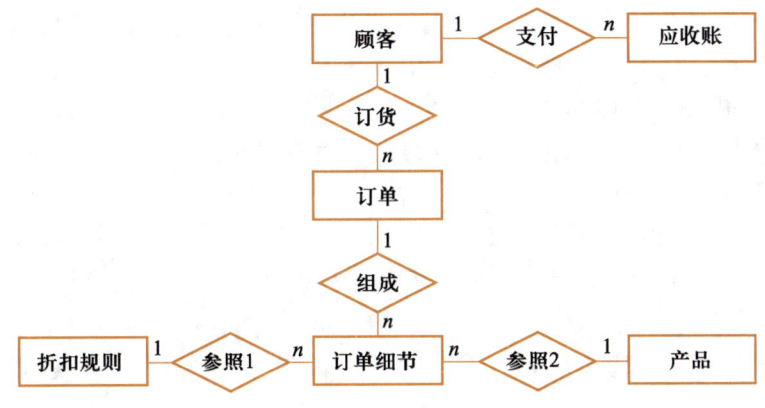

图 7.23　销售管理子系统的 E-R 图

应收账款：{<u>顾客号，订单号</u>，发票号，应收金额，支付日期，支付金额，
　　　　　当前余额，货款限额}

产品：{<u>产品号</u>，产品名，单价，重量}

折扣规则：{<u>产品号，订货量</u>，折扣}

注意：为了节省篇幅，这里省略了实体属性图，实体的码用下划线划出。

2．E-R 图的集成

在开发一个大型信息系统时，最经常采用的策略是自顶向下地进行需求分析，然后再自底向上地设计概念结构。即首先设计各子系统的分 E-R 图，然后将它们集成起来，得到全局 E-R 图。E-R 图的集成一般需要分两步走，如图 7.24 所示。

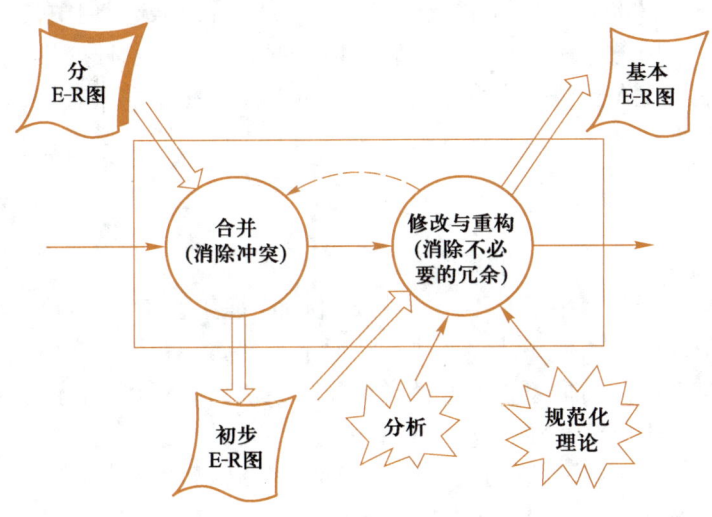

图 7.24　E-R 图集成

- 合并。解决各分 E-R 图之间的冲突，将分 E-R 图合并起来生成初步 E-R 图。
- 修改和重构。消除不必要的冗余，生成基本 E-R 图。

(1) 合并 E-R 图，生成初步 E-R 图

各个局部应用所面向的问题不同，且通常是由不同的设计人员进行局部视图设计，这就导致各个子系统的 E-R 图之间必定会存在许多不一致的地方，称之为冲突。因此，合并这些 E-R 图时并不能简单地将各个 E-R 图画到一起，而是必须着力消除各个 E-R 图中的不一致，以形成一个能为全系统中所有用户共同理解和接受的统一的概念模型。合理消除各 E-R 图的冲突是合并 E-R 图的主要工作与关键所在。

各子系统的 E-R 图之间的冲突主要有三类：属性冲突、命名冲突和结构冲突。

① 属性冲突

属性冲突主要包含以下两类冲突：

- 属性域冲突，即属性值的类型、取值范围或取值集合不同。例如零件号，有的部门把它定义为整数，有的部门把它定义为字符型，不同部门对零件号的编码也不同。又如年龄，某些部门以出生日期形式表示职工的年龄，而另一些部门用整数表示职工的年龄。
- 属性取值单位冲突。例如，零件的重量有的以公斤为单位，有的以斤为单位，有的以克为单位。

属性冲突理论上好解决，但实际上需要各部门讨论协商，解决起来并非易事。

② 命名冲突

命名冲突主要包含以下两类冲突：

- 同名异义，即不同意义的对象在不同的局部应用中具有相同的名字。
- 异名同义（一义多名），即同一意义的对象在不同的局部应用中具有不同的名字。如对科研项目，财务科称为项目，科研处称为课题，生产管理处称为工程。

命名冲突可能发生在实体、联系一级上，也可能发生在属性一级上。其中属性的命名冲突更为常见。处理命名冲突通常也像处理属性冲突一样，通过讨论、协商等行政手段加以解决。

③ 结构冲突

结构冲突主要包含以下三类冲突：

- 同一对象在不同应用中具有不同的抽象。例如，职工在某一局部应用中被当作实体，而在另一局部应用中则被当作属性。解决方法通常是把属性变换为实体或把实体变换为属性，使同一对象具有相同的抽象。但变换时仍要遵循 7.3.5 小节中讲述的两个准则。
- 同一实体在不同子系统的 E-R 图中所包含的属性个数和属性排列次序不完全相同。这是很常见的一类冲突，原因是不同的局部应用关心的是该实体的不同侧面。解决方法是使该实体的属性取各子系统的 E-R 图中属性的并集，再适当调整属性的次序。
- 实体间的联系在不同的 E-R 图中为不同的类型。如实体 E1 与 E2 在一个 E-R 图中

是多对多联系,在另一个 E-R 图中是一对多联系;又如在一个 E-R 图中 E1 与 E2 发生联系,而在另一个 E-R 图中 E1、E2、E3 三者之间有联系。解决方法是根据应用的语义对实体联系的类型进行综合或调整。

例如,图 7.25(a)中零件与产品之间存在多对多的联系"构成",图 7.25(b)中产品、零件与供应商三者之间还存在多对多的联系"供应",这两个联系互相不能包含,则在合并两个 E-R 图时就应把它们综合起来(图 7.25(c))。

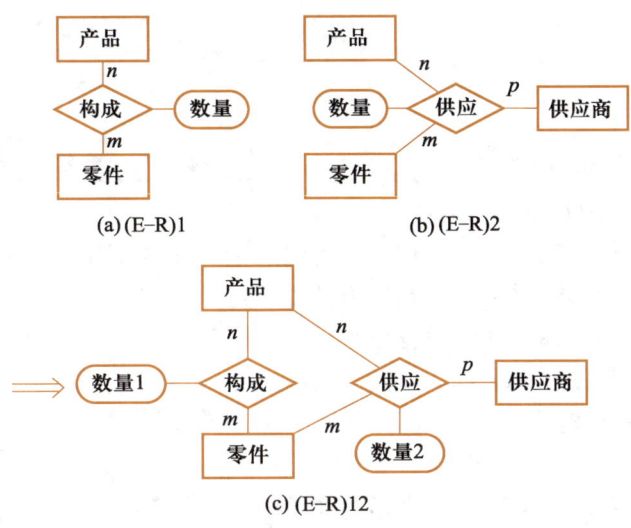

图 7.25 合并两个 E-R 图时的综合

(2)消除不必要的冗余,设计基本 E-R 图

在初步 E-R 图中可能存在一些冗余的数据和实体间冗余的联系。所谓冗余的数据是指可由基本数据导出的数据,冗余的联系是指可由其他联系导出的联系。冗余数据和冗余联系容易破坏数据库的完整性,给数据库维护增加困难,应当予以消除。消除了冗余后的初步 E-R 图称为基本 E-R 图。

消除冗余主要采用分析方法,即以数据字典和数据流图为依据,根据数据字典中关于数据项之间逻辑关系的说明来消除冗余。如图 7.26 中 $Q_3=Q_1 \times Q_2$,$Q_4=\sum Q_5$,所以 Q_3 和 Q_4 是冗余数据,可以消去;并且由于 Q_3 消去,产品与材料间 m:n 的冗余联系也应消去。

但并不是所有的冗余数据与冗余联系都必须加以消除,有时为了提高效率,不得不以冗余信息作为代价。因此在设计数据库概念结构时,哪些冗余信息必须消除,哪些冗余信息允许存在,需要根据用户的整体需求来确定。如果人为地保留了一些冗余数据,则应把数据字典中数据关联的说明作为完整性约束条件。例如,若物种部门经常要查询各种材料的库存量,如果每次都要查询每个仓库中此种材料的库存,再对它们求和,查询效率就太

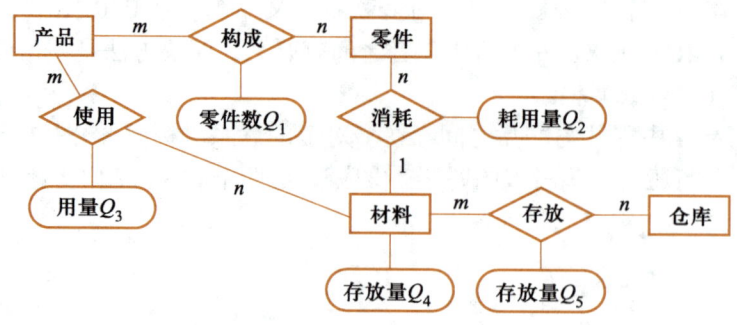

图 7.26 消除冗余

低了。所以应保留 Q_4，同时把 $Q_4=\sum Q_5$ 定义为 Q_4 的完整性约束条件。每当 Q_5 修改后，就触发该完整性检查，对 Q_4 作相应的修改。

除分析方法外，还可以用规范化理论来消除冗余。在规范化理论中，函数依赖的概念提供了消除冗余联系的形式化工具。具体方法如下：

① 确定分 E-R 图实体之间的数据依赖。实体之间一对一、一对多、多对多的联系可以用实体码之间的函数依赖来表示。如图 7.27 中：

部门和职工之间一对多的联系可表示为职工号→部门号。

职工和产品之间多对多的联系可表示为（职工号，产品号）→工作天数等。

于是有函数依赖集 F_L。

② 求 F_L 的最小覆盖 G_L，差集为 $D=F_L-G_L$。

逐一考察 D 中的函数依赖，确定是否是冗余的联系，若是就把它去掉。由于规范化理论受到泛关系假设的限制，应注意下面两个问题：

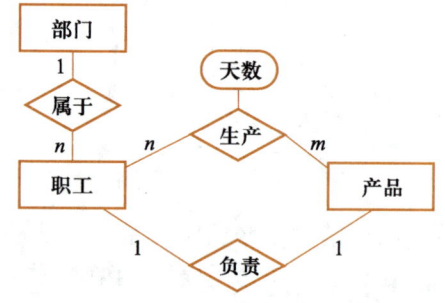

图 7.27 劳动人事管理的分 E-R 图

- 冗余的联系一定在 D 中，而 D 中的联系不一定是冗余的。
- 当实体之间存在多种联系时，要将实体之间的联系在形式上加以区分。如图 7.28 中部门和职工之间另一个一对一的联系就要表示为：

负责人.职工号→部门号，部门号→负责人.职工号

［例 7.2］ 某工厂管理信息系统的视图集成。

图 7.11、图 7.23、图 7.27 分别为该厂物资、销售和劳动人事管理的分 E-R 图。图 7.28 为该系统的基本 E-R 图。这里基本 E-R 图中各实体的属性因篇幅有限从略。

集成过程中，解决了以下问题：

- 异名同义，项目和产品含义相同。某个项目实质上是指某个产品的生产，因此统一

用产品作实体名。

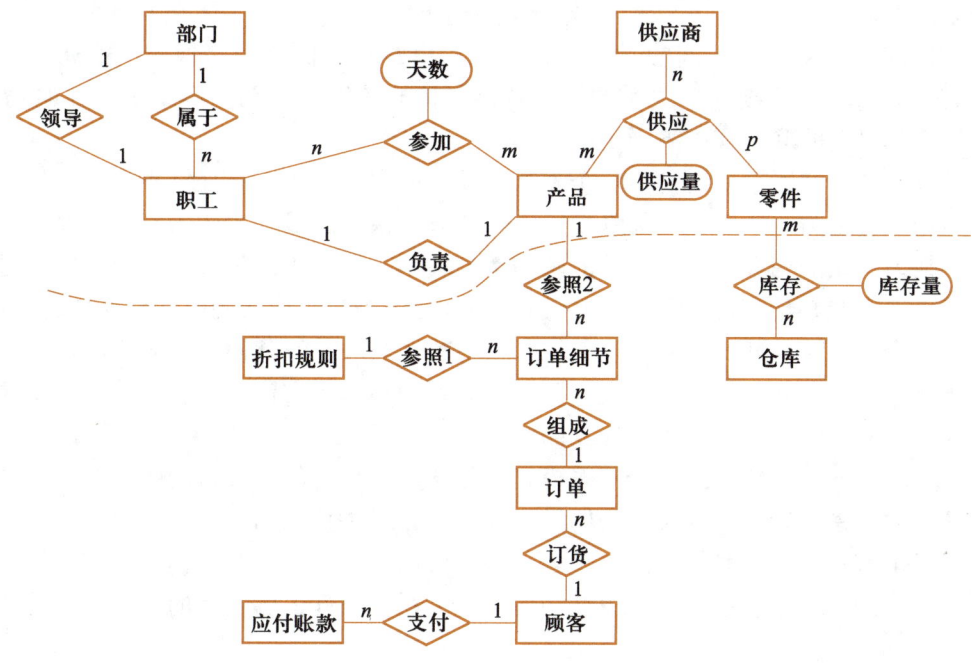

图 7.28　某工厂管理信息系统的基本 E-R 图

- 库存管理中,职工与仓库的工作关系已包含在劳动人事管理的部门与职工之间的联系中,所以可以取消。职工之间领导与被领导关系可由部门与职工(经理)之间的领导关系、部门与职工之间的从属关系两者导出,所以也可以取消。

7.4　逻辑结构设计

概念结构是独立于任何一种数据模型的信息结构,逻辑结构设计的任务就是把概念结构设计阶段设计好的基本 E-R 图转换为与选用数据库管理系统产品所支持的数据模型相符合的逻辑结构。

目前的数据库应用系统都采用支持关系数据模型的关系数据库管理系统,所以这里只介绍 E-R 图向关系数据模型的转换原则与方法。

7.4.1　E-R 图向关系模型的转换

E-R 图向关系模型的转换要解决的问题是,如何将实体型和实体间的联系转换为关系模式,如何确定这些关系模式的属性和码。

关系模型的逻辑结构是一组关系模式的集合。E-R 图则是由实体型、实体的属性和实体型之间的联系三个要素组成的，所以将 E-R 图转换为关系模型实际上就是要将实体型、实体的属性和实体型之间的联系转换为关系模式。下面介绍转换的一般原则。一个实体型转换为一个关系模式，关系的属性就是实体的属性，关系的码就是实体的码。

对于实体型间的联系有以下不同的情况：

（1）一个 1:1 联系可以转换为一个独立的关系模式，也可以与任意一端对应的关系模式合并。如果转换为一个独立的关系模式，则与该联系相连的各实体的码以及联系本身的属性均转换为关系的属性，每个实体的码均是该关系的候选码。如果与某一端实体对应的关系模式合并，则需要在该关系模式的属性中加入另一个关系模式的码和联系本身的属性。

（2）一个 1:n 联系可以转换为一个独立的关系模式，也可以与 n 端对应的关系模式合并。如果转换为一个独立的关系模式，则与该联系相连的各实体的码以及联系本身的属性均转换为关系的属性，而关系的码为 n 端实体的码。

（3）一个 m:n 联系转换为一个关系模式，与该联系相连的各实体的码以及联系本身的属性均转换为关系的属性，各实体的码组成关系的码或关系码的一部分。

（4）三个或三个以上实体间的一个多元联系可以转换为一个关系模式。与该多元联系相连的各实体的码以及联系本身的属性均转换为关系的属性，各实体的码组成关系的码或关系码的一部分。

（5）具有相同码的关系模式可合并。

下面把图 7.28 中虚线上部的 E-R 图转换为关系模型。关系的码用下划线标出。

  部门（<u>部门号</u>，部门名，经理的职工号，…）

此为部门实体对应的关系模式。该关系模式已包含了联系"领导"所对应的关系模式。经理的职工号是关系的候选码。

  职工（<u>职工号</u>、部门号，职工名，职务，…）

此为职工实体对应的关系模式。该关系模式已包含了联系"属于"所对应的关系模式。

  产品（<u>产品号</u>，产品名，产品组长的职工号，…）

此为产品实体对应的关系模式。

  供应商（<u>供应商号</u>，姓名，…）

此为供应商实体对应的关系模式。

  零件（<u>零件号</u>，零件名，…）

此为零件实体对应的关系模式。

  参加（<u>职工号</u>，<u>产品号</u>，工作天数，…）

此为联系"参加"所对应的关系模式。

  供应（<u>产品号</u>，<u>供应商号</u>，<u>零件号</u>，供应量）

此为联系"供应"所对应的关系模式。

7.4.2 数据模型的优化

数据库逻辑设计的结果不是唯一的。为了进一步提高数据库应用系统的性能，还应该根据应用需要适当地修改、调整数据模型的结构，这就是数据模型的优化。关系数据模型的优化通常以规范化理论为指导，方法为：

（1）确定数据依赖。在 7.2.3 "数据字典" 一节中已讲到用数据依赖的概念分析和表示数据项之间的联系，写出每个数据项之间的数据依赖。按需求分析阶段所得到的语义，分别写出每个关系模式内部各属性之间的数据依赖以及不同关系模式属性之间的数据依赖。

（2）对于各个关系模式之间的数据依赖进行极小化处理，消除冗余的联系，具体方法已在 7.3.5 "概念结构设计" 一节中讲解。

（3）按照数据依赖的理论对关系模式逐一进行分析，考察是否存在部分函数依赖、传递函数依赖、多值依赖等，确定各关系模式分别属于第几范式。

（4）根据需求分析阶段得到的处理要求分析对于这样的应用环境这些模式是否合适，确定是否要对某些模式进行合并或分解。

必须注意的是，并不是规范化程度越高的关系就越优。例如，当查询经常涉及两个或多个关系模式的属性时，系统经常进行连接运算。连接运算的代价是相当高的，可以说关系模型低效的主要原因就是由连接运算引起的。这时可以考虑将这几个关系合并为一个关系。因此在这种情况下，第二范式甚至第一范式也许是合适的。

又如，非 BCNF 的关系模式虽然从理论上分析会存在不同程度的更新异常或冗余，但如果在实际应用中对此关系模式只是查询，并不执行更新操作，则不会产生实际影响。所以对于一个具体应用来说，到底规范化到什么程度需要权衡响应时间和潜在问题两者的利弊决定。

（5）对关系模式进行必要分解，提高数据操作效率和存储空间利用率。常用的两种分解方法是水平分解和垂直分解。

水平分解是把（基本）关系的元组分为若干子集合，定义每个子集合为一个子关系，以提高系统的效率。根据 "80/20 原则"，一个大关系中，经常被使用的数据只是关系的一部分，约 20%，可以把经常使用的数据分解出来，形成一个子关系。如果关系 R 上具有 n 个事务，而且多数事务存取的数据不相交，则 R 可分解为少于或等于 n 个子关系，使每个事务存取的数据对应一个关系。

垂直分解是把关系模式 R 的属性分解为若干子集合，形成若干子关系模式。垂直分解的原则是，将经常在一起使用的属性从 R 中分解出来形成一个子关系模式。垂直分解可以提高某些事务的效率，但也可能使另一些事务不得不执行连接操作，从而降低了效率。因此是否进行垂直分解取决于分解后 R 上的所有事务的总效率是否得到了提高。垂直分解需要确保无损连接性和保持函数依赖，即保证分解后的关系具有无损连接性和保持函数依赖性。这可以用第 6 章中的模式分解算法对需要分解的关系模式进行分解和检查。

规范化理论为数据库设计人员判断关系模式的优劣提供了理论标准，可用来预测模式可能出现的问题，使数据库设计工作有了严格的理论基础。

7.4.3　设计用户子模式

将概念模型转换为全局逻辑模型后，还应该根据局部应用需求，结合具体关系数据库管理系统的特点设计用户的外模式。

目前关系数据库管理系统一般都提供了视图概念，可以利用这一功能设计更符合局部用户需要的用户外模式。

定义数据库全局模式主要是从系统的时间效率、空间效率、易维护等角度出发。由于用户外模式与模式是相对独立的，因此在定义用户外模式时可以注重考虑用户的习惯与方便。具体包括以下几方面：

（1）使用更符合用户习惯的别名。在合并各分 E-R 图时曾做过消除命名冲突的工作，以使数据库系统中同一关系和属性具有唯一的名字。这在设计数据库整体结构时是非常必要的。用视图机制可以在设计用户视图时重新定义某些属性名，使其与用户习惯一致，以方便使用。

（2）可以对不同级别的用户定义不同的视图，以保证系统的安全性。假设有关系模式产品（产品号，产品名，规格，单价，生产车间，生产负责人，产品成本，产品合格率，质量等级），可以在产品关系上建立以下两个视图：

为一般顾客建立视图产品 1（产品号，产品名，规格，单价）；为产品销售部门建立视图产品 2（产品号，产品名，规格，单价，车间，生产负责人）。

顾客视图中只包含允许顾客查询的属性；销售部门视图中只包含允许销售部门查询的属性；生产领导部门则可以查询全部产品数据。这样就可以防止用户非法访问本来不允许其查询的数据，保证了系统的安全性。

（3）简化用户对系统的使用。如果某些局部应用中经常要使用某些很复杂的查询，为了方便用户，可以将这些复杂查询定义为视图，用户每次只对定义好的视图进行查询，大大简化了用户的使用。

注意：因为扩展 E-R 模型是选读部分，本章略去了扩展 E-R 图的集成以及向关系模型的转换。

7.5　物理结构设计

数据库在物理设备上的存储结构与存取方法称为数据库的物理结构，它依赖于选定的数据库管理系统。为一个给定的逻辑数据模型选取一个最适合应用要求的物理结构的过程，就是数据库的物理设计。

数据库的物理设计通常分为两步：
（1）确定数据库的物理结构，在关系数据库中主要指存取方法和存储结构。
（2）对物理结构进行评价，评价的重点是时间和空间效率。

如果评价结果满足原设计要求，则可进入到物理实施阶段，否则，就需要重新设计或修改物理结构，有时甚至要返回逻辑设计阶段修改数据模型。

7.5.1 数据库物理设计的内容和方法

不同的数据库产品所提供的物理环境、存取方法和存储结构有很大差别，能供设计人员使用的设计变量、参数范围也很不相同，因此没有通用的物理设计方法可遵循，只能给出一般的设计内容和原则。希望设计优化的物理数据库结构，使得在数据库上运行的各种事务响应时间小、存储空间利用率高、事务吞吐率大。为此，首先对要运行的事务进行详细分析，获得选择物理数据库设计所需要的参数；其次，要充分了解所用关系数据库管理系统的内部特征，特别是系统提供的存取方法和存储结构。

对于数据库查询事务，需要得到如下信息：
- 查询的关系。
- 查询条件所涉及的属性。
- 连接条件所涉及的属性。
- 查询的投影属性。

对于数据更新事务，需要得到如下信息：
- 被更新的关系。
- 每个关系上的更新操作条件所涉及的属性。
- 修改操作要改变的属性值。

除此之外，还需要知道每个事务在各关系上运行的频率和性能要求。例如，事务 T 必须在 10 s 内结束，这对于存取方法的选择具有重大影响。

上述这些信息是确定关系的存取方法的依据。

应注意的是，数据库上运行的事务会不断变化、增加或减少，以后需要根据上述设计信息的变化调整数据库的物理结构。

通常关系数据库物理设计的内容主要包括为关系模式选择存取方法，以及设计关系、索引等数据库文件的物理存储结构。

下面就介绍这些设计内容和方法。

7.5.2 关系模式存取方法选择

数据库系统是多用户共享的系统，对同一个关系要建立多条存取路径才能满足多用户的多种应用要求。物理结构设计的任务之一是根据关系数据库管理系统支持的存取方法确定选择哪些存取方法。

存取方法是快速存取数据库中数据的技术。数据库管理系统一般提供多种存取方法。常用的存取方法为索引方法和聚簇（clustering）方法。

B+树索引和 hash 索引是数据库中经典的存取方法，使用最普遍。

1. B+树索引存取方法的选择

所谓选择索引存取方法，实际上就是根据应用要求确定对关系的哪些属性列建立索引、哪些属性列建立组合索引、哪些索引要设计为唯一索引等。一般来说：

（1）如果一个（或一组）属性经常在查询条件中出现，则考虑在这个（或这组）属性上建立索引（或组合索引）。

（2）如果一个属性经常作为最大值和最小值等聚集函数的参数，则考虑在这个属性上建立索引。

（3）如果一个（或一组）属性经常在连接操作的连接条件中出现，则考虑在这个（或这组）属性上建立索引。

关系上定义的索引数并不是越多越好，系统为维护索引要付出代价，查找索引也要付出代价。例如，若一个关系的更新频率很高，这个关系上定义的索引数不能太多。因为更新一个关系时，必须对这个关系上有关的索引做相应的修改。

2. hash 索引存取方法的选择

选择 hash 存取方法的规则如下：如果一个关系的属性主要出现在等值连接条件中或主要出现在等值比较选择条件中，而且满足下列两个条件之一，则此关系可以选择 hash 存取方法。

（1）一个关系的大小可预知，而且不变。

（2）关系的大小动态改变，但数据库管理系统提供了动态 hash 存取方法。

3. 聚簇存取方法的选择

为了提高某个属性（或属性组）的查询速度，把这个或这些属性上具有相同值的元组集中存放在连续的物理块中称为聚簇。该属性（或属性组）称为**聚簇码**（cluster key）。

聚簇功能可以大大提高按聚簇码进行查询的效率。例如，要查询信息系的所有学生名单，设信息系有 500 名学生，在极端情况下，这 500 名学生所对应的数据元组分布在 500 个不同的物理块上。尽管对学生关系已按所在系建有索引，由索引很快找到信息系学生的元组标识，避免了全表扫描，然而在由元组标识去访问数据块时就要存取 500 个物理块，执行 500 次 I/O 操作。如果将同一系的学生元组集中存放，则每读一个物理块可得到多个满足查询条件的元组，从而显著地减少了访问磁盘的次数。

聚簇功能不但适用于单个关系，也适用于经常进行连接操作的多个关系。即把多个连接关系的元组按连接属性值聚集存放。这就相当于把多个关系按"预连接"的形式存放，从而大大提高连接操作的效率。

一个数据库可以建立多个聚簇，一个关系只能加入一个聚簇。选择聚簇存取方法，即确定需要建立多少个聚簇，每个聚簇中包括哪些关系。

首先设计候选聚簇，一般来说：

（1）对经常在一起进行连接操作的关系可以建立聚簇。

（2）如果一个关系的一组属性经常出现在相等比较条件中，则该单个关系可建立聚簇。

（3）如果一个关系的一个（或一组）属性上的值重复率很高，则此单个关系可建立聚簇。即对应每个聚簇码值的平均元组数不能太少，太少则聚簇的效果不明显。

然后检查候选聚簇中的关系，取消其中不必要的关系。

（1）从聚簇中删除经常进行全表扫描的关系。

（2）从聚簇中删除更新操作远多于连接操作的关系。

（3）不同的聚簇中可能包含相同的关系，一个关系可以在某一个聚簇中，但不能同时加入多个聚簇。要从这多个聚簇方案（包括不建立聚簇）中选择一个较优的，即在这个聚簇上运行各种事务的总代价最小。

必须强调的是，聚簇只能提高某些应用的性能，而且建立与维护聚簇的开销是相当大的。对已有关系建立聚簇将导致关系中元组移动其物理存储位置，并使此关系上原来建立的所有索引无效，必须重建。当一个元组的聚簇码值改变时，该元组的存储位置也要做相应移动，聚簇码值要相对稳定，以减少修改聚簇码值所引起的维护开销。

因此，当通过聚簇码进行访问或连接是该关系的主要应用，与聚簇码无关的其他访问很少或者是次要的，这时可以使用聚簇。尤其当 SQL 语句中包含有与聚簇码有关的 ORDER BY、GROUP BY、UNION、DISTINCT 等子句或短语时，使用聚簇特别有利，可以省去对结果集的排序操作；否则很可能会适得其反。

7.5.3 确定数据库的存储结构

确定数据库物理结构主要指确定数据的存放位置和存储结构，包括确定关系、索引、聚簇、日志、备份等的存储安排和存储结构，确定系统配置等。

确定数据的存放位置和存储结构要综合考虑存取时间、存储空间利用率和维护代价三方面的因素。这三个方面常常是相互矛盾的，因此需要进行权衡，选择一个折中方案。

1. 确定数据的存放位置

为了提高系统性能，应该根据应用情况将数据的易变部分与稳定部分、经常存取部分和存取频率较低部分分开存放。

例如，目前很多计算机有多个磁盘或磁盘阵列，因此可以将表和索引放在不同的磁盘上，在查询时，由于磁盘驱动器并行工作，可以提高物理 I/O 读写的效率；也可以将比较大的表分放在两个磁盘上，以加快存取速度，这在多用户环境下特别有效；还可以将日志文件与数据库对象（表、索引等）放在不同的磁盘上，以改进系统的性能。

由于各个系统所能提供的对数据进行物理安排的手段、方法差异很大，因此设计人员应仔细了解给定的关系数据库管理系统提供的方法和参数，针对应用环境的要求对数据进行适当的物理安排。

2. 确定系统配置

关系数据库管理系统产品一般都提供了一些系统配置变量和存储分配参数，供设计人员和数据库管理员对数据库进行物理优化。初始情况下，系统都为这些变量赋予了合理的默认值。但是这些值不一定适合每一种应用环境，在进行物理设计时需要重新对这些变量赋值，以改善系统的性能。

系统配置变量很多，例如，同时使用数据库的用户数，同时打开的数据库对象数，内存分配参数，缓冲区分配参数（使用的缓冲区长度、个数），存储分配参数，物理块的大小，物理块装填因子，时间片大小，数据库大小，锁的数目等。这些参数值影响存取时间和存储空间的分配，在物理设计时就要根据应用环境确定这些参数值，以使系统性能最佳。

在物理设计时对系统配置变量的调整只是初步的，在系统运行时还要根据系统实际运行情况做进一步的调整，以期切实改进系统性能。

7.5.4　评价物理结构

数据库物理设计过程中需要对时间效率、空间效率、维护代价和各种用户要求进行权衡，其结果可以产生多种方案。数据库设计人员必须对这些方案进行细致的评价，从中选择一个较优的方案作为数据库的物理结构。

评价物理数据库的方法完全依赖于所选用的关系数据库管理系统，主要是从定量估算各种方案的存储空间、存取时间和维护代价入手，对估算结果进行权衡、比较，选择出一个较优的、合理的物理结构。如果该结构不符合用户需求，则需要修改设计。

7.6　数据库的实施和维护

完成数据库的物理设计之后，设计人员就要用关系数据库管理系统提供的数据定义语言和其他实用程序将数据库逻辑设计和物理设计结果严格描述出来，成为关系数据库管理系统可以接受的源代码，再经过调试产生目标模式，然后就可以组织数据入库了，这就是数据库实施阶段。

7.6.1　数据的载入和应用程序的调试

数据库实施阶段包括两项重要的工作，一项是数据的载入，另一项是应用程序的编码和调试。

一般数据库系统中数据量都很大，而且数据来源于部门中的各个不同的单位，数据的组织方式、结构和格式都与新设计的数据库系统有相当的差距。组织数据载入就要将各类源数据从各个局部应用中抽取出来，输入计算机，再分类转换，最后综合成符合新设计的数据库结构的形式，输入数据库。因此这样的数据转换、组织入库的工作是相当费力、费时的。

　　特别是原系统是手工数据处理系统时，各类数据分散在各种不同的原始表格、凭证、单据之中。在向新的数据库系统中输入数据时还要处理大量的纸质文件，工作量就更大。

　　为提高数据输入工作的效率和质量，应该针对具体的应用环境设计一个数据录入子系统，由计算机来完成数据入库的任务。在源数据入库之前要采用多种方法对其进行检验，以防止不正确的数据入库，这部分的工作在整个数据输入子系统中是非常重要的。

　　现有的关系数据库管理系统一般都提供不同关系数据库管理系统之间数据转换的工具，若原来是数据库系统，就要充分利用新系统的数据转换工具。

　　数据库应用程序的设计应该与数据库设计同时进行，因此在组织数据入库的同时还要调试应用程序。应用程序的设计、编码和调试的方法、步骤在软件工程等课程中有详细讲解，这里就不再赘述了。

7.6.2　数据库的试运行

　　在原有系统的数据有一小部分已输入数据库后，就可以开始对数据库系统进行联合调试了，这又称为数据库的试运行。

　　这一阶段要实际运行数据库应用程序，执行对数据库的各种操作，测试应用程序的功能是否满足设计要求。如果不满足，对应用程序部分则要修改、调整，直到达到设计要求为止。

　　在数据库试运行时，还要测试系统的性能指标，分析其是否达到设计目标。在对数据库进行物理设计时已初步确定了系统的物理参数值，但一般情况下，设计时的考虑在许多方面只是近似估计，和实际系统运行总有一定的差距，因此必须在试运行阶段实际测量和评价系统性能指标。事实上，有些参数的最佳值往往是经过运行调试后找到的。如果测试的结果与设计目标不符，则要返回物理设计阶段重新调整物理结构，修改系统参数，某些情况下甚至要返回逻辑设计阶段修改逻辑结构。

　　这里特别要强调两点。第一，上面已经讲到组织数据入库是十分费时、费力的事，如果试运行后还要修改数据库的设计，还要重新组织数据入库。因此应分期分批地组织数据入库，先输入小批量数据做调试用，待试运行基本合格后再大批量输入数据，逐步增加数据量，逐步完成运行评价。第二，在数据库试运行阶段，由于系统还不稳定，硬、软件故障随时都可能发生；而系统的操作人员对新系统还不熟悉，误操作也不可避免，因此要做好数据库的转储和恢复工作。一旦故障发生，能使数据库尽快恢复，尽量减少对数据库的破坏。

7.6.3 数据库的运行和维护

数据库试运行合格后,数据库开发工作就基本完成,可以投入正式运行了。但是由于应用环境在不断变化,数据库运行过程中物理存储也会不断变化,对数据库设计进行评价、调整、修改等维护工作是一个长期的任务,也是设计工作的继续和提高。

在数据库运行阶段,对数据库经常性的维护工作主要是由数据库管理员完成的。数据库的维护工作主要包括以下几方面。

1. 数据库的转储和恢复

数据库的转储和恢复是系统正式运行后最重要的维护工作之一。数据库管理员要针对不同的应用要求制定不同的转储计划,以保证一旦发生故障能尽快将数据库恢复到某种一致的状态,并尽可能减少对数据库的破坏。

2. 数据库的安全性、完整性控制

在数据库运行过程中,由于应用环境的变化,对安全性的要求也会发生变化,比如有的数据原来是机密的,现在则可以公开查询,而新加入的数据又可能是机密的。系统中用户的密级也会改变。这些都需要数据库管理员根据实际情况修改原有的安全性控制。同样,数据库的完整性约束条件也会变化,也需要数据库管理员不断修正,以满足用户要求。

3. 数据库性能的监督、分析和改造

在数据库运行过程中,监督系统运行,对监测数据进行分析,找出改进系统性能的方法是数据库管理员的又一重要任务。目前有些关系数据库管理系统提供了监测系统性能参数的工具,数据库管理员可以利用这些工具方便地得到系统运行过程中一系列性能参数的值。数据库管理员应仔细分析这些数据,判断当前系统运行状况是否为最佳,应当做哪些改进,例如调整系统物理参数或对数据库进行重组织或重构造等。

4. 数据库的重组织与重构造

数据库运行一段时间后,由于记录不断增、删、改,将会使数据库的物理存储情况变坏,降低数据的存取效率,使数据库性能下降,这时数据库管理员就要对数据库进行重组织或部分重组织(只对频繁增、删的表进行重组织)。关系数据库管理系统一般都提供数据重组织用的实用程序。在重组织的过程中,按原设计要求重新安排存储位置、回收垃圾、减少指针链等,提高系统性能。

数据库的重组织并不修改原设计的逻辑和物理结构,而数据库的重构造则不同,它是指部分修改数据库的模式和内模式。

由于数据库应用环境发生变化,增加了新的应用或新的实体,取消了某些应用,有的实体与实体间的联系也发生了变化等,使原有的数据库设计不能满足新的需求,需要调整数据库的模式和内模式。例如,在表中增加或删除某些数据项,改变数据项的类型,增加或删除某个表,改变数据库的容量,增加或删除某些索引等。当然数据库的重构也是有限的，只能做部分修改。如果应用变化太大，重构也无济于事，说明此数据库应用系统的生命周期已经结束，应该设计新的数据库应用系统了。

7.7 小　　结

本章主要讨论数据库设计的方法和步骤，列举了较多的实例，详细介绍了数据库设计各个阶段的目标、方法以及应注意的事项，其中重点是概念结构的设计和逻辑结构的设计，这也是数据库设计过程中最重要的两个环节。

概念结构的设计着重介绍了 E-R 模型的基本概念和图示方法。应重点掌握实体型、属性和联系的概念，理解实体型之间的一对一、一对多和多对多联系。掌握 E-R 模型的设计以及把 E-R 模型转换为关系模型的方法。

学习本章要努力掌握书中讨论的基本方法，还要能在实际工作中运用这些思想设计符合应用需求的数据库模式和数据库应用系统。

习　　题

1. 试述数据库设计过程。
2. 试述数据库设计过程中形成的数据库模式。
3. 需求分析阶段的设计目标是什么？调查的内容是什么？
4. 数据字典的内容和作用是什么？
5. 什么是数据库的概念结构？试述其特点和设计策略。
6. 定义并解释概念模型中以下术语：
   实体，实体型，实体集，属性，码，实体-联系图（E-R 图）
7. 学校中有若干系，每个系有若干班级和教研室，每个教研室有若干教员，其中有的教授和副教授每人各带若干研究生，每个班有若干学生，每个学生选修若干课程，每门课可由若干学生选修。请用 E-R 图画出此学校的概念模型。
8. 某工厂生产若干产品，每种产品由不同的零件组成，有的零件可用在不同的产品上。这些零件由不同的原材料制成，不同零件所用的材料可以相同。这些零件按所属的不同产品分别放在仓库中，原材料按照类别放在若干仓库中。请用 E-R 图画出此工厂产品、零件、材料、仓库的概念模型。
9. 什么是数据库的逻辑结构设计？试述其设计步骤。
10. 试把习题 7 和习题 8 中的 E-R 图转换为关系模型。
11. 试用规范化理论中有关范式的概念分析习题 7 设计的关系模型中各个关系模式的候选码，它们属于第几范式？会产生什么更新异常？

12．规范化理论对数据库设计有什么指导意义？
13．试述数据库物理设计的内容和步骤。
14．数据输入在实施阶段的重要性是什么？如何保证输入数据的正确性？
15．什么是数据库的再组织和重构造？为什么要进行数据库的再组织和重构造？

实　　验

实验 5　数据库设计

掌握数据库设计基本方法和基本步骤，包括数据库概念结构设计、逻辑结构设计和物理结构设计。能够利用一种数据库设计工具自动生成数据库模式 SQL 语句，能够在数据库管理系统中执行相应的 SQL 语句，创建所设计的数据库。

本章参考文献

[1]　WIEDERHOLD G．Database Design．2nd ed．McGraw Hill，1983．

（文献［1］是一本综合性教科书，覆盖了数据库设计的各个阶段，重点强调了物理设计阶段。）

[2]　YAO S B．Principles of Database Design：Logical Organization．Vol.1．Prentice Hall，1985．

（文献［2］收集了从需求说明技术到模式调整等方面的研究成果。）

[3]　王珊，冯念真．计算机应用系统的设计和开发．北京：高等教育出版社，1989．

（文献［3］从应用系统的开发和研制角度讲解了数据库设计。）

[4]　CHEN P P S．The Entity-Relationship Model：Towards a Unified View of Data．ACM TODS，1976(1):1．

（Peter Chen 在文献［4］中首次提出了著名的实体-联系模型，在以后的论文中他对 E-R 模型作了更加全面深入的研究。）

[5]　SMITH J，SMITH D．Database Abstractions: Aggregation and Generalization．TODS，1977(2):2．

（文献［5］在 E-R 模型中引入了概括（generalization）和聚集（aggregation）的概念。）

[6]　ELMASRI R，WEELDREYER J，HEVNER A．The Category Concept：An Extension to the Entity Relationship Model．International Journal on Data and Knowledge Engineering，1985(1):1．

（文献［6］对 E-R 模型进行了扩充。）

[7]　王珊，吴鸥琦．E-R 图/数据模型转换的一点注记．小型微型计算机系统，1983．

（文献［7］研究了从 E-R 模型向数据模型转换的问题。）

[8]　萨师煊，王珊．N-E-R Model: A New Method to Design Enterprise Schema．第一届国际计算机应用大会论文集，1984．

[9]　YEH R T，et al．Software and Data Base Engineering：Towards a Common Design

Methodology. Issues in Data Base Management，1979.

（文献［9］指出数据库设计是一项庞大的软件工程。）

［10］ 萨师煊，王珊. 数据库设计理论和实践. 计算机应用与软件，1984(2):4.

［11］ CERI S，NAVATHE S，WIEDERHOLD G. Distribution Design of Logical Database Schemas. TSE，1983(9):4.

（文献［11］全面讨论了分布式数据库的逻辑设计。）

［12］ NAVATHE S，GADGIL S. A Methodology for View Integration in Logical Database Design. in Proceedings of VLDB，1982.

（文献［12］提出了数据库设计中的视图集成方法。）

第 8 章　数据库编程

建立数据库后就要开发应用系统了。本章讲解在应用系统中如何使用编程方法对数据库进行操纵的技术。

标准 SQL 是非过程化的查询语言，具有操作统一、面向集合、功能丰富、使用简单等多项优点。但和程序设计语言相比，高度非过程化的优点也造成了它的一个弱点：缺少流程控制能力，难以实现应用业务中的逻辑控制。SQL 编程技术可以有效克服 SQL 语言实现复杂应用方面的不足，提高应用系统和数据库管理系统间的互操作性。

在应用系统中使用 SQL 编程来访问和管理数据库中数据的方式主要有：嵌入式 SQL（Embedded SQL，ESQL）、过程化 SQL（Procedural Language/SQL，PL/SQL）、存储过程和自定义函数、开放数据库互连（Open Data Base Connectivity，ODBC）、 OLE DB（Object Linking and Embedding DB）、Java 数据库连接（Java Data Base Connectivity，JDBC）等编程方式。本章中将讲解这些编程技术的概念和方法。

8.1　嵌入式 SQL

本书第 3 章已经讲到，SQL 的特点之一是在交互式和嵌入式两种不同的使用方式下，SQL 的语法结构基本上是一致的。当然在程序设计环境下，SQL 语句要做某些必要的扩充。

8.1.1　嵌入式 SQL 的处理过程

嵌入式 SQL 是将 SQL 语句嵌入程序设计语言中，被嵌入的程序设计语言，如 C、C++、Java 等称为宿主语言，简称主语言。

对嵌入式 SQL，数据库管理系统一般采用预编译方法处理，即由数据库管理系统的预处理程序对源程序进行扫描，识别出嵌入式 SQL 语句，把它们转换成主语言调用语句，以使主语言编译程序能识别它们，然后由主语言的编译程序将纯的主语言程序编译成目标码。嵌入式 SQL 基本处理过程如图 8.1 所示。

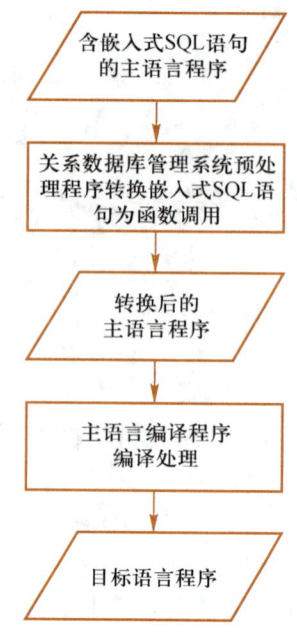

图 8.1 嵌入式 SQL 基本处理过程

在嵌入式 SQL 中,为了能够快速区分 SQL 语句与主语言语句,所有 SQL 语句都必须加前缀。当主语言为 C 语言时,语法格式为

EXEC SQL <SQL 语句>;

本书使用这个语法格式。

如果主语言为 Java,则嵌入式 SQL 称为 SQLJ,语法格式为

SQL {<SQL 语句>};

8.1.2 嵌入式 SQL 语句与主语言之间的通信

将 SQL 嵌入到高级语言中混合编程,SQL 语句负责操纵数据库,高级语言语句负责控制逻辑流程。这时程序中会含有两种不同计算模型的语句,它们之间应该如何通信呢?

数据库工作单元与源程序工作单元之间的通信主要包括:

(1) 向主语言传递 SQL 语句的执行状态信息,使主语言能够据此信息控制程序流程,主要用 SQL 通信区(SQL Communication Area,SQLCA)实现。

(2) 主语言向 SQL 语句提供参数,主要用主变量(host variable)实现。

(3) 将 SQL 语句查询数据库的结果交主语言处理,主要用主变量和游标(cursor)实现。

1. SQL 通信区

SQL 语句执行后,系统要反馈给应用程序若干信息,主要包括描述系统当前工作状态和运行环境的各种数据。这些信息将送到 SQL 通信区中，应用程序从 SQL 通信区中取出这些状态信息，据此决定接下来执行的语句。

SQL 通信区在应用程序中用 EXEC SQL INCLUDE SQLCA 加以定义。SQL 通信区中有一个变量 SQLCODE，用来存放每次执行 SQL 语句后返回的代码。

应用程序每执行完一条 SQL 语句之后都应该测试一下 SQLCODE 的值，以了解该 SQL 语句执行情况并做相应处理。如果 SQLCODE 等于预定义的常量 SUCCESS，则表示 SQL 语句成功，否则在 SQLCODE 存放错误代码。程序员可以根据错误代码查找问题。

2．主变量

嵌入式 SQL 语句中可以使用主语言的程序变量来输入或输出数据。SQL 语句中使用的主语言程序变量简称为**主变量**。主变量根据其作用的不同分为输入主变量和输出主变量。**输入主变量**由应用程序对其赋值，SQL 语句引用；**输出主变量**由 SQL 语句对其赋值或设置状态信息，返回给应用程序。

一个主变量可以附带一个任选的指示变量（indicator variable）。**指示变量**是一个整型变量，用来"指示"所指主变量的值或条件。指示变量可以指示输入主变量是否为空值，可以检测输出主变量是否为空值，值是否被截断。

所有主变量和指示变量必须在 SQL 语句 BEGIN DECLARE SECTION 与 END DECLARE SECTION 之间进行说明。说明之后，主变量可以在 SQL 语句中任何一个能够使用表达式的地方出现，为了与数据库对象名（表名、视图名、列名等）区别，SQL 语句中的主变量名和指示变量前要加冒号（:）作为标志。

3．游标

SQL 是面向集合的，一条 SQL 语句可以产生或处理多条记录；而主语言是面向记录的，一组主变量一次只能存放一条记录。所以仅使用主变量并不能完全满足 SQL 语句向应用程序输出数据的要求，为此嵌入式 SQL 引入了游标的概念，用游标来协调这两种不同的处理方式。

游标是系统为用户开设的一个数据缓冲区，存放 SQL 语句的执行结果，每个游标区都有一个名字。用户可以通过游标逐一获取记录并赋给主变量，交由主语言进一步处理。

4．建立和关闭数据库连接

嵌入式 SQL 程序要访问数据库必须先连接数据库，关系数据库管理系统根据用户信息对连接请求进行合法性验证，只有通过了身份验证，才能建立一个可用的合法连接。

（1）建立数据库连接

建立连接的嵌入式 SQL 语句是

    EXEC SQL CONNECT TO target[AS connection-name][USER user-name];

其中：

  target 是要连接的数据库服务器，它可以是一个常见的服务器标识串，如<dbname>@

<hostname>:<port>，可以是包含服务器标识的 SQL 串常量，也可以是 DEFAULT。

Connection-name 是可选的连接名，连接名必须是一个有效的标识符，主要用来识别一个程序内同时建立的多个连接，如果在整个程序内只有一个连接，也可以不指定连接名。

如果程序运行过程中建立了多个连接，执行的所有数据库单元的工作都在该操作提交时所选择的当前连接上。程序运行过程中可以修改当前连接，对应的嵌入式 SQL 语句为：

  EXEC SQL SET CONNECTION connection-name|DEFAULT;

（2）关闭数据库连接

当某个连接上的所有数据库操作完成后，应用程序应该主动释放所占用的连接资源。关闭数据库连接的嵌入式 SQL 语句是：

  EXEC SQL DISCONNECT [connection];

其中，connection 是 EXEC SQL CONNECT 所建立的数据库连接。

5．程序实例

为了能够更好地理解有关概念，下面给出一个简单的嵌入式 SQL 编程实例。

[例 8.1] 依次检查某个系的学生记录，交互式更新某些学生年龄。

```
    EXEC SQL BEGIN DECLARE SECTION;           /*主变量说明开始*/
        char deptname[20];
        char hsno[9];
        char hsname[20];
        char hssex[2];
        int HSage;
        int NEWAGE;
    EXEC SQL END DECLARE SECTION;             /*主变量说明结束*/
    long SQLCODE;
    EXEC SQL INCLUDE SQLCODE;                 /*定义 SQL 通信区*/
    int main(void)                            /*C 语言主程序开始*/
    {
        int     count=0;
        char    yn;                           /*变量 yn 代表 yes 或 no*/
        printf("Please choose the department name(CS/MA/IS): ");
        scanf("%s",&deptname);                /*为主变量 deptname 赋值*/
        EXEC SQL CONNECT TO TEST@localhost:54321 USER "SYSTEM"/"MANAGER";
                                              /*连接数据库 TEST*/
        EXEC SQL DECLARE SX CURSOR FOR        /*定义游标 SX*/
            SELECT Sno,Sname,Ssex,Sage        /*SX 对应的语句*/
```

```
            FROM Student
            WHERE SDept=:deptname;
EXEC SQL OPEN SX;                    /*打开游标 SX，指向查询结果的第一行*/
for ( ; ; )                          /*用循环结构逐条处理结果集中的记录*/
     {EXEC SQL FETCH SX INTO :HSno,:HSname,:HSsex,:HSage;
                                     /*推进游标，将当前数据放入主变量*/
if (SQLCA.SQLCODE!=0)                /* SQLCODE !=0，表示操作不成功*/
     break;                          /*利用 SQLCA 中的状态信息决定何时退出循环*/
if(count++==0)                       /*如果是第一行的话，先打出行头*/
         printf("\n%-10s %-20s %-10s %-10s\n","Sno","Sname","Ssex","Sage");
printf("%-10s %-20s %-10s %-10d\n",HSno,HSname,HSsex,HSage);
                                     /*打印查询结果*/
printf("UPDATE AGE(y/n)?");          /*询问用户是否要更新该学生的年龄*/
do{    scanf("%c",&yn);       ;
while(yn!='N' && yn!='n' && yn!='Y' && yn!='y');
if (yn=='y' || yn=='Y')              /*如果选择更新操作*/
     { printf("INPUT NEW AGE:");
     scanf("%d",&NEWAGE);            /*用户输入新年龄到主变量中*/
     EXEC SQL UPDATE Student         /*嵌入式 SQL 更新语句*/
         SET Sage=:NEWAGE
         WHERE CURRENT OF SX ;       /*对当前游标指向的学生年龄进行更新*/
     }
EXEC SQL CLOSE SX;                   /*关闭游标 SX，不再和查询结果对应*/
EXEC SQL COMMIT WORK;                /*提交更新*/
EXEC SQL DISCONNECT TEST;            /*断开数据库连接*/
  }
```

8.1.3 不用游标的 SQL 语句

有的嵌入式 SQL 语句不需要使用游标，它们是说明性语句、数据定义语句、数据控制语句、查询结果为单记录的 SELECT 语句、非 CURRENT 形式的增删改语句。

1. 查询结果为单记录的 SELECT 语句

这类语句因为查询结果只有一个，只需用 INTO 子句指定存放查询结果的主变量，不需要使用游标。

［例 8.2］ 根据学生号码查询学生信息。

```
EXEC SQL SELECT Sno,Sname,Ssex,Sage,Sdept
    INTO :Hsno,:Hname,:Hsex,:Hage,:Hdept
    FROM Student
    WHERE Sno=:givensno;        /* 把要查询的学生的学号赋给了主变量 givensno */
```

使用查询结果为单记录的 SELECT 语句需要注意以下几点：

（1）INTO 子句、WHERE 子句和 HAVING 短语的条件表达式中均可以使用主变量。

（2）查询结果为空值的处理。查询返回的记录中可能某些列为空值 NULL。为了表示空值，在 INTO 子句的主变量后面跟有指示变量，当查询得出的某个数据项为空值时，系统会自动将相应主变量后面的指示变量置为负值，而不再向该主变量赋值。所以当指示变量值为负值时，不管主变量为何值，均认为主变量值为 NULL。

（3）如果查询结果实际上并不是单条记录，而是多条记录，则程序出错，关系数据库管理系统会在 SQL 通信区中返回错误信息。

[例 8.3]　查询某个学生选修某门课程的成绩。假设已经把将要查询的学生的学号赋给了主变量 givensno，将课程号赋给了主变量 givencno。

```
EXEC SQL SELECT Sno,Cno,Grade
    INTO :Hsno, :Hcno, :Hgrade:Gradeid              /*指示变量 Gradeid*/
    FROM SC
    WHERE Sno=:givensno AND Cno=:givencno;
```

如果 Gradeid<0，则不论 Hgrade 为何值均认为该学生成绩为空值。

2．非 CURRENT 形式的增删改语句

有些非 CURRENT 形式的增删改语句不需要使用游标。在 UPDATE 的 SET 子句和 WHERE 子句中可以使用主变量，SET 子句还可以使用指示变量。

[例 8.4]　修改某个学生选修 1 号课程的成绩。

```
EXEC SQL UPDATE SC
    SET Grade=:newgrade                /*修改的成绩已赋给主变量：newgrade */
    WHERE Sno=:givensno and Cno=1;     /*学号已赋给主变量：givensno*/
```

[例 8.5]　某个学生新选修了某门课程，将有关记录插入 SC 表中。假设插入的学号已赋给主变量 stdno，课程号已赋给主变量 couno，由于该学生刚选修课程，成绩应为空，所以要把指示变量赋为负值。

```
    gradeid=-1;                          /*gradeid 为指示变量，赋为负值*/
    EXEC SQL INSERT
        INTO SC(Sno,Cno,Grade)
        VALUES(:stdno,:couno,:gr :gradeid);   /*:stdno，:couno，:gr 为主变量*/
```

8.1.4 使用游标的 SQL 语句

必须使用游标的 SQL 语句有查询结果为多条记录的 SELECT 语句、CURRENT 形式的 UPDATE 和 DELETE 语句。

1. 查询结果为多条记录的 SELECT 语句

一般情况下，SELECT 语句查询结果是多条记录，因此需要用游标机制将多条记录一次一条地送主程序处理，从而把对集合的操作转换为对单个记录的处理。使用游标的步骤为：

（1）说明游标

用 DECLARE 语句为一条 SELECT 语句定义游标：

  EXEC SQL DECLARE <游标名> CURSOR FOR <SELECT 语句>;

定义游标仅仅是一条说明性语句，这时关系数据库管理系统并不执行 SELECT 语句。

（2）打开游标

用 OPEN 语句将定义的游标打开。

  EXEC SQL OPEN <游标名>;

打开游标实际上是执行相应的 SELECT 语句，把查询结果取到缓冲区中。这时游标处于活动状态，指针指向查询结果集中的第一条记录。

（3）推进游标指针并取当前记录

  EXEC SQL FETCH <游标名>
    INTO <主变量>[<指示变量>][,<主变量>[<指示变量>]]…;

其中主变量必须与 SELECT 语句中的目标列表达式具有一一对应关系。

用 FETCH 语句把游标指针向前推进一条记录，同时将缓冲区中的当前记录取出来送至主变量供主语言进一步处理。通过循环执行 FETCH 语句逐条取出结果集中的行进行处理。

（4）关闭游标

用 CLOSE 语句关闭游标，释放结果集占用的缓冲区及其他资源。

  EXEC SQL CLOSE <游标名>;

游标被关闭后就不再和原来的查询结果集相联系。但被关闭的游标可以再次被打开，与新的查询结果相联系。

2. CURRENT 形式的 UPDATE 和 DELETE 语句

UPDATE 语句和 DELETE 语句都是集合操作，如果只想修改或删除其中某个记录，则需要用带游标的 SELECT 语句查出所有满足条件的记录，从中进一步找出要修改或删除的记录，然后用 CURRENT 形式的 UPDATE 和 DELETE 语句修改或删除之。即 UPDATE 语句和 DELETE 语句中要用子句：

  WHERE CURRENT OF <游标名>

来表示修改或删除的是最近一次取出的记录，即游标指针指向的记录。

[例 8.6] 中的 UPDATE 就是用 CURRENT 形式的。

注意：当游标定义中的 SELECT 语句带有 UNION 或 ORDER BY 子句，或者该 SELECT 语句相当于定义了一个不可更新的视图时，不能使用 CURRENT 形式的 UPDATE 语句和 DELETE 语句。

8.1.5 动态 SQL

前面所讲的嵌入式 SQL 语句中使用的主变量、查询目标列、条件等都是固定的，属于**静态 SQL 语句**。静态嵌入式 SQL 语句能够满足一般要求，但某些应用可能要到执行时才能够确定要提交的 SQL 语句、查询的条件，此时就要使用**动态 SQL 语句**来解决这类问题。

动态 SQL 方法允许在程序运行过程中临时"组装"SQL 语句。动态 SQL 支持动态组装 SQL 语句和动态参数两种形式，给开发者提供设计任意 SQL 语句的能力。

1．使用 SQL 语句主变量

程序主变量包含的内容是 SQL 语句的内容，而不是原来保存数据的输入或输出变量，这样的变量称为 **SQL 语句主变量**。SQL 语句主变量在程序执行期间可以设定不同的 SQL 语句，然后立即执行。

[例 8.7] 创建基本表 TEST。

```
EXEC SQL BEGIN DECLARE SECTION;
    const char *stmt="CREATE TABLE test(a int);";
                                /* SQL 语句主变量，内容是创建表的 SQL 语句*/
EXEC SQL END DECLARE SECTION;
    …
EXEC SQL EXECUTE IMMEDIATE :stmt;   /* 执行动态 SQL 语句 */
```

2．动态参数

动态参数是 SQL 语句中的可变元素，使用参数符号（?）表示该位置的数据在运行时设定。和前面使用的主变量不同，动态参数的输入不是编译时完成绑定，而是通过 **PREPARE 语句准备主变量和执行语句 EXECUTE** 绑定数据或主变量来完成。使用动态参数的步骤如下：

（1）声明 SQL 语句主变量

SQL 语句主变量的值包含动态参数（?）。

（2）准备 SQL 语句（PREPARE）

PREPARE 将分析含主变量的 SQL 语句内容，建立语句中包含的动态参数的内部描述符，并用<语句名>标识它们的整体。

```
EXEC SQL PREPARE <语句名> FROM <SQL 语句主变量>;
```

3. 执行准备好的语句（EXECUTE）

EXECUTE 将 SQL 语句中分析出的动态参数和主变量或数据常量绑定，作为语句的输入或输出变量。

EXEC SQL EXECUTE <语句名> [INTO <主变量表>][USING <主变量或常量>];

[例 8.8] 向 TEST 中插入元组。

```
EXEC SQL BEGIN DECLARE SECTION;
    const char *stmt="INSERT INTO TEST VALUES(?);";
                            /*声明 SQL 主变量内容是 INSERT 语句*/
EXEC SQL END DECLARE SECTION;
...
EXEC SQL PREPARE mystmt FROM :stmt;  /* 准备语句 */
...
EXEC SQL EXECUTE mystmt USING 100;  /*执行语句，设定 INSERT 语句插入值 100*/
EXEC SQL EXECUTE mystmt USING 200;  /*执行语句，设定 INSERT 语句插入值 200*/
```

8.2 过程化 SQL

SQL 99 标准支持过程和函数的概念，SQL 可以使用程序设计语言来定义过程和函数，也可以用关系数据库管理系统自己的过程语言来定义。Oracle 的 PL/SQL、Microsoft SQL Server 的 Transact-SQL、IBM DB2 的 SQL PL、Kingbase 的 PL/SQL 都是过程化的 SQL 编程语言。本节介绍过程化 SQL（Procedural Language/SQL，PL/SQL）。

8.2.1 过程化 SQL 的块结构

基本的 SQL 是高度非过程化的语言。嵌入式 SQL 将 SQL 语句嵌入程序设计语言，借助高级语言的控制功能实现过程化。过程化 SQL 是对 SQL 的扩展，使其增加了过程化语句功能。

过程化 SQL 程序的基本结构是块。所有的过程化 SQL 程序都是由块组成的。这些块之间可以互相嵌套，每个块完成一个逻辑操作。图 8.2 是过程化 SQL 块的基本结构。

8.2.2 变量和常量的定义

1. 变量定义

变量名 数据类型 [[NOT NULL] :=初值表达式] 或

变量名 数据类型 [[NOT NULL] 初值表达式]

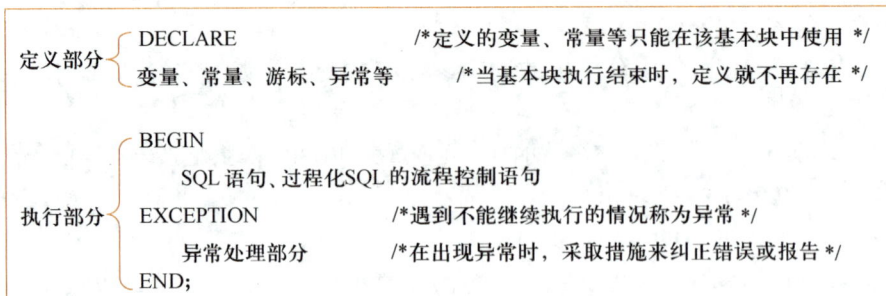

图 8.2 过程化 SQL 块的基本结构

2．常量的定义

  常量名 数据类型 CONSTANT:=常量表达式

常量必须要给一个值，并且该值在存在期间或常量的作用域内不能改变。如果试图修改它，过程化 SQL 将返回一个异常。

3．赋值语句

  变量名:=表达式

8.2.3 流程控制

过程化 SQL 提供了流程控制语句，主要有条件控制语句和循环控制语句。这些语句的语法、语义和一般的高级语言（如 C 语言）类似，这里只做概要的介绍。读者使用时要参考具体产品手册的语法规则。

1．条件控制语句

一般有三种形式的 IF 语句：IF-THEN 语句、IF-THEN-ELSE 语句和嵌套的 IF 语句。

（1）IF 语句

  IF condition THEN
    Sequence_of_statements; /*条件为真时语句序列才被执行*/
  END IF;   /*条件为假或 NULL 时什么也不做，控制转移至下一个语句*/

（2）IF-THEN 语句

  IF condition THEN
    Sequence_of_statements1; /*条件为真时执行语句序列 1*/
  ELSE
    Sequence_of_statements2; /*条件为假或 NULL 时执行语句序列 2*/
  END IF;

（3）嵌套的 IF 语句

在 THEN 和 ELSE 子句中还可以再包含 IF 语句，即 IF 语句可以嵌套。

2. 循环控制语句

过程化 SQL 有三种循环结构：LOOP，WHILE-LOOP 和 FOR-LOOP。

（1）最简单的循环语句 LOOP

  LOOP
    Sequence_of_statements; /*循环体，一组过程化 SQL 语句*/
  END LOOP;

多数数据库服务器的过程化 SQL 都提供 EXIT、BREAK 或 LEAVE 等循环结束语句，以保证 LOOP 语句块能够在适当的条件下提前结束。

（2）WHILE-LOOP 循环语句

  WHILE condition LOOP
    Sequence_of_statements; /*条件为真时执行循环体内的语句序列*/
  END LOOP;

每次执行循环体语句之前首先要对条件进行求值，如果条件为真则执行循环体内的语句序列，如果条件为假则跳过循环并把控制传递给下一个语句。

（3）FOR-LOOP 循环语句

  FOR count IN ［REVERSE］bound1 .. bound2 LOOP
    Sequence_of_statements;
  END LOOP;

FOR 循环的基本执行过程是：将 count 设置为循环的下界 bound1，检查它是否小于上界 bound2。当指定 REVERSE 时则将 count 设置为循环的上界 bound2，检查 count 是否大于下界 bound1。如果越界则执行跳出循环，否则执行循环体，然后按照步长（+1 或-1）更新 count 的值，重新判断条件。

3. 错误处理

如果过程化 SQL 在执行时出现异常，则应该让程序在产生异常的语句处停下来，根据异常的类型去执行异常处理语句。

SQL 标准对数据库服务器提供什么样的异常处理做出了建议，要求过程化 SQL 管理器提供完善的异常处理机制。相对于嵌入式 SQL 简单地提供执行状态信息 SQLCODE，这里的异常处理就复杂多了。读者要根据具体系统的支持情况来进行错误处理。

8.3 存储过程和函数

过程化 SQL 块主要有两种类型，即命名块和匿名块。前面介绍的是匿名块。匿名块每次执行时都要进行编译，它不能被存储到数据库中，也不能在其他过程化 SQL 块中调用。过程和函数是命名块，它们被编译后保存在数据库中，称为持久性存储模块（Persistent

Stored Module，PSM），可以被反复调用，运行速度较快。SQL 2003 标准支持 SQL/PSM。

8.3.1 存储过程

存储过程是由过程化 SQL 语句书写的过程，这个过程经编译和优化后存储在数据库服务器中，因此称它为存储过程，使用时只要调用即可。

1．存储过程的优点

使用存储过程具有以下优点：

（1）由于存储过程不像解释执行的 SQL 语句那样在提出操作请求时才进行语法分析和优化工作，因而运行效率高，它提供了在服务器端快速执行 SQL 语句的有效途径。

（2）存储过程降低了客户机和服务器之间的通信量。客户机上的应用程序只要通过网络向服务器发出调用存储过程的名字和参数，就可以让关系数据库管理系统执行其中的多条 SQL 语句并进行数据处理。只有最终的处理结果才返回客户端。

（3）方便实施企业规则。可以把企业规则的运算程序写成存储过程放入数据库服务器中，由关系数据库管理系统管理，既有利于集中控制，又能够方便地进行维护。当企业规则发生变化时只要修改存储过程即可，无须修改其他应用程序。

2．存储过程的用户接口

用户通过下面的 SQL 语句创建、执行、修改和删除存储过程。

（1）创建存储过程

```
CREATE OR REPLACE PROCEDURE 过程名（[参数1,参数2,...]）    /*存储过程首部*/
AS <过程化 SQL 块>;              /*存储过程体，描述该存储过程的操作*/
```

存储过程包括过程首部和过程体。在过程首部，"过程名"是数据库服务器合法的对象标识；参数列表[参数 1，参数 2，…]用名字来标识调用时给出的参数值，必须指定值的数据类型。可以定义输入参数、输出参数或输入/输出参数，默认为输入参数，也可以无参数。

过程体是一个<过程化 SQL 块>，包括声明部分和可执行语句部分。<过程化 SQL 块>的基本结构已经在 8.2 节中讲解了。

［例 8.9］ 利用存储过程实现下面的应用：从账户 1 转指定数额的款项到账户 2 中。假设账户关系表为 Account（Accountnum，Total）。

```
CREATE OR REPLACE PROCEDURE TRANSFER (inAccount INT,outAccount INT,
                                      amount FLOAT)
/*定义存储过程 TRANSFER，其参数为转入账户、转出账户、转账额度*/
AS DECLARE                       /* 定义变量 */
    totalDepositOut Float;
    totalDepositIn  Float;
```

```
            inAccountnum   INT;
        BEGIN                              /* 检查转出账户的余额 */
            SELECT Total INTO totalDepositOut FROM Account WHERE accountnum= outAccount;
            IF totalDepositOut IS NULL THEN  /*如果转出账户不存在或账户中没有存款*/
                ROLLBACK;                    /*回滚事务*/
                RETURN;
            END IF;
            IF totalDepositOut < amount THEN /*如果账户存款不足*/
                ROLLBACK;                    /*回滚事务*/
                RETURN;
            END IF;
            SELECT Accountnum INTO inAccountnum FROM Account
            WHERE accountnum=in Account;
            IF inAccountnum IS NULL THEN     /*如果转入账户不存在*/
                ROLLBACK;                    /*回滚事务*/
                RETURN;
            END IF;
            UPDATE Account SET total=total-amount WHERE accountnum=outAccount;
                                             /*修改转出账户的余额，减去转出额*/
            UPDATE Account SET total=total + amount WHERE accountnum=inAccount;
                                             /*修改转入账户的余额，增加转入额*/
            COMMIT;                          /*提交转账事务*/
        END;
```

（2）执行存储过程

  CALL/PERFORM PROCEDURE 过程名([参数1,参数2,...]);

  使用 CALL 或者 PERFORM 等方式激活存储过程的执行。在过程化 SQL 中，数据库服务器支持在过程体中调用其他存储过程。

  [**例 8.10**]　从账户 01003815868 转 10 000 元到 01003813828 账户中。

    CALL PROCEDURE TRANSFER(01003815868, 01003813828, 10000);

（3）修改存储过程

  可以使用 ALTER PROCEDURE 重命名一个存储过程：

    ALTER PROCEDURE 过程名1　RENAME TO 过程名2;

可以使用 ALTER PROCEDURE 重新编译一个存储过程：

  ALTER PROCEDURE 过程名 COMPILE;

（4）删除存储过程

  DROP PROCEDURE 过程名();

8.3.2 函数

本章讲解的函数也称为**自定义函数**，因为是用户自己使用过程化 SQL 设计定义的。函数和存储过程类似，都是持久性存储模块。函数的定义和存储过程也类似，不同之处是函数必须指定返回的类型。

1．函数的定义语句格式

  CREATE OR REPLACE FUNCTION 函数名（[参数 1，参数 2，...]）RETURNS <类型>
  AS <过程化 SQL 块>;

2．函数的执行语句格式

  CALL/SELECT 函数名([参数 1,参数 2,...]);

3．修改函数

可以使用 ALTER FUNCTION 重命名一个自定义函数：

  ALTER FUNCTION 过程名 1 RENAME TO 过程名 2;

可以使用 ALTER FUNCTION 重新编译一个函数：

  ALTER FUNCTION 函数名 COMPILE;

由于函数的概念与存储过程类似，这里就不再赘述了。有关的示例可参考本章参考文献[4]。

*8.3.3 过程化 SQL 中的游标

和嵌入式 SQL 一样，在过程化 SQL 中如果 SELECT 语句只返回一条记录，可以将该结果存放到变量中。当查询返回多条记录时，就要使用游标对结果集进行处理。一个游标与一个 SQL 语句相关联。在存储过程中可以定义**普通游标**、**REFCURSOR 类型游标**、**带参数的游标**等。游标的概念已经在 8.1 节中介绍过了，不同的是过程化 SQL 存储过程中的语句格式稍有差别。限于篇幅，这里仅给出带参数游标的示例。

[例 8.11] 定义一个存储过程，多次打开游标并获取游标的当前记录。

  CREATE OR REPLACE PROCEDURE proc_cursor() AS
  DECLARE
   cno CHAR(3);
   cname CHAR(8);

```
    CURSOR mycursor (leaderno CHAR(3)) FOR    /*说明带参数游标 mycursor*/
        SELECT lno,lname FROM leader WHERE lno = leaderno;
BEGIN                              /*mycursor 能检索 leader 表中具有参数 leaderno 的记录*/
    OPEN mycursor('L01');                    /*使用参数 L01 打开游标*/
    FETCH mycursor INTO cno,cname;           /*获取 lno ='L01'的游标元组*/
    INSERT INTO temp (lno,lname) VALUES(cno,cname); /* 将游标元组插入临时表中*/
    CLOSE mycursor;                          /*关闭游标*/
    OPEN mycursor('L02');                    /*使用新的参数 L02 重新打开游标*/
    FETCH mycursor INTO cno,cname;
    INSERT INTO temp (lno,lname) VALUES(cno,cname);
    CLOSE mycursor;
END;
```

过程体打开 mycursor 后将检索到的游标记录插入临时表中,两次打开使用的游标参数不同,临时表中先后增加了'L01'和'L02'对应的 learder 记录。

8.4 ODBC 编程

本节介绍如何使用 ODBC 来进行数据库应用程序的设计。使用 ODBC 编写的应用程序可移植性好,能同时访问不同的数据库,共享多个数据资源。

8.4.1 ODBC 概述

提出和产生 ODBC 的原因是存在不同的数据库管理系统。

目前广泛使用的关系数据库管理系统有多种,尽管这些系统都属于关系数据库,也都遵循 SQL 标准,但是不同的系统有许多差异。因此,在某个关系数据库管理系统下编写的应用程序并不能在另一个关系数据库管理系统下运行,适应性和可移植性较差。例如,运行在 Oracle 上的应用系统要在 KingbaseES 上运行,就必须进行修改移植。这种修改移植比较烦琐,开发人员必须清楚地了解不同关系数据库管理系统的区别,细心地一一进行修改、测试。

但更重要的是,许多应用程序需要共享多个部门的数据资源,访问不同的关系数据库管理系统。为此,人们开始研究和开发连接不同关系数据库管理系统的方法、技术和软件,使数据库系统"开放",能够实现"数据库互连"。其中,ODBC 就是为了解决这样的问题而由微软公司推出的接口标准。ODBC 是微软公司开放服务体系(Windows Open Services Architecture,WOSA)中有关数据库的一个组成部分,它建立了一组规范,并提供一组访问数据库的应用程序编程接口（Application Programming Interface，API）。ODBC 具有两重功效或约束力：一方面规范应用开发，另一方面规范关系数据库管理系统应用接口。

8.4.2 ODBC 工作原理概述

ODBC 应用系统的体系结构如图 8.3 所示，它由 4 部分构成：用户应用程序、ODBC 驱动程序管理器、数据库驱动程序、数据源（如关系数据库管理系统和数据库）。

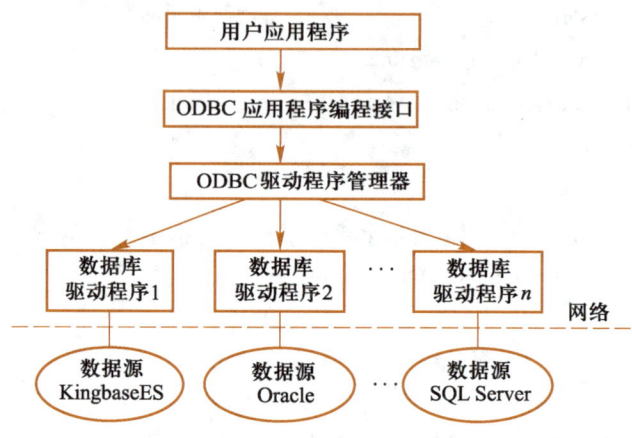

图 8.3 ODBC 应用系统的体系结构

1. 用户应用程序

用户应用程序提供用户界面、应用逻辑和事务逻辑。使用 ODBC 开发数据库应用程序时，应用程序调用的是标准的 ODBC 函数和 SQL 语句。应用层使用 ODBC API 调用接口与数据库进行交互。使用 ODBC 来开发应用系统的程序简称为 ODBC 应用程序，包括的内容有：

- 请求连接数据库。
- 向数据源发送 SQL 语句。
- 为 SQL 语句执行结果分配存储空间，定义所读取的数据格式。
- 获取数据库操作结果或处理错误。
- 进行数据处理并向用户提交处理结果。
- 请求事务的提交和回滚操作。
- 断开与数据源的连接。

2. ODBC 驱动程序管理器

驱动程序管理器用来管理各种驱动程序。ODBC 驱动程序管理器由微软公司提供，它包含在 ODBC32.DLL 中，对用户是透明的，管理应用程序和驱动程序之间的通信。ODBC 驱动程序管理器的主要功能包括装载 ODBC 驱动程序、选择和连接正确的驱动程序、管理数据源、检查 ODBC 调用参数的合法性及记录 ODBC 函数的调用等，当应用层需要时返回驱动程序的有关信息。

ODBC 驱动程序管理器可以建立、配置或删除数据源，并查看系统当前所安装的数据库 ODBC 驱动程序。

3．数据库驱动程序

ODBC 通过数据库驱动程序来提供应用系统与数据库平台的独立性。

ODBC 应用程序不能直接存取数据库，其各种操作请求由驱动程序管理器提交给某个关系数据库管理系统的 ODBC 驱动程序，通过调用驱动程序所支持的函数来存取数据库。数据库的操作结果也通过驱动程序返回给应用程序。如果应用程序要操纵不同的数据库，就要动态地链接到不同的驱动程序上。

目前的 ODBC 驱动程序主要有单束和多束两类。单束一般是数据源和应用程序在同一台机器上，驱动程序直接完成对数据文件的 I/O 操作，这时驱动程序相当于数据管理器。多束驱动程序支持客户机-服务器、客户机-应用服务器/数据库服务器等网络环境下的数据访问，这时由驱动程序完成数据库访问请求的提交和结果集接收，应用程序使用驱动程序提供的结果集管理接口操纵执行后的结果数据。

4．ODBC 数据源管理

数据源是最终用户需要访问的数据，包含了数据库位置和数据库类型等信息，实际上是一种数据连接的抽象。

ODBC 给每个被访问的数据源指定唯一的数据源名（Data Source Name，DSN），并映射到所有必要的、用来存取数据的低层软件。在连接中，用数据源名来代表用户名、服务器名、所连接的数据库名等。最终用户无须知道数据库管理系统或其他数据管理软件、网络以及有关 ODBC 驱动程序的细节，数据源对最终用户是透明的。

例如，假设某个学校在 SQL Server 和 KingbaseES 上创建了两个数据库：学校人事数据库和教学科研数据库。学校的信息系统要从这两个数据库中存取数据，为了方便地与两个数据库连接，为学校人事数据库创建一个数据源名 PERSON，PERSON 就是一个 DSN。同样，为教学科研数据库创建一个名为 EDU 的数据源。此后，当要访问每一个数据库时，只要与 PERSON 和 EDU 连接即可，不需要记住使用的驱动程序、服务器名称、数据库名等。所以在开发 ODBC 数据库应用程序时首先要建立数据源并给它命名。

8.4.3 ODBC API 基础

各个数据库厂商的 ODBC 应用程序编程接口（ODBC API）都要符合两方面的一致性：
- API 一致性，包含核心级、扩展 1 级、扩展 2 级。

● 语法一致性，包含最低限度 SQL 语法级、核心 SQL 语法级、扩展 SQL 语法级。

1. 函数概述

ODBC 3.0 标准提供了 76 个函数接口，大致可以分为：

● 分配和释放环境句柄、连接句柄、语句句柄。
● 连接函数（SQLDriverconnect 等）。
● 与信息相关的函数（SQLGetinfo、SQLGetFuction 等）。
● 事务处理函数（如 SQLEndTran）。
● 执行相关函数（SQLExecdirect、SQLExecute 等）。
● 编目函数，ODBC 3.0 提供了 11 个编目函数，如 SQLTables、SQLColumn 等。应用程序可以通过对编目函数的调用来获取数据字典的信息，如权限、表结构等。

注意：ODBC 不同版本上的函数和函数的使用是有差异的，读者必须注意使用的版本，目前最新的版本是 ODBC 3.8。

2. 句柄及其属性

句柄是 32 位整数值，代表一个指针。ODBC 3.0 中句柄可以分为环境句柄、连接句柄、语句句柄和描述符句柄 4 类，对于每种句柄，不同的驱动程序有不同的数据结构，这 4 种句柄的关系如图 8.4 所示。

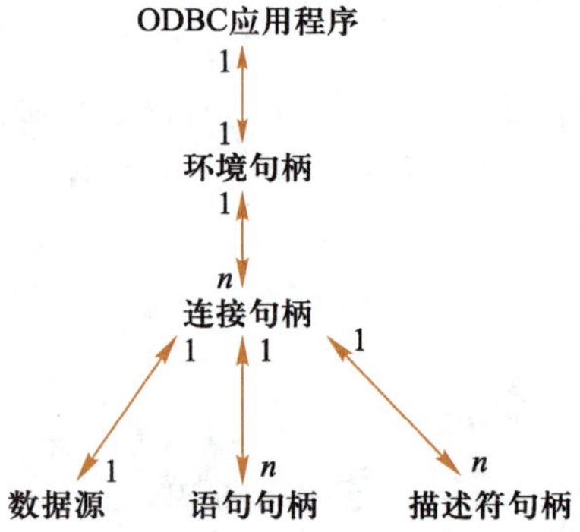

（1）每个 ODBC 应用程序需要建立一个 ODBC 环境，分配一个环境句柄，存取数据的全局性背景，如环境状态、当前环境状态诊断、当前在环境上分配的连接句柄等。

（2）一个环境句柄可以建立多个连接句柄，每一个连接句柄实现与一个数据源之间的连接。

图 8.4 应用程序句柄之间的关系

（3）在一个连接中可以建立多个语句句柄，它不只是一个 SQL 语句，还包括 SQL 语句产生的结果集以及相关的信息等。

（4）在 ODBC 3.0 中又提出了描述符句柄的概念，它是描述 SQL 语句的参数、结果集列的元数据集合。

3. 数据类型

ODBC 定义了两套数据类型，即 SQL 数据类型和 C 数据类型。SQL 数据类型用于数据源，而 C 数据类型用于应用程序的 C 代码。它们之间的转换规则如表 8.1 所示。SQL 数据通过 SQLBindcol 从结果集列中返回到应用程序变量；如果 SQL 语句含有参数，应用程序为每个参数调用 SQLBindparameter，并把它们绑定至应用程序变量。应用程序可以通过 SQLGetTypeInfo 来获取不同的驱动程序对于数据类型的支持情况。

表 8.1 SQL 数据类型和 C 数据类型之间的转换规则

	SQL 数据类型	C 数据类型
SQL 数据类型	数据源之间转换	应用程序变量传送到语句参数（SQLBindparameter）
C 数据类型	从结果集列中返回到应用程序变量（SQLBindcol）	应用程序变量之间转换

8.4.4 ODBC 的工作流程

使用 ODBC 的应用系统大致的工作流程如图 8.5 所示。下面将结合具体的应用实例来介绍如何使用 ODBC 开发应用系统。

[例 8.12] 将 KingbaseES 数据库中 Student 表的数据备份到 SQL Server 数据库中。

该应用涉及两个不同的关系数据库管理系统中的数据源，因此使用 ODBC 来开发应用程序，只要改变应用程序中连接函数（SQLConnect）的参数，就可以连接不同关系数据库管理系统的驱动程序，连接两个数据源。

在应用程序运行前，已经在 KingbaseES 和 SQL Server 中分别建立了 Student 关系表。应用程序要执行的操作是：在 KingbaseES 上执行 SELECT * FROM Student；把获取的结果集，通过多次执行 INSERT 语句插入到 SQL Server 的 Student 表中。

1. 配置数据源

配置数据源有两种方法：

（1）运行数据源管理工具来进行配置。

（2）使用 Driver Manager 提供的 ConfigDsn 函数来增加、修改或删除数据源。这种方法特别适用于在应用程序中创建的临时使用的数据源。

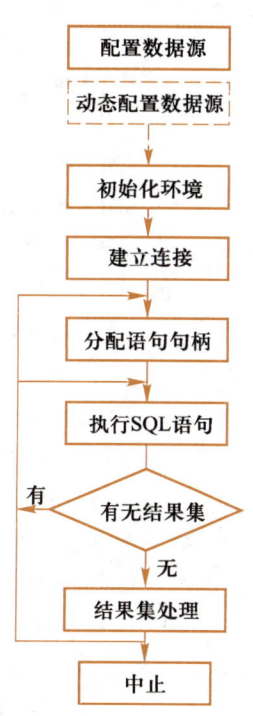

图 8.5 ODBC 的工作流程

[例 8.13] 采用第一种方法创建数据源。因为要同时用到 KingbaseES 和 SQL Server，所以分别建立两个数据源，将其取名为 KingbaseES ODBC 和 SQL Server。不同的驱动器厂商提供了不同的配置数据源界面，建立这两个数据源的具体步骤从略。程序源码如下。

```
#include <stdlib.h>
#include <stdio.h>
#include <windows.h>
```

```c
#include <sql.h>
#include <sqlext.h>
#include <Sqltypes.h>
#define SNO_LEN 30
#define NAME_LEN 50
#define DEPART_LEN 100
#define SSEX_LEN 5
int main()
{
    /* Step 1  定义句柄和变量  */
    /*以 king 开头的表示是连接 KingbaseES 的变量*/
    /*以 server 开头的表示是连接 SQL Server 的变量*/
    SQLHENV kinghenv, serverhenv;                   /*环境句柄*/
    SQLHDBC kinghdbc,serverhdbc;                    /*连接句柄*/
    SQLHSTMT kinghstmt,serverhstmt;                 /*语句句柄*/
    SQLRETURN ret;
    SQLCHAR sName[NAME_LEN],sDepart[DEPART_LEN],
            sSex[SSEX_LEN],sSno[SNO_LEN];
    SQLINTEGER sAge;
    SQLINTEGER cbAge=0,cbSno=SQL_NTS,cbSex=SQL_NTS,
            cbName=SQL_NTS,cbDepart=SQL_NTS;
    /* Step 2 初始化环境  */
    ret=SQLAllocHandle(SQL_HANDLE_ENV,SQL_NULL_HANDLE,&kinghenv);
    ret=SQLAllocHandle(SQL_HANDLE_ENV,SQL_NULL_HANDLE,&serverhenv);
    ret=SQLSetEnvAttr(kinghenv,SQL_ATTR_ODBC_VERSION,(void*)SQL_OV_ODBC3,0);
    ret=SQLSetEnvAttr(serverhenv,SQL_ATTR_ODBC_VERSION,(void*)SQL_OV_ODBC3,0);
    /* Step 3 建立连接  */
    ret=SQLAllocHandle(SQL_HANDLE_DBC,kinghenv,&kinghdbc);
    ret=SQLAllocHandle(SQL_HANDLE_DBC,serverhenv,&serverhdbc);
    ret=SQLConnect(kinghdbc,"KingbaseES ODBC",SQL_NTS,"SYSTEM",
            SQL_NTS,"MANAGER",SQL_NTS);
    if (!SQL_SUCCEEDED(ret))                        /*连接失败时返回错误值*/
        return -1;
    ret=SQLConnect(serverhdbc,"SQLServer",SQL_NTS,"sa",SQL_NTS,"sa",SQL_NTS);
```

```
if (!SQL_SUCCEEDED(ret) )                          /*连接失败时返回错误值*/
    return -1;
/*Step 4 初始化语句句柄*/
ret=SQLAllocHandle(SQL_HANDLE_STMT, kinghdbc, &kinghstmt);
ret=SQLSetStmtAttr(kinghstmt,SQL_ATTR_ROW_BIND_TYPE, (SQLPOINTER)
                SQL_BIND_BY_COLUMN,SQL_IS_INTEGER );
ret=SQLAllocHandle(SQL_HANDLE_STMT, serverhdbc, &serverhstmt);
/*Step 5 两种方式执行语句*/
/* 预编译带有参数的语句 */
ret=SQLPrepare(serverhstmt,"INSERT INTO STUDENT(SNO,SNAME,SSEX,SAGE,
    SDEPT) VALUES (?, ?, ?, ?, ?)",SQL_NTS);
if (ret==SQL_SUCCESS || ret==SQL_SUCCESS_WITH_INFO)
    {
        ret=SQLBindParameter(serverhstmt,1,SQL_PARAM_INPUT,SQL_C_CHAR,
                        SQL_CHAR,SNO_LEN,0,sSno,0,&cbSno);
        ret=SQLBindParameter(serverhstmt,2,SQL_PARAM_INPUT, SQL_C_CHAR,
                        SQL_CHAR, NAME_LEN, 0, sName, 0, &cbName);
        ret=SQLBindParameter(serverhstmt,3,SQL_PARAM_INPUT,SQL_C_CHAR,
                        SQL_CHAR, 2, 0, sSex, 0, &cbSex);
        ret=SQLBindParameter(serverhstmt,4,SQL_PARAM_INPUT,
                        SQL_C_LONG,SQL_INTEGER, 0, 0, &sAge, 0, &cbAge);
        ret=SQLBindParameter(serverhstmt,5,SQL_PARAM_INPUT,SQL_C_CHAR,
                        SQL_CHAR,DEPART_LEN,0,sDepart,0,&cbDepart);
    }
/*执行 SQL 语句*/
ret=SQLExecDirect(kinghstmt,"SELECT * FROM STUDENT",SQL_NTS);
if (ret==SQL_SUCCESS || ret==SQL_SUCCESS_WITH_INFO)
    {
        ret=SQLBindCol(kinghstmt, 1, SQL_C_CHAR,sSno,SNO_LEN,&cbSno);
        ret=SQLBindCol(kinghstmt, 2, SQL_C_CHAR,sName,NAME_LEN,&cbName);
        ret=SQLBindCol(kinghstmt, 3, SQL_C_CHAR,sSex,SSEX_LEN,&cbSex);
        ret=SQLBindCol(kinghstmt, 4, SQL_C_LONG,&sAge,0,&cbAge);
        ret=SQLBindCol(kinghstmt, 5, SQL_C_CHAR,sDepart,DEPART_LEN,&cbDepart);
    }
```

```
/*Step 6 处理结果集并执行预编译后的语句*/
while ( (ret=SQLFetch(kinghstmt) ) !=SQL_NO_DATA_FOUND)
{   if(ret==SQL_ERROR)   printf("Fetch error\n");
    else ret=SQLExecute(serverhstmt);
}
/* Step 7 中止处理*/
SQLFreeHandle(SQL_HANDLE_STMT,kinghstmt);
SQLDisconnect(kinghdbc);
SQLFreeHandle(SQL_HANDLE_DBC,kinghdbc);
SQLFreeHandle(SQL_HANDLE_ENV,kinghenv);
SQLFreeHandle(SQL_HANDLE_STMT,serverhstmt);
SQLDisconnect(serverhdbc);
SQLFreeHandle(SQL_HANDLE_DBC,serverhdbc);
SQLFreeHandle(SQL_HANDLE_ENV,serverhenv);
return 0;
}
```

2. 初始化环境

由于还没有和具体的驱动程序相关联，所以不是由具体的数据库管理系统驱动程序来进行管理，而是由 Driver Manager 来进行控制并配置环境属性。直到应用程序通过调用连接函数和某个数据源进行连接后，Driver Manager 才调用所连的驱动程序中的 SQLAllocHandle 来真正分配环境句柄的数据结构。

3. 建立连接

应用程序调用 SQLAllocHandle 分配连接句柄，通过 SQLConnect、SQLDriverConnect 或 SQLBrowseConnect 与数据源连接。其中 SQLConnect 是最简单的连接函数，输入参数为配置好的数据源名称、用户 ID 和口令。本例中 KingbaseES ODBC 为数据源名字，SYSTEM 为用户名，而 MANAGER 为用户密码，注意系统对用户名和密码大小写的要求。

4. 分配语句句柄

在处理任何 SQL 语句之前，应用程序还需要首先分配一个语句句柄。语句句柄含有具体的 SQL 语句以及输出的结果集等信息。在后面的执行函数中，语句句柄都是必要的输入参数。本例中分配了两个语句句柄，一个用来从 KingbaseES 中读取数据产生结果集（kinghstmt），另一个用来向 SQL Server 插入数据（serverhstmt）。

应用程序还可以通过 SQLtStmtAttr 来设置语句属性（也可以使用默认值）。

5. 执行 SQL 语句

应用程序处理 SQL 语句的方式有两种：预处理（SQLPrepare、SQLExecute 适用于语句的多次执行）或直接执行（SQLExecdirect）。如果 SQL 语句含有参数，应用程序为每个参数调用 SQLBindParameter，并把它们绑定至应用程序变量。这样应用程序可以直接通过改变应用程序缓冲区的内容从而在程序中动态改变 SQL 语句的具体执行。接下来的操作则会根据语句类型来进行相应处理。

（1）对于有结果集的语句（select 或是编目函数），则进行结果集处理。

（2）对于没有结果集的函数，可以直接利用本语句句柄继续执行新的语句或是获取行计数（本次执行所影响的行数）之后继续执行。

在本例中，使用 SQLExecdirect 获取 KingbaseES 中的结果集，并将结果集根据各列不同的数据类型绑定到用户程序缓冲区。

在插入数据时采用了预编译的方式，首先通过 SQLPrepare 来预处理 SQL 语句，然后将每一列绑定到用户缓冲区。

6. 结果集处理

应用程序可以通过 SQLNumResultCols 来获取结果集中的列数，通过 SQL DescribeCol 或是 SQLColAttrbute 函数来获取结果集每一列的名称、数据类型、精度和范围。以上两步对于信息明确的函数是可以省略的。

ODBC 中使用游标来处理结果集数据。游标可以分为 forward-only 游标和可滚动（scroll）游标。Forward-only 游标只能在结果集中向前滚动，它是 ODBC 的默认游标类型。可滚动（scroll）游标又可以分为静态（static）、动态（dynamic）、码集驱动（keyset-driven）和混合型（mixed）4 种。

ODBC 游标的打开方式不同于嵌入式 SQL，不是显式声明而是系统自动产生一个游标，当结果集刚刚生成时，游标指向第一行数据之前。应用程序通过 SQLBindCol 把查询结果绑定到应用程序缓冲区中，通过 SQLFetch 或是 SQLFetchScroll 来移动游标获取结果集中的每一行数据。对于如图像这类特别的数据类型，当一个缓冲区不足以容纳所有数据时，可以通过 SQLGetdata 分多次获取。最后通过 SQLClosecursor 来关闭游标。

7. 中止处理

处理结束后，应用程序将首先释放语句句柄，然后释放数据库连接并与数据库服务器断开，最后释放 ODBC 环境。

*8.5　OLE DB

对象链接与嵌入数据库（Object Linking and Embedding Database，OLE DB）也是微软公司提出的数据库连接访问标准。

1. 什么是 OLE DB

OLE DB 是基于组件对象模型（Component Object Model，COM）来访问各种数据源

的 ActiveX 的通用接口，它提供访问数据的一种统一手段，而不管存储数据时使用的方法如何。与 ODBC 和 JDBC 类似，OLE DB 支持的数据源可以是数据库，也可以是文本文件、Excel 表格、ISAM 等各种不同格式的数据存储。OLE DB 可以在不同的数据源中进行转换。客户端的开发人员利用 OLE DB 进行数据访问时，不必关心大量不同数据库的访问协议。

OLE DB 基于组件（Component）概念来构造、设计各种标准接口，作为 COM 组件对象的公共方法供开发应用程序之用。对各种数据库管理系统服务进行封装，并允许创建软件组件，实现这些服务。OLE DB 组件包括数据提供程序（包含和表现数据）、数据使用者（使用数据）和服务组件（处理和传送数据，如查询处理器和游标引擎）。OLE DB 包含了一个连接 ODBC 的"桥梁"，对现用的各种 ODBC 关系型数据库驱动程序提供支持。

2．OLE DB 的结构

图 8.6 是一个基于 OLE DB 体系结构设计程序的编程模型。OLE DB 体系结构中包含消费者（consumer）和提供者（provider）两部分。消费者通过提供者可以访问某个数据库中的数据，提供者对应用访问数据源的接口实施标准封装，二者是 OLE DB 的基础，也是描述 OLE DB 的一个上下文相关概念。开发人员主要使用 OLE DB 提供者来实现应用。

（1）消费者

OLE DB 的消费者利用 OLE DB 提供者提供的接口访问数据源数据的客户端应用程序或其他工具。在 OLE DB 实现中，OLE DB 组件本身也可能作为消费者存在。

（2）提供者

OLE DB 的提供者是一个由 COM 组件构成的数据访问中介，位于数据源和消费者应用程序之间，向消费者提供访问数据源数据的各种接口。提供者主要有服务提供者和数据提供者。

① 服务提供者。这类提供者自身没有数据，它通过 OLE DB 接口封装服务，从下层获取数据并向上层提供数据，具有提供者和消费者双重身份。一个服务提供者还可以和其他服务提供者或组件组合定义新的服务组件。比如，在 OLE DB 体系中，游标服务（cursor service）就是一个典型的服务类提供者。

② 数据提供者。数据提供者自己拥有数据并通过接口形成表格形式的数据。它不依赖于其他服务类或数据类的提供者，直接向消费者提供数据。

此外，OLE DB 2.5 还引入了一种文档源（document source）提供者，可用来管理文件夹和文档。

消费者的需要可能很复杂，也可能比较简单，针对不同的要求，提供者可以返回原始数据，也可以在数据上进行附加操作。任何 OLE DB 提供者必须提供数据库所要求的最小功能接口集，不需要支持全部 OLE DB 接口，除必需接口外的可选接口仅用来提供附加功能，提高易用性。提供的所有接口都是可访问的标准接口。

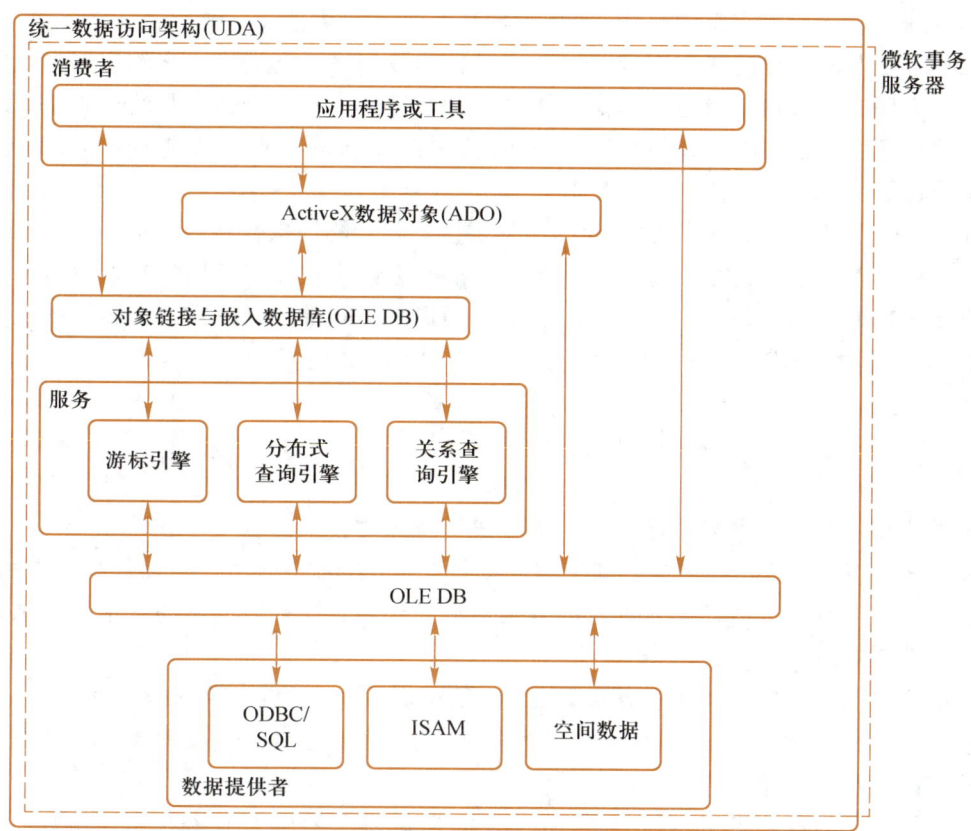

图 8.6 OLE DB 基本体系结构

3. OLE DB 编程模型

OLE DB 基于 COM 对象技术形成一个支持数据访问的通用编程模型：数据管理任务必须由消费者访问数据，由提供者发布（deliver）数据。OLE DB 编程模型有两种：Rowset 模型和 Binder 模型。Rowset 编程模型假定数据源中的数据比较规范，提供者以行集（recordset）形式发布数据。Binder 编程模型主要用于提供者不提供标准表格式数据的情况，这时 OLE DB 采用 Binder 编程模型将一个统一资源定位符（Uniform Resource Locator，URL）和一个 OLE DB 对象相关联或绑定，并在必要时创建层次结构的对象。

*8.6 JDBC 编程

JDBC 是 Java 的开发者 Sun 制定的 Java 数据库连接技术的简称，为 DBMS 提供支持无缝连接应用的技术。JDBC 在应用程序中的作用和 ODBC 类似，是 Java 实现数据库访问的应用程序编程接口,它是建立在 X/Open SQL CLI 基础上的。

JDBC 是面向对象的接口标准,一般由具体的数据库厂商提供。它的主要功能是管理存放在数据库中的数据,通过对象定义了一系列与数据库系统进行交互的类和接口。通过接口对象,应用程序可以完成与数据库的连接、执行 SQL 语句、从数据库中获取结果、获取状态及错误信息、终止事务和连接等。

JDBC 与 ODBC 类似,它为 Java 程序提供统一、无缝地操作各种数据库的接口。因为实际应用中常常无法确定用户想访问什么类型的数据库,程序员使用 JDBC 编程时可以不关心它要操作的数据库是哪个厂家的产品,从而提高了软件的通用性。只要系统上安装了正确的驱动程序,JDBC 应用程序就可以访问其相关的数据库。

8.7 小 结

本章讲解了如何使用编程方法对数据库进行操纵的技术。

嵌入式 SQL 把 SQL 语句嵌入到某种高级语言中,SQL 语句用来存取数据库中的数据,主语言用来控制程序流程以及对取出的数据做进一步加工处理,利用高级语言的强大计算能力来实现复杂应用的需求。

SQL 与主语言具有不同的数据处理方式。SQL 是面向集合的,而主语言是面向记录的。所以,嵌入式 SQL 用游标来协调这两种不同的处理方式。要掌握游标的概念,学会用游标来编写实际的应用程序。

本章讲解了过程化 SQL 以及如何用过程化 SQL 编写存储过程和自定义函数。存储过程和自定义函数经编译和优化后存储在数据库服务器中,运行效率高,客户机和服务器之间的通信量小,可以集中控制管理,因此被广泛使用。

本章还阐述了 ODBC 的工作原理和工作流程。简单介绍了 OLE DB 和 JDBC。使用这些技术编写的应用程序可移植性好,能同时访问不同的数据库,共享多个数据资源。详细的编程技术和示例请读者参考本章的相关文献。

习 题

1. 使用嵌入式 SQL 对学生-课程数据库中的表完成下述功能:
(1) 查询某一门课程的信息。要查询的课程由用户在程序运行过程中指定,放在主变量中。
(2) 查询选修某一门课程的选课信息,要查询的课程号由用户在程序运行过程中指定,放在主变量中,然后根据用户的要求修改其中某些记录的成绩字段。

2. 对学生-课程数据库编写存储过程,完成下述功能:
(1) 统计离散数学的成绩分布情况,即按照各分数段统计人数。

（2）统计任意一门课的平均成绩。

（3）将学生选课成绩从百分制改为等级制（即 A、B、C、D、E）。

3．使用 ODBC 编写应用程序来对异构数据库进行各种数据操作。

配置两个不同的数据源，编写程序连接两个不同关系数据库管理系统的数据源，对异构数据库进行操作。例如，将 KingbaseES 数据库的某个表中的数据转移到 SQL Server 数据库的表中。

实　　验

实验 6　存储过程

理解和掌握数据库 PL/SQL 编程语言，掌握使用 PL/SQL 语言设计数据库存储过程、用户自定义函数和游标的方法。理解存储过程和自定义函数的区别与联系。掌握利用 PL/SQL 语言进行数据库程序设计的基本原理和方法，能够熟练使用 PL/SQL 语言设计存储过程和自定义函数的过程体或函数体。

实验 7　数据库应用开发

理解和掌握几种主要的数据库应用开发接口（如 ODBC、OLE DB 和 JDBC 等）的基本原理和方法，至少能够使用一种主流的数据库应用开发工具完成基本的数据库应用开发任务，包括配置数据库连接接口、连接数据库、操纵数据库数据（如插入、修改、删除和查询等）、关闭数据库连接等。掌握基于 ODBC 驱动和 JDBC 驱动进行数据库应用开发的基本流程和基本方法，掌握在各种数据库接口下执行数据库定义、更新和查询等各种数据库基本操作的方法。

实验 8　数据库设计与应用开发大作业

综合运用数据库设计原理、方法和技术，为某个部门或单位开发一个数据库应用系统。能够针对某个部门或单位的应用需求，通过系统分析，从数据库数据和应用系统功能两方面进行综合设计，实现一个完整的数据库应用系统。同时培养团队合作精神。要求 5～6 位同学组成一个开发小组，每位同学承担不同角色（例如：项目管理员、数据库管理员、系统分析员、系统设计员、系统开发员、系统测试员）。撰写系统设计和开发文档；提交系统文档、数据库应用软件和数据库。每个小组进行 60 分钟的报告和答辩，讲解设计方案，演示系统运行，汇报分工与合作情况。

本章参考文献

[1]　安装的关系数据库管理系统用户使用手册。

[2]　安装的关系数据库管理系统编程手册。

[3]　关于 Java 和 JDBC，可参阅网站 java.sun.com/docs/books/tutorial，也可从 MSDN（Microsoft Developer Network）上获得相关的资料。

[4]　王珊，张俊．数据库系统概论（第五版）实验指导与习题解析．北京：高等教育出版社，2014．

[5]　王珊，张孝，李翠平，等．数据库技术与应用．北京：清华大学出版社，2005．

第三篇 系统篇

本篇讲解数据库管理系统中查询处理和事务管理的基本概念和基础知识。

系统篇包括4章。

第9章关系查询处理和查询优化，讲解查询处理和查询优化的基本概念、方法和技术。

第10章数据库恢复技术，介绍事务的基本概念和事务的性质。讲解数据库系统遇到故障后进行恢复的技术和方法。

第11章并发控制，介绍并发操作可能造成数据不一致的问题，讲解并发控制的基本概念和最常用的封锁技术。

第12章数据库管理系统，阐述数据库管理系统的基本功能，系统结构及主要的实现技术。本章可以作为选读内容，为读者进一步学习数据库内部实现技术打下基础。

第 9 章　关系查询处理和查询优化

本章介绍关系数据库的**查询处理**（query processing）和**查询优化**（query optimization）技术。首先介绍关系数据库管理系统的查询处理步骤，然后介绍查询优化技术。查询优化一般可分为**代数优化**（也称为**逻辑优化**）和**物理优化**（也称为**非代数优化**）。代数优化是指关系代数表达式的优化，物理优化则是指通过存取路径和底层操作算法的选择进行的优化。本章讲解实现查询操作的主要算法思想，目的是使读者初步了解关系数据库管理系统查询处理的基本步骤，及查询优化的概念、基本方法和技术，为数据库应用开发中利用查询优化技术提高查询效率和系统性能打下基础。

9.1　关系数据库系统的查询处理

查询处理是关系数据库管理系统执行查询语句的过程，其任务是把用户提交给关系数据库管理系统的查询语句转换为高效的**查询执行计划**。

9.1.1　查询处理步骤

关系数据库管理系统查询处理可以分为 4 个阶段：查询分析、查询检查、查询优化和查询执行，如图 9.1 所示。

1. 查询分析

首先对查询语句进行扫描、词法分析和语法分析。从查询语句中识别出语言符号，如 SQL 关键字、属性名和关系名等，进行语法检查和语法分析，即判断查询语句是否符合 SQL 语法规则。如果没有语法错误就转入下步处理，否则便报告语句中出现的语法错误。

2. 查询检查

对合法的查询语句进行语义检查，即根据数据字典中有关的模式定义检查语句中的数据库对象，如关系名、属性名是否存在和有效。如果是对视图的操作，则要用视图消解方法把对视图的操作转换成对基本表的操作。还要根据数据字典中的用户权限和完整性约束定义对用户的存取权限进行检查。如果该用户没有相应的访问权限或违反了完整性约束，就拒绝执行该查询。当然，这时的完整性检查是初步的、静态的检查。检查通过后便把 SQL 查询语句转换成内部表示，即等价的**关系代数表达式**。这个过程中要把数据库对象的外部名称转换为内部表示。关系数据库管理系统一般都用**查询树**（query tree），也称为**语法分析树**（syntax tree）来表示扩展的关系代数表达式。

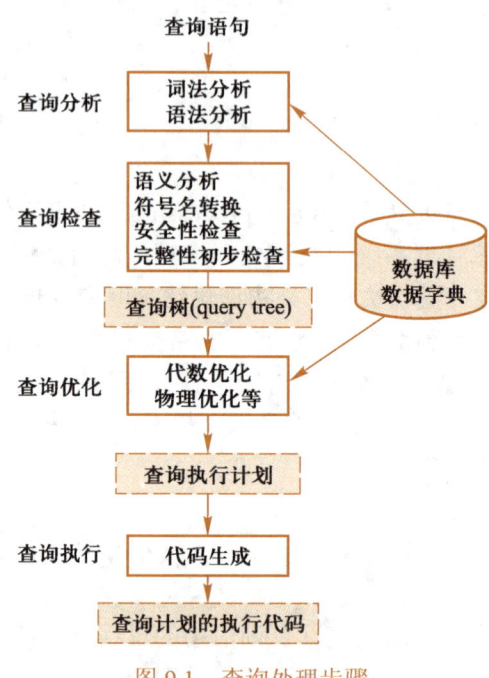

图 9.1　查询处理步骤

3．查询优化

每个查询都会有许多可供选择的执行策略和操作算法，查询优化就是选择一个高效执行的查询处理策略。查询优化有多种方法。按照优化的层次一般可将查询优化分为代数优化和物理优化。代数优化是指关系代数表达式的优化，即按照一定的规则，通过对关系代数表达式进行等价变换，改变代数表达式中操作的次序和组合，使查询执行更高效；物理优化则是指存取路径和底层操作算法的选择。选择的依据可以是基于规则（rule based）的，也可以是基于代价（cost based）的，还可以是基于语义（semantic based）的。

实际关系数据库管理系统中的查询优化器都综合运用了这些优化技术，以获得最好的查询优化效果。

4．查询执行

依据优化器得到的执行策略生成查询执行计划，由**代码生成器**（code generator）生成执行这个查询计划的代码，然后加以执行，回送查询结果。

9.1.2 实现查询操作的算法示例

本节简单介绍选择操作和连接操作的实现算法，确切地说是算法思想。每一种操作有多种执行的算法，这里仅仅介绍最主要的几个算法，对于其他重要操作的详细实现算法，有兴趣的读者请参考有关关系数据库管理系统实现技术的书。

1. 选择操作的实现

第 3 章中已经介绍了 SELECT 语句的强大功能，SELECT 语句有许多选项，因此实现的算法和优化策略也很复杂。不失一般性，下面以简单的选择操作为例介绍典型的实现方法。

[例 9.1] SELECT * FROM Student WHERE <条件表达式>;

考虑<条件表达式>的几种情况：

  C1: 无条件；

  C2: Sno='201215121'；

  C3: Sage>20；

  C4: Sdept='CS' AND Sage>20；

选择操作只涉及一个关系，一般采用全表扫描或者基于索引的算法。

(1) 简单的全表扫描算法（table scan）

假设可以使用的内存为 M 块，全表扫描的算法思想如下：

① 按照物理次序读 Student 的 M 块到内存。

② 检查内存的每个元组 t，如果 t 满足选择条件，则输出 t。

③ 如果 Student 还有其他块未被处理，重复①和②。

全表扫描算法只需要很少的内存（最少为 1 块）就可以运行，而且控制简单。对于规模小的表，这种算法简单有效。对于规模大的表进行顺序扫描，当选择率（即满足条件的元组数占全表的比例）较低时，这个算法效率很低。

(2) 索引扫描算法（index scan）

如果选择条件中的属性上有索引（例如 $B+$树索引或 hash 索引），可以用索引扫描方法，通过索引先找到满足条件的元组指针，再通过元组指针在查询的基本表中找到元组。

[例 9.1-C2] 以 C2 为例：Sno='201215121'，并且 Sno 上有索引，则可以使用索引得到 Sno 为'201215121' 元组的指针，然后通过元组指针在 Student 表中检索到该学生。

[例 9.1-C3] 以 C3 为例：Sage>20，并且 Sage 上有 $B+$树索引，则可以使用 $B+$树索引找到 Sage=20 的索引项，以此为入口点在 $B+$树的顺序集上得到 Sage>20 的所有元组指针，然后通过这些元组指针到 Student 表中检索到所有年龄大于 20 的学生。

[例 9.1-C4] 以 C4 为例：Sdept='CS' AND Sage>20，如果 Sdept 和 Sage 上都有索引，一种算法是，分别用上面两种方法找到 Sdept='CS'的一组元组指针和 Sage>20 的另一组元

组指针，求这两组指针的交集，再到 Student 表中检索，就得到计算机系年龄大于 20 岁的学生。

另一种算法是，找到 Sdept='CS'的一组元组指针，通过这些元组指针到 Student 表中检索，并对得到的元组检查另一些选择条件（如 Sage>20）是否满足，把满足条件的元组作为结果输出。

一般情况下，当选择率较低时，基于索引的选择算法要优于全表扫描算法。但在某些情况下，例如选择率较高，或者要查找的元组均匀地分布在查找的表中，这时基于索引的选择算法的性能不如全表扫描算法。因为除了对表的扫描操作，还要加上对 $B+$ 树索引的扫描操作，对每一个检索码，从 $B+$ 树根结点到叶子结点路径上的每个结点都要执行一次 I/O 操作。

2．连接操作的实现

连接操作是查询处理中最常用也是最耗时的操作之一。人们对它进行了深入的研究，提出了一系列的算法。不失一般性，这里通过例子简单介绍等值连接（或自然连接）最常用的几种算法思想。

［例 9.2］ SELECT * FROM Student，SC WHERE Student.Sno=SC.Sno;

（1）嵌套循环算法（nested loop join）

这是最简单可行的算法。对外层循环（Student 表）的每一个元组，检索内层循环（SC 表）中的每一个元组，并检查这两个元组在连接属性（Sno）上是否相等。如果满足连接条件，则串接后作为结果输出，直到外层循环表中的元组处理完为止。这里讲的是算法思想，在实际实现中数据存取是按照数据块读入内存，而不是按照元组进行 I/O 的。嵌套循环算法是最简单最通用的连接算法，可以处理包括非等值连接在内的各种连接操作。

（2）排序-合并算法（sort-merge join 或 merge join）

这是等值连接常用的算法，尤其适合参与连接的诸表已经排好序的情况。

用排序-合并连接算法的步骤是：

① 如果参与连接的表没有排好序，首先对 Student 表和 SC 表按连接属性 Sno 排序。

② 取 Student 表中第一个 Sno，依次扫描 SC 表中具有相同 Sno 的元组，把它们连接起来（如图 9.2 所示）。

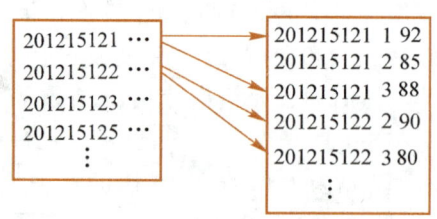

图 9.2 排序-合并连接算法示意图

③ 当扫描到 Sno 不相同的第一个 SC 元组时，返回 Student 表扫描它的下一个元组，再扫描 SC 表中具有相同 Sno 的元组，把它们连接起来。

重复上述步骤直到 Student 表扫描完。

这样 Student 表和 SC 表都只要扫描一遍即可。当然，如果两个表原来无序，执行时间要加上对两个表的排序时间。一般来说，对于大表，先排序后使用排序-合并连接算法执行连接，总的时间一般仍会减少。

（3）索引连接（index join）算法

用索引连接算法的步骤是：

① 在 SC 表上已经建立了属性 Sno 的索引。

② 对 Student 中每一个元组，由 Sno 值通过 SC 的索引查找相应的 SC 元组。

③ 把这些 SC 元组和 Student 元组连接起来。

循环执行②③，直到 Student 表中的元组处理完为止。

（4）hash join 算法

hash join 算法也是处理等值连接的算法。它把连接属性作为 hash 码，用同一个 hash 函数把 Student 表和 SC 表中的元组散列到 hash 表中。第一步，划分阶段（building phase），也称为创建阶段，即创建 hash 表。对包含较少元组的表（如 Student 表）进行一遍处理，把它的元组按 hash 函数（hash 码是连接属性）分散到 hash 表的桶中；第二步，试探阶段（probing phase），也称为连接阶段（join phase），对另一个表（SC 表）进行一遍处理，把 SC 表的元组也按同一个 hash 函数（hash 码是连接属性）进行散列，找到适当的 hash 桶，并把 SC 元组与桶中来自 Student 表并与之相匹配的元组连接起来。

上面的 hash join 算法假设两个表中较小的表在第一阶段后可以完全放入内存的 hash 桶中。不需要这个前提条件的 hash join 算法以及许多改进的算法请参考本章文献[16]。以上的算法思想可以推广到更加一般的多个表的连接算法上。

9.2 关系数据库系统的查询优化

查询优化在关系数据库系统中有着非常重要的地位。关系数据库系统和非过程化的 SQL 之所以能取得巨大的成功，关键是得益于查询优化技术的发展。关系查询优化是影响关系数据库管理系统性能的关键因素。

优化对关系系统来说既是挑战又是机遇。所谓挑战是指关系系统为了达到用户可接受的性能必须进行查询优化。由于关系表达式的语义级别很高，使关系系统可以从关系表达式中分析查询语义，提供了执行查询优化的可能性。这就为关系系统在性能上接近甚至超过非关系系统提供了机遇。

9.2.1 查询优化概述

关系系统的查询优化既是关系数据库管理系统实现的关键技术,又是关系系统的优点所在。它减轻了用户选择存取路径的负担。用户只要提出"干什么",而不必指出"怎么干"。对比一下非关系系统中的情况:用户使用过程化的语言表达查询要求,至于执行何种记录级的操作,以及操作的序列是由用户而不是由系统来决定的。因此用户必须了解存取路径,系统要提供用户选择存取路径的手段,查询效率由用户的存取策略决定。如果用户做了不当的选择,系统是无法对此加以改进的。这就要求用户有较高的数据库技术和程序设计水平。

查询优化的优点不仅在于用户不必考虑如何最好地表达查询以获得较高的效率,而且在于系统可以比用户程序的"优化"做得更好。这是因为:

(1) 优化器可以从数据字典中获取许多统计信息,例如每个关系表中的元组数、关系中每个属性值的分布情况、哪些属性上已经建立了索引等。优化器可以根据这些信息做出正确的估算,选择高效的执行计划,而用户程序则难以获得这些信息。

(2) 如果数据库的物理统计信息改变了,系统可以自动对查询进行重新优化以选择相适应的执行计划。在非关系系统中则必须重写程序,而重写程序在实际应用中往往是不太可能的。

(3) 优化器可以考虑数百种不同的执行计划,而程序员一般只能考虑有限的几种可能性。

(4) 优化器中包括了很多复杂的优化技术,这些优化技术往往只有最好的程序员才能掌握。系统的自动优化相当于使得所有人都拥有这些优化技术。

目前关系数据库管理系统通过某种代价模型计算出各种查询执行策略的执行代价,然后选取代价最小的执行方案。在集中式数据库中,查询执行开销主要包括磁盘存取块数(I/O 代价)、处理机时间(CPU 代价)以及查询的内存开销。在分布式数据库中还要加上通信代价,即

总代价=I/O 代价+CPU 代价+内存代价+通信代价

由于磁盘 I/O 操作涉及机械动作,需要的时间与内存操作相比要高几个数量级,因此,在计算查询代价时一般用查询处理读写的块数作为衡量单位。

查询优化的总目标是选择有效的策略,求得给定关系表达式的值,使得查询代价较小。因为查询优化的搜索空间有时非常大,实际系统选择的策略不一定是最优的,而是较优的。

9.2.2 一个实例

首先通过一个简单的例子来说明为什么要进行查询优化。

[例 9.3] 求选修了 2 号课程的学生姓名。

用 SQL 语句表达：

    SELECT Student.Sname
    FROM Student,SC
    WHERE Student.Sno=SC.Sno AND SC.Cno='2';

假定学生-课程数据库中有 1 000 个学生记录，10 000 个选课记录，其中选修 2 号课程的选课记录为 50 个。

系统可以用多种等价的关系代数表达式来完成这一查询，但分析下面三种就足以说明问题了：

$Q_1 = \Pi_{Sname}(\sigma_{Student.Sno=SC.Sno \wedge SC.Cno='2'}(Student \times SC))$

$Q_2 = \Pi_{Sname}(\sigma_{SC.Cno='2'}(Student \bowtie SC))$

$Q_3 = \Pi_{Sname}(Student \bowtie \sigma_{SC.Cno='2'}(SC))$

后面将看到由于查询执行的策略不同，查询效率相差很大。

1. 第一种情况

（1）计算广义笛卡儿积

把 Student 和 SC 的每个元组连接起来。一般连接的做法是：在内存中尽可能多地装入某个表（如 Student 表）的若干块，留出一块存放另一个表（如 SC 表）的元组；然后把 SC 中的每个元组和 Student 中每个元组连接，连接后的元组装满一块后就写到中间文件上，再从 SC 中读入一块和内存中的 Student 元组连接，直到 SC 表处理完；这时再一次读入若干块 Student 元组，读入一块 SC 元组，重复上述处理过程，直到把 Student 表处理完。

设一个块能装 10 个 Student 元组或 100 个 SC 元组，在内存中存放 5 块 Student 元组和 1 块 SC 元组，则读取总块数为

$$\frac{1000}{10} + \frac{1000}{10 \times 5} \times \frac{10000}{100} = 100 + 20 \times 100 = 2100 \text{ 块}$$

其中，读 Student 表 100 块，读 SC 表 20 遍，每遍 100 块，则总计要读取 2 100 数据块。

连接后的元组数为 $10^3 \times 10^4 = 10^7$。设每块能装 10 个元组，则写出 10^6 块。

（2）作选择操作

依次读入连接后的元组，按照选择条件选取满足要求的记录。假定内存处理时间忽略。这一步读取中间文件花费的时间（同写中间文件一样）需读入 10^6 块。若满足条件的元组假设仅 50 个，均可放在内存。

（3）作投影操作

把第（2）步的结果在 Sname 上作投影输出，得到最终结果。

因此第一种情况下执行查询的总读写数据块=2100+10^6+10^6。

2. 第二种情况

(1) 计算自然连接

为了执行自然连接,读取 Student 和 SC 表的策略不变,总的读取块数仍为 2 100 块。但自然连接的结果比第一种情况大大减少,连接后的元组数为 10^4 个元组,写出数据块 $=10^3$ 块。

(2) 读取中间文件块,执行选择操作,读取的数据块$=10^3$ 块。

(3) 把第(2)步结果投影输出。

第二种情况下执行查询的总读写数据块$=2100+10^3+10^3$。其执行代价大约是第一种情况的 488 分之一。

3. 第三种情况

(1) 先对 SC 表作选择操作,只需读一遍 SC 表,存取块数为 100 块,因为满足条件的元组仅 50 个,不必使用中间文件。

(2) 读取 Student 表,把读入的 Student 元组和内存中的 SC 元组作连接。也只需读一遍 Student 表,共 100 块。

(3) 把连接结果投影输出。

第三种情况总的读写数据块$=100+100$。其执行代价大约是第一种情况的万分之一,是第二种情况是 20 分之一。

假如 SC 表的 Cno 字段上有索引,第一步就不必读取所有的 SC 元组而只需读取 Cno='2'的那些元组(50 个)。存取的索引块和 SC 中满足条件的数据块大约共 3~4 块。若 Student 表在 Sno 上也有索引,则第二步也不必读取所有的 Student 元组,因为满足条件的 SC 记录仅 50 个,涉及最多 50 个 Student 记录,因此读取 Student 表的块数也可大大减少。

这个简单的例子充分说明了查询优化的必要性,同时也给出一些查询优化方法的初步概念。例如,读者可能已经发现,在第一种情况下,连接后的元组可以先不立即写出,而是和下面第(2)步的选择操作结合,这样可以省去写出和读入的开销。有选择和连接操作时,应当先做选择操作,例如,把上面的代数表达式 Q_1、Q_2 变换为 Q_3,这样参加连接的元组就可以大大减少,这是代数优化。在 Q_3 中,SC 表的选择操作算法可以采用全表扫描或索引扫描,经过初步估算,索引扫描方法较优。同样对于 Student 和 SC 表的连接,利用 Student 表上的索引,采用索引连接代价也较小,这就是物理优化。

9.3 代数优化

9.1 中已经讲解了 SQL 语句经过查询分析、查询检查后变换为查询树,它是关系代数表达式的内部表示。本节介绍基于关系代数等价变换规则的优化方法,即代数优化。

9.3.1 关系代数表达式等价变换规则

代数优化策略是通过对关系代数表达式的等价变换来提高查询效率。所谓关系代数表达式的等价是指用相同的关系代替两个表达式中相应的关系所得到的结果是相同的。两个关系表达式 E_1 和 E_2 是等价的，可记为 $E_1 \equiv E_2$。

下面是常用的等价变换规则，证明从略。

1. 连接、笛卡儿积的交换律

设 E_1 和 E_2 是关系代数表达式，F 是连接运算的条件，则有

$$E_1 \times E_2 \equiv E_2 \times E_1$$
$$E_1 \bowtie E_2 \equiv E_2 \bowtie E_1$$
$$E_1 \underset{F}{\bowtie} E_2 \equiv E_2 \underset{F}{\bowtie} E_1$$

2. 连接、笛卡儿积的结合律

设 E_1、E_2、E_3 是关系代数表达式，F_1 和 F_2 是连接运算的条件，则有

$$(E_1 \times E_2) \times E_3 \equiv E_1 \times (E_2 \times E_3)$$
$$(E_1 \bowtie E_2) \bowtie E_3 \equiv E_1 \bowtie (E_2 \bowtie E_3)$$
$$(E_1 \underset{F_1}{\bowtie} E_2) \underset{F_2}{\bowtie} E_3 \equiv E_1 \underset{F_1}{\bowtie} (E_2 \underset{F_2}{\bowtie} E_3)$$

3. 投影的串接定律

$$\Pi_{A_1, A_2, \cdots, A_n}(\Pi_{B_1, B_2, \cdots, B_m}(E)) \equiv \Pi_{A_1, A_2, \cdots, A_n}(E)$$

这里，E 是关系代数表达式，$A_i(i=1, 2, \cdots, n)$，$B_j(j=1, 2, \cdots, m)$ 是属性名，且 $\{A_1, A_2, \cdots, A_n\}$ 构成 $\{B_1, B_2, \cdots, B_m\}$ 的子集。

4. 选择的串接定律

$$\sigma_{F_1}(\sigma_{F_2}(E)) \equiv \sigma_{F_1 \wedge F_2}(E)$$

这里，E 是关系代数表达式，F_1、F_2 是选择条件。选择的串接律说明选择条件可以合并，这样一次就可检查全部条件。

5. 选择与投影操作的交换律

$$\sigma_F(\Pi_{A_1, A_2, \cdots, A_n}(E)) \equiv \Pi_{A_1, A_2, \cdots, A_n}(\sigma_F(E))$$

这里，选择条件 F 只涉及属性 $A_1, \cdots, A_n$。

若 F 中有不属于 $A_1, \cdots, A_n$ 的属性 $B_1, \cdots, B_m$，则有更一般的规则：

$$\Pi_{A_1, A_2, \cdots, A_n}(\sigma_F(E)) \equiv \Pi_{A_1, A_2, \cdots, A_n}(\sigma_F(\Pi_{A_1, A_2, \cdots, A_n, B_1, B_2, \cdots, B_m}(E)))$$

6. 选择与笛卡儿积的交换律

如果 F 中涉及的属性都是 E_1 中的属性，则

$$\sigma_F(E_1 \times E_2) \equiv \sigma_F(E_1) \times E_2$$

如果 $F = F_1 \wedge F_2$，并且 F_1 只涉及 E_1 中的属性，F_2 只涉及 E_2 中的属性，则由上面的等

价变换规则 1、4、6 可推出

$$\sigma_F(E_1 \times E_2) \equiv \sigma_{F_1}(E_1) \times \sigma_{F_2}(E_2)$$

若 F_1 只涉及 E_1 中的属性，F_2 涉及 E_1 和 E_2 两者的属性，则仍有

$$\sigma_F(E_1 \times E_2) \equiv \sigma_{F_2}(\sigma_{F_1}(E_1) \times E_2)$$

它使部分选择在笛卡儿积前先做。

7．选择与并的分配律

设 $E = E_1 \cup E_2$，E_1、E_2 有相同的属性名，则

$$\sigma_F(E_1 \cup E_2) \equiv \sigma_F(E_1) \cup \sigma_F(E_2)$$

8．选择与差运算的分配律

若 E_1 与 E_2 有相同的属性名，则

$$\sigma_F(E_1 - E_2) \equiv \sigma_F(E_1) - \sigma_F(E_2)$$

9．选择对自然连接的分配律

$$\sigma_F(E_1 \bowtie E_2) \equiv \sigma_F(E_1) \bowtie \sigma_F(E_2)$$

F 只涉及 E_1 与 E_2 的公共属性。

10．投影与笛卡儿积的分配律

设 E_1 和 E_2 是两个关系表达式，$A_1, \cdots, A_n$ 是 E_1 的属性，$B_1, \cdots, B_m$ 是 E_2 的属性，则

$$\Pi_{A_1, A_2, \cdots, A_n, B_1, B_2, \cdots, B_m}(E_1 \times E_2) \equiv \Pi_{A_1, A_2, \cdots, A_n}(E_1) \times \Pi_{B_1, B_2, \cdots, B_m}(E_2)$$

11．投影与并的分配律

设 E_1 和 E_2 有相同的属性名，则

$$\Pi_{A_1, A_2, \cdots, A_n}(E_1 \cup E_2) \equiv \Pi_{A_1, A_2, \cdots, A_n}(E_1) \cup \Pi_{A_1, A_2, \cdots, A_n}(E_2)$$

9.3.2 查询树的启发式优化

本节讨论应用启发式规则（heuristic rules）的代数优化。这是对关系代数表达式的查询树进行优化的方法。典型的启发式规则有：

（1）选择运算应尽可能先做。在优化策略中这是最重要、最基本的一条。它常常可使执行代价节约几个数量级，因为选择运算一般使计算的中间结果大大变小。

（2）把投影运算和选择运算同时进行。如有若干投影和选择运算，并且它们都对同一个关系操作，则可以在扫描此关系的同时完成所有这些运算以避免重复扫描关系。

（3）把投影同其前或后的双目运算结合起来，没有必要为了去掉某些字段而扫描一遍关系。

（4）把某些选择同在它前面要执行的笛卡儿积结合起来成为一个连接运算，连接（特别是等值连接）运算要比同样关系上的笛卡儿积省很多时间。

（5）**找出公共子表达式**。如果这种重复出现的子表达式的结果不是很大的关系，并且从外存中读入这个关系比计算该子表达式的时间少得多，则先计算一次公共子表达式并把结果写入中间文件是合算的。当查询的是视图时，定义视图的表达式就是公共子表达式的情况。

下面给出遵循这些启发式规则，应用 9.3.1 的等价变换公式来优化关系表达式的算法。

算法：关系表达式的优化。

输入：一个关系表达式的查询树。

输出：优化的查询树。

方法：

（1）利用等价变换规则 4，把形如 $\sigma_{F_1 \wedge F_2 \wedge \cdots \wedge F_n}(E)$ 的表达式变换为 $\sigma_{F_1}(\sigma_{F_2}(\cdots(\sigma_{F_n}(E))\cdots))$。

（2）对每一个选择，利用等价变换规则 4～9 尽可能把它移到树的叶端。

（3）对每一个投影，利用等价变换规则 3、5、10、11 中的一般形式尽可能把它移向树的叶端。

注意：等价变换规则 3 使一些投影消失，而规则 5 把一个投影分裂为两个，其中一个有可能被移向树的叶端。

（4）利用等价变换规则 3～5，把选择和投影的串接合并成单个选择、单个投影或一个选择后跟一个投影，使多个选择或投影能同时执行，或在一次扫描中全部完成，尽管这种变换似乎违背"投影尽可能早做"的原则，但这样做效率更高。

（5）把上述得到的语法树的内结点分组。每一双目运算（×，⋈，∪，-）和它所有的直接祖先为一组（这些直接祖先是（σ，Π 运算）。如果其后代直到叶子全是单目运算，则也将它们并入该组，但当双目运算是笛卡儿积（×），而且后面不是与它组成等值连接的选择时，则不能把选择与这个双目运算组成同一组。把这些单目运算单独分为一组。

[**例 9.4**] 下面给出例 9.3 中 SQL 语句的代数优化示例。

    SELECT Student.Sname FROM Student, SC WHERE Student.Sno=SC.Sno AND SC.Cno='2';

（1）把 SQL 语句转换成查询树，如图 9.3 所示。

为了使用关系代数表达式的优化法，不妨假设内部表示是关系代数语法树，则上面的查询树如图 9.4 所示。

（2）对查询树进行优化。

利用规则 4、6 把选择 $\sigma_{SC.Cno='2'}$ 移到叶端，图 9.4 查询树便转换成图 9.5 优化的查询树。这就是 9.2.2 节中 Q_3 的查询树表示。前面已经分析了 Q_3 比 Q_1、Q_2 查询效率要高得多。

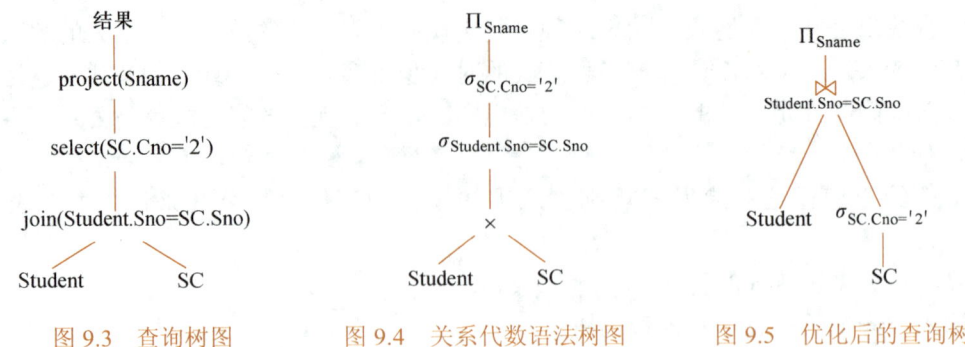

图9.3　查询树图　　　图9.4　关系代数语法树图　　　图9.5　优化后的查询树

9.4　物理优化

代数优化改变查询语句中操作的次序和组合，但不涉及底层的存取路径。9.1.2 小节中已经讲解了对每一种操作有多种执行这个操作的算法，有多条存取路径，因此对于一个查询语句有许多存取方案，它们的执行效率不同，有的会相差很大。因此，仅仅进行代数优化是不够的。物理优化就是要选择高效合理的操作算法或存取路径，求得优化的查询计划，达到查询优化的目标。

选择的方法可以是：

（1）**基于规则的启发式优化**。启发式规则是指那些在大多数情况下都适用，但不是在每种情况下都是最好的规则。

（2）**基于代价估算的优化**。使用优化器估算不同执行策略的代价，并选出具有最小代价的执行计划。

（3）**两者结合的优化方法**。查询优化器通常会把这两种技术结合在一起使用。因为可能的执行策略很多，要穷尽所有的策略进行代价估算往往是不可行的，会造成查询优化本身付出的代价大于获得的益处。为此，常常先使用启发式规则，选取若干较优的候选方案，减少代价估算的工作量；然后分别计算这些候选方案的执行代价，较快地选出最终的优化方案。

9.4.1　基于启发式规则的存取路径选择优化

1．选择操作的启发式规则

对于小关系，使用全表顺序扫描，即使选择列上有索引。

对于大关系，启发式规则有：

（1）对于选择条件是"主码=值"的查询，查询结果最多是一个元组，可以选择主码索引。一般的关系数据库管理系统会自动建立主码索引。

（2）对于选择条件是"非主属性=值"的查询，并且选择列上有索引，则要估算查询结果的元组数目，如果比例较小（<10%）可以使用索引扫描方法，否则还是使用全表顺序扫描。

（3）对于选择条件是属性上的非等值查询或者范围查询，并且选择列上有索引，同样要估算查询结果的元组数目，如果选择率<10%可以使用索引扫描方法，否则还是使用全表顺序扫描。

（4）对于用 AND 连接的合取选择条件，如果有涉及这些属性的组合索引，则优先采用组合索引扫描方法；如果某些属性上有一般索引，则可以用［例 9.1-C4］中介绍的索引扫描方法，否则使用全表顺序扫描。

（5）对于用 OR 连接的析取选择条件，一般使用全表顺序扫描。

2．连接操作的启发式规则

（1）如果 2 个表都已经按照连接属性排序，则选用排序-合并算法。

（2）如果一个表在连接属性上有索引，则可以选用索引连接算法。

（3）如果上面 2 个规则都不适用，其中一个表较小，则可以选用 hash join 算法。

（4）最后可以选用嵌套循环算法，并选择其中较小的表，确切地讲是占用的块数（B）较少的表，作为外表（外循环的表）。理由如下：

设连接表 R 与 S 分别占用的块数为 B_r 与 B_s，连接操作使用的内存缓冲区块数为 K，分配 K-1 块给外表。如果 R 为外表，则嵌套循环法存取的块数为 $B_r + B_r B_s /(K-1)$，显然应该选块数小的表作为外表。

上面列出了一些主要的启发式规则，在实际的关系数据库管理系统中启发式规则要多得多。

9.4.2 基于代价估算的优化

启发式规则优化是定性的选择，比较粗糙，但是实现简单而且优化本身的代价较小，适合解释执行的系统。因为解释执行的系统，其优化开销包含在查询总开销之中。在编译执行的系统中，一次编译优化，多次执行，查询优化和查询执行是分开的。因此，可以采用精细复杂一些的基于代价的优化方法。

1．统计信息

基于代价的优化方法要计算各种操作算法的执行代价，它与数据库的状态密切相关。为此在数据字典中存储了优化器需要的统计信息（database statistics），主要包括如下几个方面：

（1）对每个基本表，该表的元组总数（N）、元组长度（I）、占用的块数（B）、占用的溢出块数（BO）；

（2）对基本表的每个列，该列不同值的个数（m）、该列最大值、最小值，该列上是否已经建立了索引，是哪种索引（B+树索引、hash 索引、聚集索引）。根据这些统计信息，可以计算出谓词条件的选择率（f），如果不同值的分布是均匀的，$f=1/m$；如果不同值的分布不均匀，则要计算每个值的选择率，$f=$具有该值的元组数$/N$；

（3）对索引，例如 $B+$ 树索引，该索引的层数（L）、不同索引值的个数、索引的选择基数 S（有 S 个元组具有某个索引值）、索引的叶结点数（Y）；

等等。

2．代价估算示例

下面给出若干操作算法的执行代价估算。

（1）全表扫描算法的代价估算公式

如果基本表大小为 B 块，全表扫描算法的代价 cost=B；

如果选择条件是"码=值"，那么平均搜索代价 cost=$B/2$。

（2）索引扫描算法的代价估算公式

如果选择条件是"码=值"，如例 9.1-C2，则采用该表的主索引，若为 $B+$ 树，层数为 L，需要存取 $B+$ 树中从根结点到叶结点 L 块，再加上基本表中该元组所在的那一块，所以 cost=$L+1$。

如果选择条件涉及非码属性，如例 9.1-C3，若为 $B+$ 树索引，选择条件是相等比较，S 是索引的选择基数（有 S 个元组满足条件）。因为满足条件的元组可能会保存在不同的块上，所以（最坏的情况）cost=$L+S$。

如果比较条件是>，>=，<，<=操作，假设有一半的元组满足条件，那么就要存取一半的叶结点，并通过索引访问一半的表存储块。所以 cost=$L+Y/2+B/2$。如果可以获得更准确的选择基数，可以进一步修正 $Y/2$ 与 $B/2$。

（3）嵌套循环连接算法的代价估算公式

9.4.1 中已经讨论过了嵌套循环连接算法的代价 cost=$Br+BrBs/(K-1)$。如果需要把连接结果写回磁盘，则 cost=$Br+BrBs/(K-1)+(Frs*Nr*Ns)/Mrs$。其中 Frs 为连接选择率（join selectivity），表示连接结果元组数的比例，Mrs 是存放连接结果的块因子，表示每块中可以存放的结果元组数目。

（4）排序-合并连接算法的代价估算公式

如果连接表已经按照连接属性排好序，则 cost=$Br+Bs+(Frs*Nr*Ns)/Mrs$。

如果必须对文件排序，那么还需要在代价函数中加上排序的代价。对于包含 B 个块的文件排序的代价大约是$(2*B)+(2*B*\log_2 B)$。

上面仅仅列出了少数操作算法的代价估算示例。在实际的关系数据库管理系统中代价估算公式要多得多，也复杂得多。

前面还提到一种优化的方法，称为语义优化。这种技术根据数据库的语义约束，把原先的查询转换成另一个执行效率更高的查询。本章不对这种方法进行详细讨论，只用一个简单的例子来说明它。考虑例 9.1 的 SQL 查询：

SELECT * FROM Student WHERE Sdept='CS' AND Sage>200；

显然，用户在写年龄值 Sage 时，误把 20 写成 200 了。假设数据库模式上定义了一个约束，要求学生年龄在 15—55 岁之间。一旦查询优化器检查到了这条约束，它就知道上面查询的结果为空，所以根本不用执行这个查询。

*9.5 查询计划的执行

查询优化完成后，关系数据库管理系统为用户查询生成了一个查询计划。该查询计划的执行可以分为自顶向下和自底向上两种执行方法。

在自顶向下的执行方式中，系统反复向查询计划顶端的操作符发出需要查询结果元组的请求，操作符收到请求后，就试图计算下一个（几个）元组并返回这些元组。在计算时，如果操作符的输入缓冲区为空，它就会向其孩子操作符发送需求元组的请求……这种需求元组的请求会一直传到叶子结点，启动叶子操作符运行，并返回其父操作符一个（几个）元组，父操作符再计算自己的输出返回给上层操作符，直至顶端操作符。重复这一过程，直到处理完整个关系。

在自底向上的执行方式中，查询计划从叶结点开始执行，叶结点操作符不断地产生元组并将它们放入其输出缓冲区中，直到缓冲区填满为止，这时它必须等待其父操作符将元组从该缓冲区中取走才能继续执行。然后其父结点操作符开始执行，利用下层的输入元组来产生它自己的输出元组，直到其输出缓冲区满为止。这个过程不断重复，直到产生所有的输出元组。

显然，自顶向下的执行方式是一种被动的、需求驱动的执行方式。而自底向上的执行方式是一种主动的执行方式。详细的介绍请参阅关系数据库管理系统实现的有关文献。

9.6 小　　结

查询处理是关系数据库管理系统的核心，而查询优化技术又是查询处理的关键技术。本章仅关注查询（Query）语句，它是关系数据库管理系统语言处理中最重要、最复杂的部分。更一般的数据库语言（包括数据定义语言、数据操纵语言、数据控制语言）处理技术可参阅关系数据库管理系统实现的有关文献。

本章讲解了启发式代数优化、基于规则的存取路径优化和基于代价估算的优化等方法，实际系统的优化方法是综合的，优化器是十分复杂的。

本章不是要求读者掌握关系数据库管理系统查询处理和查询优化的内部实现技术，因此没有详细讲解技术细节。本章的目的是希望读者掌握查询优化方法的概念和技术；通过本章实验，进一步了解具体的查询计划表示，能够利用它分析查询的实际执行方案和查询代价，进而通过建立索引或者修改 SQL 语句来降低查询代价，达到优化系统性能的目标。

对于比较复杂的查询，尤其是涉及连接和嵌套的查询，不要把优化的任务全部放在关系数据库管理系统上，应该找出关系数据库管理系统的优化规律，以写出适合关系数据库管理系统自动优化的 SQL 语句。对于关系数据库管理系统不能优化的查询需要重写查询语句，进行手工调整以优化性能。

习 题

1. 试述查询优化在关系数据库系统中的重要性和可能性。
2. 假设关系 $R(A, B)$ 和 $S(B, C, D)$ 情况如下：R 有 20 000 个元组，S 有 1 200 个元组，一个块能装 40 个 R 的元组，能装 30 个 S 的元组，估算下列操作需要多少次磁盘块读写。

   （1）R 上没有索引，select * from R;

   （2）R 中 A 为主码，A 有 3 层 B+树索引，select * from R where A = 10;

   （3）嵌套循环连接 $R \bowtie S$;

   （4）排序合并连接 $R \bowtie S$，区分 R 与 S 在 B 属性上已经有序和无序两种情况。

3. 对学生-课程数据库，查询信息系学生选修了的所有课程名称。

     SELECT Cname

     FROM Student, Course, SC

     WHERE Student.Sno=SC.Sno AND SC.Cno=Course.Cno AND Student.Sdept='IS';

   试画出用关系代数表示的语法树，并用关系代数表达式优化算法对原始的语法树进行优化处理，画出优化后的标准语法树。

4. 对于下面的数据库模式

   Teacher (<u>Tno</u>, Tname, Tage, Tsex); Department (<u>Dno</u>, Dname, Tno); Work (<u>Tno</u>, Dno, Year, Salary)

   假设 Teacher 的 Tno 属性、Department 的 Dno 属性以及 Work 的 Year 属性上有 B+树索引，说明下列查询语句的一种较优的处理方法。

   （1）select * from teacher where Tsex = '女'

   （2）select * from department where Dno < 301

   （3）select * from work where Year <> 2000

   （4）select * from work where year > 2000 and salary < 5000

   （5）select * from work where year < 2000 or salary < 5000

5. 对于题 4 中的数据库模式，有如下的查询：

     select Tname

     from teacher, department, work

where teacher.tno = work.tno and department.dno = work.dno and

department.dname = '计算机系' and salary > 5000

画出语法树以及用关系代数表示的语法树，并对关系代数语法树进行优化，画出优化后的语法树。

6．试述关系数据库管理系统查询优化的一般准则。

7．试述关系数据库管理系统查询优化的一般步骤。

实　　验

实验 9　数据库监视与性能优化

理解和掌握数据库监视与性能优化的基本原理和方法。掌握数据库性能调优的方法，包括使用 EXPLAIN 命令分析查询执行计划、利用索引优化查询性能、优化 SQL 语句，以及理解和掌握数据库模式规范化设计对查询性能的影响，并能针对给定的数据库模式设计不同的实例验证查询性能优化效果。

本章参考文献

[1] CODD E F．Relational Database：a Practical Foundation for Productivity．CACM，1982(25):2.

（文献[1]是 CODD E F 获得图灵奖后的演说，阐述了关系数据库系统能极大地提高用户生产率这一重要观点。）

[2] SMITH J M，CHANG P Y T．Optimizing the Performance of a Relational Algebra Database Interface．CACM，1975(18):10.

（文献[2]研究了关系代数的优化，给出了详细的算法。）

[3] WONG E，YOUSSEFI K．Decomposition: a Strategy for Query Processing. ACM TODS，1976(1):3.

[4] YOUSSEFI X，WONG E．Query Processing in a Relational Database Management System．in Proceedings of the 5th International Conference on Very Large Data Bases，1979.

（文献[3] 和 [4] 介绍了 INGRES 采用的查询分解优化方法。）

[5] AHO A V，SAGIV Y，ULLMAN J D．Efficient Optimization of a Class of Relational Expressions．ACM TODS 1979(4):4.

（文献[5]讨论了关系表达式的优化方法。）

[6] ASTRAHAN M，et al. System R：A Relational Approach to Data Base Management. ACM TODS，1976(1):2.

（文献[6]介绍了 System R 的基于代价估算的查询优化算法。）

[7] SELINGER P，et al. Access Path Selection in a Relational Database Management System. in Proceedings of ACM SIGMOD，1979.

（文献［7］讨论了 System R 中多表连接操作的查询优化问题。）

［8］ ASTRAHAN M M，SCHKOLNICK M. Performance of the System R Access Path Selection Mechanism. IFIP，1980.

（文献［8］介绍了 System R 的存取路径选择机制及其性能。）

［9］ KIM W. On Optimizing an SQL like Nested Query. TODS，1982(3):3.

（文献［9］提出了 SQL 嵌套查询的优化方法。）

［10］ DEWITT D，et al. Implementation Techniques for Main Memory Databases. in Proceedings of ACM SIGMOD，1984.

（文献［10］研究了主存数据库上的查询优化问题。）

［11］ YAO S B. Optimization of Query Evaluation Algorithms. ACM TODS，1979(4):2.

（文献［11］对多个查询优化算法进行了比较和分析。）

［12］ JARKE M，KOCH J. Query Optimization in Database Systems. ACM Computing Surveys，1984(16):2.

（文献［12］系统地综述了查询优化的主要研究成果，并列出了这一研究领域的主要文献。）

［13］ KING J. QUIST：a System for Semantic Query Optimization in Relational Databases. In Proceedings of VLDB，1981.

（文献［13］讨论了在数据库中利用语义知识进行查询优化的问题。）

［14］ MALLEY C，ZDONICK S. A Knowledge Based Approach to Query Optimization. in Proceedings of the 1st Inter. Conference on Expert Database Systems，1986.

（文献［14］也是讨论在数据库中利用语义知识进行查询优化的问题。）

［15］ BECK H，GALA S，NAVATHE S. Classification as a Query Processing Technique in the CANDIDE Semantic Data Model.in Proceedings of IEEE Inter. Conference on Data Engineering，1989.

（文献［15］讨论了一种实现查询优化的分类技术，这种技术适用于基于语义数据模型的数据库系统。）

［16］ MOLINA H G, ULLMAN J D, WIDOM J. 数据库管理系统实现. 2 版. 杨冬青，唐世谓，徐其钧，等，译. 北京：机械工业出版社，2010.

（文献［16］详细介绍了关系数据库管理系统的实现技术。）

第10章　数据库恢复技术

本书第 10 章、第 11 章讨论**事务处理**（transaction processing）技术。事务是一系列的数据库操作，是数据库应用程序的基本逻辑单元。事务处理技术主要包括数据库恢复技术和并发控制技术。数据库恢复机制和并发控制机制是数据库管理系统的重要组成部分。本章讨论数据库恢复的概念和常用技术。

10.1　事务的基本概念

在讨论数据库恢复技术之前先讲解事务的基本概念和事务的性质。

1. 事务

所谓**事务**是用户定义的一个数据库操作序列，这些操作要么全做，要么全不做，是一个不可分割的工作单位。例如，在关系数据库中，一个事务可以是一条 SQL 语句、一组 SQL 语句或整个程序。

事务和程序是两个概念。一般地讲，一个程序中包含多个事务。

事务的开始与结束可以由用户显式控制。如果用户没有显式地定义事务，则由数据库管理系统按默认规定自动划分事务。在 SQL 中，定义事务的语句一般有三条：

BEGIN TRANSACTION;

COMMIT;

ROLLBACK;

事务通常是以 BEGIN TRANSACTION 开始，以 COMMIT 或 ROLLBACK 结束。COMMIT 表示提交，即提交事务的所有操作。具体地说就是将事务中所有对数据库的更新写回到磁盘上的物理数据库中去，事务正常结束。ROLLBACK 表示回滚，即在事务运行的过程中发生了某种故障，事务不能继续执行，系统将事务中对数据库的所有已完成的操作全部撤销，回滚到事务开始时的状态。这里的操作指对数据库的更新操作。

2. 事务的 ACID 特性

事务具有 4 个特性：原子性（Atomicity）、一致性（Consistency）、隔离性（Isolation）和持续性（Durability）。这 4 个特性简称为 ACID 特性（ACID properties）。

（1）原子性

事务是数据库的逻辑工作单位，事务中包括的诸操作要么都做，要么都不做。

（2）一致性

事务执行的结果必须是使数据库从一个一致性状态变到另一个一致性状态。因此当数据库只包含成功事务提交的结果时，就说数据库处于一致性状态。如果数据库系统运行中发生故障，有些事务尚未完成就被迫中断，这些未完成的事务对数据库所做的修改有一部分已写入物理数据库，这时数据库就处于一种不正确的状态，或者说是不一致的状态。例如，某公司在银行中有 A，B 两个账号，现在公司想从账号 A 中取出一万元，存入账号 B。那么就可以定义一个事务，该事务包括两个操作，第一个操作是从账号 A 中减去一万元，第二个操作是向账号 B 中加入一万元。这两个操作要么全做，要么全不做。全做或者全不做，数据库都处于一致性状态。如果只做一个操作，则逻辑上就会发生错误，减少或增加一万元，这时数据库就处于不一致性状态了。可见一致性与原子性是密切相关的。

（3）隔离性

一个事务的执行不能被其他事务干扰。即一个事务的内部操作及使用的数据对其他并发事务是隔离的，并发执行的各个事务之间不能互相干扰。

（4）持续性

持续性也称永久性（Permanence），指一个事务一旦提交，它对数据库中数据的改变就应该是永久性的。接下来的其他操作或故障不应该对其执行结果有任何影响。

事务是恢复和并发控制的基本单位，所以下面的讨论均以事务为对象。

保证事务 ACID 特性是事务管理的重要任务。事务 ACID 特性可能遭到破坏的因素有：

（1）多个事务并行运行时，不同事务的操作交叉执行；

（2）事务在运行过程中被强行停止。

在第一种情况下，数据库管理系统必须保证多个事务的交叉运行不影响这些事务的原子性；在第二种情况下，数据库管理系统必须保证被强行终止的事务对数据库和其他事务没有任何影响。

这些就是数据库管理系统中恢复机制和并发控制机制的责任。

10.2　数据库恢复概述

尽管数据库系统中采取了各种保护措施来防止数据库的安全性和完整性被破坏，保证并发事务的正确执行,但是计算机系统中硬件的故障、软件的错误、操作员的失误以及恶意的破坏仍是不可避免的,这些故障轻则造成运行事务非正常中断,影响数据库中数据的正确性,重则破坏数据库,使数据库中全部或部分数据丢失。因此数据库管理系统必须具有把数据库从错误状态恢复到某一已知的正确状态(亦称为一致状态或完整状态)的功能,这就是数据库的恢复。恢复子系统是数据库管理系统的一个重要组成部分,而且还相当庞大,常常占整个系统代码的10%以上。数据库系统所采用的恢复技术是否行之有效,不仅对系统的可靠程度起着决定性作用,而且对系统的运行效率也有很大影响,是衡量系统性能优劣的重要指标。

10.3 故障的种类

数据库系统中可能发生各种各样的故障,大致可以分以下几类。

1. 事务内部的故障

事务内部的故障有的是可以通过事务程序本身发现的(见下面转账事务的例子),有的是非预期的,不能由事务程序处理。

例如,银行转账事务,这个事务把一笔金额从一个账户甲转给另一个账户乙。

```
BEGIN TRANSACTION
    读账户甲的余额 BALANCE;
    BALANCE=BALANCE-AMOUNT;        /*AMOUNT 为转账金额*/
    IF(BALANCE < 0)THEN
        {打印'金额不足,不能转账';
         ROLLBACK; }                /*事务内部可能造成事务被回滚的情况*/
                                    /*撤销刚才的修改,恢复事务*/
    ELSE
        {读账户乙的余额 BALANCE1;
         BALANCE1=BALANCE1+AMOUNT;
         写回 BALANCE1;
         COMMIT;}
```

这个例子所包括的两个更新操作要么全部完成,要么全部不做,否则就会使数据库处于不一致状态,例如可能出现只把账户甲的余额减少而没有把账户乙的余额增加的情况。

在这段程序中若产生账户甲余额不足的情况,应用程序可以发现并让事务滚回,撤销已作的修改,恢复数据库到正确状态。

事务内部更多的故障是非预期的,是不能由应用程序处理的。如运算溢出、并发事务发生死锁而被选中撤销该事务、违反了某些完整性限制而被终止等。本书后续内容中,事务故障仅指这类非预期的故障。

事务故障意味着事务没有达到预期的终点(COMMIT 或者显式的 ROLLBACK),因此,数据库可能处于不正确状态。恢复程序要在不影响其他事务运行的情况下,强行回滚该事务,即撤销该事务已经作出的任何对数据库的修改,使得该事务好像根本没有启动一样。这类恢复操作称为**事务撤销(UNDO)**。

2. 系统故障

系统故障是指造成系统停止运转的任何事件,使得系统要重新启动。例如,特定类型的硬件错误(CPU 故障)、操作系统故障、DBMS 代码错误、系统断电等。这类故障影响正在运行的所有事务,但不破坏数据库。此时主存内容,尤其是数据库缓冲区(在内存)中的内容都被丢失,所有运行事务都非正常终止。发生系统故障时,一些尚未完成的事务的结果可能已送入物理数据库,从而造成数据库可能处于不正确的状态。为保证数据一致性,需要清除这些事务对数据库的所有修改。

恢复子系统必须在系统重新启动时让所有非正常终止的事务回滚,强行撤销所有未完成事务。

另一方面,发生系统故障时,有些已完成的事务可能有一部分甚至全部留在缓冲区,尚未写回到磁盘上的物理数据库中,系统故障使得这些事务对数据库的修改部分或全部丢失,这也会使数据库处于不一致状态,因此应将这些事务已提交的结果重新写入数据库。所以系统重新启动后,恢复子系统除需要撤销所有未完成的事务外,还需要**重做(REDO)**所有已提交的事务,以将数据库真正恢复到一致状态。

3. 介质故障

系统故障常称为**软故障**(soft crash),介质故障称为**硬故障**(hard crash)。硬故障指外存故障,如磁盘损坏、磁头碰撞、瞬时强磁场干扰等。这类故障将破坏数据库或部分数据库,并影响正在存取这部分数据的所有事务。这类故障比前两类故障发生的可能性小得多,但破坏性最大。

4. 计算机病毒

计算机病毒是一种人为的故障或破坏,是一些恶作剧者研制的一种计算机程序。这种程序与其他程序不同,它像微生物学所称的病毒一样可以繁殖和传播,并造成对计算机系统包括数据库的危害。

计算机病毒的种类很多,不同病毒有不同的特征。小的病毒只有 20 条指令,不到 50 B。大的病毒像一个操作系统,由上万条指令组成。

有的计算机病毒传播很快,一旦侵入系统就马上摧毁系统;有的病毒有较长的潜伏期,计算机在感染后数天或数月才开始发病;有的病毒感染系统所有的程序和数据;有的只对某些特定的程序和数据感兴趣。多数病毒一开始并不摧毁整个计算机系统,它们可能只在数据库或其他数据文件中将小数点向左或向右移一两位,增加或删除一两个"0",从而导致系统运行不正常。

计算机病毒已成为计算机系统的主要威胁,自然也是数据库系统的主要威胁。为此计算机的安全工作者已研制了许多预防病毒的"疫苗",检查、诊断、消灭计算机病毒的软件也在不断发展。但是,至今还没有一种可以使计算机"终生"免疫的"疫苗"。因此数据库一旦被破坏仍要用恢复技术把数据库加以恢复。

总结各类故障对数据库的影响有两种可能性,一是数据库本身被破坏,二是数据库没有被破坏,但数据可能不正确,这是由于事务的运行被非正常终止造成的。

恢复的基本原理十分简单。可以用一个词来概括:冗余。这就是说,数据库中任何一部分被破坏或不正确的数据可以根据存储在系统别处的冗余数据来重建。尽管恢复的基本原理很简单,但实现技术的细节却相当复杂,下面略去一些细节,介绍数据库恢复的实现技术。

10.4 恢复的实现技术

恢复机制涉及的两个关键问题是:如何建立冗余数据,以及如何利用这些冗余数据实施数据库恢复。

建立冗余数据最常用的技术是数据转储和登记日志文件(logging)。通常在一个数据库系统中,这两种方法是一起使用的。

10.4.1 数据转储

数据转储是数据库恢复中采用的基本技术。所谓转储即数据库管理员定期地将整个数据库复制到磁带、磁盘或其他存储介质上保存起来的过程。这些备用的数据称为**后备副本**(backup)或后援副本。

当数据库遭到破坏后可以将后备副本重新装入,但重装后备副本只能将数据库恢复到转储时的状态,要想恢复到故障发生时的状态,必须重新运行自转储以后的所有更新事务。例如,在图 10.1 中系统在 T_a 时刻停止运行事务,进行数据库转储,在 T_b 时刻转储完毕,得到 T_b 时刻的数据库一致性副本。系统运行到 T_f 时刻发生故障。为恢复数据库,首先由数据库管理员重装数据库后备副本,将数据库恢复至 T_b 时刻的状态,然后重新运行自 T_b～T_f 时刻的所有更新事务,这样就把数据库恢复到故障发生前的一致状态。

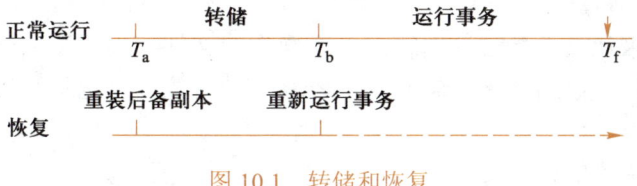

图 10.1 转储和恢复

转储是十分耗费时间和资源的，不能频繁进行。数据库管理员应该根据数据库使用情况确定一个适当的转储周期。

转储可分为静态转储和动态转储。

静态转储是在系统中无运行事务时进行的转储操作。即转储操作开始的时刻数据库处于一致性状态，而转储期间不允许（或不存在）对数据库的任何存取、修改活动。显然，静态转储得到的一定是一个数据一致性的副本。

静态转储简单，但转储必须等待正运行的用户事务结束才能进行。同样，新的事务必须等待转储结束才能执行。显然，这会降低数据库的可用性。

动态转储是指转储期间允许对数据库进行存取或修改。即转储和用户事务可以并发执行。

动态转储可以克服静态转储的缺点，它不用等待正在运行的用户事务结束，也不会影响新事务的运行。但是，转储结束时后援副本上的数据并不能保证正确有效。例如，在转储期间的某个时刻 T_c，系统把数据 A=100 转储到磁带上，而在下一时刻 T_d，某一事务将 A 改为 200。转储结束后，后备副本上的 A 已是过时的数据了。

为此，必须把转储期间各事务对数据库的修改活动登记下来，建立**日志文件**（log file）。这样，后援副本加上日志文件就能把数据库恢复到某一时刻的正确状态。

转储还可以分为海量转储和增量转储两种方式。海量转储是指每次转储全部数据库，增量转储则指每次只转储上一次转储后更新过的数据。从恢复角度看，使用海量转储得到的后备副本进行恢复一般说来会更方便些。但如果数据库很大，事务处理又十分频繁，则增量转储方式更实用更有效。

数据转储有两种方式，分别可以在两种状态下进行，因此数据转储方法可以分为4类：动态海量转储、动态增量转储、静态海量转储和静态增量转储，如表 10.1 所示。

表 10.1 数据转储分类

转储方式	转储状态	
	动态转储	静态转储
海量转储	动态海量转储	静态海量转储
增量转储	动态增量转储	静态增量转储

10.4.2 登记日志文件

1. 日志文件的格式和内容

日志文件是用来记录事务对数据库的更新操作的文件。不同数据库系统采用的日志文件格式并不完全一样。概括起来日志文件主要有两种格式：以记录为单位的日志文件和以数据块为单位的日志文件。

对于以记录为单位的日志文件，日志文件中需要登记的内容包括：

- 各个事务的开始（BEGIN TRANSACTION）标记。
- 各个事务的结束（COMMIT 或 ROLLBACK）标记。
- 各个事务的所有更新操作。

这里每个事务的开始标记、每个事务的结束标记和每个更新操作均作为日志文件中的一个日志记录（log record）。

每个日志记录的内容主要包括：
- 事务标识（标明是哪个事务）。
- 操作的类型（插入、删除或修改）。
- 操作对象（记录内部标识）。
- 更新前数据的旧值（对插入操作而言，此项为空值）。
- 更新后数据的新值（对删除操作而言，此项为空值）。

对于以数据块为单位的日志文件，日志记录的内容包括事务标识和被更新的数据块。由于将更新前的整个块和更新后的整个块都放入日志文件中，操作类型和操作对象等信息就不必放入日志记录中了。

2. 日志文件的作用

日志文件在数据库恢复中起着非常重要的作用，可以用来进行事务故障恢复和系统故障恢复，并协助后备副本进行介质故障恢复。具体作用是：

（1）事务故障恢复和系统故障恢复必须用日志文件。

（2）在动态转储方式中必须建立日志文件，后备副本和日志文件结合起来才能有效地恢复数据库。

（3）在静态转储方式中也可以建立日志文件，当数据库毁坏后可重新装入后援副本把数据库恢复到转储结束时刻的正确状态，然后利用日志文件把已完成的事务进行重做处理，对故障发生时尚未完成的事务进行撤销处理。这样不必重新运行那些已完成的事务程序就可把数据库恢复到故障前某一时刻的正确状态，如图 10.2 所示。

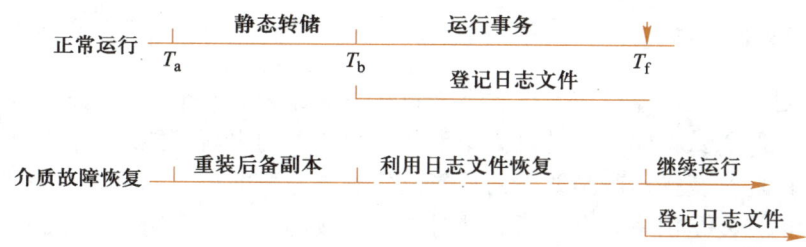

图 10.2　利用日志文件恢复

3. 登记日志文件

为保证数据库是可恢复的，登记日志文件时必须遵循两条原则：

- 登记的次序严格按并发事务执行的时间次序。
- 必须先写日志文件，后写数据库。

把对数据的修改写到数据库中和把表示这个修改的日志记录写到日志文件中是两个不同的操作。有可能在这两个操作之间发生故障，即这两个写操作只完成了一个。如果先写了数据库修改，而在运行记录中没有登记这个修改，则以后就无法恢复这个修改了。如果先写日志，但没有修改数据库，按日志文件恢复时只不过是多执行一次不必要的 UNDO 操作，并不会影响数据库的正确性。所以为了安全，一定要先写日志文件，即首先把日志记录写到日志文件中，然后写数据库的修改。这就是"先写日志文件"的原则。

10.5 恢复策略

当系统运行过程中发生故障，利用数据库后备副本和日志文件就可以将数据库恢复到故障前的某个一致性状态。不同故障其恢复策略和方法也不一样。

10.5.1 事务故障的恢复

事务故障是指事务在运行至正常终止点前被终止，这时恢复子系统应利用日志文件撤销（UNDO）此事务已对数据库进行的修改。事务故障的恢复是由系统自动完成的，对用户是透明的。系统的恢复步骤是：

（1）反向扫描日志文件（即从最后向前扫描日志文件），查找该事务的更新操作。

（2）对该事务的更新操作执行逆操作，即将日志记录中"更新前的值"写入数据库。这样，如果记录中是插入操作，则相当于做删除操作（因此时"更新前的值"为空）；若记录中是删除操作，则做插入操作；若是修改操作，则相当于用修改前值代替修改后值。

（3）继续反向扫描日志文件，查找该事务的其他更新操作，并做同样处理。

（4）如此处理下去，直至读到此事务的开始标记，事务故障恢复就完成了。

10.5.2 系统故障的恢复

前面已讲过，系统故障造成数据库不一致状态的原因有两个，一是未完成事务对数据库的更新可能已写入数据库，二是已提交事务对数据库的更新可能还留在缓冲区没来得及写入数据库。因此恢复操作就是要撤销故障发生时未完成的事务，重做已完成的事务。

系统故障的恢复是由系统在重新启动时自动完成的，不需要用户干预。

系统的恢复步骤是：

（1）正向扫描日志文件（即从头扫描日志文件），找出在故障发生前已经提交的事务（这些事务既有 BEGIN TRANSACTION 记录，也有 COMMIT 记录），将其事务标识记入重做队列（REDO-LIST）。同时找出故障发生时尚未完成的事务（这些事务只有 BEGIN

TRANSACTION 记录，无相应的 COMMIT 记录），将其事务标识记入撤销队列（UNDO-LIST）。

（2）对撤销队列中的各个事务进行撤销（UNDO）处理。

进行撤销处理的方法是，反向扫描日志文件，对每个撤销事务的更新操作执行逆操作，即将日志记录中"更新前的值"写入数据库。

（3）对重做队列中的各个事务进行重做处理。

进行重做处理的方法是：正向扫描日志文件，对每个重做事务重新执行日志文件登记的操作，即将日志记录中"更新后的值"写入数据库。

10.5.3　介质故障的恢复

发生介质故障后，磁盘上的物理数据和日志文件被破坏，这是最严重的一种故障，==恢复方法是重装数据库，然后重做已完成的事务。==

（1）装入最新的数据库后备副本（离故障发生时刻最近的转储副本），使数据库恢复到最近一次转储时的一致性状态。

对于动态转储的数据库副本，还需同时装入转储开始时刻的日志文件副本，利用恢复系统故障的方法（即 REDO+UNDO），才能将数据库恢复到一致性状态。

（2）装入相应的日志文件副本（转储结束时刻的日志文件副本），重做已完成的事务。即首先扫描日志文件，找出故障发生时已提交的事务的标识，将其记入重做队列；然后正向扫描日志文件，对重做队列中的所有事务进行重做处理。即将日志记录中"更新后的值"写入数据库。

这样就可以将数据库恢复至故障前某一时刻的一致状态了。

介质故障的恢复需要数据库管理员介入，但数据库管理员只需要重装最近转储的数据库副本和有关的各日志文件副本，然后执行系统提供的恢复命令即可，具体的恢复操作仍由数据库管理系统完成。

10.6　具有检查点的恢复技术

利用日志技术进行数据库恢复时，恢复子系统必须搜索日志，确定哪些事务需要重做，哪些事务需要撤销。一般来说，需要检查所有日志记录。这样做有两个问题，一是搜索整个日志将耗费大量的时间，二是很多需要重做处理的事务实际上已经将它们的更新操作结果写到了数据库中，然而恢复子系统又重新执行了这些操作，浪费了大量时间。为了解决这些问题，又发展了具有检查点的恢复技术。这种技术在日志文件中增加一类新的记录——**检查点**（checkpoint）记录，增加一个重新开始文件，并让恢复子系统在登录日志文件期间动态地维护日志。

检查点记录的内容包括：
- 建立检查点时刻所有正在执行的事务清单。
- 这些事务最近一个日志记录的地址。

重新开始文件用来记录各个检查点记录在日志文件中的地址。图 10.3 说明了建立检查点 C_i 时对应的日志文件和重新开始文件。

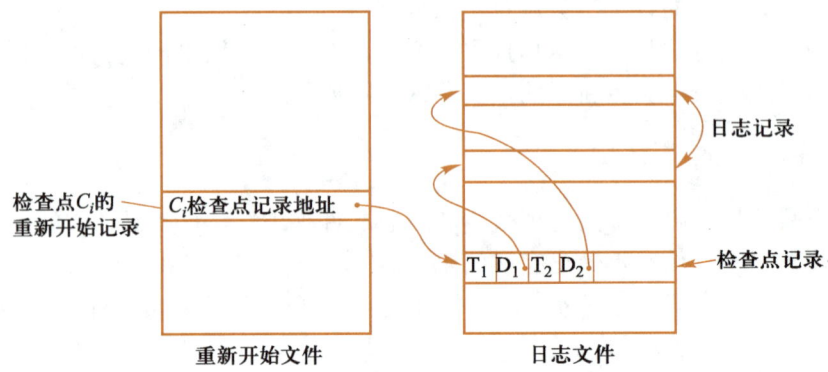

图 10.3 具有检查点的日志文件和重新开始文件

动态维护日志文件的方法是，周期性地执行建立检查点、保存数据库状态的操作。具体步骤是：

（1）将当前日志缓冲区中的所有日志记录写入磁盘的日志文件上。
（2）在日志文件中写入一个检查点记录。
（3）将当前数据缓冲区的所有数据记录写入磁盘的数据库中。
（4）把检查点记录在日志文件中的地址写入一个重新开始文件。

恢复子系统可以定期或不定期地建立检查点，保存数据库状态。检查点可以按照预定的一个时间间隔建立，如每隔一小时建立一个检查点；也可以按照某种规则建立检查点，如日志文件已写满一半建立一个检查点。

使用检查点方法可以改善恢复效率。当事务 T 在一个检查点之前提交，T 对数据库所做的修改一定都已写入数据库，写入时间是在这个检查点建立之前或在这个检查点建立之时。这样，在进行恢复处理时，没有必要对事务 T 执行重做操作。

系统出现故障时，恢复子系统将根据事务的不同状态采取不同的恢复策略，如图 10.4 所示。

T_1：在检查点之前提交。
T_2：在检查点之前开始执行，在检查点之后故障点之前提交。
T_3：在检查点之前开始执行，在故障点时还未完成。
T_4：在检查点之后开始执行，在故障点之前提交。

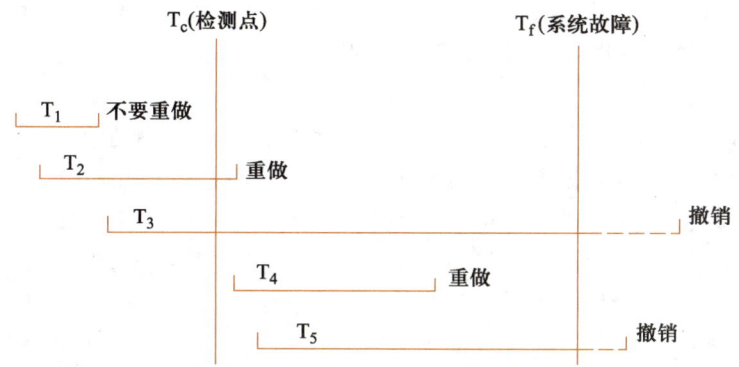

图 10.4 恢复子系统采取的不同策略

T_5：在检查点之后开始执行，在故障点时还未完成。

T_3 和 T_5 在故障发生时还未完成，所以予以撤销；T_2 和 T_4 在检查点之后才提交，它们对数据库所做的修改在故障发生时可能还在缓冲区中，尚未写入数据库，所以要重做；T_1 在检查点之前已提交，所以不必执行重做操作。

系统使用检查点方法进行恢复的步骤是：

（1）从重新开始文件中找到最后一个检查点记录在日志文件中的地址，由该地址在日志文件中找到最后一个检查点记录。

（2）由该检查点记录得到检查点建立时刻所有正在执行的事务清单 ACTIVE-LIST。

这里建立两个事务队列：

- UNDO-LIST：需要执行 UNDO 操作的事务集合；
- REDO-LIST：需要执行 REDO 操作的事务集合。

把 ACTIVE-LIST 暂时放入 UNDO-LIST 队列，REDO 队列暂为空。

（3）从检查点开始正向扫描日志文件。

① 如有新开始的事务 T_i，把 T_i 暂时放入 UNDO-LIST 队列；

② 如有提交的事务 T_j，把 T_j 从 UNDO-LIST 队列移到 REDO-LIST 队列；直到日志文件结束。

（4）对 UNDO-LIST 中的每个事务执行 UNDO 操作，对 REDO-LIST 中的每个事务执行 REDO 操作。

10.7 数据库镜像

如前所述，介质故障是对系统影响最为严重的一种故障。系统出现介质故障后，用户应用全部中断，恢复起来也比较费时。而且数据库管理员必须周期性地转储数据库，这也加重了数据库管理员的负担。如果不及时而正确地转储数据库，一旦发生介质故障，会造成较大的损失。

随着技术的发展，磁盘容量越来越大，价格越来越便宜。为避免磁盘介质出现故障影响数据库的可用性，许多数据库管理系统提供了数据库镜像（mirror）功能用于数据库恢复。即根据数据库管理员的要求，自动把整个数据库或其中的关键数据复制到另一个磁盘上，每当主数据库更新时，数据库管理系统自动把更新后的数据复制过去，由数据库管理系统自动保证镜像数据与主数据库的一致性（如图 10.5(a)所示）。这样，一旦出现介质故障，可由镜像磁盘继续提供使用，同时数据库管理系统自动利用镜像磁盘数据进行数据库的恢复，不需要关闭系统和重装数据库副本（如图 10.5(b)所示）。在没有出现故障时，数据库镜像还可以用于并发操作，即当一个用户对数据加排他锁修改数据时，其他用户可以读镜像数据库上的数据，而不必等待该用户释放锁。

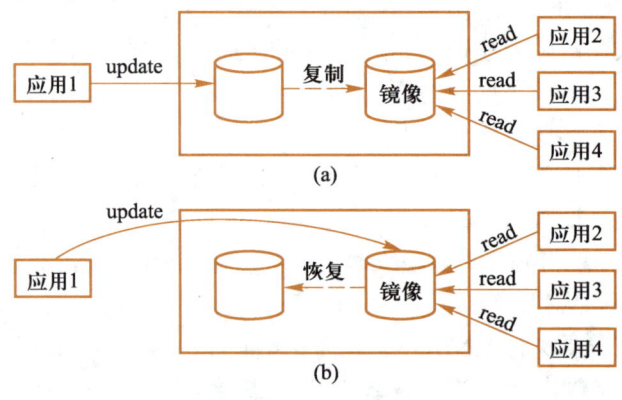

图 10.5 数据库镜像

由于数据库镜像是通过复制数据实现的，频繁地复制数据自然会降低系统运行效率，因此在实际应用中用户往往只选择对关键数据和日志文件进行镜像，而不是对整个数据库进行镜像。

10.8 小 结

保证数据一致性是对数据库的最基本的要求。事务是数据库的逻辑工作单位，只要数据库管理系统能够保证系统中一切事务的 ACID 特性，即事务的原子性、一致性、隔离性和持续性，也就保证了数据库处于一致状态。为了保证事务的原子性、一致性与持续性，数据库管理系统必须对事务故障、系统故障和介质故障进行恢复。数据转储和登记日志文件是恢复中最经常使用的技术。恢复的基本原理就是利用存储在后备副本、日志文件和数据库镜像中的冗余数据来重建数据库。

事务不仅是恢复的基本单位，也是并发控制的基本单位。为了保证事务的隔离性和一致性，数据库管理系统需要对并发操作进行控制，第 11 章将进一步讲解并发控制。

习　　题

1. 试述事务的概念及事务的 4 个特性。恢复技术能保证事务的哪些特性？
2. 为什么事务非正常结束时会影响数据库数据的正确性？请举例说明之。
3. 登记日志文件时为什么必须先写日志文件，后写数据库？
4. 考虑下图所示的日志记录：

序号	日志
1	T_1：开始
2	T_1：写 A，$A=10$
3	T_2：开始
4	T_2：写 B，$B=9$
5	T_1：写 C，$C=11$
6	T_1：提交
7	T_2：写 C，$C=13$
8	T_3：开始
9	T_3：写 A，$A=8$
10	T_2：回滚
11	T_3：写 B，$B=7$
12	T_4：开始
13	T_3：提交
14	T_4：写 C，$C=12$

（1）如果系统故障发生在 14 之后，说明哪些事务需要重做，哪些事务需要回滚。
（2）如果系统故障发生在 10 之后，说明哪些事务需要重做，哪些事务需要回滚。
（3）如果系统故障发生在 9 之后，说明哪些事务需要重做，哪些事务需要回滚。
（4）如果系统故障发生在 7 之后，说明哪些事务需要重做，哪些事务需要回滚。
5. 考虑题 4 所示的日志记录，假设开始时 A、B、C 的值都是 0：
（1）如果系统故障发生在 14 之后，写出系统恢复后 A、B、C 的值；

(2) 如果系统故障发生在 12 之后,写出系统恢复后 A、B、C 的值;

(3) 如果系统故障发生在 10 之后,写出系统恢复后 A、B、C 的值;

(4) 如果系统故障发生在 9 之后,写出系统恢复后 A、B、C 的值;

(5) 如果系统故障发生在 7 之后,写出系统恢复后 A、B、C 的值;

(6) 如果系统故障发生在 5 之后,写出系统恢复后 A、B、C 的值。

6. 针对不同的故障,试给出恢复的策略和方法。(即如何进行事务故障的恢复,如何进行系统故障的恢复,以及如何进行介质故障的恢复。)

7. 什么是检查点记录?检查点记录包括哪些内容?

8. 具有检查点的恢复技术有什么优点?试举一个具体例子加以说明。

9. 试述使用检查点方法进行恢复的步骤。

10. 什么是数据库镜像?它有什么用途?

实　　验

实验 10　数据库恢复技术

掌握和使用数据库事务管理原理以及事务编程方法,包括显式事务定义、事务提交和回滚。掌握数据库备份原理和方法,能够针对各种备份方法设计备份方案,利用数据库管理系统提供的备份工具实现各种数据库备份策略。掌握数据库恢复原理和方法,能够针对各种备份和恢复方法设计数据库恢复方案,利用数据库管理系统提供的恢复工具实现各种数据库恢复策略。

本章参考文献

[1] DAVIES C T. Recovery Semantics for a DB/DC System. Proceedings of the ACM Annual Conference,1973.

[2] BJORK L A. Recovery Scenario for a DB/DC System. Proceedings of the ACM Annual Conference,1973.

(文献 [1] 和 [2] 是系统恢复领域中两篇最早的论文。)

[3] HAERDER T,REUTER A. Principles of Transaction-Oriented Database Recovery. ACM Computing Surveys,1983(15):4.

[4] JIM G,et al. The Recovery Manager of the System R Data Manager. ACM Computing Surveys,1981(13):2.

(文献 [4] 概述了 IBM 的数据库管理系统(实验系统)System R 的恢复技术。)

[5] CRUS R A. Data Recovery in IBM Database 2. IBM Sys,1984(23):2.

(文献 [5] 介绍了 IBM DB2 的恢复技术。)

[6] LORIE R A. Physical Integrity in a Large Segmented Database. ACM Transactions on Database Systems，1977(2):1.

（文献［6］研究了 System R 的影子页面技术。）

[7] CHANDY K M，BROWNE J C，DISSLEY C W，et al. Analytic Models for Rollback and Recovery Strategies in Database Systems. IEEE Transactions on Software Engineering. 1975，SE-1:1.

（文献［7］提出了数据库系统恢复和回滚的分析模型。）

[8] REUTER A. A Fast Transaction-Oriented Logging Scheme for UNDO Recovery. IEEE Transactions on Software Engineering. 1980，SE-6:4.

（文献［8］给出了一个快速处理 UNDO 操作的日志模式。）

[9] LILIEN L，BHARGAVA B. Database Integrity Block Construct：Concept and Design Issues. IEEE Transactions on Software Engineering. 1985，SE-11:9.

（文献［9］介绍了完整性、并发控制和系统恢复相结合的问题。）

[10] VERHOFSTAD J S M. Recovery Techniques for Database Systems. ACM Computing Surveys. 1978，10:2.

（文献［10］系统地综述了数据库管理系统的恢复技术。）

[11] BERNSTEIN A，HADZILACOS V，GOODMAN W. Concurrency Control and Recovery in Database Systems. Addison-Wesley，1987.

（文献［11］包含了有关 DBMS 恢复的全面介绍。）

[12] MOHAN C，HADERLE D，LINDSAY R，et al. ARIES：A Transaction Recovery Method Supporting Fine Granularity Locking and Partial Rollback Using Write-Ahead Logging. ACM Transactions on Database Systems，1991.

（文献［12］讨论了 ARIES 系统中的事务恢复技术。）

第11章　并发控制

数据库是一个共享资源，可以供多个用户使用。允许多个用户同时使用同一个数据库的数据库系统称为多用户数据库系统。例如飞机订票数据库系统、银行数据库系统等都是多用户数据库系统。在这样的系统中，在同一时刻并发运行的事务数可达数百上千个。

事务可以一个一个地串行执行，即每个时刻只有一个事务运行，其他事务必须等到这个事务结束以后方能运行，如图 11.1(a)所示。事务在执行过程中需要不同的资源，有时需要 CPU，有时需要存取数据库，有时需要 I/O，有时需要通信。如果事务串行执行，则许多系统资源将处于空闲状态。因此，为了充分利用系统资源，发挥数据库共享资源的特点，应该允许多个事务并行地执行。

在单处理机系统中，事务的并行执行实际上是这些并行事务的并行操作轮流交叉运行，如图 11.1(b)所示。这种并行执行方式称为交叉并发方式（interleaved concurrency）。虽然单处理机系统中的并行事务并没有真正地并行运行，但是减少了处理机的空闲时间，提高了系统的效率。

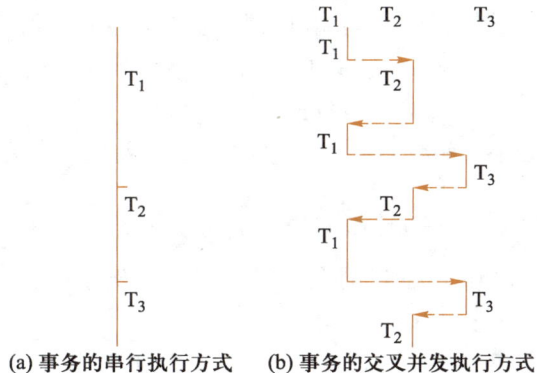

(a) 事务的串行执行方式　　(b) 事务的交叉并发执行方式

图 11.1　事务的执行方式

在多处理机系统中，每个处理机可以运行一个事务，多个处理机可以同时运行多个事务，实现多个事务真正的并行运行。这种并行执行方式称为**同时并发方式**（simultaneous concurrency）。本章讨论的数据库系统并发控制（concurrency control in database systems）技术是以单处理机系统为基础的，该理论可以推广到多处理机的情况。

当多个用户并发地存取数据库时就会产生多个事务同时存取同一数据的情况。若对并发操作不加控制就可能会存取和存储不正确的数据，破坏事务的一致性和数据库的一致性。所以数据库管理系统必须提供并发控制机制。并发控制机制是衡量一个数据库管理系统性能的重要标志之一。

11.1 并发控制概述

在第 10 章中已经讲到，事务是并发控制的基本单位，保证事务的 ACID 特性是事务处理的重要任务，而事务的 ACID 特性可能遭到破坏的原因之一是多个事务对数据库的并发操作造成的。为了**保证事务的隔离性和一致性**，数据库管理系统需要对并发操作进行正确调度。这些就是数据库管理系统中并发控制机制的责任。

下面先来看一个例子，说明并发操作带来的数据的不一致性问题。

[**例 11.1**] 考虑飞机订票系统中的一个活动序列：

① 甲售票点（事务 T_1）读出某航班的机票余额 A，设 A=16。
② 乙售票点（事务 T_2）读出同一航班的机票余额 A，也为 16。
③ 甲售票点卖出一张机票，修改余额 A←A-1，所以 A 为 15，把 A 写回数据库。
④ 乙售票点也卖出一张机票，修改余额 A←A-1，所以 A 为 15，把 A 写回数据库。

结果明明卖出两张机票，数据库中机票余额只减少 1。

这种情况称为数据库的不一致性。这种不一致性是由并发操作引起的。在并发操作情况下，对 T_1、T_2 两个事务的操作序列的调度是随机的。若按上面的调度序列执行，T_1 事务的修改就被丢失。这是由于第 4 步中 T_2 事务修改 A 并写回后覆盖了 T_1 事务的修改。

下面把事务读数据 x 记为 R(x)，写数据 x 记为 W(x)。

并发操作带来的数据不一致性包括丢失修改、不可重复读和读"脏"数据。

1. 丢失修改（lost update）

两个事务 T_1 和 T_2 读入同一数据并修改，T_2 提交的结果破坏了 T_1 提交的结果，导致 T_1 的修改被丢失，如图 11.2(a)所示。例 11.1 的飞机订票例子就属此类。

2. 不可重复读（non-repeatable read）

不可重复读是指事务 T_1 读取数据后，事务 T_2 执行更新操作，使 T_1 无法再现前一次读取结果。具体地讲，不可重复读包括三种情况：

（1）事务 T_1 读取某一数据后，事务 T_2 对其进行了修改，当事务 T_1 再次读该数据时，得到与前一次不同的值。例如在图 11.2(b)中，T_1 读取 B=100 进行运算，T_2 读取同一数据 B，对其进行修改后将 B=200 写回数据库。T_1 为了对读取值校对重读 B，B 已为 200，与第一次读取值不一致。

（2）事务 T_1 按一定条件从数据库中读取了某些数据记录后，事务 T_2 删除了其中部分记录，当 T_1 再次按相同条件读取数据时，发现某些记录神秘地消失了。

（3）事务 T_1 按一定条件从数据库中读取某些数据记录后，事务 T_2 插入了一些记录，当 T_1 再次按相同条件读取数据时，发现多了一些记录。

后两种不可重复读有时也称为幻影（phantom row）现象。

3．读"脏"数据（dirty read）

读"脏"数据是指事务 T_1 修改某一数据并将其写回磁盘，事务 T_2 读取同一数据后，T_1 由于某种原因被撤销，这时被 T_1 修改过的数据恢复原值，T_2 读到的数据就与数据库中的数据不一致，则 T_2 读到的数据就为"脏"数据，即不正确的数据。例如在图 11.2(c)中 T_1 将 C 值修改为 200，T_2 读到 C 为 200，而 T_1 由于某种原因撤销，其修改作废，C 恢复原值 100，这时 T_2 读到的 C 为 200，与数据库内容不一致，就是"脏"数据。

T_1	T_2	T_1	T_2	T_1	T_2
① R(A)=16		① R(A)=50 R(B)=100 求和=150		① R(C)=100 C←C*2 W(C)=200	
②	R(A)=16	②	R(B)=100 B←B*2 W(B)=200	②	R(C)=200
③ A←A−1 W(A)=15		③ R(A)=50 R(B)=200 求和=250 （验算不对）		④ ROLLBACK C 恢复为 100	
④	A←A−1 W(A)=15				

(a) 丢失修改　　　　　　　(b) 不可重复读　　　　　　(c) 读"脏"数据

图 11.2　三种数据不一致性示例

产生上述三类数据不一致性的主要原因是并发操作破坏了事务的隔离性。并发控制机制就是要用正确的方式调度并发操作，使一个用户事务的执行不受其他事务的干扰，从而避免造成数据的不一致性。

另一方面，对数据库的应用有时允许某些不一致性，例如有些统计工作涉及数据量很大，读到一些"脏"数据对统计精度没什么影响，这时可以降低对一致性的要求以减少系统开销。

并发控制的主要技术有封锁（locking）、时间戳（timestamp）、乐观控制法（optimistic scheduler）和多版本并发控制（multi-version concurrency control，MVCC）等。

本章讲解基本的封锁方法，也是众多数据库产品采用的基本方法。

11.2 封　　锁

封锁是实现并发控制的一个非常重要的技术。所谓封锁就是事务 T 在对某个数据对象例如表、记录等操作之前，先向系统发出请求，对其加锁。加锁后事务 T 就对该数据对象有了一定的控制，在事务 T 释放它的锁之前，其他事务不能更新此数据对象。例如，在例 11.1 中，事务 T_1 要修改 A，若在读出 A 前先锁住 A，其他事务就不能再读取和修改 A 了，直到 T_1 修改并写回 A 后解除了对 A 的封锁为止。这样，就不会丢失 T_1 的修改。

确切的控制由封锁的类型决定。基本的封锁类型有两种：排他锁（exclusive locks，简称 X 锁）和共享锁（share locks，简称 S 锁）。

排他锁又称为**写锁**。若事务 T 对数据对象 A 加上 X 锁，则只允许 T 读取和修改 A，其他任何事务都不能再对 A 加任何类型的锁，直到 T 释放 A 上的锁为止。这就保证了其他事务在 T 释放 A 上的锁之前不能再读取和修改 A。

共享锁又称为**读锁**。若事务 T 对数据对象 A 加上 S 锁，则事务 T 可以读 A 但不能修改 A，其他事务只能再对 A 加 S 锁，而不能加 X 锁，直到 T 释放 A 上的 S 锁为止。这就保证了其他事务可以读 A，但在 T 释放 A 上的 S 锁之前不能对 A 做任何修改。

排他锁与共享锁的控制方式可以用图 11.3 所示的相容矩阵（compatibility matrix）来表示。

T_1 \ T_2	X	S	−
X	N	N	Y
S	N	Y	Y
−	Y	Y	Y

Y=Yes，相容的请求
N=No，不相容的请求

图 11.3　封锁类型的相容矩阵

在图 11.3 所示的封锁类型相容矩阵中，最左边一列表示事务 T_1 已经获得的数据对象上的锁的类型，其中横线表示没有加锁。最上面一行表示另一事务 T_2 对同一数据对象发出的封锁请求。T_2 的封锁请求能否被满足用矩阵中的 Y 和 N 表示，其中 Y 表示事务 T_2 的封锁要求与 T_1 已持有的锁相容，封锁请求可以满足。N 表示 T_2 的封锁请求与 T_1 已持有的锁冲突，T_2 的请求被拒绝。

11.3 封锁协议

在运用 X 锁和 S 锁这两种基本封锁对数据对象加锁时，还需要约定一些规则。例如，何时申请 X 锁或 S 锁、持锁时间、何时释放等。这些规则称为**封锁协议**（locking protocol）。对封锁方式制定不同的规则，就形成了各种不同的封锁协议。本节介绍三级封锁协议。对并发操作的不正确调度可能会带来丢失修改、不可重复读和读"脏"数据等不一致性问题，三级封锁协议分别在不同程度上解决了这些问题，为并发操作的正确调度提供一定的保证。不同级别的封锁协议达到的系统一致性级别是不同的。

1. 一级封锁协议

一级封锁协议是指，事务 T 在修改数据 R 之前必须先对其加 X 锁，直到事务结束才释放。事务结束包括正常结束（COMMIT）和非正常结束（ROLLBACK）。

一级封锁协议可防止丢失修改，并保证事务 T 是可恢复的。例如图 11.4(a)使用一级封锁协议解决了图 11.2(a)中的丢失修改问题。

图 11.4(a)事务 T_1 在读 A 进行修改之前先对 A 加 X 锁，当 T_2 再请求对 A 加 X 锁时被拒绝，T_2 只能等待 T_1 释放 A 上的锁后获得对 A 的 X 锁，这时它读到的 A 已经是 T_1 更新过的值 15，再按此新的 A 值进行运算，并将结果值 A=14 写回到磁盘。这样就避免了丢失 T_1 的修改。

在一级封锁协议中，如果仅仅是读数据而不对其进行修改，是不需要加锁的，所以它不能保证可重复读和不读"脏"数据。

2. 二级封锁协议

二级封锁协议是指，在一级封锁协议基础上增加事务 T 在读取数据 R 之前必须先对其加 S 锁，读完后即可释放 S 锁。

二级封锁协议除防止了丢失修改，还可进一步防止读"脏"数据。例如图 11.4(c)使用二级封锁协议解决了图 11.2(c)中的读"脏"数据问题。

图 11.4(c)中，事务 T_1 在对 C 进行修改之前，先对 C 加 X 锁，修改其值后写回磁盘。这时 T_2 请求在 C 上加 S 锁，因 T_1 已在 C 上加了 X 锁，T_2 只能等待。T_1 因某种原因被撤销，C 恢复为原值 100，T_1 释放 C 上的 X 锁后 T_2 获得 C 上的 S 锁，读 C=100。这就避免了 T_2 读"脏"数据。

在二级封锁协议中，由于读完数据后即可释放 S 锁，所以它不能保证可重复读。

3. 三级封锁协议

三级封锁协议是指，在一级封锁协议的基础上增加事务 T 在读取数据 R 之前必须先对其加 S 锁，直到事务结束才释放。

三级封锁协议除了防止丢失修改和读"脏"数据外，还进一步防止了不可重复读。例如图 11.4(b)使用三级封锁协议解决了图 11.2(b)不可重复读问题。

图 11.4(b)中，事务 T_1 在读 A、B 之前，先对 A、B 加 S 锁，这样其他事务只能再对 A、B 加 S 锁，而不能加 X 锁，即其他事务只能读 A、B，而不能修改它们。所以当 T_2 为修改 B 而申请对 B 的 X 锁时被拒绝，只能等待 T1 释放 B 上的锁。T_1 为验算再读 A、B，这时

读出的 B 仍是 100，求和结果仍为 150，即可重复读。T_1 结束才释放 A、B 上的 S 锁。T_2 才获得对 B 的 X 锁。

T_1	T_2	T_1	T_2	T_1	T_2
① Xlock A		① Slock A		② Xlock C	
② R(A)=16		Slock B		R(C)=100	
③	Xlock A	R(A)=50		C=C*2	
④ A←A−1	等待	R(B)=100		W(C)=200	
W(A)=15	等待	A+B=150		②	Slock C
Commit	等待	②	Xlock B		等待
Unlock A	等待		等待	③ROLLBACK	等待
⑤	获得Xlock A		等待	(C恢复为100)	等待
	R(A)=15	③ R(A)=50	等待	Unlock C	等待
	A=A−1	R(B)=100	等待	④	获得Slock C
⑥	W(A)=14	A+B=150	等待		R(C)=100
	Commit	Commit	等待	⑤	Commit
	Unlock A	Unlock A	等待		Unlock C
		Unlock B	等待		
		④	获得XlockB		
			R(B)=100		
			B=B*2		
		⑤	W(B)=200		
			Commit		
			Unlock B		
(a) 没有丢失修改		(b) 可重复读		(c) 不读"脏"数据	

图 11.4　使用封锁机制解决三种数据不一致性的示例

上述三级协议的主要区别在于什么操作需要申请封锁，以及何时释放锁（即持锁时间）。三级封锁协议可以总结为表 11.1。表中还指出了不同的封锁协议使事务达到的一致性级别是不同的，封锁协议级别越高，一致性程度越高。

表 11.1　不同级别的封锁协议和一致性保证

	X 锁		S 锁		一致性保证		
	操作结束释放	事务结束释放	操作结束释放	事务结束释放	不丢失修改	不读"脏"数据	可重复读
一级封锁协议		√			√		
二级封锁协议		√	√		√	√	
三级封锁协议		√		√	√	√	√

11.4 活锁和死锁

和操作系统一样，封锁的方法可能引起活锁和死锁等问题。

11.4.1 活锁

如果事务 T_1 封锁了数据 R，事务 T_2 又请求封锁 R，于是 T_2 等待；T_3 也请求封锁 R，当 T_1 释放了 R 上的封锁之后系统首先批准了 T_3 的请求，T_2 仍然等待；然后 T_4 又请求封锁 R，当 T_3 释放了 R 上的封锁之后系统又批准了 T_4 的请求……T_2 有可能永远等待，这就是活锁的情形，如图 11.5(a)所示。

T_1	T_2	T_3	T_4	T_1	T_2
lock R	⋮	⋮	⋮	Lock R_1	⋮
⋮	Lock R			⋮	Lock R_2
⋮	等待	Lock R		⋮	⋮
⋮	等待	⋮	Lock R	Lock R_2	⋮
Unlock R	等待	⋮	等待	等待	⋮
⋮	等待	Lock R	等待	等待	⋮
⋮	等待	⋮	等待	等待	Lock R_1
⋮	等待	Unlock	等待	等待	等待
⋮	等待	⋮	Lock R	等待	等待
⋮	等待	⋮	⋮		
(a) 活锁				(b) 死锁	

图 11.5 死锁与活锁示例

避免活锁的简单方法是采用先来先服务的策略。当多个事务请求封锁同一数据对象时，封锁子系统按请求封锁的先后次序对事务排队，数据对象上的锁一旦释放就批准申请队列中第一个事务获得锁。

11.4.2 死锁

如果事务 T_1 封锁了数据 R_1，T_2 封锁了数据 R_2，然后 T_1 又请求封锁 R_2，因 T_2 已封锁了 R_2，于是 T_1 等待 T_2 释放 R_2 上的锁；接着 T_2 又申请封锁 R_1，因 T_1 已封锁了 R_1，T_2 也只能等待 T_1 释放 R_1 上的锁。这样就出现了 T_1 在等待 T_2，而 T_2 又在等待 T_1 的局面，T_1 和 T_2 两个事务永远不能结束，形成死锁。如图 11.5(b)所示。

死锁的问题在操作系统和一般并行处理中已做了深入研究，目前在数据库中解决死锁问题主要有两类方法，一类方法是采取一定措施来预防死锁的发生，另一类方法是允许发生死锁，采用一定手段定期诊断系统中有无死锁，若有则解除之。

1. 死锁的预防

在数据库中，产生死锁的原因是两个或多个事务都已封锁了一些数据对象，然后又都请求对已被其他事务封锁的数据对象加锁,从而出现死等待。防止死锁的发生其实就是要破坏产生死锁的条件。预防死锁通常有以下两种方法。

(1) 一次封锁法

一次封锁法要求每个事务必须一次将所有要使用的数据全部加锁,否则就不能继续执行。图 11.5(b)的例子中,如果事务 T_1 将数据对象 R_1 和 R_2 一次加锁,T_1 就可以执行下去,而 T_2 等待。T_1 执行完后释放 R_1、R_2 上的锁,T_2 继续执行。这样就不会发生死锁。

一次封锁法虽然可以有效地防止死锁的发生,但也存在问题,第一,一次就将以后要用到的全部数据加锁,势必扩大了封锁的范围,从而降低了系统的并发度;第二,数据库中数据是不断变化的,原来不要求封锁的数据在执行过程中可能会变成封锁对象,所以很难事先精确地确定每个事务所要封锁的数据对象,为此只能扩大封锁范围,将事务在执行过程中可能要封锁的数据对象全部加锁,这就进一步降低了并发度。

(2) 顺序封锁法

顺序封锁法是预先对数据对象规定一个封锁顺序,所有事务都按这个顺序实施封锁。例如在 B 树结构的索引中,可规定封锁的顺序必须是从根结点开始,然后是下一级的子结点,逐级封锁。

顺序封锁法可以有效地防止死锁,但也同样存在问题,第一,数据库系统中封锁的数据对象极多,并且随数据的插入、删除等操作而不断地变化,要维护这样的资源的封锁顺序非常困难,成本很高;第二,事务的封锁请求可以随着事务的执行而动态地决定,很难事先确定每一个事务要封锁哪些对象,因此也就很难按规定的顺序去施加封锁。

可见,在操作系统中广为采用的预防死锁的策略并不太适合数据库的特点,因此数据库管理系统在解决死锁的问题上普遍采用的是诊断并解除死锁的方法。

2. 死锁的诊断与解除

数据库系统中诊断死锁的方法与操作系统类似,一般使用超时法或事务等待图法。

(1) 超时法

如果一个事务的等待时间超过了规定的时限,就认为发生了死锁。超时法实现简单,但其不足也很明显,一是有可能误判死锁,如事务因为其他原因而使等待时间超过时限,系统会误认为发生了死锁;二是时限若设置得太长,死锁发生后不能及时发现。

(2) 等待图法

事务等待图是一个有向图 $G=(T, U)$,T 为结点的集合,每个结点表示正运行的事务;U 为边的集合,每条边表示事务等待的情况。若 T_1 等待 T_2,则在 T_1、T_2 之间画一条有向边,从 T_1 指向 T_2。如图 11.6 所示。

图 11.6 事务等待图

事务等待图动态地反映了所有事务的等待情况。并发控制子系统周期性地(比如每隔数秒）生成事务等待图，并进行检测。如果发现图中存在回路，则表示系统中出现了死锁。

图 11.6(a)表示事务 T_1 等待 T_2，T_2 又等待 T_1，产生了死锁。图 11.6(b)表示事务 T_1 等待 T_2，T_2 等待 T_3，T_3 等待 T_4，T_4 又等待 T_1，产生了死锁。

当然，死锁的情况可以多种多样。例如，图 11.6(b)中事务 T_3 可能还等待 T_2，在大回路中又有小的回路。这些情况人们都已经做了很深入的研究。

数据库管理系统的并发控制子系统一旦检测到系统中存在死锁，就要设法解除。通常采用的方法是选择一个处理死锁代价最小的事务，将其撤销，释放此事务持有的所有的锁，使其他事务得以继续运行下去。当然，对撤销的事务所执行的数据修改操作必须加以恢复。

11.5 并发调度的可串行性

数据库管理系统对并发事务不同的调度可能会产生不同的结果，那么什么样的调度是正确的呢？显然，**串行调度**是正确的。执行结果等价于串行调度的调度也是正确的。这样的调度叫做可串行化调度。

11.5.1 可串行化调度

定义 多个事务的并发执行是正确的，当且仅当其结果与按某一次序串行地执行这些事务时的结果相同，称这种调度策略为**可串行化**（serializable）**调度**。

可串行性（serializability）是并发事务正确调度的准则。按这个准则规定，一个给定的并发调度，当且仅当它是可串行化的，才认为是**正确调度**。

[例 11.2] 现在有两个事务，分别包含下列操作：

事务 T_1：读 B；A=B+1；写回 A；

事务 T_2：读 A；B=A+1；写回 B。

假设 A、B 的初值均为 2。按 $T_1 \rightarrow T_2$ 次序执行结果为 A=3，B=4；按 $T_2 \rightarrow T_1$ 次序执行结果为 B=3，A=4。

图 11.7 给出了对这两个事务不同的调度策略。其中，图 11.7(a)和图 11.7(b)为两种不同的串行调度策略，虽然执行结果不同，但它们都是正确的调度；图 11.7(c)执行结果与(a)、(b)的结果都不同，所以是错误的调度；图 11.7(d)执行结果与串行调度(a)的执行结果相同，所以是正确的调度。

11.5.2 冲突可串行化调度

具有什么样性质的调度是可串行化的调度？如何判断调度是可串行化的调度？本节给出判断可串行化调度的**充分条件**。

首先介绍冲突操作的概念。

T_1	T_2	T_1	T_2	T_1	T_2	T_1	T_2
Slock B			Slock A	Slock B		Slock B	
Y=R(B)=2			X=R(A)=2	Y=R(B)=2		Y=R(B)=2	
Unlock B			Unlock A		Slock A	Unlock B	
Xlock A			Xlock B		X=R(A)=2	Xlock A	
A=Y+1=3			B=X+1=3	Unlock B			Slock A
W(A)			W(B)		Unlock A	A=Y+1=3	等待
Unlock A			Unlock B		Xlock B	W(A)	等待
	Slock A	Slock B		**A=Y+1=3**		Unlock A	等待
	X=R(A)=3	Y=R(B)=3		**W(A)**			X=R(A)=3
	Unlock A	Unlock B			Xlock B		Unlock A
	Xlock B	Xlock A			**B=X+1=3**		Xlock B
	B=X+1=4	**A=Y+1=4**			**W(B)**		**B=X+1=4**
	W(B)	**W(A)**			Unlock B		**W(B)**
	Unlock B	Unlock A			Unlock A		Unlock B

(a) 串行调度   (b) 串行调度   (c) 不可串行化的调度   (d) 可串行化的调度

图 11.7   并发事务的不同调度

冲突操作是指不同的事务对同一个数据的读写操作和写写操作：

  $R_i(x)$ 与 $W_j(x)$ /* 事务 T_i 读 x，T_j 写 x，其中 $i \neq j$ */

  $W_i(x)$ 与 $W_j(x)$ /* 事务 T_i 写 x，T_j 写 x，其中 $i \neq j$ */

其他操作是不冲突操作。

不同事务的冲突操作和同一事务的两个操作是不能交换（swap）的。对于 $R_i(x)$ 与 $W_j(x)$，若改变二者的次序，则事务 T_i 看到的数据库状态就发生了改变，自然会影响到事务 T_i 后面的行为。对于 $W_i(x)$ 与 $W_j(x)$，改变二者的次序也会影响数据库的状态，x 的值由等于 T_j 的结果变成了等于 T_i 的结果。

一个调度 Sc 在保证冲突操作的次序不变的情况下，通过交换两个事务不冲突操作的次序得到另一个调度 Sc'，如果 Sc' 是串行的，称调度 Sc 为**冲突可串行化**的调度。若一个调度是冲突可串行化，则一定是可串行化的调度。因此可以用这种方法来判断一个调度是否是冲突可串行化的。

[例 11.3] 今有调度 $Sc_1 = r_1(A)w_1(A)r_2(A)w_2(A)r_1(B)w_1(B)r_2(B)w_2(B)$

可以把 $w_2(A)$ 与 $r_1(B)w_1(B)$ 交换，得到

  $r_1(A)w_1(A)r_2(A)r_1(B)w_1(B)w_2(A)r_2(B)w_2(B)$

再把 $r_2(A)$ 与 $r_1(B)w_1(B)$ 交换

  $Sc_2 = r_1(A)w_1(A)r_1(B)w_1(B)r_2(A)w_2(A)r_2(B)w_2(B)$

Sc_2 等价于一个串行调度 T_1、T_2。所以 Sc_1 为冲突可串行化的调度。

应该指出的是，**冲突可串行化调度是可串行化调度的充分条件**，不是必要条件。还有

不满足冲突可串行化条件的可串行化调度。

[例 11.4] 有三个事务 $T_1=W_1(Y)W_1(X)$，$T_2=W_2(Y)W_2(X)$，$T_3=W_3(X)$。

调度 $L_1=W_1(Y)W_1(X)W_2(Y)W_2(X)\ W_3(X)$ 是一个串行调度。

调度 $L_2=W_1(Y)W_2(Y)W_2(X)W_1(X)W_3(X)$ 不满足冲突可串行化。但是调度 L_2 是可串行化的，因为 L_2 执行的结果与调度 L_1 相同，Y 的值都等于 T_2 的值，X 的值都等于 T_3 的值。

前面已经讲到，商用数据库管理系统的并发控制一般采用封锁的方法来实现，那么如何使封锁机制能够产生可串行化调度呢？下面讲解的两段锁协议就可以实现可串行化调度。

11.6 两段锁协议

为了保证并发调度的正确性，数据库管理系统的并发控制机制必须提供一定的手段来保证调度是可串行化的。目前数据库管理系统普遍采用两段锁（TwoPhase Locking，简称 2PL）协议的方法实现并发调度的可串行性，从而保证调度的正确性。

所谓两段锁协议是指所有事务必须分两个阶段对数据项加锁和解锁。

- 在对任何数据进行读、写操作之前，首先要申请并获得对该数据的封锁；
- 在释放一个封锁之后，事务不再申请和获得任何其他封锁。

所谓"两段"锁的含义是，事务分为两个阶段，第一阶段是获得封锁，也称为扩展阶段，在这个阶段，事务可以申请获得任何数据项上的任何类型的锁，但是不能释放任何锁；第二阶段是释放封锁，也称为收缩阶段，在这个阶段，事务可以释放任何数据项上的任何类型的锁，但是不能再申请任何锁。

例如，事务 T_i 遵守两段锁协议，其封锁序列是

  Slock A Slock B Xlock C Unlock B Unlock A Unlock C；
  |← 扩展阶段 →| |←   收缩阶段   →|

又如，事务 T_j 不遵守两段锁协议，其封锁序列是

  Slock A Unlock A Slock B Xlock C Unlock C Unlock B；

可以证明，若并发执行的所有事务均遵守两段锁协议，则对这些事务的任何并发调度策略都是可串行化的。

例如，图 11.8 所示的调度是遵守两段锁协议的，因此一定是一个可串行化调度。可以验证如下：忽略图中的加锁操

事务T_1	事务T_2
Slock A	
R(A)=260	
	Slock C
	R(C)=300
Xlock A	
W(A)=160	
	Xlock C
	W(C)=250
	Slock A
Slock B	等待
R(B)=1000	等待
Xlock B	等待
W(B)=1100	等待
Unlock A	等待
	R(A)=160
	Xlock A
Unlock B	
	W(A)=210
	Unlock C

图 11.8 遵守两段锁协议的可串行化调度

作和解锁操作，按时间的先后次序得到了如下的调度：

$L_1 = R_1(A)R_2(C)W_1(A)W_2(C)R_1(B)W_1(B)R_2(A)W_2(A)$

通过交换两个不冲突操作的次序（先把 $R_2(C)$ 与 $W_1(A)$ 交换，再把 $R_1(B)W_1(B)$ 与 $R_2(C)W_2(C)$ 交换），可得到

$L_2 = R_1(A)W_1(A)\ R_1(B)\ W_1(B)R_2(C)\ W_2(C)R_2(A)W_2(A)$

因此 L_1 是一个可串行化调度。

需要说明的是，事务遵守两段锁协议是可串行化调度的**充分条件**，而不是必要条件。也就是说，若并发事务都遵守两段锁协议，则对这些事务的任何并发调度策略都是可串行化的；但是，若并发事务的一个调度是可串行化的，不一定所有事务都符合两段锁协议。例如图 11.7(d) 是可串行化调度，但 T_1 和 T_2 不遵守两段锁协议。

另外，要注意两段锁协议和防止死锁的一次封锁法的异同之处。一次封锁法要求每个事务必须一次将所有要使用的数据全部加锁，否则就不能继续执行。因此一次封锁法遵守两段锁协议；但是两段锁协议并不要求事务必须一次将所有要使用的数据全部加锁，因此遵守两段锁协议的事务可能发生死锁，如图 11.9 所示。

事务 T_1	事务 T_2
Slock B	
R(B)=2	
	Slock A
	R(A)=2
Xlock A	
等待	Xlock A
等待	等待

图 11.9　遵守两段锁协议的事务可能发生死锁

11.7　封锁的粒度

封锁对象的大小称为**封锁粒度**（granularity）。封锁对象可以是逻辑单元，也可以是物理单元。以关系数据库为例，封锁对象可以是这样一些逻辑单元：属性值、属性值的集合、元组、关系、索引项、整个索引直至整个数据库；也可以是这样一些物理单元：页（数据页或索引页）、物理记录等。

封锁粒度与系统的并发度和并发控制的开销密切相关。直观地看，封锁的粒度越大，数据库所能够封锁的数据单元就越少，并发度就越小，系统开销也越小；反之，封锁的粒度越小，并发度较高，但系统开销也就越大。

例如，若封锁粒度是数据页，事务 T_1 需要修改元组 L_1，则 T_1 必须对包含 L_1 的整个数据页 A 加锁。如果 T_1 对 A 加锁后事务 T_2 要修改 A 中的元组 L_2，则 T_2 被迫等待，直到 T_1 释放 A 上的锁。如果封锁粒度是元组，则 T_1 和 T_2 可以同时对 L_1 和 L_2 加锁，不需要互相等待，从而提高了系统的并行度。又如，事务 T 需要读取整个表，若封锁粒度是元组，T 必须对表中的每一个元组加锁，显然开销极大。

因此，如果在一个系统中同时支持多种封锁粒度供不同的事务选择是比较理想的，这

种封锁方法称为**多粒度封锁**（multiple granularity locking）。选择封锁粒度时应该同时考虑封锁开销和并发度两个因素，适当选择封锁粒度以求得最优的效果。一般说来，需要处理某个关系的大量元组的事务可以以关系为封锁粒度；需要处理多个关系的大量元组的事务可以以数据库为封锁粒度；而对于一个处理少量元组的用户事务，以元组为封锁粒度就比较合适了。

11.7.1 多粒度封锁

下面讨论多粒度封锁，首先定义**多粒度树**。多粒度树的根结点是整个数据库，表示最大的数据粒度。叶结点表示最小的数据粒度。

图 11.10 给出了一个三级粒度树。根结点为数据库，数据库的子结点为关系，关系的子结点为元组。也可以定义 4 级粒度树，例如数据库、数据分区、数据文件、数据记录。

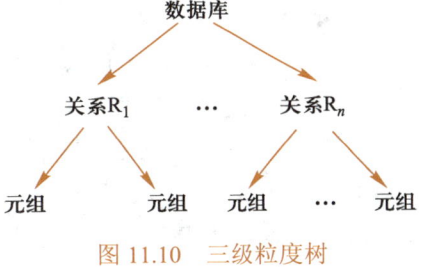

图 11.10 三级粒度树

然后，来讨论多粒度封锁的封锁协议。**多粒度封锁协议**允许多粒度树中的每个结点被独立地加锁。对一个结点加锁意味着这个结点的所有后裔结点也被加以同样类型的锁。因此，在多粒度封锁中一个数据对象可能以两种方式封锁，显式封锁和隐式封锁。

显式封锁是应事务的要求直接加到数据对象上的锁；**隐式封锁**是该数据对象没有被独立加锁，是由于其上级结点加锁而使该数据对象加上了锁。

多粒度封锁方法中，显式封锁和隐式封锁的效果是一样的，因此系统检查封锁冲突时不仅要检查显式封锁还要检查隐式封锁。例如事务 T 要对关系 R_1 加 X 锁，系统必须搜索其上级结点数据库、关系 R_1 以及 R_1 的下级结点，即 R_1 中的每一个元组，上下搜索。如果其中某一个数据对象已经加了不相容锁，则 T 必须等待。

一般地，对某个数据对象加锁，系统要检查该数据对象上有无显式封锁与之冲突；再检查其所有上级结点，看本事务的显式封锁是否与该数据对象上的隐式封锁（即由于上级结点已加的封锁造成的）冲突；还要检查其所有下级结点，看它们的显式封锁是否与本事务的隐式封锁（将加到下级结点的封锁）冲突。显然，这样的检查方法效率很低。为此人们引进了一种新型锁，称为**意向锁**（intention lock）。有了意向锁，数据库管理系统就无须逐个检查下一级结点的显式封锁。

11.7.2 意向锁

意向锁的含义是如果对一个结点加意向锁，则说明该结点的下层结点正在被加锁；对任一结点加锁时，必须先对它的上层结点加意向锁。

例如，对任一元组加锁时，必须先对它所在的数据库和关系加意向锁。

下面介绍三种常用的意向锁：意向共享锁（Intent Share Lock，IS 锁）；意向排他锁（Intent Exclusive Lock，IX 锁）；共享意向排他锁（Share Intent Exclusive Lock，SIX 锁）。

1. IS 锁

如果对一个数据对象加 IS 锁，表示它的后裔结点拟（意向）加 S 锁。

例如，事务 T_1 要对 R_1 中某个元组加 S 锁，则要首先对关系 R_1 和数据库加 IS 锁。

2. IX 锁

如果对一个数据对象加 IX 锁，表示它的后裔结点拟（意向）加 X 锁。例如，事务 T_1 要对 R_1 中某个元组加 X 锁，则要首先对关系 R_1 和数据库加 IX 锁。

3. SIX 锁

如果对一个数据对象加 SIX 锁，表示对它加 S 锁，再加 IX 锁，即 SIX=S+IX。例如对某个表加 SIX 锁，则表示该事务要读整个表（所以要对该表加 S 锁），同时会更新个别元组（所以要对该表加 IX 锁）。

图 11.11(a)给出了这些锁的相容矩阵，从中可以发现这 5 种锁的强度有如图 11.11(b)所示的偏序关系。所谓锁的强度是指它对其他锁的排斥程度。一个事务在申请封锁时以强锁代替弱锁是安全的，反之则不然。

在具有意向锁的多粒度封锁方法中，任意事务 T 要对一个数据对象加锁，必须先对它的上层结点加意向锁。申请封锁时应该按自上而下的次序进行，释放封锁时则应该按自下而上的次序进行。

T_1 \ T_2	S	X	IS	IX	SIX	−
S	Y	N	Y	N	N	Y
X	N	N	N	N	N	Y
IS	Y	N	Y	Y	Y	Y
IX	N	N	Y	Y	N	Y
SIX	N	N	Y	N	N	Y
−	Y	Y	Y	Y	Y	Y

Y=Yes，表示相容的请求　　N=No，表示不相容的请求

(a) 数据锁的相容矩阵

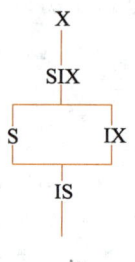

(b) 锁的强度的偏序关系

图 11.11　加上意向锁后锁的相容矩阵与偏序关系

例如，事务 T_1 要对关系 R_1 加 S 锁，则要首先对数据库加 IS 锁。检查数据库和 R_1 是否已加了不相容的锁（X 或 IX）。不再需要搜索和检查 R_1 中的元组是否加了不相容的锁（X 锁）。

具有意向锁的多粒度封锁方法提高了系统的并发度，减少了加锁和解锁的开销，已经在实际的数据库管理系统产品中得到广泛应用。

*11.8 其他并发控制机制

并发控制的方法除了封锁技术外还有时间戳方法、乐观控制法和多版本并发控制等。这里做一个概要的介绍。

时间戳方法给每一个事务盖上一个时标，即事务开始执行的时间。每个事务具有唯一的时间戳，并按照这个时间戳来解决事务的冲突操作。如果发生冲突操作，就回滚具有较早时间戳的事务，以保证其他事务的正常执行，被回滚的事务被赋予新的时间戳并从头开始执行。

乐观控制法认为事务执行时很少发生冲突，因此不对事务进行特殊的管制，而是让它自由执行，事务提交前再进行正确性检查。如果检查后发现该事务执行中出现过冲突并影响了可串行性，则拒绝提交并回滚该事务。乐观控制法又被称为验证方法（certifier）。

多版本并发控制（MultiVersion Concurrency Control，MVCC）是指在数据库中通过维护数据对象的多个版本信息来实现高效并发控制的一种策略。

11.8.1 多版本并发控制

版本（version）是指数据库中数据对象的一个快照，记录了数据对象某个时刻的状态。随着计算机系统存储设备价格的不断降低，可以考虑为数据库系统的数据对象保留多个版本，以提高系统的并发操作程度。例如，有一个数据对象 A 有两个事务，其中 T_1 是写事务，T_2 是读事务。假定先启动 T_1 事务，后启动 T_2 事务。按照传统的封锁协议，T_2 事务必须等待事务 T_1 执行结束释放 A 上的封锁后才能获得对 A 的封锁。也就是说，T_1 和 T_2 实际上是串行执行的。如果在 T_1 准备写 A 时不是等待，而是为 A 生成一个新的版本（表示为 A'），那么 T_2 就可以继续在 A'上执行。只是在 T_2 准备提交的时候要检查一下事务 T_1 是否已经完成。如果 T_1 已经完成了，T_2 就可以放心地提交；如果 T_1 还没有完成，那么 T_2 必须等待直到 T_1 完成。这样既能保持事务执行的可串行性，又提高了事务执行的并行度。如图 11.12 所示。

在多版本机制中，每个 write(Q)操作都创建 Q 的一个新版本，这样一个数据对象就有一个版本序列 $Q_1, Q_2, \cdots, Q_m$ 与之相关联。每一个版本 Q_k 拥有版本的值、创建 Q_k 的事务的时间戳 W-timestamp(Q_k)和成功读取 Q_k 的事务的最大时间戳 R-timestamp(Q_k)。其中，W-timestamp(Q)表示在数据项 Q 上成功执行 write(Q)操作的所有事务中的最大时间戳，R-timestamp(Q)表示在数据项 Q 上成功执行 read(Q)操作的所有事务中的最大时间戳。

事务T_1	事务T_2
Xlock A	
Read (A)	
Write (A)	
	Slock A
	等待
Commit	等待
Unlock A	等待
	Slock A
	Read (A)
	Commit
	Unlock A

(a) 封锁方法

事务T_1	事务T_2
Read (A)	
Write (A)	
创建新版本A'	
	Read (A')
Commit	
	Commit

(b) MVCC

图 11.12　封锁方法与 MVCC 示意图

用 TS(T) 表示事务 T 的时间戳,TS(T_i) < TS(T_j) 表示事务 T_i 在事务 T_j 之前开始执行。多版本协议描述如下:

假设版本 Q_k 具有小于或等于 TS(T) 的最大时间戳。

若事务 T 发出 read(Q),则返回版本 Q_k 的内容。

若事务 T 发出 write(Q),则:

当 TS(T) < R-timestamp(Q_k)时,回滚 T;

当 TS(T) = W-timestamp(Q_k)时,覆盖 Q_k 的内容。

否则,创建 Q 的新版本。

若一个数据对象的两个版本 Q_k 和 Q_l,其 W-timestamp 都小于系统中最老的事务的时间戳,那么这两个版本中较旧的那个版本将不再被用到,因而可以从系统中删除。

多版本并发控制利用物理存储上的多版本来维护数据的一致性。这就意味着当检索数据库时,每个事务都看到一个数据的一段时间前的快照,而不管正在处理的数据当前的状态。多版本并发控制和封锁机制相比,主要的好处是消除了数据库中数据对象读和写操作的冲突,有效地提高了系统的性能。

多版本并发控制方法有利于提高事务的并发度,但也会产生大量的无效版本,而且在事务结束时刻,其所影响的元组的有效性不能马上确定,这就为保存事务执行过程中的状态提出了难题。这些都是实现多版本并发控制的一些关键技术。

11.8.2　改进的多版本并发控制

多版本协议可以进一步改进。区分事务的类型为只读事务和更新事务。对于只读事务,发生冲突的可能性很小，可以采用多版本时间戳。对于更新事务，采用较保守的两阶段封锁（2PL）协议。这样的混合协议称为 MV2PL。具体做法如下。

除了传统的读锁（共享锁）和写锁（排他锁）外，引进一个新的封锁类型，称为验证锁（certify-lock，或 C 锁）。封锁的相容矩阵如图 11.13 所示。

	R-Lock	W-Lock	C-Lock
R-Lock	Y	Y	N
W-Lock	Y	N	N
C-Lock	N	N	N

注：Y=Yes，表示相容的请求；N=No，表示不相容的请求。

图 11.13　验证锁的相容矩阵

注意：在这个相容矩阵中，读锁和写锁变得是相容的了。这样当某个事务写数据对象的时候，允许其他事务读数据（当然，写操作将生成一个新的版本，而读操作就是在旧的版本上读）。一旦写事务要提交的时候，必须首先获得在那些加了写锁的数据对象上的验证锁。由于验证锁和读锁是不相容的，所以为了得到验证锁，写事务不得不延迟它的提交，直到所有被它加上写锁的数据对象都被所有那些正在读它们的事务释放。一旦写事务获得验证锁，系统就可以丢弃数据对象的旧值，代之于新版本，然后释放验证锁，提交事务。

在这里，系统最多只要维护数据对象的两个版本。多个读操作可以和一个写操作并发地执行。这种情况是传统的 2PL 所不允许的，提高了读写事务之间的并发度。

目前的很多商用数据库系统，例如 Oracle、国产金仓数据库 Kingbase ES 都是采用 MV2PL 协议的。

MV2PL 把封锁机制和时间戳方法相结合，维护一个数据的多个版本，即对于关系表上的每一个写操作产生 r 的一个新版本，同时会保存前一次修改的数据版本。MV2PL 和封锁机制相比，主要的好处是在多版本并发控制中对读数据的锁要求与写数据的锁要求不冲突，所以读不会阻塞写，而写也从不阻塞读，从而使读写操作没有冲突，有效地提高了系统并发性。

现在许多数据库产品都使用了多版本并发控制技术，但是各个产品的实现细节各不相同。有兴趣的读者可参考文献[13]～[16]和相关产品介绍。

11.9　小　　结

数据库的重要特征是能为多个用户提供数据共享。数据库管理系统必须提供并发控制机制来协调并发用户的并发操作以保证并发事务的隔离性和一致性，保证数据库的一致性。

数据库的并发控制以事务为单位，通常使用封锁技术实现并发控制。本章介绍了最常用的封锁方法和三级封锁协议。不同的封锁和不同级别的封锁协议所提供的系统一致性保证是不同的。对数据对象施加封锁会带来活锁和死锁问题，数据库一般采用先来先服务、死锁诊断和解除等技术来预防活锁和死锁的发生。并发控制机制调度并发事务操作是否正确的判别准则是可串行性，两段锁协议是可串行化调度的充分条件，但不是必要条件。因此，两段锁协议可以保证并发事务调度的正确性。

不同的数据库管理系统提供的封锁类型、封锁协议、达到的系统一致性级别不尽相同，但是其依据的基本原理和技术是共同的。作为选读内容，本章还简要介绍了时间戳方法、乐观控制法和多版本并发控制等其他并发控制方法。

习　　题

1．在数据库中为什么要并发控制？并发控制技术能保证事务的哪些特性？
2．并发操作可能会产生哪几类数据不一致？用什么方法能避免各种不一致的情况？
3．什么是封锁？基本的封锁类型有几种？试述它们的含义。
4．如何用封锁机制保证数据的一致性？
5．什么是活锁？试述活锁的产生原因和解决方法。
6．什么是死锁？请给出预防死锁的若干方法。
7．请给出检测死锁发生的一种方法，当发生死锁后如何解除死锁？
8．什么样的并发调度是正确的调度？
9．设 T_1、T_2、T_3 是如下的三个事务，设 A 的初值为 0。

　　T_1：A:=A+2；

　　T_2：A:=A*2；

　　T_3：A:=A**2；（即 $A \leftarrow A^2$）

（1）若这三个事务允许并发执行，则有多少种可能的正确结果？请一一列举出来。
（2）请给出一个可串行化的调度，并给出执行结果。
（3）请给出一个非串行化的调度，并给出执行结果。
（4）若这三个事务都遵守两段锁协议，请给出一个不产生死锁的可串行化调度。
（5）若这三个事务都遵守两段锁协议，请给出一个产生死锁的调度。

10．今有三个事务的一个调度 $r_3(B)r_1(A)w_3(B)r_2(B)r_2(A)w_2(B)r_1(B)w_1(A)$，该调度是冲突可串行化的调度吗？为什么？
11．试证明若并发事务遵守两段锁协议，则对这些事务的并发调度是可串行化的。
12．举例说明对并发事务的一个调度是可串行化的，而这些并发事务不一定遵守两段锁协议。
13．考虑如下的调度，说明这些调度集合之间的包含关系。

(1) 正确的调度。

(2) 可串行化的调度。

(3) 遵循两阶段封锁（2PL）的调度。

(4) 串行调度。

14．考虑 T_1 和 T_2 两个事务。

T_1：R(A); R(B); B = A + B; W(B)　　T_2：R(B); R(A); A = A + B; W(A)

(1) 改写 T_1 和 T_2，增加加锁操作和解锁操作，并要求遵循两阶段封锁协议。

(2) 说明 T_1 和 T_2 的执行是否会引起死锁，给出 T_1 和 T_2 的一个调度并说明之。

15．为什么要引进意向锁？意向锁的含义是什么？

16．试述常用的意向锁：IS 锁、IX 锁、SIX 锁，给出这些锁的相容矩阵。

实　　验

实验 11　并发控制

掌握数据库并发控制封锁技术的原理和应用方法。实验内容包括验证并发操作带来的数据的不一致性问题，如丢失修改、不可重复读和读"脏"数据等情况。要求通过取消查询分析器的自动提交功能，创建多个不同的用户，分别登录查询分析器，同时打开多个客户端，通过 SQL 语言设计具体例子展示各种封锁级别的应用场景，验证各种封锁级别的并发控制效果，以进一步理解封锁技术是如何解决事务并发导致的问题。

本章参考文献

[1]　BERNSTEIN P A,HADZILACOS V, GOODMAN N.Concurrency Control and Recovery in Database Systems．Addison Wesley Publishing Company，1987.

[2]　ESWARAN K P，GRAY J N，LORIE R A，et al．The Notions of Consistency and Predicate Locks in a Data Base System．CACM. 1976，19:11.

（文献［2］给出了可串行性概念的形式化定义。）

[3]　GRAY J N，LORIE R A，PUTZOLU G R．Granularity of Locks in a Large Shared Data Base．in Proceedings of VLDB，1975.

[4]　GRAY J, REUTER A. Transaction Processing: Concepts and Techniques. Morgan Kaufmann Publishers, San Francisco, California，1992.

[5]　PAPADIMITRIOU C H．The Serializability of Concurrent Database Updates．Journal of the ACM，1979(26):4.

（文献［5］给出了与可串行性相关的研究结果。）

[6] KEDEM Z M,SILBERSCHATZ A. Locking Protocols: From Exclusive to Shared Locks. Journal of the ACM,1983(30):4.

（文献［6］讨论封锁协议。）

[7] BAYER R,SCHKOLNICK M. Concurrency of Operating on B-trees. Acys Informatica,1977(9):1.

（文献［7］提出了对 *B*-树进行并发存取的算法。）

[8] LEHMAN P L,YAO S B. Efficient Locking for Concurrent Operations on B-trees. ACM Transactions on Database Systems,1981(6):4.

[9] BERNSTEIN P A,GOODMAN N. Timestamp-based Algorithms for Concurrency Control in Distributed Database Systems. Proceedings of the International Conference on Very Large Data Bases,1980.

（文献［9］讨论了各种基于时间戳的并发控制算法。）

[10] GRAY J N,LORIE R A,PUTZOLU G R. Granularity of Locks and Degrees of Consistency in a Shared Data Base. in Proceedings of VLDB,1975.

（文献［10］综述了多粒度封锁协议。）

[11] BERNSTEIN P A,GOODMAN N. Timestamp-based Algorithms for Concurrency Control in Distributed Database Systems. Proc. Intl. Conf. on Very Large Databases,1980:285-300.

[12] Kung H T,Robinson J T.Optimistic concurrency control. ACM Trans. On Database Systems,1981:312-326.

[13] SILBERSCHATZ A. A Multi-Version Concurrency Scheme With No Rollbacks. ACM,1982.

[14] BERNSTEIN P A,GOODMAN N.Multiversion Concurrency Control-Theory and Algorithms. ACM Trans. Database Syst,1983(8):465-483.

[15] CAREY M. Multiple Versions and the Performance of Optimistic Concurrency Control. Tech. Rep. 517, Computer Sciences Dept., Univ. of Wisconsin-Madison, 1983.

[16] 何守才. 数据库百科全书. 上海：上海交通大学出版社，2009.

*第12章　数据库管理系统

本章进一步阐述数据库管理系统的基本功能、系统结构及主要实现技术。本章不是针对数据库管理系统的设计人员写的，而是面向数据库管理员和数据库应用系统开发人员的，目的是使他们从宏观和总体的角度掌握数据库管理系统的基本概念和基本原理，以便更好地使用和维护数据库管理系统。

12.1　数据库管理系统的基本功能

数据库管理系统已经发展成为继操作系统之后最复杂的系统软件。前面已讲过，数据库管理系统主要是实现对共享数据有效的组织、存储、管理和存取。围绕数据，数据库管理系统应具有如下基本功能。

1. 数据库定义和创建

创建数据库主要是用数据定义语言定义和创建数据库模式、外模式、内模式等数据库对象。在关系数据库中就是建立数据库（或模式）、表、视图、索引等，还有创建用户、安全保密定义（如用户口令、级别、角色、存取权限）、数据库的完整性定义。这些定义存储在数据字典（亦称为系统目录）中，是数据库管理系统运行的基本依据。

2. 数据组织、存储和管理

数据库管理系统要分类组织、存储和管理各种数据，包括数据字典、用户数据、存取路径等。要确定以何种文件结构和存取方式在存储器上组织这些数据，以及如何实现数据之间的联系。数据组织和存储的基本目标是提高存储空间利用率和方便存取，提供多种存取方法（如索引查找、hash 查找、顺序查找等）以提高存取效率。

3. 数据存取

数据库管理系统提供用户对数据的操作功能，实现对数据库数据的检索、插入、修改和删除。一个好的关系数据库管理系统应该提供功能强且易学易用的数据操纵语言、方便的操作方式和较高的数据存取效率。数据操纵语言有两类：宿主型语言和自立（独立）型语言。

4. 数据库事务管理和运行管理

这是指数据库管理系统的运行控制和管理功能，包括多用户环境下的事务管理功能和安全性、完整性控制功能；数据库恢复、并发控制和死锁检测（或死锁防止）、安全性检查和存取控制、完整性检查和执行、运行日志的组织管理等。这些功能保证了数据库系统的正常运行，保证了事务的 ACID 特性。

5. 数据库的建立和维护

此项功能包括数据库的初始建立、数据的转换、数据库的转储和恢复、数据库的重组织和重构造以及性能监测分析等。

6. 其他功能

此外，数据库管理系统还包括与网络中其他软件系统的通信功能；一个数据库管理系统与另一个数据库管理系统或文件系统的数据转换功能；异构数据库之间的互访和互操作功能等。随着技术的发展，许多新的应用对数据库管理系统提出了新的需求。数据库管理系统要不断发展新的数据管理技术，例如 XML 数据、流数据、空间数据、多媒体数据等管理技术。

和操作系统、编译系统等系统软件相比，数据库管理系统具有跨度大、功能多的特点。从最底层的存储管理、缓冲区管理、数据存取操作、语言处理到最外层的用户接口、数据表示、开发环境的支持都是它要实现的功能。

数据库管理系统的实现，既要充分利用计算机硬件、操作系统、编译系统和网络通信等技术，又要突出对海量数据存储、管理和处理的特点，还要保证其存取数据和运行事务的高效率，这是一个复杂而综合的软件设计开发过程。下面几节将逐步深入地讨论数据库管理系统的基本结构、基本功能及语言处理等实现方法和技术。

12.2 数据库管理系统的系统结构

12.2.1 数据库管理系统的层次结构

和操作系统一样，可以将数据库管理系统划分成若干层次。清晰、合理的层次结构不仅可以使用户更清楚地认识数据库管理系统，更重要的是有助于数据库管理系统的设计和维护。

例如，IBM 公司最早研制的著名的关系数据库管理系统实验系统 SystemR，其核心分为两层：底层的关系存储系统（RSS）和上层的关系数据系统（RDS）。RDS 本质上是一个语言和执行层，包括语法检查与分析、优化、代码生成、视图实现、安全性完整性检查等功能。RSS 则是一个存取方法层，其功能包括空间和设备管理、索引和存取路径管理、事务管理、并发控制、运行日志管理和恢复等。

图 12.1 给出一个关系数据库管理系统的层次结构示例。这个层次结构是按照处理对象的不同，依最高级到最低级的次序来划分的，具有普遍性。图中包括了与关系数据库管理系统密切相关的应用层和操作系统。

在图 12.1 中，最上层是应用层，位于关系数据库管理系统的核心之外。应用层处理的对象是各种各样的数据库应用，如用开发工具开发的或用嵌入式 SQL、存储过程等编写的应用程序，及终端用户通过应用接口发出的事务请求或各种查询要求等。该层是关系数据库管理系统与用户/应用程序的界面层。

第二层是语言处理层。该层处理的对象是数据库语言，如 SQL；向上提供的数据接口是关系、视图，即元组的集合。该层的功能是对数据库语言的各类语句进行语法分析、视图转换、安全性检查、完整性检查、查询优化等；通过对下层基本模块的调用，生成可执行代码，这些代码的运行即可完成数据库语句的功能要求。

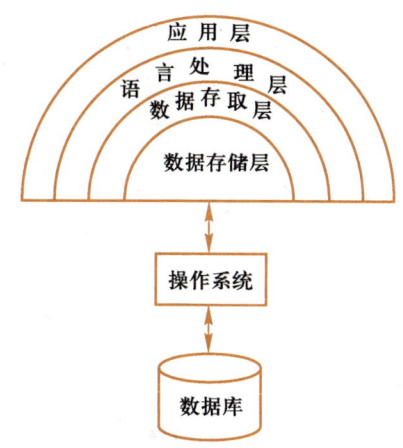

图 12.1　关系数据库管理系统的层次结构

第三层是数据存取层。该层处理的对象是单个元组，把上层的集合操作转换为单记录操作。该层执行扫描（如表扫描）、排序、元组的查找、插入、修改、删除、封锁等基本操作；完成数据记录的存取、存取路径维护、事务管理、并发控制和恢复等工作。

第四层是数据存储层。该层处理的对象是数据页和系统缓冲区，执行文件的逻辑打开、关闭、读页、写页、缓冲区读和写、页面淘汰等操作，完成缓冲区管理、内外存交换、外存的数据管理等功能。

操作系统是数据库管理系统的基础，它处理的对象是数据文件的物理块，执行物理文件的读写操作，保证数据库管理系统对数据逻辑上的读写真实地映射到物理文件上。操作系统提供的存取原语和基本的存取方法通常作为数据库管理系统数据存储层的接口。

以上所述的关系数据库管理系统层次结构划分的思想具有普遍性。当然，具体系统在划分细节上会是多种多样的，可以根据关系数据库管理系统实现的环境以及系统的规模灵活处理。

下面将按照由外及内的次序在 12.3～12.6 节中依次介绍图 12.1 中的各个层次。

12.2.2　关系数据库管理系统的运行过程示例

关系数据库管理系统是一个复杂而有序的整体，应该用动态的观点看待关系数据库管理系统的各个功能模块。下面考察一个应用程序/用户通过关系数据库管理系统读取数据库中数据的过程（图 12.2），来加深对关系数据库管理系统的了解。图中的数据字典是数据库的重要组成部分，存储元数据，如数据库定义。

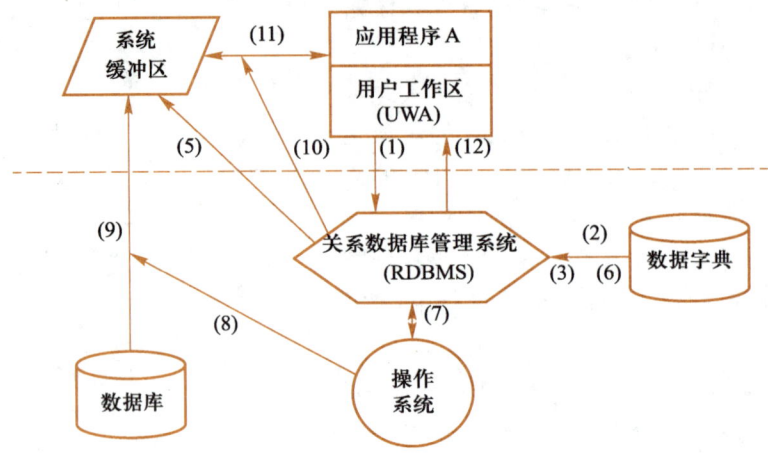

图 12.2　关系数据库管理系统的运行过程示例

（1）用户 A 通过应用程序 A 向关系数据库管理系统发出调用数据库数据的命令，如 SELECT 命令，命令中给出了一个关系名和查找条件。

（2）关系数据库管理系统首先对命令进行语法检查，检查通过后进行语义检查和用户存取权限检查。具体做法是，关系数据库管理系统读取数据字典，检查是否存在该关系及相应的字段、该用户能否读取它们等，确认语义正确、存取权限合法后便决定执行该命令，否则拒绝执行，返回错误信息。

（3）关系数据库管理系统执行查询优化。优化器要依据数据字典中的信息进行优化，并把该命令转换成一串单记录的存取操作序列。

（4）关系数据库管理系统执行存取操作序列（反复执行以下各步，直至结束）。

（5）关系数据库管理系统首先在系统缓冲区中查找记录，若找到满足条件的记录则转到（10），否则转到（6）。

（6）关系数据库管理系统查看存储模式，决定从哪个文件、用什么方式读取哪个物理记录。

（7）关系数据库管理系统根据（6）的结果，向操作系统发出读取记录的命令。

（8）操作系统执行读数据的有关操作。

（9）操作系统将数据从数据库的存储区送至系统缓冲区。

（10）关系数据库管理系统根据查询命令和数据字典的内容导出用户所要读取的记录格式。

（11）关系数据库管理系统将数据记录从系统缓冲区传送到应用程序 A 的用户工作区。

（12）关系数据库管理系统将执行状态信息，如成功读取或不成功的错误指示、例外状态信息等返回给应用程序 A。

对照在 12.2.1 小节中给出的关系数据库管理系统层次结构，可以大致作如下的对应：

- 动作（1）属于第一层——应用层。
- 动作（2）、（3）由第二层——语言处理层来完成。
- 动作（4）、（10）、（11）、（12）由第三层——数据存取层来完成。
- 动作（5）、（6）、（7）由第四层——数据存储层来进行。
- 动作（8）、（9）由操作系统执行。

整个关系数据库管理系统的各层模块互相配合、互相依赖，共同完成对数据库的操纵。

对其他一些操作，如插入、删除、修改，其过程与读一个记录是类似的。

12.3 语言处理层

前面已经介绍，关系数据库管理系统一般向用户提供多种形式的语言，如交互式命令语言（如 SQL）、嵌入主语言的嵌入式语言（如 ESQL）、过程化语言（如过程化 SQL 和存储过程）等。这些语言都是由关系数据库管理系统的语言处理层来支持的。

12.3.1 语言处理层的任务和工作步骤

语言处理层的任务就是把用户在各种方式下提交给关系数据库管理系统的数据库语句转换成对关系数据库管理系统内层可执行的基本存取模块的调用序列。

数据库语言通常包括数据定义语言、数据操纵语言和数据控制语言三部分。数据定义语句的处理相对独立和简单，数据操纵语句和数据控制语句则较为复杂。

具体来说，对数据定义语句，语言处理层完成语法分析后，首先把它翻译成内部表示，然后把它存储在系统的数据字典中。对数据控制语句的定义部分，如安全保密定义、存取权限定义、完整性约束定义等的处理与数据定义语句相同。

数据字典是数据操纵语句的处理、执行以及关系数据库管理系统运行管理的基本依据。

在关系数据库管理系统中数据字典通常采用和普通数据同样的表示方式，即也用关系表（table）来表示。数据字典包括关系定义表、属性表、视图表、视图属性表、视图表达式表、用户表、用户存取权限表等。图 12.3 给出了一个关系数据库管理系统中数据字典的一部分示意图。

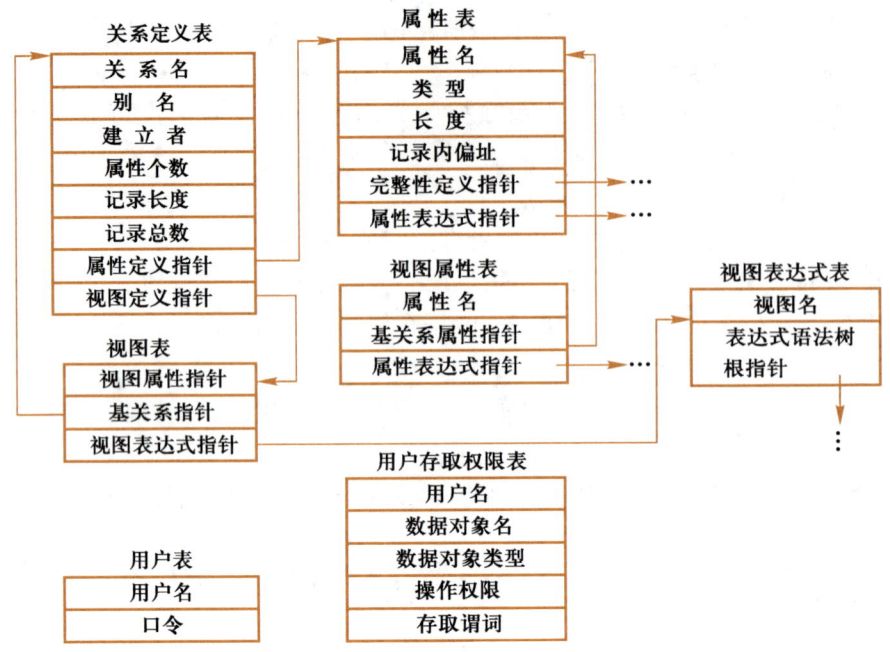

图 12.3 关系数据库管理系统中数据字典的部分示意图

对数据操纵语句，语言处理层要做的工作比较多，图 12.4 给出了关系数据库管理系统中数据操纵语句处理过程的示意。

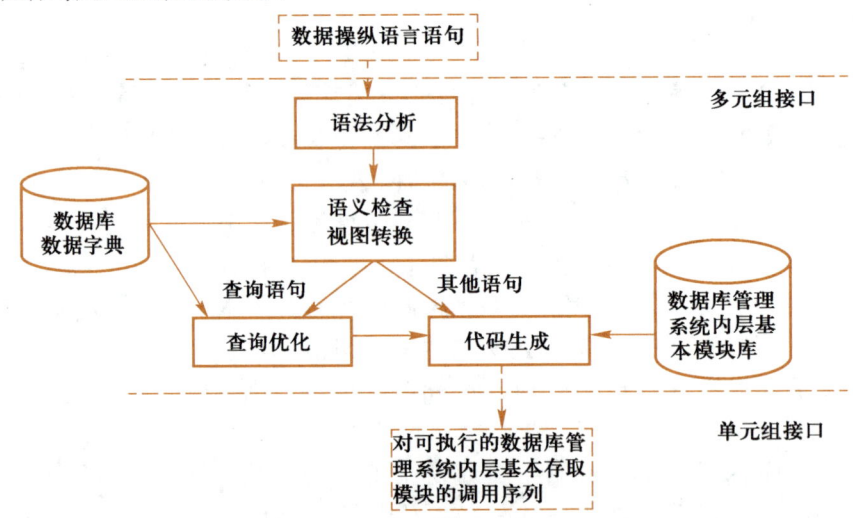

图 12.4 关系数据库管理系统中数据操纵语言语句的处理过程——束缚过程

数据操纵语句的处理过程如下：
（1）对数据操纵语句进行词法分析和语法分析，并把外部关系名、属性名转换为内部名。外部名便于用户记忆和使用，内部名则整齐划一。在符号名转换过程中需存取数据字典。词法和语法分析通过后便生成语法分析树。

（2）根据数据字典中的内容进行查询检查，包括审核用户的存取权限和完整性检查。

对那些具有存取谓词的存取权限，它们可能与数据的具体取值有关，则此时不能确定该语句能否执行，于是还要生成相应的动作，以便运行时检查。

完整性检查是查询检查的重要内容。关系数据库管理系统参照数据字典中的完整性约束规则，这时只是进行部分静态约束检查，如检查数据的类型、范围是否符合数据定义。很多完整性约束条件是在执行时检查的，如实体完整性约束是在执行数据插入时检查的，即检查插入的元组其主码是否已经存在，以保证主码的唯一性。同样，这时也要检查参照完整性约束（若有的话）。此外，对某些动态完整性规则，它们与数据值和执行过程有关，则也要在操作执行时进行检查。

查询检查还包括视图消解，也称为视图转换。视图转换是指，若数据操纵语言语句涉及对视图的操纵，则首先要从数据字典中取出视图的定义，根据该定义把对视图的操作转换为对基本表的操作。

（3）对查询进行优化。优化分为两类，一类为代数优化，另一类为存取路径优化。后者要根据数据字典中记载的各种信息，按照一定的优化策略选择一个系统认为是"较好"的存取方案，并把选中的方案描述出来。

综上所述，将数据库数据操纵语句转换成一串可执行的存取动作这一过程称为一个逐步束缚的（bind）过程。它将数据操纵语言高级的描述型语句（集合操作）转换为系统内部低级的单元组操作，将具体的数据结构、存取路径、存储结构等结合起来，构成了一串确定的存取动作。

在各种具体的关系数据库管理系统中，这一束缚过程基本一致，但进行这一过程的时间则有所不同，有的在运行中进行，有的在运行前进行，于是形成了两种基本的翻译方法：解释方法和预编译方法。

12.3.2 解释方法

解释方法的具体做法是指直到执行前，数据操纵语句都以原始字符串的形式保存，当执行到该语句时，才利用解释程序去完成图 12.4 中所示的全部过程，同时予以执行。这种方法通过尽量推迟束缚过程来赢得数据独立性。

解释方法具有灵活、应变性强的优点，甚至能适应在解释过程中发生的数据结构、存储结构等的变化，因此能保持较高的数据独立性。但由于每次执行一个数据操纵语句时都要执行图 12.4 所示的所有步骤，尤其当这样的语句位于一个循环体内时，就要多次重复解释一个数据操纵语句，开销会很大，因此效率比较低。

随着数据库技术的发展，解释方法已逐步被预编译方式所取代，目前这种方法主要用于交互式 SQL。

12.3.3 预编译方法

预编译方法的基本思想是指在用户提交数据操纵语句之后，在运行之前对它进行翻译处理，保存产生好的可执行代码。当需要运行时，取出保存的可执行代码加以执行。下面以 DB2 为例说明这种方法。图 12.5 描述了 DB2 处理嵌入 SQL 语句的应用程序的过程。

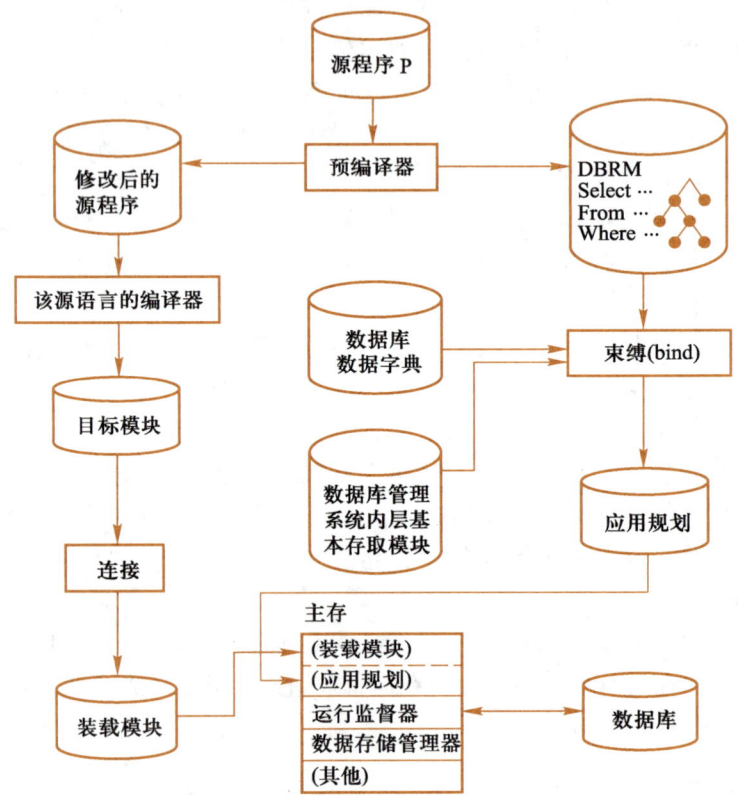

图 12.5　DB2 处理带有 SQL 语句的宿主语言源程序的过程

假定被处理的对象是一个 C 语言源程序 P，它首先被一个预编译器处理。这个预编译器的功能是识别 SQL 语句，把它们替换成源语言的函数调用（原来的 SQL 语句作为注解放在修改后的源程序中，以备恢复和阅读用）。预编译器还取出 SQL 语句，将每个 SQL 语句生成一个数据库请求模块（Data Base Request Module，DBRM），它是下一步束缚过程的输入。

修改后的 C 源程序按通常方式被编译、连接（linkage editor）处理，生成装载模块。

束缚过程类似图 12.4 执行的功能，它实际上是一个 SQL 语句的优化编译器，编译一个至多个数据库请求模块，生成应用规划。应用规划包含了对基本存取模块的调用，完成数据库请求模块对应的源 SQL 语句的功能。

这样，一个 C 源程序现在分成了两部分：装载模块和应用规划。

在运行时，当装载模块执行过程中遇到访问数据库的函数调用时，就把控制权交给运行监督器。运行监督器找到相应的应用规划后将其调入内存并转让控制权，然后由应用规划去启用数据存储管理器执行实际的数据存取，并将结果返回给 C 程序。

使用这种方法会遇到这样的问题：在束缚过程中进行优化所依据的条件可能在运行前已不存在，或者数据库结构已被修改，因而导致已作出的应用规划在执行时不再有效。例如，在束缚过程中决定使用某一索引来加快存取速度，而在该程序编译完成之后、运行之前，该索引被删除了，那么运行时就会出现不可预测的现象。

为了解决这类问题，采用了重编译方法，即当数据库中因某些成分的改变而使一些程序（语句）的编译结果无效时，再对它们执行一次编译。重编译可在不同时刻进行。为了提高整个系统的效率，不应在数据库某一成分改变后就立即对受影响的那些源程序重编译，较好的方法是将受影响的编译结果置"无效"标志，在其被执行时才进行自动重编译。

自动重编译技术使得预编译方法既拥有了编译时进行束缚所带来的高效率，又具备了执行时束缚带来的数据独立性。实践证明，预编译方法的效率比其他方法高两倍以上。

12.4 数据存取层

数据存取层介于语言处理层和数据存储层之间。它向上提供单元组接口，即导航式的一次一个元组的存取操作；向下则以系统缓冲区的存储器接口作为实现基础，其接口关系如图 12.6 所示。

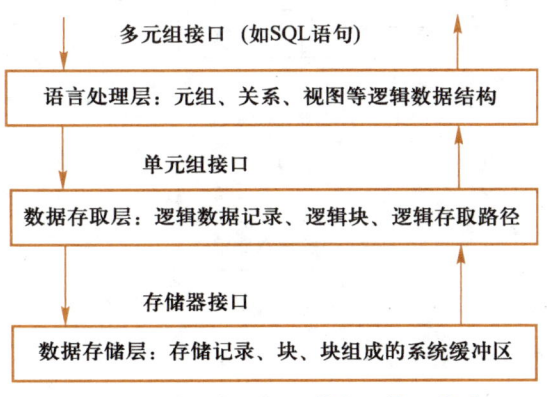

图 12.6 数据存取层及其上下接口关系

图 12.6 中给出了每个层次中操作对象的数据结构。例如，数据存取层所涉及的主要数据结构为逻辑数据记录、逻辑块、逻辑存取路径。

存取层的任务主要包括：

（1）提供一次一个元组的查找、插入、删除、修改等基本操作。

（2）提供元组查找所循的存取路径以及对存取路径的维护操作，如对索引记录的查找、插入、删除、修改。若索引是采用 B+树，则应提供 B+树的建立、查找、插入、删除、修改等功能。

（3）对记录和存取路径的封锁、解锁操作。

（4）日志文件的登记和读取操作。

（5）其他辅助操作，如扫描、合并/排序，其操作对象有关系、有序表、索引等。

为了完成上述功能，通常把数据存取层又划分为若干功能子系统加以实现。

12.4.1 数据存取层的系统结构

数据存取层包括许多功能，在实际的关系数据库管理系统中由多个功能子系统来完成。图 12.7 是数据存取层的系统结构，它包括下列子系统和模块。

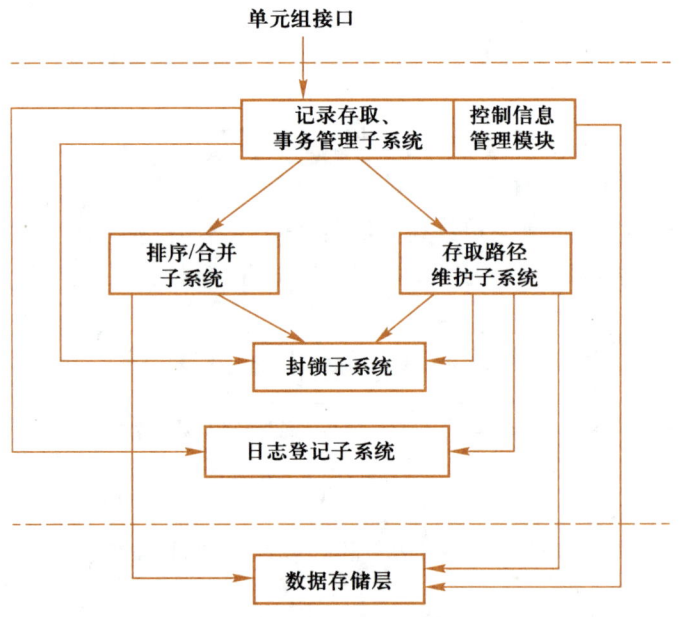

图 12.7 数据存取层的系统结构

- 记录存取、事务管理子系统；
- 控制信息管理模块；
- 排序/合并子系统；

- 存取路径维护子系统；
- 封锁子系统，执行并发控制；
- 日志登记子系统，用以执行恢复任务。

这些子系统相互配合、紧密联系，构成了一个完整的数据存取系统。

12.4.2 数据存取层的功能子系统

数据存取层中有些子系统如封锁子系统、日志登记子系统等的功能已在前面的章节中做了介绍，下面只做扼要介绍。

1. 记录存取、事务管理子系统

数据存取层不涉及存储分配、存储结构及有关参数，只在数据的逻辑结构上操作，因而可以把各种物理实现形态隐蔽起来。

记录存取子系统提供按某个属性值直接取一个元组和顺序取一个元组的存取原语。这种存取运算是按已选定的某个逻辑存取路径进行的，如某个数据文件或某个索引。这类存取操作的例子有：

- 在某个存取路径上按属性值找元组（FIND）；
- 按相对位置找元组（NEXT，PRIOR，FIRST，LAST）；
- 给某关系增加一个元组（INSERT）；
- 从找到的元组中取某个属性值（GET）；
- 从某关系中删去一个元组（DELETE）；
- 把某修改完的元组写回关系中（REPLACE）。

事务管理子系统提供定义和控制事务的操作。数据库中事务是并发控制和恢复的单位。事务管理的基本操作有：

- 定义事务开始（BEGIN TRANSACTION）；
- 事务提交（COMMIT）；
- 事务回滚（ROLLBACK）。

事务管理子系统提供的这些操作将登记进日志文件中。

2. 日志登记子系统

日志登记子系统和事务管理子系统紧密配合，完成关系数据库管理系统对事务和数据库的恢复任务，它把事务的开始、回滚、提交，对元组的插入、删除、修改，以及对索引记录的插入、删除、修改等每一个操作作为一个日志记录存入日志文件中。当事务或系统软、硬件发生故障时利用日志文件执行恢复。与日志文件有关的主要操作有：

- 写日志记录（WRITELOG）；
- 读日志记录（READLOG）；
- 扫描日志文件（SCANLOG）；

- 撤销尚未结束的事务（UNDO）；
- 重做已经结束的事务（REDO）。

3．控制信息管理模块

该模块利用专门的数据区（内存中）登记不同记录类型以及不同存取路径的说明信息（取自数据字典）和控制信息，这些信息是存取元组和管理事务的依据。控制信息管理模块和事务管理、记录存取子系统一起保证事务的正常运行。

该模块提供对数据字典中说明信息的读取、增加、删除和修改操作。

4．排序/合并子系统

在语言处理层中，描述性语言表达的集合级操作被转换成一系列对数据存取层所提供的存取原语的调用。为了得到用户所要求的有序输出，为了加速关系运算（如自然连接）的中间步骤，常常需要对关系元组重新排序，这一工作由排序/合并子系统来完成。下面列举排序操作的若干主要用途。

（1）输出有序结果

例如，用户提出如下查询要求：

  SELECT Eno,Salary
  FROM EMP
  ORDER BY Salary DESC;

若 EMP 表上的 Salary 属性已建有索引（如 B+树），则可以顺序扫描索引获得要求的输出。若 Salary 上没有索引，则必须对 EMP 表按 Salary 的属性值降序排序，以得到所要的结果。

（2）数据预处理

对于并、交、差、分组聚集、连接、取消重复值、属于、不属于等关系运算，当参与运算的关系无法全部放入内存时，先对其进行排序预处理，再在有序表上执行相应操作的作法是降低处理代价的常用手段，它可以将操作代价由 $O(n^2)$ 数量级降至 $O(n\log_2 n)$ 数量级。

（3）支持动态建立索引结构

B+树是数据库中常用的索引结构。B+树的叶页索引记录形式为（码值,TID），其中 TID 为元组标识符。TID 可用元组逻辑记录号、主码值或数据块号加位移等来表示。索引记录在 B+树的叶页上是顺序存储的，因此在初建 B+树索引时首先要对（码值,TID）排序。

（4）减少数据块的存取次数

通过 B+树索引存取元组时，首先得到（码值,TID）集合，然后根据 TID 存取相应的元组。当 TID 是用数据块号加位移来表示时，可以首先对 TID 排序，使相同或临近块号的 TID 聚集在一起，然后按数据块号顺序存取物理数据块，避免无序状态下重复读块的情况，减少数据块的存取次数。

排序操作的用途还有很多，这里就不一一列举了。

由此可见，排序操作是数据存取子系统和存取路径维护子系统都要经常调用的操作。它对提高系统效率具有关键的作用。因此，排序子系统的设计十分重要，应采用高效的外排序算法（因为排序的数据量很大，所以要使用外排序算法）。

5. 存取路径维护子系统

对数据执行插入、删除、修改操作的同时，要对相应的存取路径进行维护。例如，若用 $B+$ 树索引作为存取路径，则对元组进行插入、删除、修改操作时要对该表上已建立的所有 $B+$ 树索引进行动态维护，插入、删除相应的索引项；否则，就会造成 $B+$ 树索引与数据库表的不一致，当再通过 $B+$ 树索引结构存取元组时便会造成操作失败或错误结果。

6. 封锁子系统

封锁子系统完成并发控制功能。有关封锁的概念和技术，包括封锁的类型、封锁相容矩阵、死锁处理、可串行性准则、两段锁协议等已在前面章节详细讨论，这里只说明以下两点：

（1）在操作系统中也有并发控制问题，其实现并发控制的方法通常也采用封锁技术。数据库管理系统的封锁技术与操作系统的封锁技术相比（见表 12.1 所示），内容更加丰富，技术更加复杂。

表 12.1 操作系统和数据库管理系统封锁技术的比较

	操作系统	数据库管理系统
封锁对象	单一，系统资源（包括 CPU、设备、表格等）	多样，数据库中各种数据对象（包括用户数据、索引（存取路径）、数据字典等）
封锁对象的状态	静态、确定；各种封锁对象在封锁表中占有一项；封锁对象数是不变的	动态，不确定；封锁对象动态改变，常常在执行前不能确定；一个封锁对象只有当封锁时才在封锁表中占据一项
封锁的粒度	不变，由于封锁对象单一、固定，封锁粒度不会改变	可变，封锁可加到或大、或小的数据单位上，封锁粒度可以是整个数据库、记录或字段
封锁的类型	单一，排他锁	多样，一般有共享锁（S Lock）、排他锁（X Lock）或其他类型的封锁，随系统而异

（2）数据库管理系统中封锁子系统设计的难点不仅在于技术复杂，而且在于其实现手段依赖于操作系统提供的环境。如封锁表的设计，由于封锁表必须能为多个进程共享，能动态建立和释放，因此封锁表的设计就随操作系统环境而异。它是封锁子系统设计的关键。

12.5 缓冲区管理

数据存取层的下面是数据存储层。该层的主要功能是存储管理，包括缓冲区（buffer）管理、内外存交换、外存管理等，其中缓冲区管理是十分重要的。数据存储层向数据存取层提供的接口是由定长页面组成的系统缓冲区。

系统缓冲区的设立出于两方面的原因：一是它把数据存储层以上各系统成分和实际的

外存设备隔离，外存设备的变更不会影响其他系统成分，使关系数据库管理系统具有设备独立性；二是提高存取效率。

关系数据库管理系统利用系统缓冲区缓存数据，当数据存取层需要读取数据时，数据存储子系统首先到系统缓冲区中查找。只有当缓冲区中不存在该数据时才真正从外存读入该数据所在的页面。当数据存取层写回一元组到数据库中时，存储子系统并不把它立即写回外存，仅把该元组所在的缓冲区页面作一标志，表示可以释放。只有当该用户事务结束或缓冲区已满需要调入新页时，才按一定的淘汰策略把缓冲区中已有释放标志的页面写回外存。这样可以减少内外存交换的次数，提高存取效率。

系统缓冲区可由内存或虚存组成。由于内存空间紧张，缓冲区的大小、缓冲区内存和虚存部分的比例要精心设计，针对不同应用和环境按一定的模型进行调整。既不能让缓冲区占据太大的内存空间，也不能因其空间太小而频频缺页、调页，造成"抖动"，影响效率。图 12.8 给出了缓冲区及上下接口示意图。

缓冲区由控制信息和若干定长页面组成。缓冲区管理模块向上层提供的操作是缓冲区的读（READBUF）、写（WRITEBUF）。缓冲区内部的管理操作有查找页、申请页、淘汰页。缓冲区管理调用操作系统的操作有读（READ）、写（WRITE）。以读操作为例，缓冲区管理的大致过程如图 12.9 所示。可以看到缓冲区管理中主要算法是淘汰算法和查找算法。操作系统中有许多淘汰算法可以借鉴，如 FIFO（先进先出算法）、LRU（最近最少使用的先淘汰算法）以及它们的各种改进算法。查找算法用来确定所请求的页是否在内存，可采用顺序扫描、折半查找、hash 查找算法等。

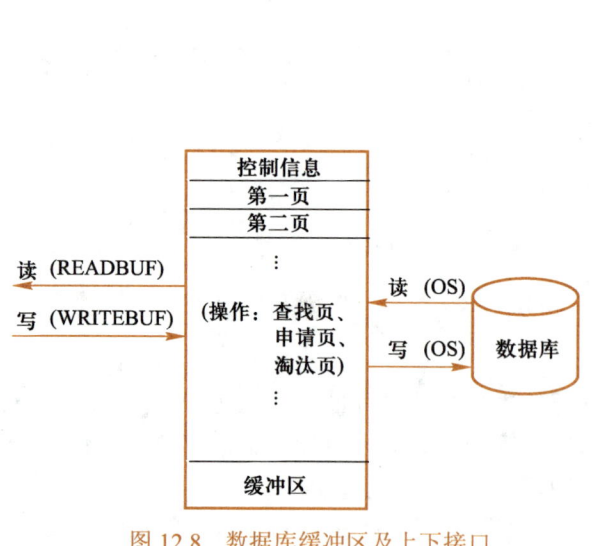

图 12.8　数据库缓冲区及上下接口

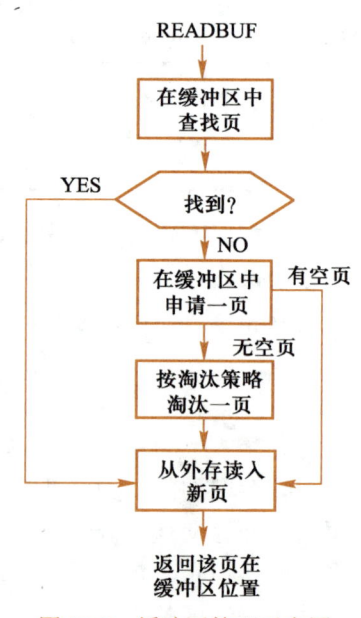

图 12.9　缓冲区管理示意图

12.6　数据库的物理组织

本章前几节从数据库管理系统最外层的语言处理层开始，逐步深入地讨论了数据存取层、数据存储层各层的系统结构、功能、任务以及实现技术。本节将进入数据库本身，介绍数据库的物理组织。

数据库是大量数据的有结构的综合性集合。如何将这样一个庞大的数据集合以最优的形式组织起来存放在外存上是一个非常重要的问题。所谓"优"应包括两方面：一是存储效率高，节省存储空间；二是存取效率高，速度快，代价小。

数据库实现的基础是文件，对数据库的任何操作最终要转化为对文件的操作。所以在数据库的物理组织中，基本问题是如何设计文件组织或者利用操作系统提供的基本的文件组织方法。

这里不打算讨论文件组织的基本方法和常用的文件组织形式，这些内容在数据结构课程中已介绍。本节主要讨论如何利用基本的文件组织方法来实现数据库组织。

数据库系统是文件系统的发展。文件系统中每个文件存储同质实体的数据，各文件是孤立的，没有体现实体之间的联系。数据库系统中数据的物理组织必须体现实体之间的联系，支持数据库的逻辑结构——各种数据模型。因此数据库中要存储4方面的数据：
- 数据描述，即数据外模式、模式、内模式。
- 数据本身。
- 数据之间的联系。
- 存取路径。

这4个方面的数据内容都要采用一定的文件组织方式组织、存储起来。

1. 数据字典的组织

有关数据的描述存储在数据库的数据字典中。数据字典的特点是数据量比较小（与数据本身比）、使用频繁，因为任何数据库操作都要参照数据字典的内容。数据字典在网状、层次数据库中常常用一个特殊的文件来组织。所有关于数据的描述信息存放在一个文件中，如 HP 3000 计算机系统中 IMAGE 网状数据库的模式就是用一个称为"根文件"的特权文件来存放的。关系数据库中数据字典的组织通常与数据本身的组织相同。数据字典按不同的内容在逻辑上组织为若干张表，在物理上可以将一个字典表对应一个物理文件，由操作系统负责存储管理，也可以将若干字典表对应一个物理文件，由关系数据库管理系统负责存储组织和管理。

2. 数据及数据联系的组织

关于数据自身的组织，数据库管理系统可以根据数据和处理的要求自己设计文件结构，也可以从操作系统提供的文件结构中选择合适的加以实现。目前，操作系统提供的常用文件结构有顺序文件、索引文件、索引顺序文件、hash 文件（杂凑文件）和 B 树类文件等。

数据库中数据组织与数据之间的联系是紧密结合的。在数据的组织和存储中必须直接或间接、显示或隐含地体现数据之间的联系，这是数据库物理组织中主要考虑和设计的内容。

在网状和层次数据库中常用邻接法和链接法实现数据之间的联系。对应到物理组织方式中，就要在操作系统已有的文件结构上实现数据库的存储组织和存取方法。例如，IMS 数据库中，操作系统提供的低级存取方法有顺序存取方法（SAM）、索引顺序存取方法（ISAM）、虚拟顺序存取方法（VSAM）和溢出顺序存取方法（OSAM）。IMS 数据库管理系统在此基础上设计了层次顺序存取方法（HSAM）、层次索引存取方法（HISAM）、层次直接存取方法（HDAM）和层次索引直接存取方法（HIDAM）4 种数据库的存储组织和相应的存取方法。其中 HSAM（层次顺序存取方法）按照片段值的层次序列码的次序顺序存放各片段值，而层次序列码体现了数据之间的父子和兄弟联系。这是一种典型的按物理邻接方式实现数据之间联系的方法。在这种存储方法中，整个数据库中不同片段型的数据均存储在一个 SAM 文件中。

网状数据库中最常用的组织策略是各记录型分别用某种文件结构组织，记录型之间的联系——SET 用指引元方式实现。即在每个记录型中增加数据库管理系统控制和维护的系统数据项——指引元，它和用户数据项并存于同一个记录中。

关系数据库实现了数据表示的单一性。实体及实体之间的联系都用一种数据结构——"表"来表示，因此数据和数据之间的联系两者组织方式相同。在数据库的物理组织中，与数据字典类似，可以一个表对应一个物理文件，由操作系统负责存储管理，也可以多个表对应一个物理文件，由关系数据库管理系统负责存储组织和管理。

3．存取路径的组织

在网状和层次数据库中，存取路径是用数据之间的联系来表示的，因此已与数据结合并固定下来。

在关系数据库中存取路径和数据是分离的，对用户是隐蔽的。存取路径可以动态建立与删除。存取路径的物理组织通常采用 B 树类文件结构和 hash 文件结构。在一个关系上可以建立若干个索引。有的系统支持组合属性索引，即在两个或两个以上属性上建立索引。索引可以由用户用 CREATE INDEX 语句建立，用 DROP INDEX 删除。在执行查询时数据库管理系统查询优化模块也会根据优化策略自动建立索引，以提高查询效率。由此可见，关系数据库中存取路径的建立是十分灵活的。

12.7 小　　结

本章主要讨论数据库管理系统的基本功能、系统结构及主要的实现技术，是数据库管理员和数据库应用系统开发人员应该掌握的内容。

本章按照关系数据库管理系统的层次结构依次介绍了语言处理、数据存取、缓冲区管理、数据物理组织等各个层次的主要任务和功能、涉及的主要概念和问题。这里没有讲解数据库管理系统具体的实现技术、实现算法和数据结构，这些内容在专门的数据库管理系统原理和设计教材中讲解。

数据库领域过去所取得的主要成就之一就是数据建模和数据库管理系统核心的研究与开发。40多年来，数据库研究人员深入研究了这些技术并且取得了辉煌的成就。例如，人们已经清楚地知道如何在外部存储设备上存储数据、如何分片，如何使用各种复杂的存取方法、缓冲策略和索引技术访问外部存储设备上的数据；数据库恢复、并发控制、完整性和安全性的实施、查询处理和优化等技术也得到深入了解，并在大多数商用的集中式和分布式关系数据库管理系统中得以实现。

从本章可以看到数据库领域从理论的创立和工作原理的推出，到实验研究和原型系统的研制，最后演化为商品的成功过程。数据库系统研究的历史有力地说明进行基础研究可以带来商业上的成功。

习　　题

1. 试述数据库管理系统的基本功能。
2. 关系数据库管理系统的工作过程是什么？给出数据库管理系统插入一个记录的活动过程，画出活动过程示意图。
3. 关系数据库管理系统的语言处理层是如何处理一个数据定义语言语句的？
4. 试述关系数据库管理系统的语言处理层处理一个数据操纵语言语句的大致过程。
5. 什么是处理数据操纵语言语句的解释方法和预编译方法？试述二者的区别、联系，比较各自的优缺点。
6. 试述数据存取层主要的子系统及其功能。
7. 在操作系统中也有并发控制问题，为什么数据库管理系统还要并发控制机制？
8. 试比较数据库管理系统与操作系统的封锁技术。
9. 数据库管理系统中为什么要设置系统缓冲区？
10. 数据库中要存储和管理的数据内容包括哪些方面？
   *11. 请给出缓冲区管理中的一个淘汰算法，并上机实现（提示：首先需要设计缓冲区的数据结构，然后写出算法）。
   *12. 请写出对一个文件按某一个属性的排序算法（设该文件的记录是定长的），并上机实现。若要按多个属性排序，能否写出改进的算法？
   *13. 请给出 $B+$ 树文件的创建和维护（增、删、改）算法并上机实现（提示：设 $B+$ 树的叶结点上仅存放索引项（码值，TID），首先要设计索引项、B 树叶页和非叶页的数据结构，然后写出算法）。

注：习题 11、12、13 可作为学生数据库管理系统课程的实习课题。这些模块是数据库管理系统中必不可少的基本模块。

本章参考文献

[1] JAMED G. Notes on Data Base Operation Systems. In Operating Systems: An Advanced Course. Springer Verlag, 1978.

（文献 [1] 系统地综述了数据库系统及其与操作系统有关的问题。）

[2] STONEBRAKER M R. Operating System Support for Database Management. CACM, 1981(24):7.

（文献 [2] 提出了操作系统应提供对数据库系统更好支持的问题。）

[3] TRAIGER I L. Virtual Memory for Database Systems. ACM SIGOPS Operating Systems Review, 1982(16):4.

（文献 [3] 讨论了数据库系统中与操作系统有关的问题。）

[4] ASTRAHAN M M, et al. System R: Relational Approach to Database Management. ACM TODS, 1976(1):2.

（文献 [4] 详细介绍了 IBM 公司的 System R 的实现技术。）

[5] BLASGEN M M, et al. System R: An Architectural Overview. IBM Sys, 1981(20):1.

（文献 [5] 详细介绍了 IBM 公司的 System R 的系统结构。）

[6] MERRETT T H. Why Sort/Merger Gives the Best Implementation of the Natural Join. ACM SIGMOD, 1983(13):2.

（文献 [6] 阐述了自然连接的实现技术之一：排序-合并方法及其优点。）

[7] BAYER R, MCCREIGHT C. Organization and Maintenance of Large Ordered Indexes. Acta Informatica, 1972(1):3.

（Bayer 和 McCreight 在文献 [7] 中首先提出了 B 树存储结构，现在 B 树已广泛用于数据库的物理组织之中。）

[8] COMER D. The Ubiquitous B-tree. ACM Computing Surveys, 1979(11):2.

（文献 [8] 对 B 树的历史和发展进行了系统地综述，并介绍了各种 B 树的变种。）

[9] KNUTH D E. The Art of Computer Programming. Vol.Ⅲ, 1973.

（文献 [9] 是一套著名丛书中的一本。在本书中 KNUTH 对多种数据存取方法进行了详细分析，包括对 B^+ 树及其相关存储结构的分析。）

[10] WIRTH W. Programming=Algorithm+Data Structures, 1976.

（文献 [10] 是一本数据结构教材，其中详细给出了 B 树的增加、删除和修改算法。）

[11] MOLINA H G, Ullman J D, Widom J. 数据库管理系统实现. 2 版. 杨冬青, 唐世谓, 徐其钧, 等, 译. 北京: 机械工业出版社 2010.

（文献 [11] 详细介绍了关系数据库管理系统的实现技术。）

第四篇 新技术篇

本篇概述数据库的发展历程，介绍数据管理技术的新进展。从传统的数据库技术到大数据时代的数据管理新技术，使读者在学习前面三篇基本知识和技术的基础上开阔思路和眼界，为进一步学习和研究做必要的准备和铺垫。

新技术篇包括4章。

第13章数据库技术发展概述，是数据管理技术发展的总体轮廓。首先概述数据库发展的光辉历程，其次阐明数据库技术与其他技术相互渗透与融合，以及数据库应用领域不断拓宽又日益深入的鲜明特点，最后给出当前数据管理技术的发展趋势，特别是大数据时代给数据管理技术带来的挑战和机遇。

第14章大数据管理，对大数据的若干概念、典型应用和大数据系统等前沿技术和发展进行概要的介绍。

第15章内存数据库系统，介绍内存数据库的基本概念、特点和关键实现技术。

第16章数据仓库和联机分析处理技术，在介绍传统的数据仓库系统基础上介绍了大数据时代新型的数据仓库解决方案。

第13章　数据库技术发展概述

数据库技术从理论研究到原型开发与技术攻关，再到实际产品研制和应用，形成了良性循环，成为计算机领域的成功典范，也吸引了学术界和工业界众多的科技人员，使得数据库研究日新月异，新技术、新系统层出不穷，科技队伍也不断壮大。

本章第一部分（13.1~13.3 节）以数据模型、数据库应用、数据库管理系统开发技术三个方面为主线概述数据库的发展历程，展示数据库在理论、应用、系统开发等研究和应用领域的主要内容与成就。其目的在于提供一个宏观、总体的视图，使读者了解数据库技术的发展过程，了解数据库分支的基本内容以及这些分支之间的相互联系。

本章第二部分（13.4 节）简单介绍当前大数据时代数据管理技术遇到的挑战以及数据管理新技术的发展与展望。

13.1　数据库技术发展历史回顾

数据库技术产生于 20 世纪 60 年代中期，至今仅仅 50 年的历史，已经历了三代演变，造就了 C. W. Bachman、E. F. Codd 和 James Gray 三位图灵奖得主，发展了以数据建模和数据库管理系统核心技术（如物理和逻辑独立性、描述性查询和基于代价的优化等）为主，内容丰富的一门学科，带动了一个巨大的软件产业，这 50 年可谓成就辉煌。更重要的是，这些技术的进步使第一代智能应用成为可能，并为现在的大数据管理和分析奠定了基础。

数据库技术是计算机科学技术中发展最快的领域之一，也是应用最广的技术之一，它已成为计算机信息系统与智能应用系统的核心技术和重要基础。

当今数据库系统是一个大家族，数据模型丰富多样，新技术内容层出不穷，应用领域广泛深入。当读者步入数据库领域时，面对众多复杂的数据库技术和系统难免产生迷惑和混乱。

图 13.1 通过一个三维视图从数据模型、相关技术、应用领域三个方面描述了数据库系统的发展历史、特点和相互关系。

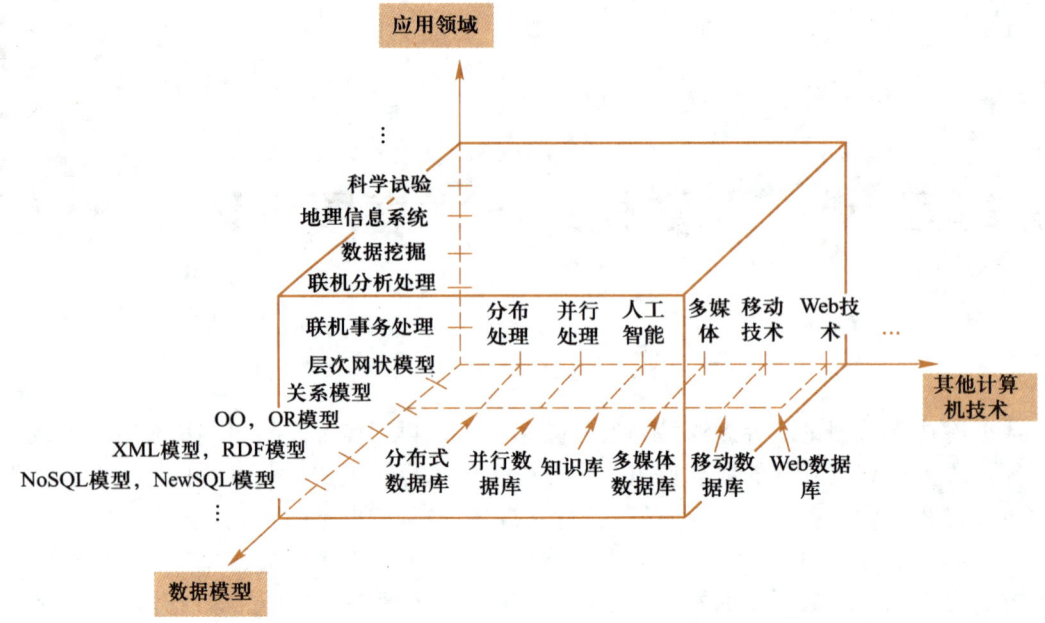

图 13.1 数据库系统的发展和相互关系示意图

13.2 数据库发展的三个阶段

数据模型是数据库系统的核心和基础。依据数据模型的进展,数据库技术可以相应地分为三个发展阶段,即第一代的网状、层次数据库系统,第二代的关系数据库系统,以及新一代的数据库大家族。

13.2.1 第一代数据库系统

层次模型和网状模型都是格式化模型。它们从体系结构、数据库语言到数据存储管理均具有共同特征,是第一代数据库系统。

第一代数据库系统有如下两类代表:

(1) 1969 年由 IBM 公司研制的层次模型数据库管理系统 IMS。

(2) 美国数据库系统语言研究会(CODASYL)下属的数据库任务组(DBTG)对数据库方法进行了系统的研究和探讨,于 20 世纪 60 年代末 70 年代初提出了若干报告,称为 DBTG 报告。DBTG 报告确定并建立了数据库系统的许多概念、方法和技术。DBTG 所提议的方法是基于网状结构的,是网状模型数据库系统的典型代表。

这两类数据库系统具有以下几个共同特点。

（1）支持三级模式（外模式、模式、内模式）的体系结构。模式之间具有转换（或称为映射）功能。

（2）用存取路径来表示数据之间的联系。这是数据库系统和文件系统的主要区别之一。数据库不仅存储数据，而且存储数据之间的联系。数据之间的联系在层次和网状数据库系统中都是用存取路径来表示和实现的。

（3）独立的数据定义语言。层次数据库系统和网状数据库系统有独立的数据定义语言，用以描述数据库的三级模式以及相互映像。诸模式一经定义，就很难修改。

（4）导航的数据操纵语言。层次和网状数据库的数据查询和数据操纵语言是一次一个记录的导航式的过程化语言。这类语言通常嵌入某一种高级语言，如 COBOL、FORTRAN、PL/1、C 语言中。

导航式数据操纵语言的优点是按照预设的路径存取数据，效率高；缺点是编程繁琐，应用程序的可移植性较差，数据的逻辑独立性也较差。

13.2.2　第二代数据库系统

支持关系数据模型的关系数据库系统是第二代数据库系统。

1970 年，IBM 公司 San Jose 研究室的研究员 E.F.Codd 发表了题为《大型共享数据库数据的关系模型》论文，提出了数据库的关系模型，开创了数据库关系方法和关系数据理论的研究，为关系数据库技术奠定了理论基础。

20 世纪 70 年代是关系数据库理论研究和原型开发的时代。经过大量高层次的研究和开发取得了以下主要成果：

（1）奠定了关系模型的理论基础，给出了人们一致接受的关系模型的规范说明。

（2）研究了关系数据语言，包括关系代数、关系演算、SQL 及 QBE 等。确立了 SQL 为关系数据库语言标准。由于不同数据库都使用 SQL 作为共同的数据语言和标准接口，使不同数据库系统之间的互操作有了共同的基础，为数据库的产业化和广泛应用打下基础。

（3）研制了大量的关系数据库管理系统原型，其中以 IBM San Jose 研究室开发的 System R 和 Berkeley 大学研制的 INGRES 为典型代表，攻克了系统实现中查询优化、事务管理、并发控制、故障恢复等一系列关键技术。这不仅大大丰富了数据库管理系统实现技术和数据库理论，更促进了数据库的产业化。

第二代关系数据库系统具有模型简单清晰、理论基础好、数据独立性强、数据库语言非过程化和标准化等特色。

13.2.3　新一代数据库系统

第一、二代数据库系统的数据模型虽然描述了现实世界数据的结构和一些重要的相互联系，但是仍不能捕捉和表达数据对象所具有的丰富而重要的语义。

新一代数据库系统以更丰富多样的数据模型和数据管理功能为特征，满足广泛复杂的新应用的要求。新一代数据库技术的研究和发展导致了众多不同于第一、二代数据库的系统诞生，构成了当今数据库系统的大家族。

这些新的数据库系统无论是基于面向对象模型还是基于对象关系（OR）数据模型，是分布式、客户机-服务器体系结构，还是混合式体系结构，是在 SMP 还是在 MPP 并行机上运行的并行数据库系统，乃至是应用于某一领域（如工程、统计、地理信息系统）的工程数据库、统计数据库、空间数据库等，都可以广泛地称之为新一代数据库系统。

1990 年，高级 DBMS 功能委员会[①]发表了《第三代数据库系统宣言》的文章（以下简称《宣言》），提出了第三代 DBMS 应具有的三个基本特征（称为三条基本原则），从三个基本特征导出了 13 个具体的特征和功能（称为 13 个命题）。

这三个基本特征是：

（1）第三代数据库系统应支持数据管理、对象管理和知识管理。除提供传统的数据管理服务外，第三代数据库系统将支持更加丰富的对象结构和规则，应集数据管理、对象管理和知识管理为一体。第三代数据库系统不像第二代关系数据库那样有一个统一的关系模型，《宣言》认为无论该数据库系统支持何种复杂的、非传统的数据模型，它都应该具有面向对象模型的基本特征。

（2）第三代数据库系统必须保持或继承第二代数据库系统的技术。第三代数据库系统应继承第二代数据库系统已有的技术；保持第二代数据库系统的非过程化数据存取方式和数据独立性，这不仅能很好的支持对象管理和规则管理，而且能更好地支持原有的数据管理，支持多数用户需要的即席查询等。

（3）第三代数据库系统必须对其他系统开放。数据库系统的开放性表现在支持数据库语言标准；在网络上支持标准网络协议；系统具有良好的可移植性、可连接性、可扩展性和可互操作性等。

13.3　数据库系统发展的特点

本节按照 13.1 节介绍的图 13.1，从数据模型、相关技术、应用领域三个方面来描述数据库系统发展的特点及其相互关系。

13.3.1　数据模型的发展

数据库的发展集中表现在数据模型的发展上。从最初的层次、网状数据模型发展到关

[①] 高级 DBMS 功能委员会成员包括加州伯克利分校的 Michael Stonebraker 和 Lawrence A.Rowe，IBM 研究所的 Rruce Lindsay，Tandem 计算机公司的 James Gray，Wisconsin 大学的 Michael Carey，GTE 实验室的 Michael Brodie，DEC 公司的 Philip Bernstaein 和 Oracle 公司的 David Beech。

系数据模型，数据库技术产生了巨大的飞跃。关系模型的提出是数据库发展史上具有划时代意义的重大事件。关系理论研究和关系数据库管理系统研制的巨大成功进一步促进了关系数据库的发展，使关系数据模型成为具有统治地位的数据模型。

随着数据库应用领域的扩展以及数据对象的多样化，传统的关系数据模型开始暴露出许多弱点，如对复杂对象的表示能力较差，语义表达能力较弱，缺乏灵活丰富的建模能力，对文本、时间、空间、声音、图像和视频等数据类型的处理能力差等。为此，人们提出并发展了许多新的数据模型。下面介绍继关系模型之后几种重要的数据模型。

1．面向对象数据模型

将语义数据模型和面向对象程序设计方法结合起来，用面向对象观点来描述现实世界实体（对象）的逻辑组织、对象间限制、联系等的模型。一系列面向对象核心概念构成了面向对象数据模型（Object Oriented Data Model，OO 模型）的基础，主要包括以下一些概念：

（1）现实世界中的任何事物都被建模为对象。每个对象具有一个唯一的对象标识（OID）。

（2）对象是其状态和行为的封装，其中状态是对象属性值的集合，行为是变更对象状态的方法集合。

（3）具有相同属性和方法的对象的全体构成了类，类中的对象称为类的实例。

（4）类的属性的定义域也可以是类，从而构成了类的复合。类具有继承性，一个类可以继承另一个类的属性与方法，被继承类和继承类也称为超类和子类。类与类之间的复合与继承关系形成了一个有向无环图，称为类层次。

（5）对象是被封装起来的，它的状态和行为在对象外部不可见，从外部只能通过对象显式定义的消息传递对对象进行操作。

面向对象数据库（OODB）的研究始于 20 世纪 80 年代，有许多面向对象数据库产品相继问世，较著名的有 Object Store、O2、ONTOS 等。与传统数据库一样，面向对象数据库系统对数据的操纵包括数据查询、增加、删除、修改等，也具有并发控制、故障恢复、存储管理等完整的功能。不仅能支持传统数据库应用，也能支持非传统领域的应用，包括 CAD/CAM、OA、CIMS、GIS 以及图形、图像等多媒体领域、工程领域和数据集成等领域。

尽管如此，由于面向对象数据库操作语言过于复杂，没有得到广大用户，特别是开发人员的认可，加上面向对象数据库企图完全替代关系数据库管理系统的思路，增加了企业系统升级的负担，客户不接受，面向对象数据库产品终究没有在市场上获得成功。

对象关系数据库系统（Object Relational DataBase System，ORDBS）是关系数据库与面向对象数据库的结合。它保持了关系数据库系统的非过程化数据存取方式和数据独立性，继承了关系数据库系统已有的技术，支持原有的数据管理，又能支持 OO 模型和对象管理。各数据库厂商都在原来的产品基础上进行了扩展。1999 年发布的 SQL 标准（也称为

SQL99），增加了 SQL/Object Language Binding，提供了面向对象的功能标准。SQL99 对 ORDBS 标准的制定滞后于实际系统的实现。所以各个 ORDBS 产品在支持对象模型方面虽然思想一致，但是所采用的术语、语言语法、扩展的功能都不尽相同。

2. XML 数据模型

随着互联网的迅速发展，Web 上各种半结构化、非结构化数据源已经成为重要的信息来源，可扩展标记语言（eXtended Markup Language，XML）已成为网上数据交换的标准和数据界的研究热点，人们研究和提出了表示半结构化数据的 XML 数据模型。

XML 数据模型由表示 XML 文档的结点标记树、结点标记树之上的操作和语义约束组成。XML 结点标记树中包括不同类型的结点。其中，文档结点是树的根结点，XML 文档的根元素作为该文档结点的子结点；元素结点对应 XML 文档中的每个元素；子元素结点的排列顺序按照 XML 文档中对应标签的出现次序；属性结点对应元素相关的属性值，元素结点是它的每个属性结点的父结点；命名空间结点描述元素的命名空间字符串。结点标记树的操作主要包括树中子树的定位以及树和树之间的转换。XML 元素中的 ID/IDref 属性提供了一定程度的语义约束的支持。

XML 数据管理的实现方式可以采用纯 XML 数据库系统的方式。纯 XML 数据库基于 XML 结点树模型，能够较自然地支持 XML 数据的管理。但是，纯 XML 数据库需要解决传统关系数据库管理所面临的各项问题，包括查询优化、并发、事务、索引等问题。目前，很多商业关系数据库通过扩展的关系代数来支持 XML 数据的管理。扩展的关系代数不仅仅包含传统的关系数据操作，而且支持 XML 数据特定的投影、选择、连接等运算。传统的查询优化机制也加以扩展来满足新的 XML 数据操作的要求。通过关系数据库查询引擎的内部扩展，XML 数据管理能够更加有效地利用现有关系数据库成熟的查询技术。

3. RDF 数据模型

由于万维网上的信息没有统一的表示方式，给数据管理带来了困难。如果网络上的资源在创建之初就使用标准的元数据来描述，就可以省去很多麻烦。为此，W3C 提出了资源描述框架（Resource Discription Framework，RDF），用它来描述和注解万维网中的资源，并向计算机系统提供理解和交换数据的手段。

RDF 是一种用于描述 Web 资源的标记语言，其结构就是由（主语，谓词，宾语）构成的三元组。这里的主语通常是网页的 URL；谓语是属性，如 Web 页面的标题、作者和修改时间、Web 文档的版权和许可信息等；宾语是具体的值或者另一个数据对象。然而，将 Web 资源（web resource）这一概念一般化后，RDF 可用于表达任何数据对象及其关系，例如关于一个在线购物机构的某项产品的信息（规格、价格和库存等信息）。因此，RDF 也是一种数据模型，并被广泛作为语义网、知识库的基础数据模型。

谓词在 RDF 模型中具有特殊的地位，其语义是由谓词符号本身决定的。因此，在使用 RDF 建模时，需要一个词汇表或者领域本体，用于描述这些谓词之间的语义关系。

RDF 模型可以有如下的形式化描述。

RDF 三元组（RDF triple）：给定一个 URI 集合 R、空节点集合 B，文字描述集合 L，一个 RDF 三元组 t 是形如(s,p,o)的三元组，其中 $s \in R \cup B$，$P \in R$，$o \in R \cup B \cup L$。这里的 s 通常称为主语（subject）、资源（resource）或主体，p 称为谓词（predicate）或属性（property），o 称为宾语（object）、属性值（value）或客体。

SPARQL（Simple Protocol and RDF Query Language）是 W3C 提出的 RDF 数据的查询标准语言，也是目前被广泛采用的一种 RDF 上的查询语言。当前的大多数 RDF 系统都支持 SPARQL 查询。SPARQL 共有 4 种查询方式，分别为 SELECT、CONSTRUCT、DESCRIBE 和 ASK。目前最常用的是 SELECT 查询方式，它与 SQL 的语法相似，用来返回满足条件的数据。一些研究者在 SPARQL 的基础上进行了修改，提出了 nSPARQL，SPARQL-DL 等对 SPARQL 语法进行扩充，增强 SPARQL 的查询表达功能。

13.3.2 数据库技术与相关技术相结合

数据库技术与其他计算机技术相结合，是数据库技术的一个显著特征，随之也涌现出各种数据库系统，例如：
- 数据库技术与分布处理技术相结合，出现了分布式数据库系统；
- 数据库技术与并行处理技术相结合，出现了并行数据库系统；
- 数据库技术与人工智能技术相结合，出现了演绎数据库、知识库和主动数据库系统；
- 数据库技术与多媒体技术相结合，出现了多媒体数据库系统；
- 数据库技术与模糊技术相结合，出现了模糊数据库系统等；
- 数据库技术与移动通信技术相结合，出现了移动数据库系统等；
- 数据库技术与 Web 技术相结合，出现了 Web 数据库等。

这里以分布式数据库和并行数据库为例，说明数据库技术如何吸收、结合其他计算机技术，从而形成了数据库领域新的分支和研究课题，极大地丰富和发展了数据库技术。

1. 分布式数据库系统

分布式数据库系统是在集中式数据库系统和计算机网络的基础上发展起来的，它是分布式数据处理的关键技术之一。分布式数据库由一组数据组成，这组数据分布在计算机网络的不同计算机上，网络中的每个结点具有独立处理的能力（称为场地自治），可以执行局部应用。同时，每个结点也能通过网络通信系统执行全局应用。

这个定义强调了分布式数据库系统的场地自治性以及自治场地之间的协作性。这就是说，每个场地是独立的数据库系统，它有自己的数据库、自己的用户、自己的服务器，运行自己的 DBMS，执行局部应用，具有高度的自治性。同时各个场地的数据库系统又相互协作组成一个整体。这种整体性的含义是，对于用户来说，一个分布式数据库系统逻辑上看如同一个集中式数据库系统一样，用户可以在任何一个场地执行全局应用。

因此，分布式数据库系统不是简单地把集中式数据库连网就能实现的。分布式数据库系统具有自己的性质和特征。集中式数据库的许多概念和技术，如数据独立性、数据共享和数据冗余、并发控制、完整性、安全性和恢复等，在分布式数据库系统中都有了新的更加丰富的内容。

分布式数据库系统的本地自治性（local autonomy）是指局部场地的数据库系统可以自己决定本地数据库的设计、使用以及与其他节点的数据库系统的通信。分布式数据库系统的分布透明性（distributed transparency）是指分布式数据库管理系统将数据的分布封装起来，用户访问分布式数据库就像与集中式数据库打交道一样，不必知道也不必关心数据的存放和操作位置等细节。

分布式数据库系统在集中式数据库系统的组成基础上增加了三个部分：DDBMS、全局字典和分布目录、网络访问进程。全局字典和分布目录为 DDBMS 提供了数据定位的元信息，网络访问进程使用高级协议来执行局部站点和分布式数据库之间的通信。

20 世纪 80 年代是分布式数据库系统研究与开发的一个高峰时期。具有代表性的分布式数据库系统有 SDD-1、POREL、R$^※$、分布式 INGRES 系统、SIRIUS 计划和 ADA-DDM 系统等。

近年来，Internet 的发展和海量异构数据的应用需求使分布式数据管理和分布式数据处理技术遇到了新的挑战。根据 CAP（Consistency, Availability, Partitions Tolerance）理论，在分布式系统中数据一致性（consistency）、系统可用性（availability）、网络分区容错性（partition tolerance）三者不可兼得，满足其中任意两项便会损害第三项。分布数据管理在 Web 海量数据搜索和数据分析中可以适当减低对数据一致性的严格要求，以提高系统的可用性和系统性能。因此对分布数据处理的研究和开发进入了新的阶段，即大数据时代的大规模分布处理。

2．并行数据库系统

并行数据库系统是在并行机上运行的具有并行处理能力的数据库系统。并行数据库系统能充分发挥多处理和 I/O 并行性，是数据库技术与并行计算技术相结合的产物。

并行数据库技术起源于 20 世纪 70 年代的数据库机（database machine）研究。数据库机研究的内容主要集中在关系代数操作的并行化和实现关系操作的专用硬件设计上，希望通过硬件实现关系数据库操作的某些功能，该研究没有如愿成功。20 世纪 80 年代后期，并行数据库技术的研究方向逐步转到了通用并行机方面，研究的重点是并行数据库的物理组织、并行操作算法、查询优化和调度策略。20 世纪 90 年代，随着处理器、存储、网络等相关基础技术的发展，开展了并行数据库在数据操作的时间并行性和空间并行性方向的研究。

并行数据库研究主要围绕关系数据库进行，包括以下几个方面。

（1）实现数据库查询并行化的数据流方法

关系数据是集合操作，许多情况下可分解为一系列对子集的操作，具有潜在的并行性。利用关系操作的固有并行性，可以较为方便地对查询作并行处理。此种方法简单、有效，被很多并行数据库采用。

（2）并行数据库的物理组织

研究如何把一个关系划分为多个子集合并将其分布到多个处理节点上去（称为数据库划分），其目的是使并行数据库能并行地读写多个磁盘进行查询处理，充分发挥系统的 I/O 并行性。数据划分对于并行数据库的性能有很大影响，目前数据划分方法主要有一维数据划分、多维数据划分和传统物理存储结构的并行化等。

（3）新的并行数据操作算法

研究表明，使用并行数据操作算法以实现查询并行处理可以充分地发挥多处理机并行性，极大地提高系统查询处理的效率和能力。许多并行算法已被提出，主要是围绕连接操作的算法较多，它们有基于嵌套循环的并行连接算法、基于 Sort-Merge 的并行连接算法以及并行 Hash-Join 算法。

（4）查询优化

查询优化是并行数据库的重要组成部分。并行查询优化中执行计划搜索空间庞大，研究人员研究了启发式的方法对并行执行计划空间作裁剪，以减少搜索空间的代价。具有多个连接操作的复杂查询的优化是查询优化的核心问题。不少学者相继提出了基于左线性树的查询优化算法、基于右线性树的查询优化算法、基于片段式右线性树的查询优化算法、基于浓密树的查询优化算法、基于操作森林的查询优化算法等。这些算法在搜索代价和最终获得的查询计划的效率之间有着不同的权衡。

比较著名的并行数据库系统有 Arbre、Bubba、Gamma、Teradata 及 XPRS 等。

并行数据库成本较高，扩展性有限，面对大数据分析需要巨大的横向扩展（scale out）能力，使并行数据库遇到了挑战。Google 公司提出的 MapReduce 技术，作为面向大数据分析和处理的并行计算模型，2004 年发布后便引起了工业界和学术界的广泛关注。

13.3.3 面向应用领域的数据库新技术

数据库技术被应用到特定的领域中，出现了数据仓库、工程数据库、统计数据库、空间数据库、科学数据库等多种数据库（如图 13.2 所示），使数据库领域的应用范围不断扩大。

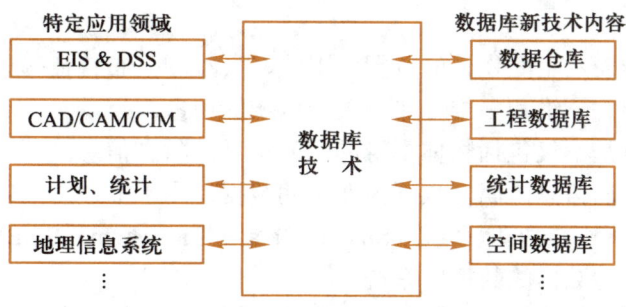

图 13.2 特定应用领域中的数据库技术

这些数据库系统都明显地带有某一领域应用需求的特征，难以直接使用当前市场上销售的通用的 DBMS 来管理和处理这些领域内的数据对象，因而广大数据库工作者针对各个领域的数据库特征探索和研制了各种特定的数据库系统，取得了丰硕的成果，不仅为这些应用领域建立了可供使用的数据库系统（有的已实用化），而且为新一代数据库技术的发展做出了贡献。这里举两个例子加以说明，数据仓库以及大数据时代的新型数据仓库将在第 16 章专门讲解。

1．工程数据库

工程数据库（Engineering Data Base，EDB）是一种能存储和管理各种工程设计图形和工程设计文档，并能为工程设计提供各种服务的数据库。当数据库应用于工程领域时，发现传统的数据库对具有复杂结构和工程设计内涵的工程对象以及工程领域中的大量"非经典"应用难以胜任。工程数据库正是针对工程应用领域的需求而提出来的。

由于工程数据的数据结构复杂、相互联系紧密、数据存储量大，因此工程数据库管理系统的功能与传统 DBMS 有很大不同，主要应具有以下功能：

（1）支持复杂对象（如图形数据、工程设计文档）的表示和处理；
（2）可扩展的数据类型；
（3）支持复杂多样的工程数据的存储和集成管理；
（4）支持变长结构数据实体的处理；
（5）支持工程长事务和嵌套事务的并发控制和恢复；
（6）支持设计过程中多个不同数据版本的存储和管理；
（7）支持模式的动态修改和扩展；
（8）支持多种工程应用程序等。

工程数据库系统主要有两种实现方式，一种是在关系数据库系统的基础上加以扩充或改进；另一种是开发支持新数据模型的数据库管理系统，其数据模型主要有语义数据模型、面向对象数据模型等。

工程数据库又称为 CAD 数据库、设计数据库、技术数据库、设计自动化数据库等。适合 CAD/CAM/CIM、地理信息处理、军事指挥、控制、通信等工程应用领域。

2．空间数据库

空间数据是用于表示空间物体的位置、形状、大小和分布特征等诸方面信息的数据，适用于描述所有二维、三维和多维分布的关于区域的现象。

空间数据的特点是不仅包括物体本身的空间位置及状态信息，还包括表示物体的空间关系（即拓扑关系）的信息。属性数据为非空间数据，用于描述空间物体的性质，对空间物体进行语义定义。空间数据库系统（Spatial Data Base System，SDBS）是描述、存储和处理空间数据及其属性数据的数据库系统。

空间数据库的研究始于地图制图与遥感图像处理领域，其目的是为了有效地利用卫星遥感资源迅速绘制出各种经济专题地图。由于传统数据库在空间数据的表示、存储、管理和检索上存在许多缺陷，从而形成了空间数据库这一新的数据库研究领域，它涉及计算机科学、地理学、地图制图学、摄影测量与遥感、图像处理等多个学科。

空间数据库研究的主要内容包括以下几个方面：

（1）空间数据模型，描述空间实体和空间实体关系的数据模型，一般用传统的数据模型加以扩充和修改来实现，有的用面向对象的数据模型来实现。

（2）空间数据查询，包括位置查询、空间关系查询和属性查询。前两种查询是空间数据库特有的查询方式。

（3）空间数据库系统，大多数空间数据库系统是以现有的数据库管理系统为基础建立的。上层是各种空间应用，如 GIS 应用、CAD 应用等；中间层是空间数据库系统，它结合传统的数据库技术实现对空间对象的存储与查询，并提供对空间应用开发的支持；下层是成熟的数据库管理系统，一般采用对象关系数据库管理系统和面向对象数据库管理系统，实现对常规数据的存储和查询。

（4）查询语言，大多是以 SQL 语言为基础，增加相应的函数实现对空间对象和空间关系的查询。为了提高访问效率，研究了针对空间数据的索引结构，如面向空间点的索引结构（网格文件、K 维树、自适应 K 维树等）和面向矩形的索引结构（R 树、四叉树和单元树等）。

近年来，随着手机等移动设备的普及，基于位置的服务成为新的研究热点。因此面向道路网络的空间对象管理和移动对象管理等方面的技术成为空间数据管理中的新内容。

面向特定应用领域的数据库系统，也称为特种数据库系统[12]。

13.4 数据管理技术的发展趋势

数据、应用需求和计算机硬件技术是推动数据库发展的三个主要动力或三个重要因素。进入 21 世纪以来，数据和应用需要都发生了巨大变化，硬件技术有了飞速发展，尤其是大数据时代的到来，数据库技术、更广义的数据管理技术和数据处理技术遇到了前所未有的挑战，也迎来了新的发展机遇。

13.4.1 数据管理技术面临的挑战

随着数据获取手段的自动化、多样化与智能化，数据量越来越巨大，对于海量数据的存储和管理，要求系统具有高度的可扩展性和可伸缩性，以满足数据量不断增长的需要。传统的分布式数据库和并行数据库在可扩展性和可伸缩性方面明显不足。

数据类型越来越多样和异构，从结构化数据扩展到文本、图形图像、音频、视频等多媒体数据，HTML、XML、网页等半结构化/非结构化数据，还有流数据、队列数据和程序数据等。这就要求系统具有存储和处理多样异构数据的能力，特别是异构数据之间联系的表示、存储和处理能力，以满足对复杂数据的检索和分析的需要。传统数据库对半结构化/非结构化数据的存储、管理和处理能力十分有限。

图形图像、视频音频等视觉听觉数据由于传感、网络和通信技术的发展使得对它们的获取、传输更加便利，而这类数据的语义蕴含在流数据中，并且存在大量冗余和噪声。许多应用中数据快速流入并要立即处理，数据的快变性、实时性要求系统必须迅速决定什么样的数据需要保留，什么样的数据可以丢弃，如何在保留数据的同时存储其正确的元数据等，现有技术还远远不能应对。

以上是数据的变化，再来看看应用和需求的发展。

数据处理和应用的领域已经从 OLTP 为代表的事务处理扩展到 OLAP 分析处理，从对数据仓库中结构化的海量历史数据的多维分析发展到对海量非结构化数据的复杂分析和深度挖掘；并且希望把数据仓库的结构化数据与互联网上的非结构数据结合起来进行分析挖掘，把历史数据与实时流数据结合起来进行处理。人们已经认识到基于数据进行决策分析具有广阔的前景和巨大价值。但是，数据的海量异构、形式繁杂、高速增长、价值密度低等问题阻碍了数据价值的创造。大数据分析已经成为大数据应用中的瓶颈。现有的分析挖掘算法缺乏可扩展性，缺乏对复杂异构数据的高效分析算法，缺乏大规模知识库的支持和应用，缺乏能被非技术领域专家理解的分析结果表达方法。对数据的组织、检索和分析都是基础性的挑战。

计算机硬件技术是数据库系统的基础。当今，计算机硬件体系结构的发展十分迅速，数据处理平台由单处理器平台向多核、大内存，集群，云计算平台转移。处理器已全面进入多核时代，在主频缓慢提高的同时，处理核心的密度不断增加；内存容量变得越来越大，成本却变得越来越低；非易失性内存、闪存等技术日益成熟。因此，我们必须充分利用新的硬件技术，满足海量数据存储和管理的需求。一方面要对传统数据库的体系结构包括存储策略、存取方法、查询处理策略、查询算法、事务管理等进行重新设计和开发，要研究和开发面向大数据分析的内存数据库系统；另一方面，针对大数据需求，以集群为特征的云存储成为大型应用的架构，研究与开发新计算平台上的数据管理技术与系统。

13.4.2 数据管理技术的发展与展望

大数据给数据管理、数据处理和数据分析提出了全面挑战。支持海量数据管理的系统应具有高可扩展性（满足数据量增长的需要）、高性能（满足数据读写的实时性和查询处理的高性能）、容错性（保证分布系统的可用性）、可伸缩性（按需分配资源）等。传统的关系数据库在系统的伸缩性、容错性和可扩展性等方面难以满足海量数据的柔性管理需求，NoSQL 技术顺应大数据发展的需要，蓬勃发展。

NoSQL 是指非关系型的、分布式的、不保证满足 ACID 特性的一类数据管理系统。

NoSQL 技术有如下特点：

（1）对数据进行划分（partitioning），通过大量节点的并行处理获得高性能，采用的是横向扩展的方式（scale out）。

（2）放松对数据的 ACID 一致性约束，允许数据暂时出现不一致情况，接受最终一致性（eventual consistency）。即 NoSQL 遵循 BASE（Basically Available，Soft state，Eventual consistency）原则，这是一种弱一致性（weak consistency）约束框架。

其中，Basically Available（基本可用）是指可以容忍数据短期不可用，并不强调全天候服务；Soft state（柔性状态）是指状态可以有一段时间不同步，存在异步的情况；Eventually consistent（最终一致）是指最终数据一致，而不是严格的一致。

（3）对各个数据分区进行备份（一般是三份），应对节点可能的失败，提高系统可用性等。

NoSQL 技术依据存储模型可分为基于 Key-Value 存储模型、基于 Column Family（列分组）存储模型、基于文档模型和基于图模型的 NoSQL 数据库技术 4 类。

分析型 NoSQL 技术的主要代表是 MapReduce 技术。MapReduce 技术框架包含三方面的内容：高度容错的分布式文件系统，并行编程模型和并行执行引擎。MapReduce 并行编程模型的计算过程分解为两个主要阶段，即 Map 阶段和 Reduce 阶段。Map 函数处理 Key/Value 对，产生一系列的中间 Key/Value 对；Reduce 函数合并所有具有相同 Key 值的中间 Key/Value 对，计算最终结果。用户只需编写 Map 函数和 Reduce 函数，MapReduce 框架在大规模集群上自动调度执行编写好的程序，扩展性、容错性等问题由系统解决，用户不必关心。

自 2004 年 Google 首次发布 MapReduce 以来，该技术得到业界的强烈关注。一批新公司围绕 MapReduce 技术创建起来，提供大数据处理、分析和可视化的创新技术和解决方案，在并行计算研究领域迎来了第一波研究热潮（2006—2009）；数据库研究领域紧随其后（2009—2012），掀起了另外一波研究热潮。

传统数据库厂家，包括曾经反对 NoSQL/MapReduce 技术的一些厂家（如 Oracle、VoltDB、Microsoft 等），纷纷发布大数据技术和产品战略。各公司和研究机构都投入力量，基于 MapReduce 框架展开了研究。例如，研发应用编程接口——SQL、统计分析、数据挖掘、机器学习编程接口等，以帮助开发人员方便地使用 MapReduce 平台进行算法编写。

传统关系数据库系统提供了高度的一致性、精确性、系统可恢复性等关键特性，仍然是事务处理系统的核心引擎，无可替代。同时，数据库工作者努力研究，保持 ACID 特性的同时具有 NoSQL 扩展性的 NewSQL 技术。针对大内存和多核多 CPU 的新型硬件，研发面向实时计算和大数据分析的内存数据库系统。通过列存储技术、数据压缩、多核并行算法、优化的并发控制、查询处理和恢复技术等，提供比传统关系数据库管理系统快几十倍的性能。

理论界和工业界继续发展已有的技术和平台，同时不断地借鉴其他研究和技术的创新思想，改进自身，或提出兼具若干技术优点的混合技术架构。例如，Aster Data（已被 TeraData 收购）和 Greenplum（已被 EMC 收购）两家公司利用 MapReduce 技术对 PostgreSQL 数据库进行改造，使之可以运行在大规模集群上（MPP/Shared Nothing）。总之，RDBMS 在向 MapReduce 技术学习。

MapReduce 领域对 RDBMS 技术的借鉴是全方位的，包括存储、索引、查询优化、连接算法、应用接口、算法实现等各个方面。例如，RCFile 系统在 HDFS 的存储框架下，保留了 MapReduce 的扩展性和容错性，赋予 HDFS 数据块类似 PAX 的存储结构，通过借鉴 RDBMS 技术，在 Hadoop 平台上实现列存储提高了 Hadoop 系统的分析处理性能。

各类技术的互相借鉴、融合和发展是未来数据管理领域的发展趋势。

正如文献[20]中指出的，人类已经进入了大数据时代。通过更好地分析可利用的大规模数据，将使许多学科取得更快的进步，使许多企业提高盈利能力并取得成功。然而，所面临的挑战不但包括关于扩展性这样明显的问题，而且包括异构性、数据非结构化、错误处理、数据隐私、及时性、数据溯源以及可视化等问题。这些技术挑战同时横跨多个应用领域，因此仅在一个领域范围内解决这些技术挑战性是不够的。

13.5 小　　结

数据库系统已经发展成为一个大家族。本章以数据模型、新技术内容、应用领域为三条主线，概要地回顾了数据库技术发展的三个阶段，阐述了数据库技术的发展及其相互关系，达到纲举目张。

数据库技术的核心是数据管理。随着大数据时代的到来，数据量巨大，数据对象多样异构，新应用领域不断涌现，硬件平台发展飞速。面对新的挑战，数据库工作者正在继承数据库技术的精华，并和其他技术相结合，努力探索新的方法、新的技术，来提高和改善对数据和信息的使用。

习　　题

1. 请阅读本章参考文献。
2. 试述数据库技术的发展过程。数据库技术发展的特点是什么？
3. 试述数据模型在数据库系统发展中的作用和地位。
4. 请用实例阐述数据库技术与其他计算机技术相结合的成果。

本章参考文献

[1] 王珊. 数据库与信息系统：研究与挑战（1988—2003 研究报告）. 北京：高等教育出版社，2005.

（自 1988 年起，每隔几年，国际上一些资深的数据库专家就会聚集一堂，探讨数据库的研究现状、存在的问题和未来需要关注的新的技术焦点。迄今为止，这样的会议已经举办了 6 次。分析这 6 次会议的总结报告能够帮助我们清晰地把握数据库技术进展的脉络，从中也体会到数据库专家们当年的远见卓识。为了让更多的人分享国际资深专家的工作成果，我们将 6 次会议的总结报告做了编译和整理成为本书。本书分为上、下两篇，上篇是对会议报告的编译整理，下篇是会议报告的英语原文，供读者参考。）

[2] BERNSTEIN P，DAYAL U，DEWITT D J，et al. Future Directions in DBMS Research——The Laguna Beach Participants. SIGMOD Record，1989，18(1):17-26.

[3] SILBERSCHATZ A，STONEBRAKER M，ULLMAN J D. Database Systems: Achievements and Opportunities. CACM，1991，34(10):110-120.

[4] SILBERSCHATZ A，STONEBRAKER M，ULLMAN J D. Database Research，Achievements and Opportunities into the 21st Century. SIGMOD Record，1996，25(1):52-63.

[5] SILBERSCHATZ A，ZDONIK S B. Strategic Directions in Database Systems——Breaking out of the Box. ACM Computing Surveys，1996，28(4):764-778.

[6] BERNSTEIN P，BRODIE M L，CERI S，et al. The Asilomar Report on Database Research. SIGMOD Record，1998，27(4):74-80.

[7] ABITEBOUL S，AGRAWAL R，BERNSTEIN P，et al. The Lowell Database Research Self-Assessment Meeting. Lowell Massachusetts，2003. http://research.microsoft.com/~gray/lowell.

[8] CRA Conference on "Grand Research Challenges" in Computer Science and Engineering. http://www.cra.org/Activities/grand.challenges/.

[9] DEWITT D J，GRAY J. Parallel Database Systems: the Future of High Performance Database Systems. Commun. ACM, 1992, 35(6):85-98.

[10] 李昭原. 数据库技术新进展. 北京：清华大学出版社，1997.

[11] 李建中. 并行关系数据库管理系统引论. 数据库丛书之一. 北京：科学出版社，1998.

[12] 何新贵，唐常杰，李霖. 特种数据库技术. 数据库丛书之一，北京：科学出版社，1999.

（文献 [12] 主要包括时态数据库技术、移动数据库技术、主动数据库技术和模糊数据库技术等，每部分都讲解了各领域的基本理论和处理技术，以及国内外有关学者们在相应领域中的最新研究成果等。）

[13] 刘惟一，田雯. 数据模型. 数据库技术之一，北京：科学出版社，2001.

[14] SHANMUGASUNDARAM J，TUFTE K，ZHANG CHUN，et al. Relational Databases for Querying XML Documents: Limitations and Opportunities. VLDB，1999，302-314.

[15] LIU LING, OZSU M T. Encyclopedia of Database Systems. Springer, 2009.

[16] 徐俊刚，邵佩英．分布式数据库系统及其应用．3 版．北京：科学出版社，2012．

[17] 张效祥，徐家福．计算机科学技术百科全书．3 版．北京：清华大学出版社，2014．

[18] 覃雄派，王会举，李芙蓉，等．数据管理技术的新格局．软件学报，2013，24(2):175-197．

[19] 申德荣，于戈，王习特，等．支持大数据管理的 NoSQL 系统研究综述．软件学报，2013，24(8):1786-1803．

[20] A Community White Paper Developed by Leading Researchers Across the United States. Challenges and Opportunities with Big Data，2012．

第14章　大数据管理

大数据是当今科技界和工业界甚至世界各国政府关注的热点。国际著名的学术期刊《Nature》和《Science》等相继出版专刊来专门探讨大数据带来的挑战和机遇。著名管理咨询公司麦肯锡声称，数据已经渗透到每一个行业和业务职能领域，成为重要的生产因素。人们对于大数据的挖掘和运用，预示着新一波生产力增长和科技发展浪潮的到来。

科技界和工业界正在研究大数据理论和技术、开发大数据系统，企业、政府、科研院所等各行各业都在努力应用大数据。大数据正在孕育新的学科——数据科学。大数据正在创造价值、正在形成新的产业，正在给我们展现无穷的、变化的、灿烂的前景。

本章介绍什么是大数据，大数据的特征，大数据的应用以及大数据管理系统，着重从数据管理和数据处理的角度来讨论这些问题和技术。大数据热，说明大数据的理论、技术、系统和应用都远远没有成熟，介绍的内容必将随着时间的推移不断更新发展。

14.1　大数据概述

14.1.1　什么是大数据

什么是大数据？大数据和数据库领域的超大规模数据（very large data）、海量数据（massive data）有什么不同？

"超大规模数据库"（Very Large Database，VLDB）这个词是 20 世纪 70 年代中期出现的，在数据库领域一直享有盛誉的 VLDB 国际会议就是从 1975 年开始，到 2014 年已经 40 届了。当年数据库中管理的数据集有数百万条记录就是超大规模了。"海量数据"则是 21 世纪初出现的词，用来描述更大的数据集以及更加丰富的数据类型。2008 年 9 月，《Science》发表了一篇文章"Big Data: Science in the Petabyte Era"，"大数据"这个词开始被广泛传播。这些词都表示需要管理的数据规模很大，相对于当时的计算机存储和处理技术水平而言，遇到了技术挑战，需要计算机界研究和发展更加先进的技术，才能有效地存储、管理和处理它们。

回顾一下面对"超大规模"数据，人们研究了数据库管理系统的高效实现技术。包括系统的三级模式体系架构，数据与应用分离即数据独立性的思想（增加了数据库管理系统的适应性和应用系统的稳定性），关系数据库的描述性语言 SQL，基于代价的优化技术，事务管理与故障恢复技术，等等。创建了一套关系数据理论，奠定了关系数据库坚实的理论基础。同时，数据库技术在商业上也取得了巨大成功，引领了数十亿美元的产业，有力地促进了以 OLTP 和 OLAP 为标志的商务管理与商务智能应用的发展。这些技术精华和成功经验为今天大数据管理和分析奠定了基础。为了应对"海量数据"的挑战，研究了半结构化数据和各种非结构化数据的数据模型及对它们的有效管理、多数据源的集成问题等。因此，大数据并不是当前时代所独有的特征，而是伴随着人类社会的发展以及人类科技水平的提高而不断发展演化的。

当前，人们从不同的角度在诠释大数据的内涵。关于大数据的一个定义是，一般意义上，大数据是指无法在可容忍的时间内用现有 IT 技术和软硬件工具对其进行感知、获取、管理、处理和服务的数据集合。

还有专家给出的定义是，大数据通常被认为是 PB（10^3 TB）或 EB（1 EB= 10^6 TB）或更高数量级的数据，包括结构化的、半结构化的和非结构化的数据。其规模或复杂程度超出了传统数据库和软件技术所能管理和处理的数据集范围[10]。

有专家按大数据的应用类型将大数据分为海量交易数据（企业 OLTP 应用）、海量交互数据（社交网、传感器、全球定位系统、Web 信息）和海量处理数据（企业 OLAP 应用）[10]。

海量交易数据的应用特点是数据海量、读写操作比较简单、访问和更新频繁、一次交易的数据量不大，但要求支持事务 ACID 特性。对数据的完整性及安全性要求高，必须保证强一致性。

海量交互数据的应用特点是实时交互性强，但不要求支持事务特性。其数据的典型特点是类型多样异构、不完备、噪音大、数据增长快，不要求具有强一致性。

海量处理数据的应用特点是面向海量数据分析，计算复杂，往往涉及多次迭代完成，追求数据分析的高效率，但不要求支持事务特性。典型的应用是采用并行与分布处理框架实现。其数据的特点是同构性（如关系数据或文本数据或列模式数据）和较好的稳定性（不存在频繁的更新操作）。

当然，可以从不同的角度对大数据进行分类，目的是有针对性地进行研究与利用。例如，有些专家将网络空间（cyberspace）中各类应用引发的大数据称为网络大数据，并按数据类型分为自媒体数据、日志数据和富媒体数据三类[14]。

14.1.2 大数据的特征

大数据不仅仅是量"大"，它具有许多重要的特征。专家们归纳为若干个 V，即巨量

(Volume)、多样（Variety）、快变（Velocity）、价值（Value）。大数据的这些特征给我们带来了巨大的挑战。

1. 巨量

大数据的首要特征是数据量巨大，而且在持续、急剧地膨胀。据国际著名的咨询公司 IDC 的研究报告称，到 2020 年全球数据总量将达到 40 ZB，人均 5.2 TB。

大规模数据的几个主要来源如下：

（1）科学研究（天文学、生物学、高能物理等）、计算机仿真领域。例如，大型强子对撞机每年积累的新数据量为 15 PB 左右。

（2）互联网应用、电子商务领域。例如，沃尔玛公司（Wal-Mart）每天通过数千商店向全球客户销售数亿件商品，为了对这些数据进行分析，沃尔玛公司数据仓库系统的数据规模达到 4 PB，并且在不断扩大。

（3）传感器数据（sensor data）。分布在不同地理位置上的传感器对所处环境进行感知，不断生成数据。即便对这些数据进行过滤，仅保留部分有效部分，长时间累积的数据量也是惊人的。

（4）网站点击流数据（click stream data）。为了进行有效的市场营销和推广，用户在网上的每个点击及其时间都被记录下来，利用这些数据，服务提供商可以对用户存取模式进行仔细的分析，从而提供更加具有针对性的个性化服务。

（5）移动设备数据（mobile device data）。通过移动电子设备，包括移动电话和 PDA、导航设备等，可以获得设备和人员的位置、移动轨迹、用户行为等信息，对这些信息进行及时分析有助于决策者进行有效的决策，如交通监控和疏导。

（6）无线射频识别数据（RFID Data）。RFID 可以嵌入到产品中，实现物体的跟踪。RFID 的广泛应用将产生大量数据。

（7）传统的数据库和数据仓库所管理的结构化数据也在急速增大。

总之，无论是科学研究还是商业应用，无论是企业部门还是个人，处处时时都在产生着数据。几十年来，管理大规模且迅速增长的数据一直是一个极具挑战性的问题。目前数据增长的速度已经超过了计算资源增长的速度。这就需要设计新的计算机硬件以及新的系统架构，设计新硬件下的存储子系统。而存储子系统的改变将影响数据管理和数据处理的各个方面，包括数据分布、数据复制、负载平衡、查询算法、查询调度、一致性控制、并发控制和恢复方法，等等。

2. 多样

数据的多样性通常是指异构的数据类型、不同的数据表示和语义解释。现在，越来越多的应用所产生的数据类型不再是纯粹的关系数据，更多的是非结构化、半结构化的数据，如文本、图形、图像、音频、视频、网页、推特和博客（blogs）等。现代互联网应用呈现出非结构化数据大幅增长的特点，至 2012 年年末非结构化数据占有比例达到整个数据量的

75%以上。

对异构海量数据的组织、分析、检索、管理和建模是基础性的挑战。例如，图像和视频数据虽具有存储和播放结构，但这种结构不适合进行上下文语义分析和搜索。对非结构化数据的分析在许多应用中成为一个显著的瓶颈。传统的数据分析算法在处理同构数据方面比较成熟，是否将各种类型的数据内容转化为同构的格式以供日后分析？此外，考虑到当今大多数数据是直接以数字格式生成的，是否可以干预数据的产生过程以方便日后的数据分析？在数据分析之前还要对数据进行清洗和纠错，还必须对缺失和错误数据进行处理等。因此，针对半结构化、非结构化数据的高效表达、存取和分析技术，需要大量的基础研究。

3. 快变

大数据的快变性也称为实时性，一方面指数据到达的速度很快，另一方面指能够进行处理的时间很短，或者要求响应速度很快，即实时响应。

许多大数据往往以数据流的形式动态、快速地产生和演变，具有很强的时效性。流数据来得快，对流数据的采集、过滤、存储和利用需要充分考虑和掌控它们的快变性。加上要处理的数据集大，数据分析和处理的时间将很长。而在实际应用需求中常常要求立即得到分析结果。例如，在进行信用卡交易时，如果怀疑该信用卡涉嫌欺诈，应该在交易完成之前做出判断，以防止非法交易的产生。这就要求系统具有极强的处理能力和妥当的处理策略，例如，事先对历史交易数据进行分析和预计算，再结合新数据进行少量的增量计算便可迅速做出判断。对于大数据上的实时分析处理，大数据查询和分析中的优化技术具有极大的挑战性，需要借鉴传统数据库中非常成功的查询优化技术以及索引技术等。

4. 价值

大数据的价值是潜在的、巨大的。大数据不仅具有经济价值和产业价值，还具有科学价值。这是大数据最重要的特点，也是大数据的魅力所在。

现在，人们认识到数据就是资源，数据就是财富，认识到数据为王的时代已经到来，因此对大数据的热情和重视也与日俱增。例如，2012年3月，美国奥巴马政府启动"大数据研究和发展计划"，这是继1993年美国宣布"信息高速公路"计划后的又一次重大科技发展部署。美国政府认为大数据是"未来的新石油"，将"大数据研究"上升为国家意志，对未来的科技与经济发展必将带来深远影响。2012年5月，英国政府注资建立了世界上第一个大数据研究所。同年，日本也出台计划重点关注大数据领域的研究。2012年10月，中国计算机学会成立了CCF大数据专家委员会，科技部也于2013年启动了"973"、"863"大数据研究项目。

一个国家拥有数据的规模和运用数据的能力将成为综合国力的重要组成部分，对数据的占有和控制也将成为国家与国家、企业与企业间新的争夺焦点。

大数据价值的潜在性，是指数据蕴含的巨大价值只有通过对大数据以及数据之间蕴含的联系进行复杂的分析、反复深入的挖掘才能获得。而大数据规模巨大、异构多样、快变复杂，隐私等自身的问题，以及数据孤岛、信息私有、缺乏共享的客观现实都阻碍了数据价值的创造。其巨大潜力和目标实现之间还存在着巨大的鸿沟。

大数据的经济价值和产业价值已经初步显现出来。一些掌握大数据的互联网公司基于数据交易、数据分析和数据挖掘，帮助企业为客户提供更优良的个性化服务，降低营销成本，提高生产效率，增加利润；帮助企业优化管理，调整内部机构，提高服务质量。大数据是未来产业竞争的核心支撑。大数据价值的实现需要通过数据共享、交叉复用才能获得。因此，未来大数据将会如基础设施一样，有数据提供方、使用方、管理者、监管者等，从而使得大数据成为一个大产业。

大数据研究的科学价值还没有引起足够的重视，本章文献[7]提出要把数据本身作为研究目标，关注数据科学的研究，研究大数据的科学共性问题。数据科学是以大数据为研究对象，横跨信息科学、社会科学、网络科学、系统科学、心理学、经济学等诸多领域的新兴交叉学科。

对于大数据的研究方式，2007 年 1 月 11 日，已故的著名数据库专家，图灵奖得主 James Gray 在加州山景城召开的 NRC-CSTB 上的演讲提出了科学研究的第四范式。他指出人类从几千年前的实验科学（第一范式），到以模型和归纳为特征的理论科学（第二范式），到几十年来以模拟仿真为特征的计算科学（第三范式），现在要从计算科学中把数据密集型科学区分出来，即大数据研究的第四范式（the fourth paradigm）：数据密集型科学发现（data intensive scientific discovery）。James Gray 认为，对于大数据研究，科研人员只需从大量数据中查找和挖掘所需要的信息和知识，无须直接面对所研究的物理对象。例如，在天文学领域，天文学家的工作方式发生了大幅度转变。以前天文学家的主要工作是进行太空拍照，如今所有照片都已经存放在数据库中。天文学家的任务变为从数据库的海量数据中发现有趣的物体或现象。科研第四范式将不仅是研究方式的转变，也是人们思维方式的大变化[7]。这也许是解决大数据挑战的系统性的方法。

此外，IBM 还提出了另一个 V，即真实性（Veracity），旨在针对大数据噪音、数据缺失、数据不确定等问题强调数据质量的重要性，以及保证数据质量所面临的巨大挑战。

14.2 大数据的应用

当前大数据的应用丰富多彩，本节通过介绍两个应用案例说明大数据应用具有的特点，以及对大数据管理和大数据系统提出的技术需求和挑战。

14.2.1 感知现在 预测未来——互联网文本大数据管理与挖掘

互联网媒体又称**网络媒体**，是以互联网为传输平台，以计算机、移动电话、便携设备等为终端，以文字、声音、图像等形式来传播新闻信息的一种数字化、多媒体的传播媒介。互联网媒体相对于传统的报纸、广播、电视等媒体而言，也称为"第四媒体"。

1. 互联网媒体文本大数据应用：时事探针

高速发展的互联网媒体在给人们获取信息带来便利的同时，也带来了新的挑战，其中之一便是"信息过载"问题。当一个重要新闻事件发生后，各种互联网媒体会有大量相关报道。例如，2014 年 3 月 8 日"马航失联"事件发生后，截至 2014 年 5 月 21 日，仅在百度中被索引的相关新闻数量就有 500 多万篇，Google 中有 5 500 多万，新浪微博的微博中有 1 580 万，并产生了大量的转发和评论，这些信息每时每刻还在不断地增加。如此大量的数据和信息往往超过了个人所能处理的范围。首先，用户很难快速查找和浏览有用信息；其次，大量的信息是冗余和包含噪音的；再次，用户很难对海量的文本信息进行汇总和理解（如了解马航失联事件中各个搜救阶段的主要进行地点和负责机构）。因此，如何处理和分析互联网媒体大数据，帮助人们在海量数据中获取及分析真实有价值的信息，从而正确感知现在，迅速预测未来，做好应急事件的预案和防范是一个具有重大价值并且亟待解决的研究问题。

时事探针系统是中国人民大学研制开发的一个互联网舆情分析系统。该系统可以实时监控、收集互联网媒体数据，并对数据进行深入的挖掘和分析。其主要功能包括动态数据抓取、历史数据保留、数据深度智能分析、数据可视化展示、敏感信息实时捕捉、预定阈值报警等。该系统可以有效地帮助用户、企业以及政府机构对所关注的新闻话题在互联网媒体中的报道进行感知、获取、跟踪、预警和深入分析，具有极大的应用价值。

例如，可使用时事探针系统对"高考"这一话题进行分析。图 14.1 显示媒体对于高考这一话题整体关注度较高，从 2014 年 5 月份开始，随着高考的临近，报道量持续增加。

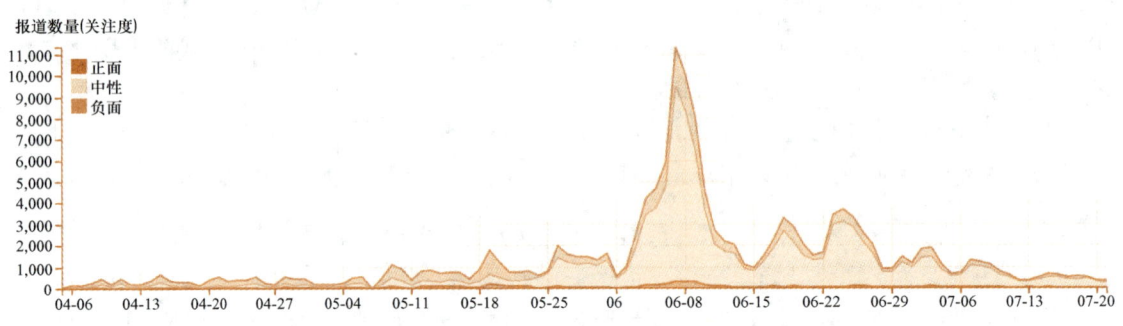

图 14.1 "高考"话题的媒体关注度

图 14.2 展示了对"高考"热议话题的多维分析。该图显示与"高考"有关的主要人物有袁贵仁（时任教育部部长）、鲁昕（时任教育部副部长）、顾明远（时任教育学会名誉会长）等；主要相关地点有北京、广东、江苏等高考大省；教育部是最主要的相关机构，北京大学、清华大学、中国教育学会等也是相关机构；与"高考"相关的热议话题是异地高考、小高考、一考定终身等。多维分析让用户对高考这一话题的主要内容一目了然。

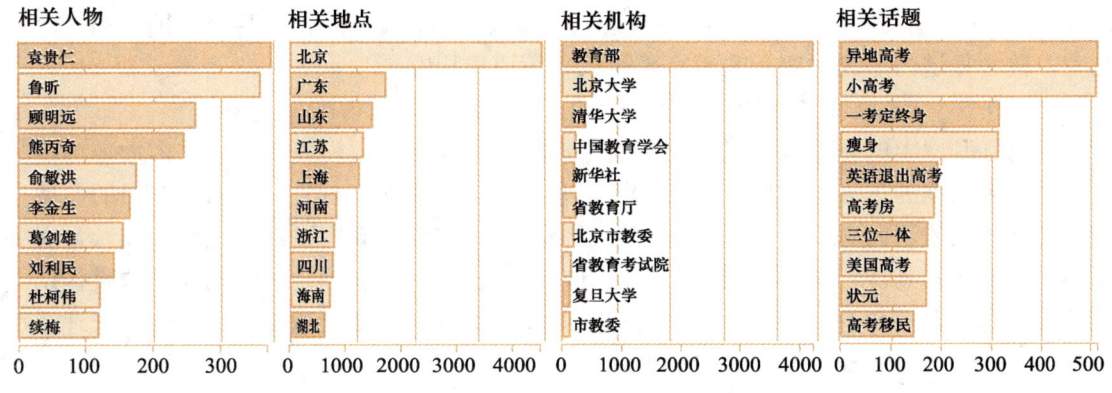

图 14.2 对"高考"热议话题的多维分析

为深入了解报道内容,用户还可以在时事探针上进行多维度交叉分析。例如,要深入了解关于英语退出高考的信息,可以选择相关话题中的"英语退出高考",时事探针系统自动对其他维度进行更新。图 14.3 显示有关该话题的正面报道、负面报道和中性报道的分布

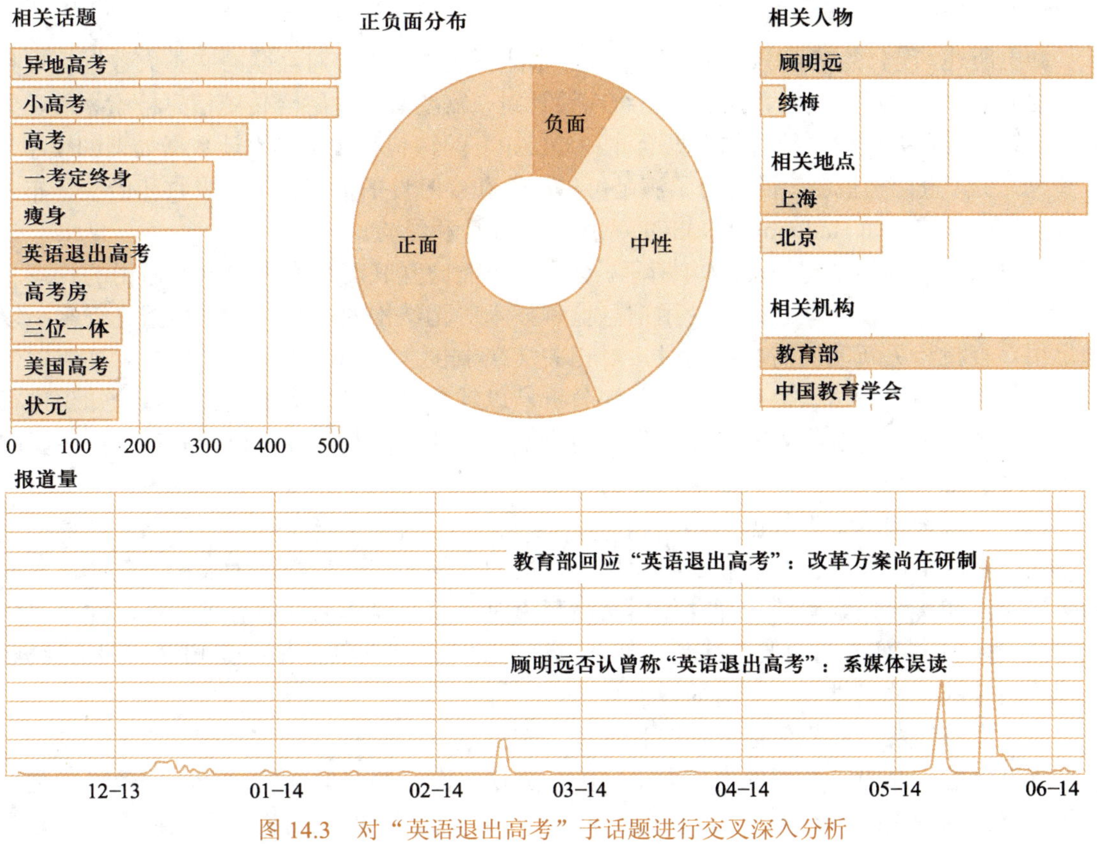

图 14.3 对"英语退出高考"子话题进行交叉深入分析

情况。显示相关报道集中在 5 月 19 日左右,热门人物是顾明远,讨论最多的地点为上海和北京,核心报道内容为顾明远和教育部否认"英语退出高考"。

2. 互联网文本大数据管理的挑战

目前互联网上的新闻报道以及相应的用户反馈(如评论、转发等)以文本内容为主。该类文本大数据的出现,对现有数据库管理系统提出了挑战。首先,文本数据中的主题是开放的,每天的新闻文档分别描述成千上万个无直接关联的新闻事件,无法事先预定义关系模式和值域。其次,文本大数据一般由自然语言生成,没有确定的结构,无法直接用关系型数据进行存储和查询。最后,互联网上的数据量巨大、变化速度快,对数据管理系统的可扩展性和实时性提出了很高的要求。

对于文本大数据处理,目前广泛使用的互联网搜索引擎(包括新闻搜索引擎)只是对文本数据的简单索引和查找,不能满足用户对所关注的话题进行实时监测、深入分析以及决策支持等需求。例如,用户可以通过搜索引擎获取关于"马航失联"的最新报道,但仍然无法直接通过搜索引擎了解在该主题中主要的时间、地点、人物、相关事件以及最新进展。

3. 互联网文本大数据管理系统

如上所述,现有的搜索引擎和关系型数据库都不能满足用户对互联网文本大数据管理和查询的需求。互联网文本大数据管理系统在设计时,需要参考并融合传统信息检索系统、数据库系统以及数据分析系统(如数据仓库和 OLAP)的特长和技术来设计数据处理的模型、存储、索引、查询等机制。同时为了满足可扩展性和实时性的需求,需要吸收和借鉴分布式大数据处理系统(如 Hadoop 和 NoSQL 系统)的设计和经验。

时事探针系统的结构如图 14.4 所示,这是一个面向互联网文本大数据的通用的管理和分析平台。其核心设计理念是,使用信息检索技术对无结构的互联网文本数据进行索引以满足用户查找相关新闻的需求;同时,对相关文档中包含的关键信息进行挖掘和抽取以生成结构化数据,并对这些数据进行汇总和分析,以辅助用户对报道中包含的高阶知识进行理解。整个系统分为离线处理和在线处理两个部分。其中离线部分是设计的重点,主要完成下述功能。

(1)多源异构网络大数据的感知和获取

由于互联网内在的分布性和自组织性,数据的感知和获取是网络大数据处理非常重要的第一步。和传统搜索引擎一样,使用网络爬虫对互联网媒体网站内容进行抓取并存储到原始文档库中。本部分的主要挑战是如何针对给定的主题实时智能地收集相关的网络数据,从而为后续的处理提供准确丰富的数据来源。

(2)文档理解及结构化数据抽取和集成

互联网的生命力很大程度上来自于它的开放性,而这种开放性的一个负面效果就是造成了网络数据缺乏统一结构、质量良莠不齐。"大而低质量"的无结构数据往往不能有效支撑大数据分析和应用。为了对文本数据进行深入分析，需要采用数据抽取技术从中挖掘出高质量的结构化信息。另一方面，属于同一个实体或概念的数据往往在多个数据源中以不同的形式表示，数据集成技术被用于将这些不同形式的数据进行统一和集成。数据抽取和集成是大数据研究的一个难点和热点，具体技术包括文档编码检测及 HTML 文本转换、文档语言（如中文、日文或者英文）检测、正文及相关属性（标题、时间、作者、主要图片等）抽取、文档内容段落及句子切分、文本分词、命名实体（时间、地点、人物、机构等）识别、动词专有名词抽取、情感分析、话题检测、知识库实体匹配及消歧、事件检测及抽取等。

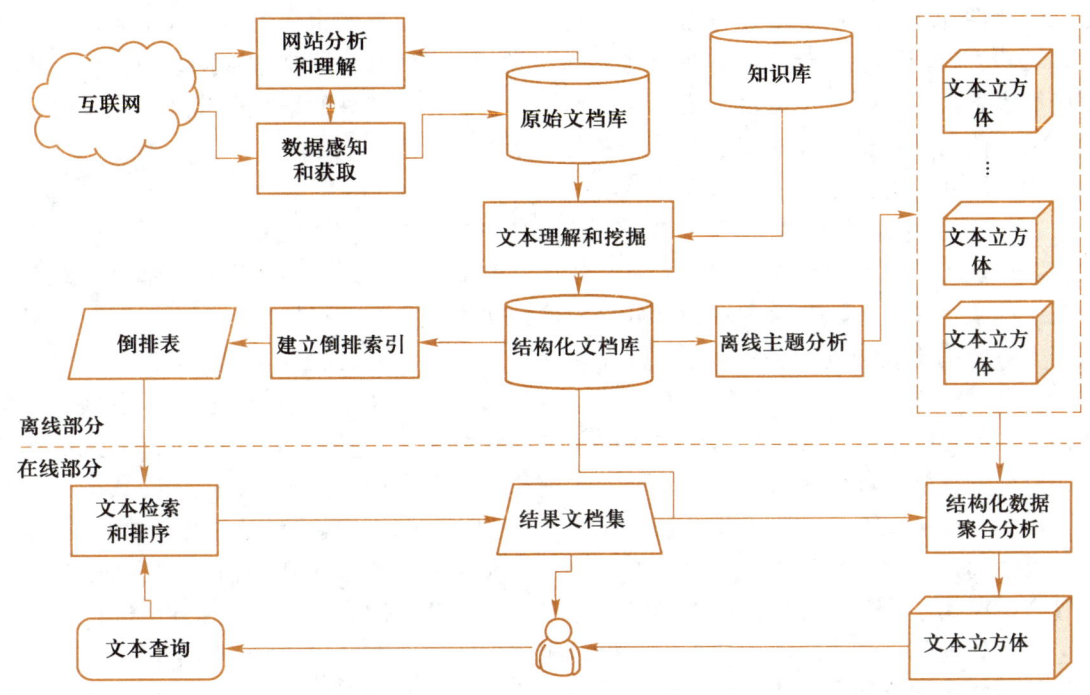

图 14.4 时事探针系统结构图示意图

（3）数据存储和索引

原始文档库主要用于保存抓取下来的原始网页。原始文档库上主要进行文档的写入和读取，无删除操作，并发计算和查询的需求不大，可直接使用关系型数据库或者 NoSQL 数据库。由于原始文档库中的文档在写入时一般按照时间顺序写入，在对原始文档库中的文档进行处理时，也一般按照时间顺序进行，因此需要对文档抓取时间进行索引。

结构化文档库中主要存储对文档进行深入理解后所抽取的信息，包括文档标题、文档正文、文档时间、文档作者、主要图片等文档级别的信息，也包括句子级别的信息，如句子文本、情感值、句子所包含的命名实体、关键词等。

在传统的关系数据库中，关系一般遵循范式的要求以尽可能地节省存储空间并保证数据一致性。而事实上，因为互联网文本数据量巨大，若严格按照范式的要求进行设计，查询时可能需要大量的连接（join）操作和随机读取，写入时也可能需要在多个表上进行查找和加锁，实践证明这会极大地降低系统性能。因此，在时事探针中，增加了部分数据冗余来降低交叉查询的代价，提高数据查询的效率。例如，冗余存储"文档正文"和句子中的"句子文本"。

在结构化文档库上会有大量的并发读写和查询操作。针对互联网文本数据的特点，对数据一致性和完整性的要求可适当放宽。例如，对某一事件的报道可能有数千条，其中个别报道的丢失一般不会对整个事件的理解造成重大影响。互联网文本数据管理在一定程度上能够容忍丢失更新、不可重复读和读"脏"数据等不一致性问题，因此结构化文档库上尽量减少读写锁并采用较低的事务隔离级别。

（4）离线主题文本立方体建立及更新

文本立方体是对特定主题建立的多维度数据立方体，是时事探针系统的主要分析模型。和传统的关系数据仓库上建立的单个数据立方体不同，系统中每个主题都可以建立一个对应的文本立方体以对该主题进行分析操作。文本立方体可根据用户查询在匹配的所有文档上对结构化数据进行高效并行统计而建立。假设"马航失联"这一主题在互联网媒体中一共有 1 万篇报道，每个报道中有不同的相关人物、相关地点和相关机构。在这 1 万个文档上，可建立包含相关人物、相关地点和相关机构这三个维度（dimension）的文本立方体。每个维度中的项由所有文档中出现的实例（如所有人物）构成。和传统的数据立方体不同，在文本立方体中不具有直接的度量值可以使用。时事探针系统通过比较文档（记录）和维度值的紧密程度来计算度量值。如对于相关人物 A，考虑 A 在文档 D 中出现的次数、位置、所在句子的长短等特征，并同时考虑报道的来源来计算 A 在 D 中的度量值。

在线处理部分负责接收用户查询，检索相关文档及文本立方体并返回给用户。其主要模块包括关键词分词、倒排表文档匹配及排序、文本立方体生成及缓存、文档及文本立方体展示及交互等。这里就不展开介绍了。

综上所述，互联网文本大数据管理的特点如下：

（1）互联网文本大数据蕴含着丰富的社会信息，可以看作是对真实社会的网络映射。

（2）实时、深入分析互联网文本大数据，帮助人们在海量数据中获取有价值的信息，发现蕴含的规律，可以更好地感知现在、预测未来，体现了第四范式数据密集型科学发现的研究方式和思维方式。

（3）互联网文本大数据管理对大数据系统和技术的挑战是全面的、跨学科跨领域的，需要创新，也要继承传统数据管理技术和数据仓库分析技术的精华。

14.2.2 数据服务 实时推荐——基于大数据分析的用户建模

随着以个性化为主要特点的 Web 2.0 兴起，很多大数据应用的数据来源于规模庞大的用户群。依托数百万、千万、甚至上亿规模的用户，面向大众的信息服务类应用在为大规模的用户提供信息服务的同时，通过用户原创内容（User Generated Content，UGC）或者系统日志等方式不断地收集数据。这些数据与用户的行为紧密相关，被用来分析用户的兴趣特征，创建用户的描述文件（user profile），这就是基于大数据分析的用户建模。

1. 面向用户建模的大数据系统构架

用户建模的目标是为了准确把握用户的行为特征、兴趣爱好等，进而较为精准地向用户提供个性化的信息服务或信息推荐。例如，互联网网站通过对用户点击日志的分析，识别用户的偏好，以支持个性化的页面布局、进行精准的广告投放等；电信行业通过对用户消费信息、当前位置、使用习惯等数据的分析，为用户及时推荐符合用户需求的服务、产品、内容等。当前，基于大数据的用户建模在很多大型的信息服务应用中发挥着至关重要的作用。

面向用户建模的大数据系统一般具有图 14.5 所示的基本架构。在大数据采集和存储的基础上，使用在线分析和离线分析两类技术，从大数据中发现用户的兴趣属性，构建动态的用户兴趣模型，以数据服务的方式管理和维护用户兴趣模型中的数据，支持上层的信息推荐等各种各样的应用。这类系统中数据分析和数据服务构成了大数据系统的两类典型的负载。

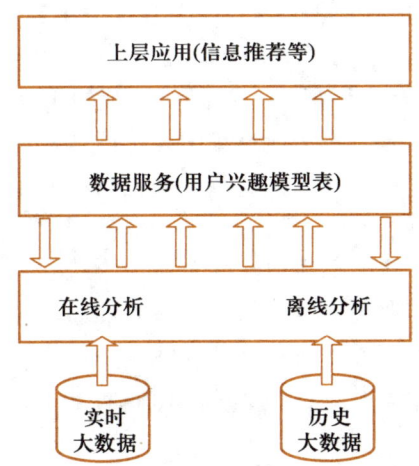

图 14.5 面向用户建模的大数据系统架构示意图

2. 数据分析：用户建模的基础工具

传统的信息服务类应用一般采用静态的用户建模方法，即系统在构建之初就定义好了用户兴趣模型所包含的属性维度。随着互联网和大数据技术的发展，面向大众的信息服务应用不再满足于静态的用户兴趣建模，而是开始关注从用户行为相关的实时大数据中使用众多的数据分析和挖掘技术，得到能够反映用户兴趣和其变化的动态用户兴趣模型。这种动态性不仅包含属性值的变化，还包含用户兴趣模型中属性类型、属性数量的变化。

依赖大数据的用户建模方法通常会为每个用户生成高维度的兴趣属性向量，维度可以达到数百甚至数千以上。针对不同属性，系统会运行很多不同的用户建模任务，一个用户建模任务为用户或用户群生成一部分属性值。从而可以较为细致和深入地刻画用户在众多方面的兴趣属性。用户兴趣建模方法种类繁多，从大的类别上可以分为两类：离线分析和实时在线分析。

一大类用户建模方法采用的是批处理方式的离线分析方法，对结构化或半结构化的历史日志数据进行 SQL 分析或者使用数据挖掘和机器学习的深度分析方法。其特点是采用离线的方式处理超大规模的历史数据，当数据量很大时（比如数百 TB 以上），一些任务可能要运行数个小时、甚至几天。例如，目前通信公司的用户一般要到每个月第 5 日才能查到上个月的消费账单，这说明系统在每月头 4 天花费大量的计算资源对前一个月用户消费数据进行复杂处理和分析，挖掘用户的消费特征，为用户建模。很显然，这类离线分析方法复杂度高、处理代价巨大，不能够频繁调用。因此，分析得到的用户属性也不能频繁更新，实时性会差一些。这类方法适合于分析那些通过大规模数据得出的相对稳定的用户属性。大数据离线分析的主要挑战来自分析处理的性能。目前很多研究工作集中在 MapReduce 计算环境下如何提高各种离线分析处理算法的性能。此外，如何在 Hadoop 环境下，系统化地支持 SQL 分析和深度分析，也是很多开源大数据分析系统努力的目标。

另一大类用户建模方法则采用实时的在线分析方法，数据即来即分析，更强调数据的实时分析处理能力。这类方法适合于捕捉一些时效性强的用户属性，比如用户当前的位置、当前一段时间手机信号的强度、当前会话过程中点击或购买的商品等。这些属性被用来描述用户最新的特征，是在线信息推荐算法的重要依据，其价值通常也是最高的。当在线用户规模达到百万以上时，任何系统要实时分析处理众多用户产生的大数据，其代价都会是非常昂贵的。数据以流的形式持续不断地涌入系统，系统要在很短的时间内处理完大量流数据，获取和分析用户属性，则必须具备很高的吞吐能力。虽然数据采集、聚集计算等实时用户建模方法并不复杂，但有时会涉及一些在线学习的方法，比如时序分析、在线回归分析等，相应的计算负载就会高很多。当前，有很多研究工作围绕大数据的流分析和实时分析展开。

3. 数据服务：用户建模的价值体现

在用户兴趣建模的背景下，数据分析将大数据的价值从规模庞大、变化迅速的原始大数据中高效地提炼出来。然而，这离发挥出大数据的价值还差一步，而这一步就是数据服务。在用户建模应用中，数据服务是指管理维护各种数据分析任务得到的用户建模的结果，利用这些高价值的用户兴趣模型数据，为以信息推荐为代表的众多上层应用提供数据访问服务，从而将大数据的价值与上层应用需求打通。不严格地说，数据服务类似于传统意上的数据管理。它要为下层的数据分析任务和上层的各种应用提供高吞吐的数据读写服务。用户建模背景下的数据服务又有一些区别于传统数据管理的地方。首先，被管理的对象是一张高维度、大规模的用户属性宽表，而且表中的列不是固定的；其次，很多属性值存在空值或多值的情况；最后，这张表的数据读写负载非常巨大。因此，管理超大规模的用户属性表是一项非常有挑战的任务。目前的一种解决方案是，采用 Key/Value 模型下的 NoSQL 数据库，以应对高并发的读写负载和可变的数据模式带来的挑战。但是牺牲了数据一致性，更重要的是牺牲了传统数据库在 SQL 查询分析上的很多功能。而 SQL 查询分析对于深入分析用户群体的特性有着非常重要的意义，在基于社区的社会化推荐应用中也能发挥重要作用。针对这样的挑战，人们开始研究 NewSQL 数据库技术。在内存数据库基础上，保持事务的 ACID 特性，通过事务串行化和去除封锁等技术简化事务处理过程，提高系统的事务吞吐能力，以应对大规模数据并发读写的挑战。

综上所述，这一类大数据应用的特点如下：

（1）模型的建立（本例中是用户兴趣模型）来自对大数据的分析结果，通俗地讲是"用数据说话"。建模的过程是动态的，随着实际对象的变化，模型也在变化。

（2）数据处理既有对历史数据的离线分析和挖掘，又有对实时流数据的在线采集和分析，体现了大数据上不同层次的分析：流分析、SQL 分析、深度分析的需求。

（3）用户模型本身也是大数据，维度高，信息稀疏，用户模型的存储、管理是数据服务的重要任务，要满足大规模应用需要的高并发数据更新与读取。

14.3 大数据管理系统

从前面阐述的大数据特点和大数据应用可以看到，大数据管理、分析、处理和应用等诸多领域都面临着巨大挑战。数据管理技术和系统是大数据应用系统的基础。为了应对大数据应用的迫切需求，人们研究和发展了以 Key/Value 非关系数据模型和 MapReduce 并行编程模型为代表的众多新技术和新系统。

本节简要介绍大数据管理系统和大数据分析处理领域涌现的若干前沿技术和代表性系统。

14.3.1 NoSQL 数据管理系统

NoSQL 是以互联网大数据应用为背景发展起来的分布式数据管理系统。NoSQL 有两种解释：一种是 Non-Relational，即非关系数据库；另一种是 Not Only SQL，即数据管理技术不仅仅是 SQL。目前第二种解释更为流行。

NoSQL 系统支持的数据模型通常分为 Key-Value 模型、BigTable 模型、文档（document）模型和图（graph）模型 4 种类型。

（1）Key-Value 模型，记为 KV（Key, Value），是非常简单而容易使用的数据模型。每个 Key 值对应一个 Value。Value 可以是任意类型的数据值。它支持按照 Key 值来存储和提取 Value 值。Value 值是无结构的二进制码或纯字符串，通常需要在应用层去解析相应的结构。

（2）BigTable 模型，又称 Columns Oriented 模型，能够支持结构化的数据，包括列、列簇、时间戳以及版本控制等元数据的存储。该数据模型的特点是列簇式，即按列存储，每一行数据的各项被存储在不同的列中，这些列的集合称作列簇。每一列的每一个数据项都包含一个时间戳属性，以便保存同一个数据项的多个版本。

（3）文档模型，该模型在存储方面有以下改进：Value 值支持复杂的结构定义，通常是被转换成 JSON 或者类似于 JSON 格式的结构化文档；支持数据库索引的定义，其索引主要是按照字段名来组织的。

（4）图模型，记为 $G(V, E)$，V 为结点（node）集合，每个结点具有若干属性，E 为边（edge）集合，也可以具有若干属性。该模型支持图结构的各种基本算法。可以直观地表达和展示数据之间的联系。

NoSQL 系统为了提高存储能力和并发读写能力采用了极其简单的数据模型，支持简单的查询操作，而将复杂操作留给应用层实现。该系统对数据进行划分，对各个数据分区进行备份，以应对结点可能的失败，提高系统可用性；通过大量结点的并行处理获得高性能，采用的是横向扩展的方式（scale out）。

本章文献[10]全面分析和综述了 NoSQL 系统及关键技术，包括系统体系结构、数据存储、数据模型、读写方式、索引技术、事务特性、动态负载均衡、副本管理策略、数据一致性策略等。限于篇幅这里不再介绍，有兴趣的读者可参考本章后面的相关文献。

14.3.2　NewSQL 数据库系统

NewSQL 系统是融合了 NoSQL 系统和传统数据库事务管理功能的新型数据库系统。

SQL 关系数据库系统长期以来一直是企业业务系统的核心和基础，但是它扩展性差、成本高，难以应对海量数据的挑战。NoSQL 数据管理系统以其灵活性和良好的扩展性在大数据时代迅速崛起。但是，NoSQL 不支持 SQL，导致应用程序开发困难，特别是不支持关键应用所需要的事务 ACID 特性。NewSQL 将 SQL 和 NoSQL 的优势结合起来，充分利用计算机硬件的新技术、新结构，研究与开发了若干创新的实现技术。例如，关系数据库在分布式环境下为实现事务一致性使用了两阶段提交协议，这种技术在保证事务强一致性的同时造成系统性能和可靠性的降低。为此人们提出了串行执行事务，避免加锁开销和全内存日志处理等技术；改进体系架构，结合计算机多核、多 CPU、大内存的特点，融合关系数据库和内存数据库的优势，充分利用固态硬盘技术，从而显著提高了对海量数据的事务处理性能和事务处理吞吐量。表 14.1 给出了 SQL 系统、NoSQL 系统与 NewSQL 系统的比较。

表 14.1 SQL 系统、NoSQL 系统与 NewSQL 系统的比较

系统名称	易用性	对事务的支持	扩展性	数据量	成本	代表系统
	操作方式	一致性，并发控制等				
经典关系数据库系统 SQL 系统	易用 SQL	ACID 强一致性	<1 000 结点	TB	高	Oracle，DB2，Greenplum 等
NoSQL 系统	Get/Put 等存取原语	弱一致性 最终一致性	>10 000 结点	PB	低	BigTable，PNUTS，Cloudera 等
NewSQL 系统	SQL	ACID	>10 000 结点	PB	低	VoltDB，Spanner 等

14.3.3 MapReduce 技术

MapReduce 技术是 Google 公司于 2004 年提出的大规模并行计算解决方案，主要应用于大规模廉价集群上的大数据并行处理。MapReduce 以 key/value 的分布式存储系统为基础，通过元数据集中存储、数据以 chunk 为单位分布存储和数据 chunk 冗余复制来保证其高可用性。

MapReduce 是一种并行编程模型。它把计算过程分解为两个阶段，即 Map 阶段和 Reduce 阶段。具体执行过程如图 14.6 所示。首先对输入的数据源进行分块，交给多个 Map 任务去执行，Map 任务执行 Map 函数，根据某种规则对数据分类，写入本地硬盘。然后进入 Reduce 阶段，在该阶段由 Reduce 函数将 Map 阶段具有相同 key 值的中间结果收集到相同的 Reduce 结点进行合并处理，并将结果写入本地磁盘。程序的最终结果可以通过合并所有 Reduce 任务的输出得到。其中，Map 函数和 Reduce 函数是用户根据应用的具体需求编写的。

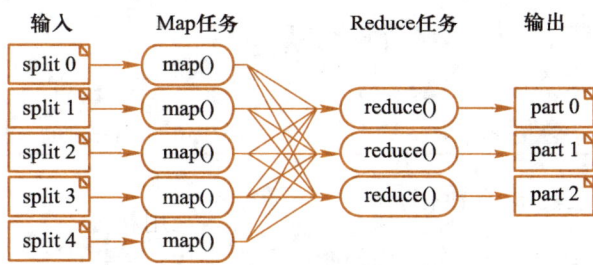

图 14.6 MapReduce 并行计算过程

MapReduce 是一种简单易用的软件框架。基于它可以开发出运行在成千上万个结点上，并以容错的方式并行处理海量数据的算法和软件。通常，计算结点和存储结点是同一个结点，即 MapReduce 框架和 Hadoop 分布式文件系统（Hadoop Distributed File System，HDFS）运行于相同的结点集。

MapReduce 设计的初衷是解决大数据在大规模并行计算集群上的高可扩展性和高可用

性分析处理，其处理模式以离线式批量处理为主。MapReduce 最早应用于非结构化数据处理领域，如 Google 中的文档抓取、创建倒排索引、计算 page rank 等操作。由于其简单而强大的数据处理接口和对大规模并行执行、容错及负载均衡等实现细节的隐藏，该技术一经推出便迅速在机器学习、数据挖掘、数据分析等领域得到应用。

随着应用的深入，人们发现 MapReduce 存在如下不足：

（1）基于 MapReduce 的应用软件较少，许多数据分析功能需要用户自行开发，从而导致使用成本增加。

（2）原来由数据库管理系统完成的工作，如文件存储格式的设计、模式信息的记录、数据处理算法的实现等都转移给了程序员，导致程序员负担过重，程序与数据缺乏独立性。

（3）在同等硬件条件下，MapReduce 的性能远低于并行数据库。分析发现 MapReduce 采取基于扫描的处理模式和对中间结果步步物化的执行策略，从而导致较高的 I/O 代价。

（4）在数据分析领域，连接是关键操作（如传统的星形查询和雪片查询均是依赖于连接来处理查询），但 MapReduce 处理连接的性能尤其不尽如人意。

因此，近年来大量研究着手将并行数据库和 MapReduce 两者结合起来，设计兼具两者优点的大数据分析平台。这种架构又可以分为并行数据库主导型、MapReduce 主导型、并行数据库和 MapReduce 集成型，表 14.2 对三种架构进行了对比。本章文献[5]对这三种架构进行了分析归纳，介绍了研究情况，指出了各自的优势和不足，并对未来研究做了展望。

表 14.2 数据库与 MapReduce 的借鉴融合

解决方案	着眼点	代表系统	缺陷
并行数据库主导型	利用 MapReduce 技术来增强开放性，以实现存储和处理能力的可扩展性	Greenplum, Aster Data	规模扩展性有待提高
MapReduce 主导型	学习关系数据库的 SQL 接口及模式支持等，改善易用性	Hive, Pig Latin	性能需要优化
并行数据库和 MapReduce 集成型	集成两者，使两者各自做自己擅长的工作	HadoopDB, Vertica, Teradata	各自的某些优点在集成后有所损耗

14.3.4 大数据管理系统的新格局

传统的关系数据库系统是一个通用的数据管理平台，可以支持对结构化数据几乎所有的 OLTP 和 OLAP 应用，即 "One size fits all"（一统天下）。由于大数据应用的多样性和差异性，作为应用支撑的数据管理系统，"One size does not fit all"，单一通用平台不能包打天下了。以 NoSQL 系统和 MapReduce 为代表的非关系数据管理和分析技术异军突起，以其良好的扩展性、容错性和大规模并行处理的优势，从互联网信息搜索领域开始，进而在数据存储和数据分析的诸多领域和关系数据管理技术展开了竞争。

关系数据管理技术针对自身的局限性，不断借鉴 MapReduce 的优秀思想加以改造和创新，提高管理海量数据的能力。而以 MapReduce 为代表的非关系数据管理技术阵营，从关系数据管理技术所积累的宝贵财富中挖掘可以借鉴的技术和方法，不断解决其性能问题、易用性问题，并提供事务管理能力。

经过多年研究实践，多种数据管理系统和相关技术在竞争与相互借鉴中形成了新的格局，如图 14.7 所示。

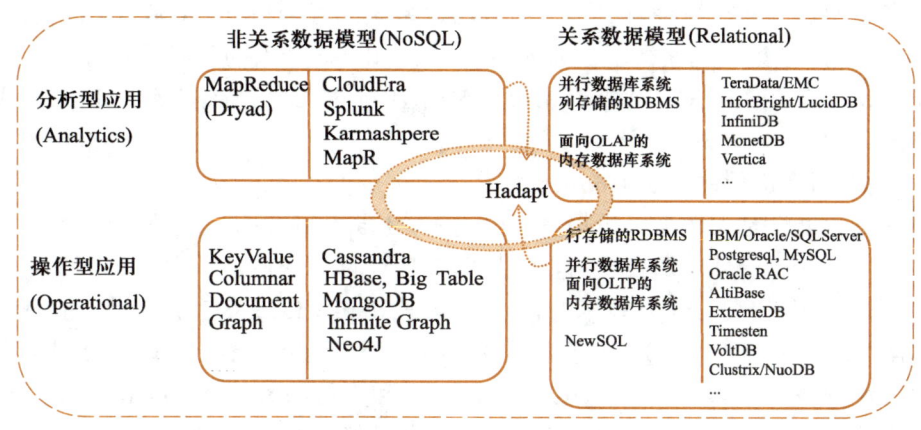

图 14.7 数据管理技术的新格局

1. 面向操作型应用的关系数据库技术

基于行存储的关系数据库系统、并行数据库系统、面向实时计算的内存数据库系统等，它们具有高度的数据一致性、高精确度、系统的可恢复性等关键特性，同时扩展性和性能也在不断提高，仍然是众多事务处理系统的核心引擎。此外，以 VoltDB 为代表的 NewSQL 系统继承了传统数据库的 ACID 特性，同时具有 NoSQL 的扩展性，是新型的面向 OLTP 应用的数据管理系统。

2. 面向分析型应用的关系数据库技术

在数据仓库领域，面向 OLAP 分析的关系数据库系统采用了 Shared Nothing 的并行体系架构，支持较高的扩展性，如 TeraData。同时，数据库工作者研究了面向分析型应用的列存储数据库和内存数据库。列存储数据库以其高效的压缩、更高的 I/O 效率等特点，在分析型应用领域获得了比行存储数据库高得多的性能。内存数据库则利用大内存、多核 CPU 等新硬件技术和基于内存的新的系统架构成为大数据分析应用的有效解决方案。MonetDB 是一个典型的列存储数据库系统，此外还有 InforBright、InfiniDB、LucidDB、Vertica、SybaseIQ 等。MonetDB、VectorWise 和 HANA 是基于列存储技术的内存数据库系统，主要面向分析型应用。

3. 面向操作型应用的 NoSQL 技术

在大数据时代，操作型应用不仅包括传统的事务处理应用，还有比事务处理更广泛的概念。某些操作型应用主要的数据操作是读和插入，处理的数据量极大，性能要求极高，必须依赖大规模集群的并行处理能力来实现数据处理，但是并不需要 ACID 这样的强一致性约束，弱一致性或者最终一致性就足够了。在这些应用场合，就需要使用操作型 NoSQL。

NoSQL 数据库系统相对于关系数据库系统具有两个明显的优势：

（1）数据模型灵活，支持多样的数据类型（包括图数据）。

（2）高度的扩展性，很少有一个关系数据库系统部署到超过 1 000 个结点的集群上，而 NoSQL 在大规模集群上获得了极高的性能，如 HBase 一天的吞吐量超过 200 亿个写操作。Facebook 从使用 MySQL 数据库系统到转向 HBase，最后持续改进 HBase，成为其操作型应用的基础架构。

4．面向分析型应用的 MapReduce 技术

系统的高扩展性是大数据分析最重要的需求。MapReduce 并行计算模型框架简单，具有高度的扩展性和容错性，适合于海量数据的聚集计算，获得了学术界和工业界的青睐，成为面向分析型应用的 NoSQL 技术的代表。但是 MapReduce 支持的分析功能有限，具有一定的局限性（见 14.3.3 小节），为了改进其对数据处理的支持能力，许多公司全面投入对 MapReduce 的研发。例如，提供 Hadoop 开源版本和支持服务的 Cloudera 公司、提供高性能分布式文件系统的 MapR 公司、为 Hadoop 提供完整工具套件的 Karmashpere 公司、致力于 Postgres 和 Hadoop 集成的 Hadapt 公司，等等。

与此同时，传统数据库厂商和数据分析套件厂商也纷纷发布基于 Hadoop 技术的产品发展战略，这些公司包括 Microsoft、Oracle、SAS、IBM 等。例如，IBM 发布了 Big Insights 计划，基于 Hadoop、Netezza 和 SPSS（统计分析、数据挖掘软件）等技术和产品，构建大数据分析处理的技术框架。

以上对关系系统和非关系系统、操作型应用和分析型应用的划分只是观察问题的维度，实际上大数据应用的特点是既有操作型应用，又有分析型应用。因此关系系统和非关系系统两者共存，相互借鉴融合，形成大数据管理和处理的新平台，是大数据应用的需要，也是未来技术发展的趋势。

14.4 小　　结

本章阐述了什么是大数据，大数据的重要特征以及大数据给我们带来的巨大挑战。

介绍了两个大数据应用案例。通过应用案例来说明大数据应用的特点，以及对大数据管理和大数据系统提出的技术需求和挑战。

数据管理技术和数据管理系统是大数据应用系统的基础。本章简要介绍了 NoSQL 系统、NewSQL 系统和 MapReduce 技术等。它们是在大数据管理和分析处理领域涌现的有代表性的前沿技术和系统。非关系数据管理和分析技术在数据存储和数据分析的诸多领域与

关系数据管理技术展开了竞争，多种数据管理系统和相关技术在竞争中相互借鉴、发展和融合，形成了新的格局。

习　　题

1. 请阅读本章参考文献。
2. 什么是大数据，试述大数据的基本特征。
3. 分析传统 RDBMS 在大数据时代的局限性。
4. 分析传统 RDBMS 的哪些技术应该在非关系数据管理系统中继承和发展。
5. 什么是 NoSQL，试述 NoSQL 系统在大数据库发展中的作用。
6. 什么是 NewSQL，查询相关资料，分析 NewSQL 是如何融合 NoSQL 和 RDBMS 两者的优势的。
7. 描述 MapReduce 的计算过程。分析 MapReduce 技术作为大数据分析平台的优势和不足。

本章参考文献

[1]　Sanjay Ghemawat, Howard Gobioff, Shun-Tak Leung. The Google File System. SOSP 2003: 29-43.

[2]　Jeffrey Dean, Sanjay Ghemawat. MapReduce: Simplified Data Processing on Large Clusters. OSDI，2004: 137-150.

[3]　Fay Chang, Jeffrey Dean, Sanjay Ghemawat, et al. Bigtable: A Distributed Storage System for Structured Data. OSDI，2006: 205-218.

[4]　覃雄派，王会举，杜小勇，等．大数据分析——关系数据库和 MapReduce 技术的竞争、交融和共生．软件学报，2011:960-970．

[5]　王珊，王会举，覃雄派，等．架构大数据：挑战、现状与展望．计算机学报，2011，34(10):1741-1752．

[6]　A Community White Paper Developed by Leading Researchers Across the United States．Challenges and Opportunities with Big Data，2012．

（文献[6]是美国数据管理领域 20 余名著名专家研究编写的白皮书《Challenges and Opportunities with Big Data》，2012 年 7 月发布。译文：大数据的挑战和机遇，中国人民大学李翠平、王敏峰翻译，发表在科研信息化技术与应用，2013，4(1):12-18.）

[7]　李国杰．大数据研究的科学价值．中国计算机学会通讯，2012，8(9):8-15．

[8]　周晓方，陆嘉恒，李翠平，等．从数据管理视角看大数据挑战．计算机学会通讯，2012，8(9):16-20．

[9]　覃雄派，王会举，李芙蓉，等．数据管理技术的新格局．软件学报，2013，24(2):175-197．

[10]　申德荣，于戈，王习特，等．支持大数据管理的 NoSQL 系统研究综述．软件学报，2013，24(8):1786-1803．

[11]　张俊，周新，于素华，等．NoSQL 数据管理技术．科研信息化技术与应用，2013，4(1):3-11．

[12] 张延松．探索以 MapReduce 为应用与开发平台的数据库新技术．科研信息化技术与应用，2013，4(1):19-29.

[13] 阳振坤，杨传辉，李震．海量结构化数据存储管理系统 OceanBase．科研信息化技术与应用，2013，4(1):41-48.

[14] 程学旗，王元卓，靳小龙．网络大数据计算技术与应用综述．科研信息化技术与应用，2013，4(6):3-14.

[15] Advancing Discovery in Science and Engineering．Computing Community Consortium，2011.

[16] Advancing Personalized Education．Computing Community Consortium，Spring 2011.

[17] Smart Health and Wellbeing．Computing Community Consortium，Spring 2011.

[18] A Sustainable Future．Computing Community Consortium，Summer 2011.

[19] Drowning in Numbers—Digital Data Will Flood the Planet and Help Us Understand it Better．The Economist，Nov 18，2011.

[20] FLOOD M，JAGADISH H V，KYLE A，et al．Using Data for Systemic Financial Risk Management．Proc．Fifth Biennial Conf．Innovative Data Systems Research，2011.

[21] Pattern-Based Strategy：Getting Value from Big Data．Gartner Group Press Release，July 2011. Available at http：//www．gartner．com/it/page．jsp?id=1731916.

[22] LAZER D，PENTLAND A，ADAMIC L，et al. Computational Social Science. Science 6 February，2009，323(5915):721-723.

[23] MANYIKA J，CHUI M，BROWN B，et al. Big Data：The Next Frontier for Innovation，Competition，and Productivity．McKinsey Global Institute，May，2011.

[24] Yuki Noguchi．Following the Breadcrumbs to Big Data Gold．National Public Radio，Nov. 29，2011．http://www.npr.org/2011/11/29/142521910/the-digital-breadcrumbs-that-lead-to-big-data.

[25] Yuki Noguchi．The Search for Analysts to Make Sense of Big Data．National Public Radio，Nov. 30，2011.
http://www.npr.org/2011/11/30/142893065/the-search-for-analysts-to-make-sense-of-big-data.

[26] Steve Lohr．New York Times，The Age of Big Data．Feb 11，2012.

[27] Designing a Digital Future：Federally Funded Research and Development in Networking and Information Technology.PCAST Report,Dec.2010.

[28] 陆嘉恒．分布式系统及云计算概论．北京：清华大学出版社，2011.

第15章 内存数据库系统

内存数据库（Main Memory DataBase，MMDB）系统是指将数据库的全部或大部分数据放在内存中的数据库系统[1]。其实现技术的研究始于 20 世纪 80 年代，目的是有效利用内存的优势，提高数据库的性能。随着计算机硬件技术的发展和高性能数据处理需求的推动，特别是大数据时代的到来，内存数据库系统已经成为数据库系统的一个新方向。2013 年 Gartner 发布前 10 大战略性技术趋势，将内存计算列入重要的发展趋势之一。

本章介绍内存数据库的基本知识及其相关技术。

15.1 概　　述

内存数据库是将内存作为主存储设备的数据库系统。内存数据库有时也称主存数据库，In-Memory DataBase 等。

与内存数据库相对的磁盘数据库（Disk Resident DataBase，DRDB）是使用磁盘作为常规数据存储设备，使用内存作为工作数据缓冲区的数据库系统。

在磁盘数据库中，磁盘是常规的数据存储设备，磁盘阵列或磁带机是数据的后备存储设备，内存作为磁盘数据库的缓存使用。磁盘数据库的数据组织、存储访问模型及处理模型都是面向磁盘访问特性而设计的，磁盘数据通过缓冲区被处理器间接访问，查询优化的核心是减少磁盘的输入/输出。

在内存数据库中，内存作为常规的数据存储设备，磁盘是数据的永久存储及后备存储设备。内存数据库的数据组织、存储访问模型和查询处理模型都针对内存特性进行了优化设计，内存数据被处理器直接访问。

内存数据库与磁盘数据库的区别如图 15.1 所示。

内存数据库中的数据常驻内存，消除了磁盘数据库中巨大的输入/输出代价。同时，数据的存储和访问算法以内存访问特性为基础，实现处理器对数据的直接访问，在算法和代码效率上高于以磁盘输入/输出为基础的磁盘数据库。在内存数据库中，使用针对内存特性进行优化的存储结构、索引结构和操作算法进一步优化了内存数据库的性能，因此与数据全部缓存到内存的磁盘数据库相比，内存数据库的性能仍然高出数倍。

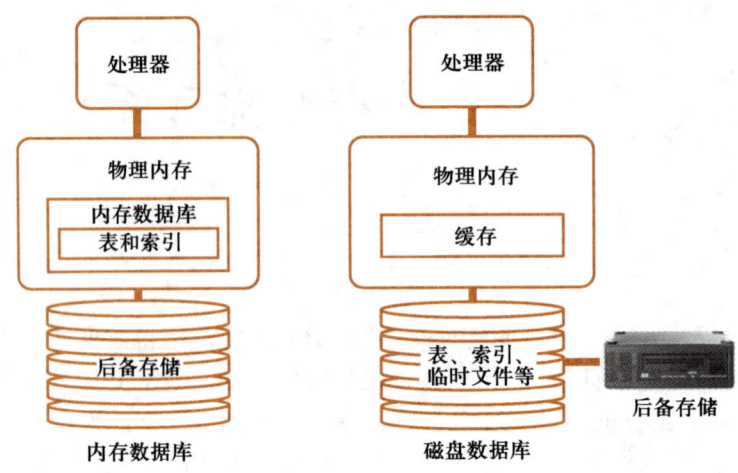

图 15.1　内存数据库和磁盘数据库对比示意图

15.2　内存数据库的发展历程

内存数据库的研究起步较早，20 世纪 60 年代末就出现了内存数据库的雏形。由于当时内存容量较小、成本较高，内存数据库主要作为嵌入式系统或者磁盘数据库辅助的存储与加速引擎存在。其主要目标是把磁盘数据库中使用频繁的"热"数据集中存放在内存中，提高这些关键数据的查询和处理效率。随着内存的价格不断下降、容量不断增大，内存数据库的实用性得到显著提高，从而促进了内存数据库技术的研究与发展。

1．内存数据库的雏形期

1969 年，IBM 公司研制了国际上最早的层次数据库管理系统 IMS。IMS 在一个系统中提供了两种数据管理方法，一种是采用内存存储的 Fast Path，另一种是支持磁盘存储的 IMS。Fast Path 支持内存驻留数据，是内存数据库的雏形。它体现了内存数据库的主要设计思想，也就是将需要频繁访问，要求高响应速度的数据直接存放在物理内存中访问和管理。内存数据库起步于层次型数据库，其后的发展逐渐转向关系型内存数据库。

2．内存数据库的研究发展期

1984 年，D. J. De Witt 等人发表了"内存数据库系统的实现技术"一文，第一次提出了 Main Memory DataBase 的概念。专家预言异常昂贵的计算机内存价格一定会逐渐下降，大容量的数据有可能全部存储在内存中,因此开展了对内存数据库关键技术的研究,包括内存计算的 AVL 树、hash 算法、使用非易失内存或预提交和成组提交技术解决内存易失性问题、内存数据库恢复机制等。

1985 年,IBM 推出了在 IBM 370 上运行的 OBE 内存数据库,OBE 在关系存储和索引上大量使用指针,连接操作使用嵌套循环算法,查询优化的重点是内存的处理代价。

1986 年,R. B. Hagman 提出了使用检查点技术实现内存数据库的恢复机制;威斯康星大学提出了按区双向锁定模式解决内存数据库中的并发控制问题,并设计出 MM-DBMS 内存数据库;贝尔实验室推出了 DALI 内存数据库模型,其重要特点是使用内存映射体系,采用分区技术把数据库的数据文件映射到共享内存,处理器可以直接通过指针访问储存在内存数据库中的信息,而且数据库的并发控制和日志机制可以根据需要来打开或关闭。

1987 年,ACM SIGMOD 会议中有论文提出了以堆文件(heap file)作为内存数据库的数据存储结构。Southern Methodist 大学设计出 MARS 内存数据库模型,该模型采用双处理器分别用于数据库和恢复处理,事务提交点之前的任务由数据库处理器负责;恢复处理器负责事务提交,将日志和更新的数据写到磁盘数据库中,周期性的检查点同样由恢复处理器负责。MARS 采用双处理器、易失性内存和非易失性内存存储设备将事务处理划分为两个独立的阶段,独立加速各自阶段的处理性能。

1988 年,普林斯顿大学设计出 TPK 内存数据库。TPK 提供了一种多处理器架构下的多线程处理模式,包括输入、执行、输出、检查点 4 类线程,通常配置为单查询执行线程和单检查点线程。单查询执行线程设计不需要并发控制机制,而输入和输出线程数量可以为多个,并使用队列结构与其他线程连接。TPK 的多线程内存数据库技术实现了一种多阶段的查询处理技术。

1990 年,普林斯顿大学又设计出 System M 内存数据库。System M 由一系列操作服务线程构成,包括消息服务线程、事务服务线程、日志服务线程和检查点服务线程等。System M 可以支持并发查询服务线程,但仍然要控制活动事务服务线程的数量。

3. 内存数据库的产品成长期

随着互联网的发展,越来越多的网络应用需要高性能、高并发的数据库系统支撑,传统企业级的数据库应用,如电信、金融等领域同样需要高性能的实时数据库系统。应用需求催生了内存数据库市场。

在硬件方面,半导体技术快速发展,内存存储密度不断提高,动态随机存取存储器(DRAM)的容量越来越大、价格越来越低,这些无疑为计算机内存的不断扩大提供了硬件基础,使得内存数据库的技术在可行性和成本的合理化方面逐步成熟。一些公司陆续推出了不同的内存数据库产品。

1994 年，美国 OSE 公司推出了第一个商业化的、开始实际应用的内存数据库产品 Polyhedra。1996 年，TimesTen 公司成立并推出第一个商业版内存数据库 TimesTen 2.0，2005 年该公司被 Oracle 公司收购。1998 年，德国 SoftwareAG 公司推出了内存数据库 Tamino Database。1999 年，日本 UBIT 会社开发出了内存数据库产品 XDB；韩国 Altibase 公司推出了内存数据库 Altibase。2000 年，奥地利 QuiLogic 公司推出了内存数据库 SQL-IMDB。2001 年，美国 McObject 推出了内存数据库 eXtremeDB；加拿大 Empress 公司推出了内存数据库 EmpressDB。

2003 年，荷兰 CWI 研究院研制了基于列存储模型的内存数据库 MonetDB[3][4]，其后又研制了基于向量处理技术的 MonetDB/X100 系统，2008 年推出其商业化版本 Vectorwise。2010 年 Ingres 公司和 CWI 研究院合作推出了 VectorWise 1.0 版。2011 年 3 月 VectorWise 1.5 版获得了 TPC-H 100 GB 数据量测试的第一名，当前仍然是 TPC-H 性能最高的数据库。

2008 年，IBM 收购 Solid 公司的内存数据库 SolidDB，成为 IBM 家族的一个产品。IBM 提出 Blink BI（商业智能）内存查询处理引擎，并为 Informix 提供内存加速包 IWA (Informix Warehouse Accelerator)。

2011 年，SAP 公司推出 SAP HANA（High-Performance Analytic Appliance）[5]高性能分析应用系统，是面向企业分析型应用的内存计算技术的产品。

Oracle 公司于 2008 年推出软硬件集成设计的 Oracle Exadata 数据库服务器。Oracle Exadata 是由 Database Machine（数据库服务器）与 Exadata Storage Server（存储服务器）组成的一体机平台。2012 推出 Oracle Exadata X3 Database In-Memory Machine，大幅增加了内存配置，实现将全部数据加载到内存，将所有的数据库 I/O 全部转移到闪存，以提供高性能的数据访问和查询处理，成为 Oracle 新一代的内存数据库一体机平台。

综上所述，可以发现最初的内存数据库仅仅是针对特定的应用需求定制的内存数据处理系统，如要求高实时响应的电信应用。这类系统通过应用程序来管理内存和数据，不支持 SQL 语句，不提供本地存储，没有数据库恢复技术，性能好但不是通用平台，难以维护和推广。

后来，内存数据库系统能支持部分的 SQL 语句和简单的系统恢复，能够快速处理简单事务，主要针对功能简单的事务处理应用，例如交换机，移动通信等应用领域。

随后，针对传统数据库商业应用领域研制了通用的内存数据库系统。它们具备了高性能、高通用性以及高稳定性，能处理复杂的 SQL 语句，其应用几乎包括磁盘数据库的所有应用领域。

近年来，针对大内存上的大数据实时分析处理任务，又研制了分析型内存数据库。主要面向只读（read-most）查询处理或 append-only 类型的更新任务，以列存储与混合存储、多核并行处理、复杂分析查询处理为特点，为用户提供秒级甚至亚秒级分析处理能力。随着未来众核协处理器、通用计算图形处理器（General Purpose Graphic Unit，GPGPU）等新的高性能计算平台进入数据库领域，内存数据库将成为大数据实时分析处理平台。

15.3 内存数据库的特性

内存是计算机存储体系结构中能够被程序可控访问（相对于硬件控制的 cache）的最高层次，是能够提供大量数据存储的最快的存储层。内存数据库具有优异的数据存储访问性能、较高的数据访问带宽和数据并行访问能力等特性。

（1）高吞吐率和低访问延迟

数据库的查询处理性能主要取决于数据的存储访问性能。内存数据库不需要磁盘数据库的缓冲区机制，数据能够被处理器直接访问。内存的高带宽和低访问延迟保证了内存数据库具有较高的事务吞吐率和较低的查询处理延迟，能够支持高实时响应的应用需求，在金融、电信、电子商务平台等查询负载重，且查询响应时间要求高的应用环境中得到了广泛的应用。

（2）并行处理能力

内存具有良好的并行数据访问能力（当前为四通道内存访问机制）和随机访问性能，因此内存数据库的查询处理技术带有天然的并行性，并且可以充分利用随机访问能力提高查询的数据访问效率和 CPU 指令效率。多核处理器（multicore cpu）技术和多路服务器平台已成为当前数据库标准的硬件平台。以磁盘为中心的磁盘数据库难以充分利用当前新硬件带来的高度并行计算能力，而内存数据库在查询处理模型中可以充分考虑并行计算能力。因此在内存数据库的查询处理设计上，既要研究与开发面向内存特性的查询处理优化技术，又要研究并行处理优化技术。

（3）硬件相关性

内存数据库的性能受硬件特性的直接影响。计算机硬件技术的发展主要体现在高端计算设备和存储设备上，如多核处理器、众核协处理器（Many Integrated Core，MIC）、通用 GPU、PCM 存储（Phase Change Memory，相变存储）、固态硬盘（Solid State Disk，SSD）存储等。这些计算能力和存储性能的提升有助于内存吞吐率需求的提升（众核技术）、提高内存持久存储能力（PCM 技术）或为内存提供二级存储（SSD 技术）。硬件技术在多核及众核处理器、高性能存储和高速网络等方面的发展为内存数据库提供了高并行处理、高性能存储访问以及高速连通的硬件平台。内存数据库的设计应该充分考虑并有效利用由新硬件技术带来的功能扩展和性能提高。

15.4 内存数据库的关键技术

由于内存数据库上述的特点，磁盘数据库实现中的相关技术在内存数据库中不能照搬使用。通用的内存数据库管理系统要为用户提供 SQL 接口，具有内存存储管理、面向内存的查询处理和优化等基本模块，还应提供多用户的并发控制、事务管理和访问控制，能够保证数据库的完整性和安全性，在内存数据库出现故障时能够对系统进行恢复。内存数据库作为处理器直接访问的数据管理系统，需要研究自底向上的面向内存和多核并行处理的系统框架和新的实现技术。

下面简要介绍内存数据库中的若干关键技术。

15.4.1　数据存储

数据库的数据存储一般有行存储模型、列存储模型和混合模型等。

在行存储模型中元组是连续存放的，适合事务处理中一次更新多个属性的操作，能够保证对多个属性的操作产生最小的内存访问；但对于只涉及表中相对较少属性的分析处理时，即使该查询仅涉及元组的某个或某些属性，其他属性也会被同时从内存读入到缓存，降低了缓存利用率。

列存储模型将关系按列进行垂直划分，相同属性的数据连续存储。当访问特定属性时只读入所需要的属性所在的分片，所以节省内存带宽，并且具有较高的数据访问局部性，可减少缓存失效，提高数据访问效率；同时列存储将相同类型的数据集中存储，能够更好地对数据进行压缩以减少内存带宽消耗，利用 SIMD（单指令多数据流）技术提高并行处理效率，通过列存储的数据定长化处理支持对数据按偏移位置的访问。但是，如果查询所需要的属性较多，列存储需要连接多个划分来满足查询要求，则会导致性能下降。特别是元组重构时需要进行较多的连接操作，代价较高。

针对行存储模型和列存储模型各自的不足，A. Ailamaki 等提出了一种混合存储模型 PAX（Partition Attributes Across）[7]。该模型把同一元组的所有属性值存储在一页内，在页内对元组进行垂直划分。根据关系的属性个数 m，将每一页划分为 m 个 MiniPage，每个 MiniPage 对应一个属性，连续存放每一页中所有元组的该属性的值。由于元组在页内进行垂直划分，所以该模型具有较好的数据空间局部性，可优化缓存性能；同时，同一元组的值存储在同一页内，所以元组的重构代价比较少。

Data Morphing[8]也是一种混合存储技术，它在页内按属性访问特征划分为属性组，将属性访问关联度高的属性组合存储，在一次 cache line 访问时获得尽可能多的属性值，提高这些属性访问时的缓存效率。图 15.2 展示了行存储(a)、PAX 存储(b)、属性组存储(c)的页内物理数据分布。

内存数据库系统既有联机事务处理（On-Line Transaction Processing，OLTP）更新密集型应用，也有联机分析处理（On-Line Analytical Processing，OLAP）复杂分析型应用，因此行存储和列存储这两种存储模型被不同的内存数据库系统所采用。例如，Timesten、solidDB 等事务型内存数据库采用的是行存储模型；MonetDB、HANA、

Vectorwise 等分析型内存数据库采用的是列存储模型。Brighthouse、Oracle Exadata 等采用混合存储模型。

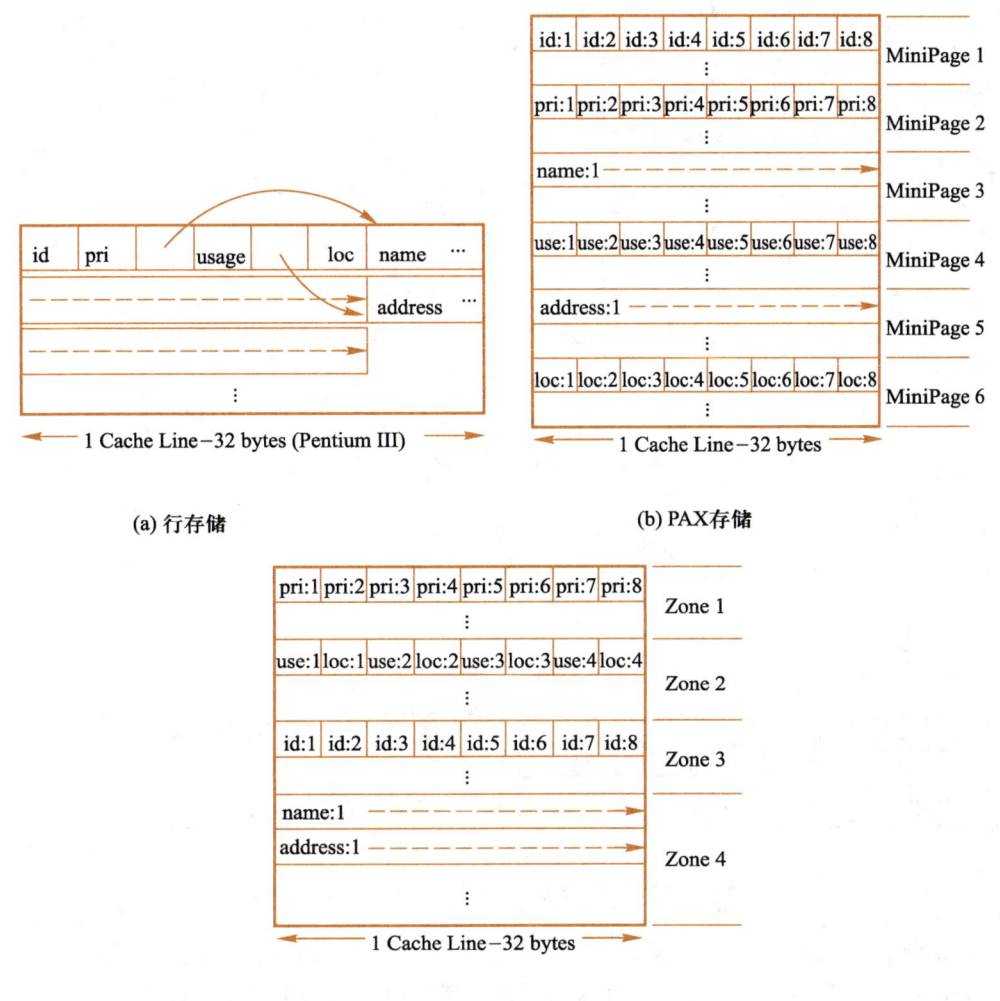

图 15.2 行存储、PAX 存储和属性组存储

Brighthouse 在 PAX 存储模型基础上实现了 Data Pack 存储机制[9]，如图 15.3 所示。它首先将记录水平分片为行组（row group），2^{16} 行为一个行组，每个行组以列方式存储在 Data Pack 数据单元内。Brighthouse 在 Data Pack 上建立一张表（粗糙属性信息表），用来记录 Data Pack 内每列数据的最大值和最小值等信息。因此，在对列数据过滤操作时（如 weight>30），可以通过与粗糙属性信息表中 Data Pack 最大值（如 25）和最小值（如 15）

的比较直接跳过对不满足过滤条件的 Data Pack 的访问，从而提高了列数据访问效率。

	Outlook	Temp	Humid	Wind	Weight
1	Sunny	Hot	High	Weak	20
2	Sunny	Hot	High	Strong	15
3	Overcast	Hot	High	Weak	13
4	Rain	Mild	High	Weak	25
5	Rain	Cold	Normal	Weak	17
6	Rain	Cold	Normal	Strong	21
7	Overcast	Cold	Normal	Wind	24
8	Sunny	Mild	High	Weak	17
9	Sunny	Cold	Normal	Weak	21
10	Rain	Mild	Normal	Weak	15
11	Sunny	Mild	Normal	Strong	19
12	Overcast	Mild	High	Strong	24
13	Overcast	Hot	Normal	Weak	16
14	Rain	Mild	High	Strong	20
…	…	…		…	…
…	…	…	原始数据	…	…
…	…	…	…	…	…

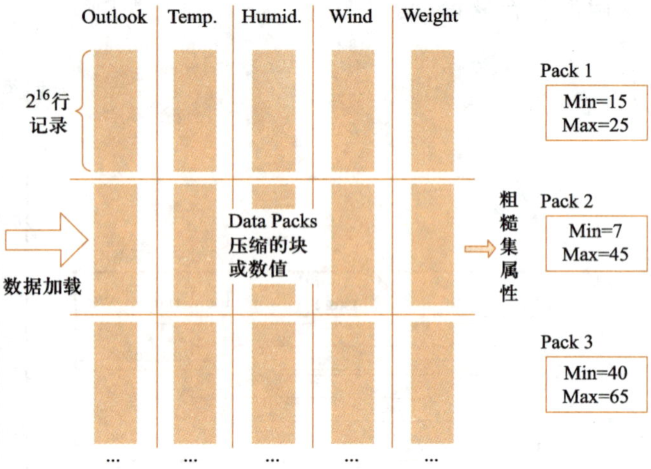

图 15.3 Data Pack 存储机制

Oracle Exadata 采用了一种 Compression Unit 的混合列压缩技术，简称为 CU。CU 对列存储进行分段，并在分段内通过压缩技术组织不同列的混合数据块存储，如图 15.4 所示。

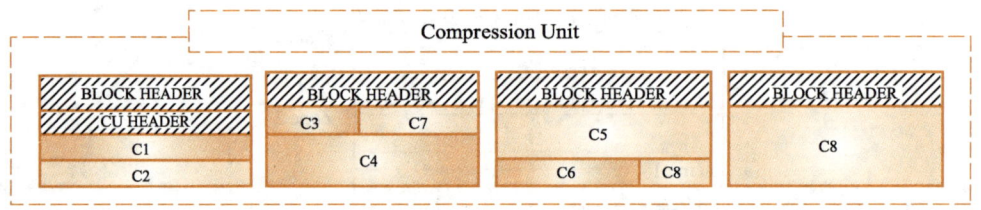

图 15.4 Compression Unit 存储机制

在结构化内存数据库技术发展的同时，基于 key/value 的内存存储模型也逐渐成为满足高实时响应应用的解决方案。这种 NoSQL 的内存存储技术具有良好的扩展性，在很多大型社会网络应用中使用。

与磁盘数据库相比，内存在访问模式和访问速度上的优势为内存数据库的数据组织和存储方式提供了更大的灵活性和多样性。

15.4.2 查询处理及优化

内存数据库的查询处理性能主要由两个因素决定：内存数据访问性能和内存数据处理性能。

内存数据访问性能由内存带宽和内存访问延迟决定。相对于 CPU，内存数据访问性能的增长速度与 CPU 性能增长速度之间的差距越来越大，如图 15.5 所示。内存访问的巨大延迟（memory wall）是内存数据库的性能瓶颈。内存数据库查询优化的关键技术是通过现代 CPU 的多级缓存结构（L1、L2、L3 cache）减少内存数据访问延迟，提高数据访问性能。

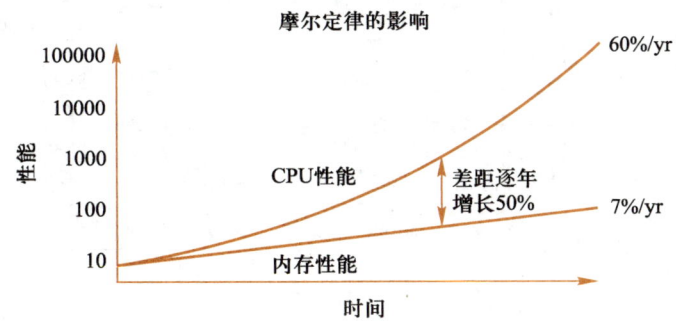

图 15.5　CPU 和内存访问延迟

内存数据库的查询处理性能主要受处理器性能影响。CPU 的发展已经进入多核时代，不再单一依靠 CPU 主频的提高，更多的处理核心提高了多核 CPU 的并行计算能力，因此内存数据库的查询优化技术也进入多核并行时代，需要将内存数据库的查询处理技术全面升级为多核 CPU 并行查询处理技术，并根据多核 CPU 的硬件特性进行算法优化，提高内存数据库整体性能。同时，随着协处理器走向通用计算领域，由于其计算内核密度、并行计算能力等方面超过多核 CPU，逐渐成为高性能计算的新平台，也成为内存数据库的扩展技术。

内存数据库，尤其是分析型内存数据库既有数据密集型处理的特点，又因其复杂的查询而具有计算密集型处理的特点，内存数据库查询优化的重点既包括面向 cache 特性的查询处理与优化技术，又包括面向多核及协处理器的并行查询处理技术。

1. 面向 cache 特性的查询处理与优化技术

内存数据库的基础假设是数据库的工作数据集常驻于内存中（memory resident），从而消除了传统磁盘数据库的 I/O 代价，内存数据库的性能较磁盘数据库有数十倍甚至数百倍的提升。但相对于 CPU 速度的提升，内存访问需要上百个 CPU 时钟周期的访问延迟，因而成为内存数据库新的瓶颈。

磁盘数据库使用内存缓冲区（buffer）来优化 I/O 代价，现代 CPU 使用硬件级的多级 cache 机制优化内存访问，内存数据库的内存访问优化由硬件级的 cache 机制来完成，采用类 LRU（最近最少访问）替换算法实现 cache 中的数据管理。

图 15.6 显示了当前多核 CPU 中的多级 cache 机制，每个核心拥有 32 KB 的 L1 数据 cache 和 32 KB 的 L1 指令 cache，256 KB 的 L2 cache 和共享 L3 cache。多核处理器的性能与内

核数量和共享 L3 cache 容量密切相关。图 15.6(a)为 6 核 CPU 结构,具有 15 MB 的 L3 共享 cache;图 15.6(b)为 10 核 CPU 结构,具有 25 MB 的 L3 共享 cache;图 15.6(c)为最新的 15 核 CPU 结构,具有 37.5 MB 的 L3 共享 cache。

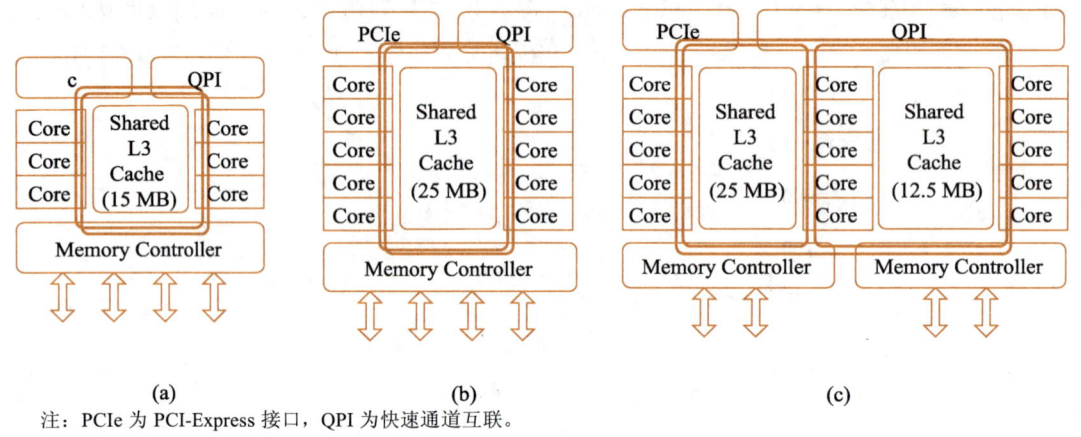

注:PCIe 为 PCI-Express 接口,QPI 为快速通道互联。

图 15.6 多核 CPU 中的多级 cache 机制

多核 CPU 的发展趋势是最后一级 cache(Last Level Cache,LLC)容量随核数增加而增大,LLC 大小是 cache 性能的一个重要指标。

CPU 处理的是 cache 中的数据,若 CPU 需要的数据不在 cache 中,会导致 cache 失效,此时 CPU 需要等待数据从内存中读取,因此会延长数据的处理时间。研究表明数据库在现代处理器中进行查询处理时,有大约一半的时间花费在各种延迟上。其中大约 20%的延迟是由于一些实现细节(如分支误判)引起的,内存延迟中大部分延迟是由于一级指令 cache 失效和 LLC 失效引起的。cache 失效可以分为强制(compulsory)失效、容量(capacity)失效和冲突(conflict)失效等类型。强制失效是数据首次访问时在 cache 中所产生的失效,是内存数据访问不可避免的;容量失效是由于工作数据集超过 cache 容量大小而导致的数据访问时在 cache 中的失效;冲突失效则是在 cache 容量充足时由于大量弱局部性数据(一次性访问数据或复用周期很长的数据)将强局部性数据(频繁使用的数据集)驱逐出 cache 而在对强局部性数据重复访问时产生的 cache 失效,冲突失效是现代内存数据库查询优化研究的重要课题。

另一个与内存访问延迟密切相关的硬件是 TLB(Translation Lookaside Buffer,旁路转换缓冲,或称为页表缓冲)。TLB 是硬件级缓存,与 CPU 的 cache 类似,主要用来存放内存页表。在内存的页表区里,记录虚拟页面和物理页框对应关系的记录称为一个页表条目(entry)。在 TLB 里缓存了一些页表条目。当 CPU 执行机构收到应用程序发来的虚拟地址后,首先到 TLB 中查找相应的页表数据,如果 TLB 中正好存放着所需的页表,则称为 TLB 命中(TLB hit)。接下来 CPU 依次查看 TLB 中页表所对应的物理内存地址中的数据是不是已经在一级、二级缓存里了，如果不存在则为 TLB miss，需要到页表区进行寻址，把这个映射关系更新到 TLB 中以备下次使用。由于 TLB 大小有限，而一旦出现 TLB miss，其查询的代价很高，所以现代 CPU 架构基本都进行了一些优化以提高地址映射的效率。例如线性地址到物理地址转换一开始就选择同时在 TLB 和内存页表区进行查询，而不是在 TLB miss 后再启动内存页表的查询；使用多级 TLB 以及软 TLB，在 CPU 内容切换（context switch）时不清空（flush）TLB。

cache 性能优化算法是一类通过提高 cache 数据的空间局部性和时间局部性，从而减少 cache 失效、优化 cache 性能的算法。人们从不同角度研究 cache 性能的优化算法，在数据访问方面的 cache 优化技术主要包括以下几类。

（1）cache-conscious 优化技术

cache-conscious 优化技术以 hash 连接优化为代表。在 hash 连接中，内层的 hash 表大小决定了 hash 探测过程中能否尽可能多地从高速 cache 中访问 hash 表。为提高 hash 探测时的 cache 命中率，需要将 hash 表划分为小于 cache 容量的较小的分区，从而使 hash 探测时的 cache 命中率提高。

基于分区的 hash 连接算法需要将连接表 L 和 R 根据连接属性的取值，按相同的 hash 函数进行 hash 分区，当连接表 L 和 R 较大时，关系表需要划分为数量较多的分区以保证每个分区的数据量小于 cache 容量，而较多的分区导致数据在分区时需要访问数量众多的地址，产生较大的 TLB 失效影响。Radix-Cluster 是一种面向 cache 和 TLB 优化的分区技术，它采用基数位 hash 分区技术，即使用数据的最低 B 个二进制位将数据划分为 2^B 个分区，通过多趟基数分区控制每一趟分区的数量，降低 TLB 失效的影响。如图 15.7 所示，表 L

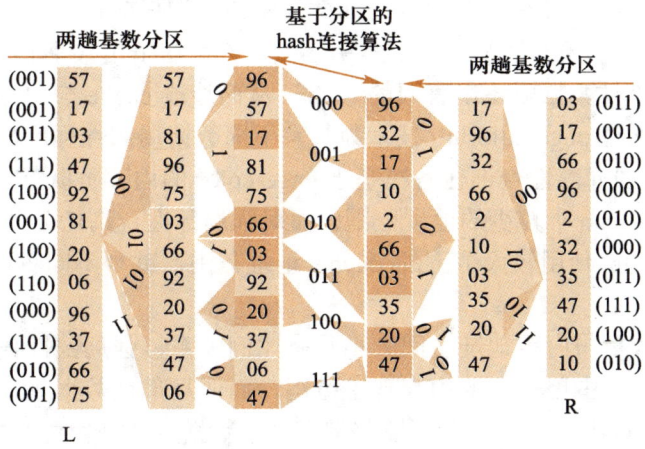

black tuples hit (lowest 3-bits of values in parenthesis)

图 15.7　Radix-cluster

和 R 以最后三个二进位为基数划分为 8 个分区，这个划分过程分两趟完成，第一趟使用后三位中的前二位将 L 和 R 表各自划分为 4 个分区，然后在每个分区中再按最低位划分为两个分区。完成两趟 radix 划分后，在对应的 L 表和 R 表分区上执行 hash 连接操作。多趟 radix 分区保证了 TLB 性能，基于分区的 hash 连接操作提高了 hash 连接时的 cache 性能。

针对列存储的内存数据库需要物化大量中间结果，代价较大，MonetDB/X100 采用了向量执行（vectorized execution）技术，列存储的表进一步水平划分为向量（vectors），一系列向量代表一个记录组，查询以向量为单位流水执行以减少中间物化数据。

（2）cache-oblivious 优化技术

cache-conscious 查询优化技术需要根据 cache 层数、各层 cache 大小、cache line 长度、TLB 条目等硬件参数来优化算法实现，对硬件平台的特性依赖性较高。随着硬件平台越来越复杂，算法的性能调优是一个困难的问题。与 cache-conscious 查询优化技术相对，cache-oblivious 算法自动优化 cache 性能。cache-oblivious 主要采用分而治之（divide-and-conquer）的方法将一个任务递归地划分为一系列子任务，直到子任务能够放入 cache。

（3）page-coloring 优化技术

page-coloring 是一种内存虚拟地址向 cache 地址映射的机制。现代多核处理器通常采用多路组关联 cache。在这种地址映射机制下，物理地址被划分为以 page 大小（4 KB）为单位的地址段，称为 page color。应用程序使用的虚拟内存地址被操作系统转换为物理内存地址，然后按照物理地址中的 page-color 位将每个 page 映射到 cache 中指定的区域，通过这种机制实现在物理地址与 cache 地址之间的快速转换。

在查询优化中，两个具有不同数据局部性强度的查询任务（如一个数据局部性强度高的 hash 连接查询和一个局部性强度低的索引连接查询）在争用共享 cache 时，大量的弱局部性数据会将强局部性数据驱逐出有限的 cache，从而造成 cache 与内存之间额外的数据交换。MCC-DB 系统通过 page-coloring 技术为具有不同数据局部性强度的查询任务分配不同的 page-color，即对弱局部性查询任务在基于 page-color 的内存页队列中分配较少的 color，使其查询任务对应 cache 中较少的地址范围，而对强局部性查询任务分配较多的 color，使强局部性查询任务能够使用较大范围的 cache 地址范围，减少不同查询任务在共享 cache 中的冲突。

page-color 的数量与内存地址空间大小具有比例关系，强局部性数据集通常较小但需要较多的 page-color，占用较大的内存地址范围，而弱局部性数据集通常较大但只能分配较少的 page-color，占用较少的内存地址范围。对于数据持久驻留内存的内存数据库来说，较大的弱局部性数据集往往需要预先分配较大的内存地址范围，而较少的 page color 对应的地址范围较小，难以满足大数据集存储的要求。

为此，本章文献[16]提出了 W-order 扫描技术，如图 15.8 所示。该技术对于较大的弱局部性数据集不是按递增地址的行式（Z-order）扫描，而是按 page-color 顺序的列式扫描（W-order）。在每一个 page-color 扫描阶段，弱局部性数据集只与 cache 中相同 page-color 的数据页产生 cache 争用，与其他 page-color 的数据页没有 cache 冲突，从而降低了查询处理过程的整体 cache 冲突。

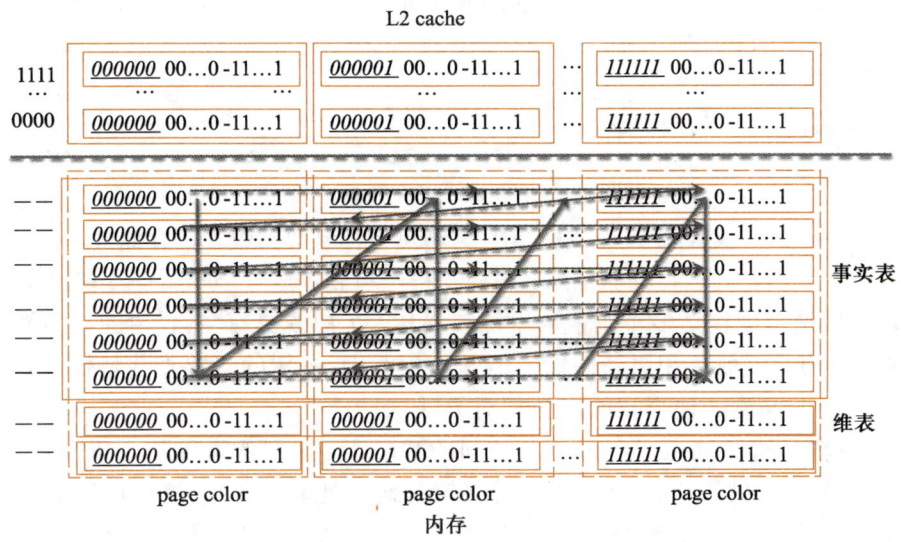

图 15.8　Z-order 扫描与 W-order 扫描

除了对算法进行改进之外，T. M. Chilimbi 等对数据结构进行了改进，提出了一种 cache 敏感性数据结构，其中使用了两种数据存放技术：聚类（clustering）和染色（coloring），优化了 cache 性能。

cache 优化技术是内存数据库重要但难以触及的研究领域。主要因为 cache 管理是硬件级的技术。因此，数据库领域内 cache 优化技术主要通过对数据在内存中的存储布局、访问模式、数据结构等方面的优化来提高查询处理过程中数据的 cache 命中率。对于涉及操作系统及处理器硬件方面的 cache 优化技术的研究，需要数据库、操作系统和硬件多个领域的同步发展才能取得预期效果。硬件平台和硬件参数的不断升级，与硬件结构紧密绑定的 hardware-conscious 优化技术也面临很多优化障碍，hardware-oblivious 的研究技术路线也逐渐成为数据库界关注的问题。

2．索引技术

索引是数据库中提高查询性能的有效方法，在磁盘数据库中广泛使用的 hash 索引、B+树索引等不适合内存数据库的需求，所以一些针对内存数据库特性的索引得到了广泛的研究。

如图 15.9 所示，AVL 树是一种内存数据结构，采用二叉树搜索，索引性能较高。由于结点只存储一个数据，因此存储效率较低。数据库的索引需要在结点内存储更多的数据以提高索引查找时的 I/O 或内存访问效率，典型的索引包括 B+树和 T 树。

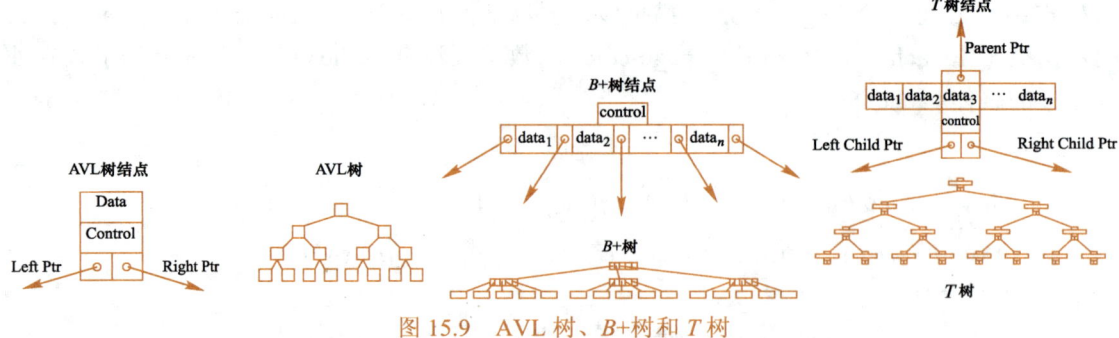

图 15.9 AVL 树、B+树和 T 树

B+树是一种动态平衡的多路查找树，B+树结点中存储数据较多，存储效率高，更新性能较好；B+树层次较少，叶结点存储实际数据，从根结点到任意一个叶结点具有相同路径长度。

T 树是一种结点中包括多个码值的平衡二叉树，T 树既具有 AVL 树的查找性能，又具有与 B+树相近的存储效率和更新性能。但是，相对于 B+树的多路查找特性，T 树的二叉树结构增加了树的高度，使查找的次数相对 B+树增加。

T 树与 B+树各有优缺点。在无并发访问的情况下，T 树的性能优于 B+树，主要原因是在不用加锁解锁的情况下，查找的主要开销是码值比较。B+树在查找目标码值的过程中需要在每个结点内做二分查找；而 T 树除了最后一个结点需要做二分查找外，其他结点只需要比较最大项和最小项。在有并发控制的情况下，由于 T 树比 B+树高，在更新时涉及的结点较多，需要加锁的结点也较多，所以并发的性能没有 B+树好。

为提高索引访问时的 cache 效率，人们试图将一个 cache line 作为一个索引结点，提出了 CSB+树和 CST 树。

CSB+树使用数组存储子结点，结点中只存储第一个子结点的指针，通过指针的偏移地址计算出其他子节点的地址，如图 15.10 所示。

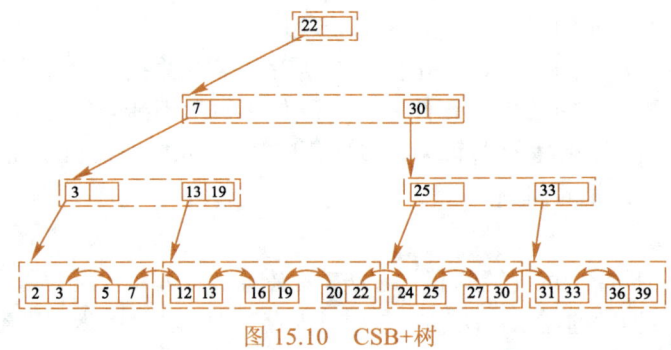

图 15.10 CSB+树

CST 树是一种面向 cache line 大小而优化设计的索引结构。图 15.11(a)为原始 T 树结构，

15.4 内存数据库的关键技术

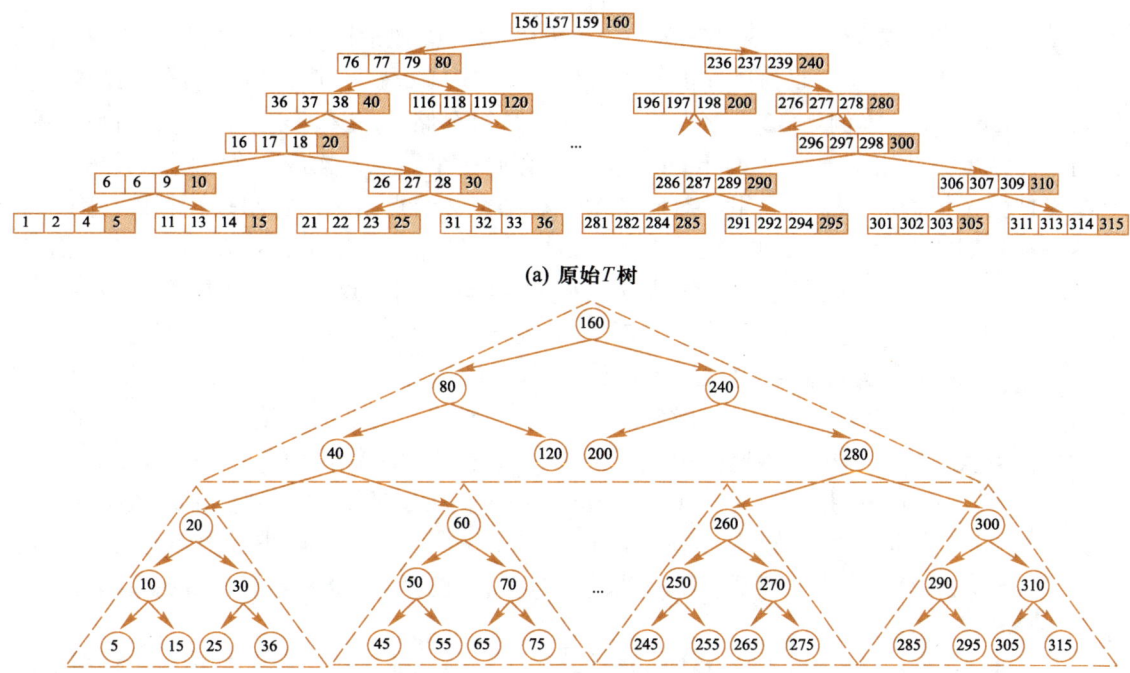

(a) 原始T树

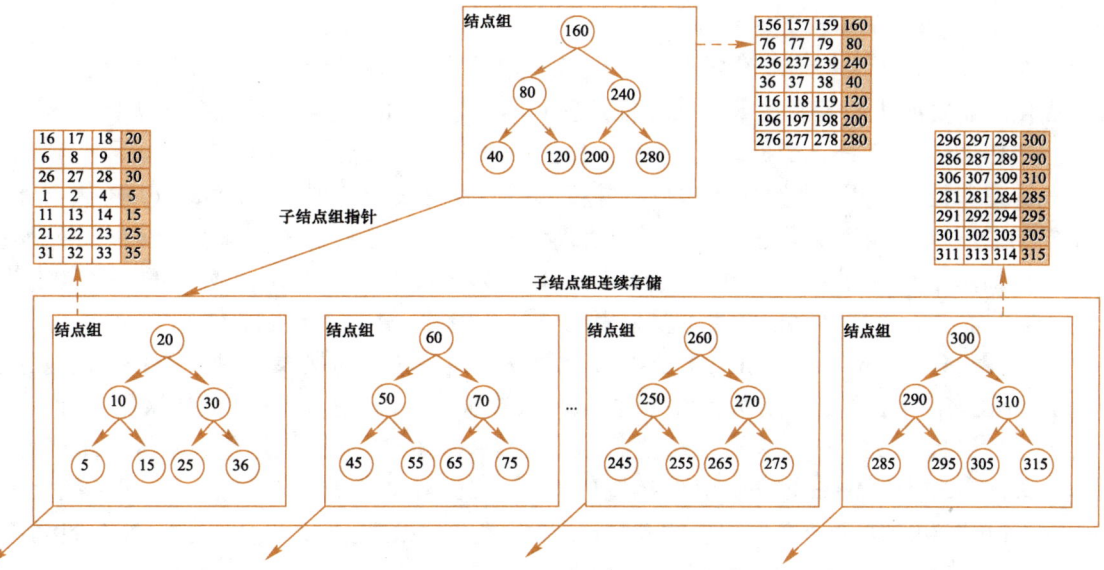

(b) 为T树建立一个二叉搜索树，搜索树结点为T树结点最大值

(c) 子结点组连续数组存储，父结点只需要一个指针

图 15.11 CST 树

每个结点包含若干数据。图 15.11(b) 为对 T 树创建的二叉搜索树，搜索树结点为 T 树结点的最大值，用于快速检索码值所在的结点位置。图 15.11(c) 显示了 CST 树的存储结构：根据 cache line 大小（本例为 32 个字节）确定基于数组存储的二叉搜索子树高度（例如，搜索树结点宽度为 4 字节，一个 cache line 中最多存储 7 个结点，构成一个三层二叉树）；每个二叉搜索子树构成一个结点组，对应 7 个 T 树结点；结点组采用数组连续存储，因此每个结点组只需要保存一个指向下级结点组首地址的指针即可。CST 树在查找时首先在结点组上进行查找，确定查找码值所在的结点，然后再访问数据结点，查找是否存在指定码值。

Judy 是 HP 公司实现的一种专门针对 cache 特性而设计的内存结构，但若将其用作索引结构，则具有不能支持重复值的存储、范围查找速度慢等缺点。栾华博士提出的 J+ 树[21]是对 Judy 结构的改进。J+ 树使用叶结点存储所有的码值，内部结点使用 Judy 来存储。J+ 树的范围查找、插入等操作的速度都优于 Judy，且各方面的操作都优于 B+ 树和 T 树。

cache-conscious 索引技术主要以 cache line 大小作为结点大小的参照，通过数组连续存储来压缩指针空间，提高索引查找时 cache line 的命中率。但基于数组连续存储的 cache-conscious 索引结构主要适合于只读的分析型查询应用场景，当有大量更新事务时，索引维护代价较高。

在数据仓库应用中，位图连接索引被广泛用于加速连接性能。当前处理器支持较大的（128～512 b）SIMD 计算，因此基于 SIMD 的位图连接索引能够较好地发挥处理器数据并行处理能力和索引访问性能，提高了连接性能。

3．面向多核的查询处理技术

在多核平台上，查询算法需要改写为多核并行算法，将串行操作符并行化。在多核并行优化时需要解决的关键技术包括并行处理时的共享 cache 优化、数据分区优化等技术。StagedDB 数据库系统将数据库的查询处理过程分解为一系列处理阶段，每个阶段有独立的任务队列和处理线程，查询任务被封装并依次通过各阶段的处理线程。StagedDB 从查询子任务的层次上对线程资源进行全局优化配置。多核并行优化更多地采用分区并行处理技术，包括基于位置划分（positional partition）的分区技术和基于 hash 划分的分区技术等。图 15.12 显示了当前内存数据库主要采用的三种多核并行 hash 连接技术。

（1）无分区（no partitioning）hash 连接算法。该算法对连接表 R 并行扫描，创建共享的 hash 表，各个扫描线程并发地向共享 hash 表中插入 hash 记录。S 表同样采用并行扫描，每个扫描线程独立地向共享 hash 表进行 hash 探测，完成 hash 连接操作。共享 hash 表在创建阶段产生较大的 hash 表访问并发控制代价，共享的 hash 表较大时会超出 cache 容量，从而在 hash 探测阶段也会产生较多的 cache 失效。但是，R 表和 S 表没有进行物理分区，因此节省了分区所产生的存储和计算代价。

（2）基于分区（partitioned）的 hash 连接算法。该算法对 R 表和 S 表按相同的 hash 函数进行分区，R 表的每个分区创建独立的 hash 表，S 表选择对应的分区与 R 表的 hash

表进行连接操作。

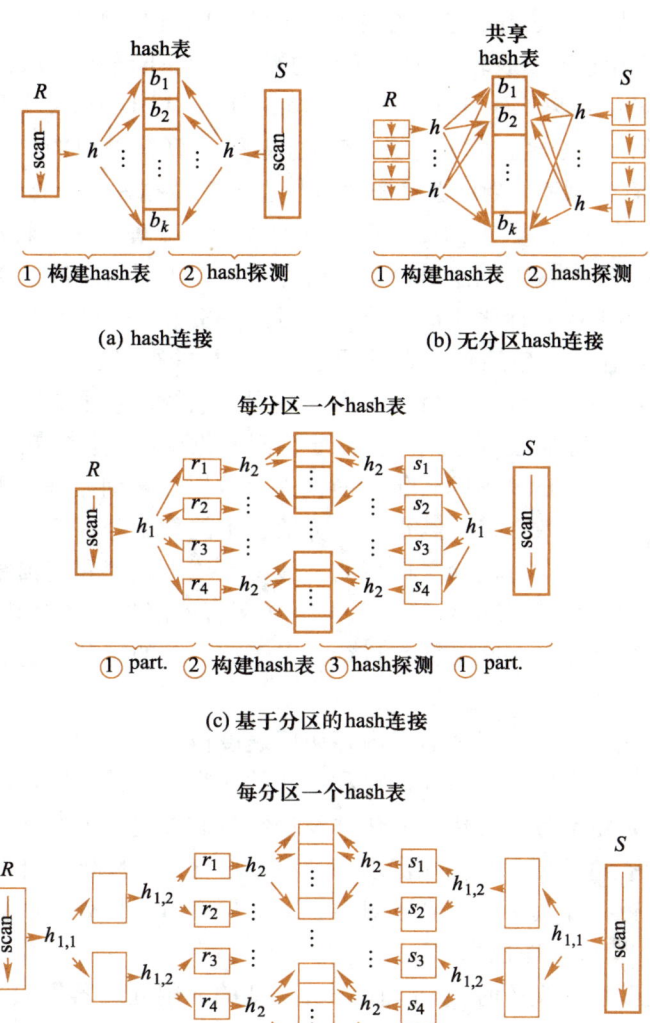

图 15.12　多核并行 hash 连接算法

（3）radix hash 连接算法。该算法通过 radix 分区技术减少 R 表和 S 表在分区过程中所产生的 cache 失效和 TLB 失效，通过 radix 多趟划分创建分区，然后创建独立的 hash 表，完成基于 R 表和 S 表分区的并行 hash 连接操作。

基于分区的 hash 连接操作在分区阶段需要较大的空间和时间代价，但分区后的 hash 连接能够满足 hash 表小于 cache 容量的要求，使得在 hash 探测阶段获得较好的性能。当前研究表明，当 R 表相对于 S 表较小时，简单的无分区 hash 连接算法在当前多核处理器平台上能够获得较好的性能，而当 R 表和 S 表较大时，基于 radix 分区的 hash 连接算法能够获得更高的性能。分区技术对于多核并行聚集计算有类似的结论。

对于事务型内存数据库，全局性资源比分析型内存数据库多，全局性资源包括缓冲区、锁表和日志等。研究表明，CPU 大约花费 90% 的时间用于处理缓冲区管理、加锁、闩锁（latch）和日志记录等任务。在多核处理器平台上，内存数据库需要对缓冲区管理、日志、锁表等原来串行处理的机制进行并行化改造才能减少对共享资源的排他性争用所导致的处理效率降低的问题。多核优化技术包括对锁表进行分区、增加并行日志队列、缓冲区多路访问等。Hyper 是一种混合事务型与分析型负载的内存数据库系统，它采用了串行事务处理机制，即将所有的事务组织为存储过程序列，借助于内存数据库的高性能串行处理，消除对数据对象加锁和加闩（lock 和 latch）的代价，简化内存数据库查询处理引擎设计。VoltDB（原 H-store）数据库由大量分散在多个结点（服务器）上的数据分区组成。每个站点都以单线程方式处理其各个分区，这就消除了典型的多线程环境中加锁和闩锁等有关开销，事务请求会按顺序执行。在数据分区策略中通过数据分布尽可能消除事务对其他分区数据的依赖，使事务处理能够在多个数据分区上并行执行，对于跨分区的事务则通过代价较大的全局控制器进行全局事务处理。

内存数据库摆脱了 I/O 延迟之后，内存访问速度得到极大的提升，在新兴的非易失性内存，如 PCM 等技术支持下，内存计算和更新的速度进一步提升。事务型内存数据库的一个技术发展趋势是将事务串行化，简化并发控制机制，提高内存数据库代码执行效率，使串行处理性能能够满足高吞吐性能需求。分析型内存数据库则将计算最大化并行，以提高多核处理器的并行计算效率，提高应对内存大数据实时分析处理的性能需求。

4．面向众核的查询处理技术

多核处理器逐渐进入众核时代。目前 Intel 最新的通用处理器集成了 15 个核心（core），支持 30 个物理线程；众核架构的 Intel Xeon Phi 协处理器集成了 61 个内核，244 个物理线程；而 NVIDA 的 Tesla K40 中集成了 2 880 个核心。如图 15.13 所示，CPU 的计算单元较少，控制单元较多，支持复杂的预取、分支预测、乱序指令执行等功能，通过较大的 cache 容量掩盖内存访问延迟。而 GPU 拥有众多的计算单元，控制单元较少，功能相对简单，主要依赖单指令多线程（Single Instruction Multiple Thread，SIMT）技术通过零切换代价的硬件级线程来掩盖内存访问延迟。AMD 的加速处理器（accelerated processing units，APU）将 CPU 和 GPU 集成在一个芯片中，实现 GPU 和 CPU 对整体内存空间的相互可见并能同时访问。当前最新的 APU 中集成了超过 500 个流处理器（如 AMD 公司的 A10-7850K 包含 4 个 CPU 核心和 8 个 GCN 图形单元，512 个流处理器），将多核平台扩展为众核平台。

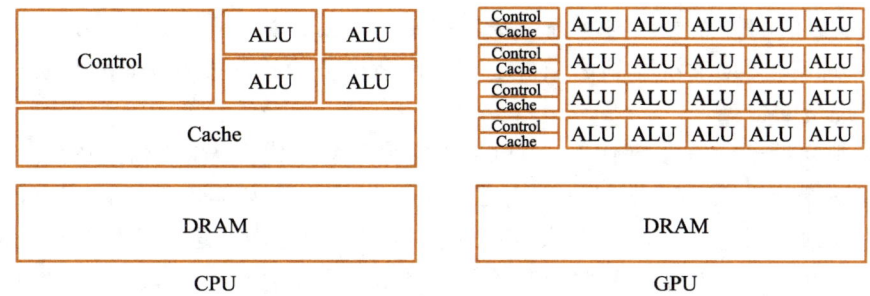

图 15.13　CPU 与 GPU 结构图

内存数据库面临越来越多的计算核心，查询算法需要进化为高可扩展并行算法，以充分利用先进众核处理器提供的强大并行计算性能。当前众核平台上的数据库研究主要集中在 NVIDA GPU 平台和 APU 平台上，Intel Phi 协处理器平台也将成为内存数据库新的众核计算平台。

当前 GPU 和 APU 平台上的数据库技术研究需要解决的关键问题有 GPU 数据库存储模型，GPU 与内存之间的数据传输优化技术，GPU 上的索引技术，GPU 数据压缩技术，GPU 关系操作算法，GPU 和 CPU 协同计算技术等。相对于内存数据库消除的 I/O 瓶颈，当前 GPU 数据库面临 PCIe 通道新的数据传输瓶颈。而新一代的 APU 和 Phi 协处理器技术开始支持协处理器核心与 CPU 核心访问相同的内存地址空间，将减少数据传输瓶颈，为强大的众核并行计算核心提供充足的数据供给。

数据库采用以存储为中心的设计思想，内存数据库的优化技术也一直以内存数据访问优化为核心。现代多核处理器和协处理器能够提供强大的并行计算能力，多通道内存数据访问技术和多核并行查询处理技术推动内存数据库进入并行计算时代，内存数据库的存储访问优化及查询优化需要面向新的高并行计算平台进行全面的优化设计，以多核/众核计算为核心的内存数据库设计思想将成为数据库发展的新趋势。

15.4.3　并发与恢复

1. 并发控制

内存数据库与磁盘数据库的并发控制机制类似，细节上存在一定差异。由于数据存储在内存中，内存数据库中的事务执行时间一般较短，因此持锁时间也较短，系统中冲突较少，所以可以采用以下方法减少锁的开销：采用较大的封锁粒度（如表级锁）；采用乐观加锁方式；减少锁的类型；将锁信息存储在数据本身。

对于内存数据来说，封锁产生的 CPU 代价会对性能产生严重的影响，特别是对于工作负载主要由短小事务构成的 OLTP 应用场合，每个事务要求极短的响应时间，在几十毫秒甚至微秒之内完成。针对此问题，S.Blott 等提出了接近串行的并发控制协议（almost serial protocol)。该协议的特点是,写事务在整个数据库上施加互斥锁(mutex),通过时间戳和互斥锁在事务的提交记录没有到达磁盘之前允许新事务开始,并且保证任何提交的读事务不会读到未提交的数据。

并发控制会带来一些系统代价,如 CPU 代价、存储代价等,影响系统性能。而内存数据库对性能要求非常高,所以利用内存优势,结合内存数据库的应用需求,在保证事务 ACID 特性的同时,尽量减少并发控制对性能的影响是需要进一步研究的问题。

对于分析型内存数据库,并发控制的目标是减少多个查询对 cache 的并发访问冲突,提高内存数据库的吞吐性能。并发查询处理需要解决的问题包括不同查询任务并发执行时的优化技术和相近查询任务执行时的共享查询处理。

不同查询任务并发执行包括 OLTP 和 OLAP 并发执行,以及不同数据局部性特征的 OLAP 查询并发执行。Hyper 提出了基于操作系统 snapshot 机制的 OLTP 和 OLAP 混合负载并发执行技术,通过操作系统级 snapshot 隔离 OLTP 更新数据和 OLAP 只读查询数据,支持不同类型查询任务的并发执行。MCC-DB 通过染色技术为不同数据局部性特征的查询任务分配不同的内存地址空间,减少弱局部性查询任务对强局部性查询任务产生的 LRU 污染问题(所谓 LRU 污染,指在 LRU 机制下,cache 中一次性访问的弱局部性数据将频繁访问的强局部性数据驱逐出 cache)。

对于相近查询任务的并发处理,优化技术的核心是通过对大数据表的共享扫描减少并发查询时独立大表扫描所产生的 cache 缺失,主要通过查询分组以及查询操作符批处理技术实现共享扫描基础上的高并发查询处理。

2. 恢复机制

由于内存的脆弱性和易失性,内存数据库中数据容易被破坏和丢失,所以内存数据库数据需要在磁盘等非易失性存储介质中进行备份,并且在对数据更新时将日志写到非易失性存储介质中。

磁盘数据库中的日志都需要在事务提交时写入磁盘。但在内存数据库中,如果在事务提交时将日志写入磁盘,则由于写日志所产生的磁盘 I/O 会延长事务的处理时间,降低内存数据库的性能。所以,将日志写在何处以及何时将日志写入磁盘在内存数据库中是一个非常重要的问题。一些研究者提出了预提交、组提交等方法来降低日志 I/O 的代价,并提出使用 PCM、flash 等非易失性内存存储日志的方法。首先将日志存储在非易失性内存中,然后提交事务,再异步地把日志写入磁盘。在实际产品中,TimesTen 采用了两种方式来记录日志:一是将日志记在内存的一个区域中;二是可以将日志记在磁盘文件上。RAMCloud 采用了一种主从式内存日志机制,即当数据被修改时将更新日志写入两个或更多的内存后备服务器。日志首先存储于后备服务器的内存中,再采用异步方式批量写入磁盘。

日志的增加是非常迅速的,为了减少日志量以及恢复的时间,数据库都使用检查点技术来截断日志。内存数据库也是如此,例如,MySQL Cluster 使用了全局检查点(GCP)

和局部检查点（LCP），当出现单点失败时，可以使用该失败结点的局部检查点进行数据恢复，当出现全局失败时，则需要使用全局检查点进行统一恢复。TimesTen中也使用了两种检查点技术：阻塞检查点和非阻塞检查点。

在发生系统崩溃时，如何从备份和日志中恢复数据也是一个值得研究的问题。为了能够尽快地恢复系统的使用，一般可通过两步来恢复数据：第一步，首先恢复热点数据，即执行事务所必须的数据；第二步，在后台恢复其他非热点数据。另外，也可根据数据在磁盘上的存储顺序、优先级（是否为热点数据）以及访问频率等参数来确定数据的装载顺序。

15.5 小　　结

大容量内存、flash、PCM存储、多核CPU、众核处理器、高性能网络传输等硬件技术的发展为内存数据库提供了良好的平台。虽然内存价格相对于传统的磁盘仍然很高，但内存数据库的软件结构相对简单，代码执行效率更高，不需要复杂的索引、物化视图等传统的数据库调优技术，具有更好的性价比。

内存OLTP数据库软件技术比较成熟，已经大量应用于金融、电信等实时响应性能要求较高的应用领域，成为企业核心业务事务处理的解决方案。随着内存硬件价格的不断下降，内存OLAP数据库成为内存计算新的技术增长点，一些商业内存数据库在近年取得了巨大的市场份额，传统数据库厂商Oracle、IBM和Microsoft等分别推出了内存数据库产品及解决方案，新兴的内存数据库产品SAP HANA及Vectorwise等也迅速被高端数据库应用所采纳。应用案例表明即使是一些大型企业，其核心分析数据也能够完全存储于内存或内存数据库集群中来支持高性能分析处理。

当前服务器已经能够支持TB级内存，在数据压缩技术的支持下，内存数据库平台能够支持数倍甚至数十倍于物理内存的大数据处理任务，成为大数据应用的有效解决方案。随着新硬件技术的不断发展，内存数据库技术也将随着新硬件的发展而不断发展。内存数据库新技术的挑战与机遇是当前学术界和产业界关注的焦点问题。

限于篇幅，本章许多技术内容没有展开，感兴趣的读者可以阅读本章列出的参考文献。

习　　题

1. 内存数据库和磁盘数据库有什么区别？
2. 内存数据库的特点有哪些？
3. 试述内存数据库和硬件的相关性。哪些硬件技术影响内存数据库的性能？
4. 大数据时代对内存数据库提出了哪些挑战？

本章参考文献

[1] 张效祥，徐家福. 计算机科学技术百科全书. 3 版. 北京：清华大学出版社，2014.

[2] MOLINA H G，SALEM K. Main Memory Database System：An Overview. IEEE Trans. on Knowledge and Data Eng.，1992，4(6):509-516.

[3] MANEGOLD S，BONCZ P A，KERSTEN M L. Optimizing Main-Memory Join On Modern Hardware. IEEE Trans. on Knowledge and Data Eng.，2002，14(3).

[4] BONCZ P A. Monet，A Next-Generation DBMS Kernel For Query Intensive Applications. PhD Thesis，University van Amsterdam，2002.

[5] SIKKA V，FÄRBER F，LEHNER W，et al. Efficient Transaction Processing in SAP HANA Database：the End of A Column Store myth. SIGMOD Conference，2012.

[6] PUCHERAL P，THÉVENIN J M，VALDURIEZ P. Efficient Main Memory Data Management Using the DBGraph Storage Model. VLDB，1990:683-695.

[7] AILAMAKI A，DEWITT D J，HILL M D，et al. Weaving Relations for Cache Performance.VLDB，2001:169-180.

[8] HANKINS R A，PATEL J M. Data Morphing：An Adaptive，Cache-Conscious Storage Technique. VLDB，2003:417-428.

[9] SLEZAK D，WROBLEWSKI J，EASTWOOD V，et al. Brighthouse：an Analytic Data Warehouse for Ad-Hoc Queries. PVLDB，2008，1(2):1337-1345.

[10] 刘大为. 内存数据库性能优化与性能评价技术研究. 中国人民大学博士论文，2008.

[11] MANEGOLD S，Boncz P A. NES N：Cache-Conscious Radix-Decluster Projections. VLDB，2004:684-695.

[12] Zukowski M，Boncz P A，NES N，et al. MonetDB/X100 - A DBMS In The CPU Cache. IEEE Data Eng. Bull 2005，28(2):17-22.

[13] HE BINGSHENG，LUO QIONG. Cache-oblivious Databases：Limitations and Opportunities. ACM Trans. Database Syst，2008，33(2).

[14] Chiueh T, Katz R H.Eliminating the Address Translation Bottleneck for Physical Address Cache. In Proceedings of the 5th International Conference on Architectural Support for Programming Languages and Operating Systems，1992:137-148.

[15] LEE R，DING XIAONING，CHEN FENG，et al. MCC-DB：Minimizing Cache Conflicts in Multi-core Processors for Databases. PVLDB，2009，2(1):373-384.

[16] ZHANG YANSONG，JIAO MIN，WANG ZHANWEI，et al. W-Order Scan：Minimizing Cache Pollution by Application Software Level Cache Management for MMDB. WAIM，2011:480-492.

[17] CHILIMBI T M,DAVIDSON B,LARUS J R. Cache-conscious Structure Definition. in Proceedings of ACM Sigplan Conference on Programming Language Designand Implementation,1999:13-24.

[18] LEHMAN T J. A Study of Index Structures for Main Memory Database Management System. in Proceeding of the 12th International Conference on Very Large Database Systems,1986:294-303.

[19] Rao J,et al. Making B+ Trees Cache Conscious in Main Memory. in Proceeding of the 2000 ACM SIGMOD International Conference on Management of Data,2000:475-486.

[20] Lee I h, Shim J, Lee S G,et al. CST-Trees:Cache Sensitive T-Trees,in Proceeding.of the 12th International Conference on Database Systems for Advanced Applications（DASFAA 2007），2007:398-409.

[21] 栾华. 主存数据库索引与查询处理技术研究. 中国人民大学博士论文，2008.

[22] HARIZOPOULOS S,AILAMAKI A. StagedDB：Designing Database Servers for Modern Hardware. In IEEE Data Engineering Bulletin，2005，28(2):11-16.

[23] YE Y,ROSS K A,VESDAPUNT N. Scalable Aggregation on Multicore Processors. in DaMoN，2011:1-9.

[24] BALKESEN C,TEUBNER J,ALONSO G,et al. Main-memory Hash Joins on Multi-core CPUs：Tuning to the underlying hardware. ICDE，2013:362-373.

[25] KEMPER A,NEUMANN T. HyPer：A hybrid OLTP&OLAP Main Memory Database System Based on Virtual Memory Snapshots. ICDE，2011:195-206.

[26] STONEBRAKER M,WEISBERG A. The VoltDB Main Memory DBMS. IEEE Data Eng. Bull,2013，36(2):21-27.

[27] HEIMEL M,SAECKER M,PIRK H,et al. Hardware-Oblivious Parallelism for In-Memory Column-Stores. PVLDB，2013，6(9):709-720.

第16章　数据仓库与联机分析处理技术

第 15 章已经提到，计算机系统中存在着两类不同的数据处理工作：操作型处理和分析型处理，也称作联机事务处理（OLTP）和联机分析处理（OLAP）。

操作型处理也叫事务处理，是指对数据库联机的日常操作，通常是对一个或一组记录的查询和修改，如火车售票系统、银行通存通兑系统、税务征收管理系统等。这些系统要求快速响应用户请求，对数据的安全性、完整性以及事务吞吐量要求很高。

分析型处理是指对数据的查询和分析操作，通常是对海量的历史数据查询和分析，如金融风险预测预警系统、证券股市违规分析系统等。这些系统要访问的数据量非常大，查询和分析的操作十分复杂。

OLTP 和 OLAP 两者之间的差异使得传统的数据库技术不能同时满足两类数据的处理要求，因此，20 世纪 80 年代数据仓库（Data Warehouse，DW）技术就应运而生了。数据仓库的建立将操作型处理和分析型处理区分开来。传统的数据库技术为操作型处理服务，数据仓库为分析型处理服务。二者各司其职，泾渭分明。越来越多的企业认识到数据仓库能够带来效益，逐步在原有数据库基础之上建立起了自己的数据仓库系统。

随着大数据时代的来临，数据仓库对于企业决策的支持作用越来越大。由此，数据仓库也成为各大厂商看重并着力发展的业务领域。IBM、Oracle、Teradata 等厂商纷纷采用各种软硬件技术（如 MPP 并行处理、列存储等），将其产品扩展到 PB 级数据量。另外，新兴的互联网企业也在尝试利用一些新技术（如 MapReduce）开发能支持大规模非结构化数据处理的数据仓库解决方案，如 Facebook 在 Hadoop 基础上开发出 Hive 系统，用来分析点击流和日志文件。

16.1　数据仓库技术

数据仓库和数据库只有一字之差，似乎是一样的概念，但实际则不然。数据仓库是为了构建新的分析处理环境而出现的一种数据存储和组织技术。由于分析处理和事务处理具有极不相同的性质，因而两者对数据也有着不同的要求。数据仓库概念的创始人 W.H. Inmon 在其《Building the Data Warehouse》一书中列出了操作型数据与分析型数据之间的区别，具体如表 16.1 所示。

表 16.1 操作型数据和分析型数据的区别

操作型数据	分析型数据
细节的	综合的，或提炼的
在存取瞬间是准确的	代表过去的数据
可更新	不可更新
操作需求事先可知道	操作需求事先不知道
生命周期符合软件开发生命周期（SDLC）	完全不同的生命周期
对性能要求高	对性能要求宽松
一个时刻操作一个元组	一个时刻操作一个集合
事务驱动	分析驱动
面向应用	面向分析
一次操作数据量小	一次操作数据量大
支持日常操作	支持管理决策需求

基于上述操作型数据和分析型数据之间的区别，可以给出数据仓库的定义：数据仓库是一个用以更好地支持企业（或组织）决策分析处理的、面向主题的、集成的、不可更新的、随时间不断变化的数据集合。数据仓库本质上和数据库一样，是长期储存在计算机内的、有组织、可共享的数据集合。

1．数据仓库的基本特征

数据仓库和数据库主要的区别是数据仓库中的数据具有以下 4 个基本特征。

（1）主题与面向主题

数据仓库中的数据是面向主题进行组织的。主题是一个抽象的概念，是在较高层次上将企业信息系统中的数据综合、归类并进行分析利用的抽象；在逻辑意义上，它对应企业中某一宏观分析领域所涉及的分析对象。例如对一家商场而言，概括分析领域的对象，应有的主题包括供应商、商品、顾客等。面向主题的数据组织方式是根据分析要求将数据组织成一个完备的分析领域，即主题域。

主题是一个在较高层次上对数据的抽象，这使得面向主题的数据组织可以独立于数据的处理逻辑，因而可以在这种数据环境上方便地开发新的分析型应用；同时这种独立性也是建设企业全局数据库所要求的，所以面向主题不仅适用于分析型数据环境的数据组织方式，同时也适用于建设企业全局数据库的组织。

（2）数据仓库是集成的

前面已经讲到，操作型数据与分析型数据之间差别甚大，数据仓库的数据是从原有的分散的数据库数据中抽取来的，因此数据在进入数据仓库之前必然要经过加工与集成，统一与综合。这一步实际是数据仓库建设中最关键、最复杂的一步。

首先，要统一原始数据中所有矛盾之处，如字段的同名异义、异名同义，单位不统一，字长不一致等；然后将原始数据结构作一个从面向应用到面向主题的大转变；还要进行数据综合和计算。数据仓库中的数据综合工作可以在抽取数据时完成，也可以在进入数据仓库以后进行综合时完成。

（3）数据仓库是不可更新的

数据仓库主要供决策分析之用，所涉及的数据操作主要是数据查询，一般情况下并不进行修改操作。数据仓库存储的是相当长一段时间内的历史数据，是不同时点数据库快照的集合，以及基于这些快照进行统计、综合和重组的导出数据，不是联机处理的数据。OLTP数据库中的数据经过抽取（Extracting）、清洗（Cleaning）、转换（Transformation）和装载（Loading）存放到数据仓库中（这一过程简记为 ECTL）。一旦数据存放到数据仓库中，数据就不可再更新了。

（4）数据仓库是随时间变化的

数据仓库中的数据不可更新，是指数据仓库的用户进行分析处理时是不进行数据更新操作的，但并不是说在数据仓库的整个生存周期中数据集合是不变的。

数据仓库的数据是随时间的变化不断变化的，这一特征表现在以下三方面。第一，数据仓库随时间变化不断增加新的数据内容。第二，数据仓库随时间变化不断删去旧的数据内容。第三，数据仓库中包含大量的综合数据，这些综合数据中很多与时间有关，如数据按照某一时间段进行综合，或隔一定的时间片进行采样等，这些数据就会随着时间的变化不断地进行重新综合。因此，数据仓库中数据的标识码都包含时间项，以标明数据的历史时期。

2．数据仓库中的数据组织

数据仓库中的数据分为多个级别:早期细节级、当前细节级、轻度综合级和高度综合级。数据仓库的数据组织结构如图 16.1 所示。源数据经过抽取、清洗、转换、装载进入数据仓库。首先进入当前细节级，根据具体的分析处理需求再进行综合，进而成为轻度综合级和高度综合级。随着时间的推移，早期的数据将转入早期细节级。

由于数据仓库的主要应用是分析处理，绝大部分查询都针对综合数据，因而多重级别的数据组织可以大大提高联机分析的效率。不同级别的数据可以存储在不同的存储设备上。例如，可以将综合级别高的数据存储于快速设备甚至放在内存中。这样，对于绝大多数查询分析，系统性能将大大提高；而综合级别低的数据则可存储在磁带磁盘阵列、光盘组或磁带上。

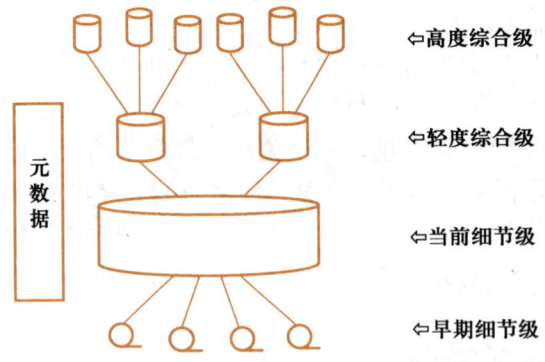

图 16.1 数据仓库的数据组织结构

3. 数据仓库系统的体系结构

数据仓库系统的体系结构如图 16.2 所示,由数据仓库的后台工具、数据仓库服务器、OLAP 服务器和前台工具组成。

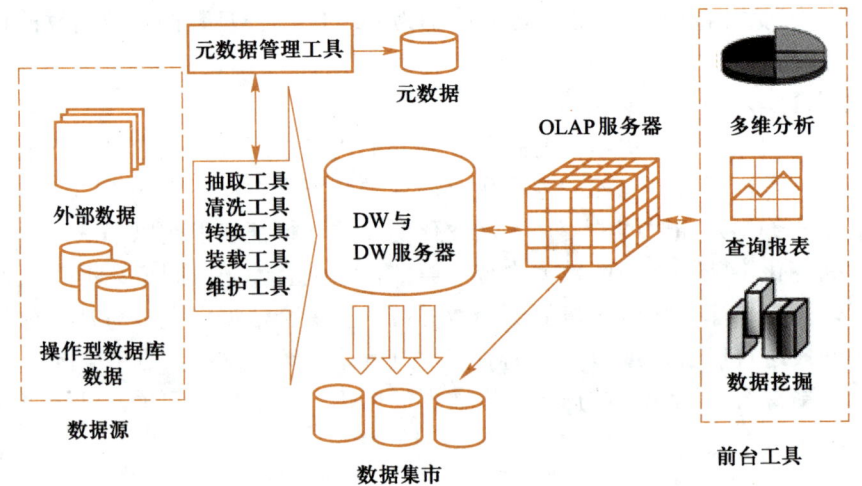

图 16.2 数据仓库系统的体系结构

数据仓库的后台工具包括数据抽取、清洗、转换、装载和维护(maintain)工具,简记为 ECTL 工具或 ETL 工具。

数据仓库服务器相当于数据库系统中的数据库管理系统,它负责管理数据仓库中数据的存储管理和数据存取,并给 OLAP 服务器和前台工具提供存取接口(如 SQL 查询接口)。数据仓库服务器目前一般是关系数据库管理系统或扩展的关系数据库管理系统,即由传统数据库厂商对数据库管理系统加以扩展修改,使它能更好地支持数据仓库的功能。

OLAP 服务器透明地为前台工具和用户提供多维数据视图。用户不必关心它的分析数据(即多维数据)到底存储在什么地方,是怎么存储的。

前台工具包括查询报表工具、多维分析工具、数据挖掘工具和分析结果可视化工具等。

16.2 联机分析处理技术

联机分析处理是以海量数据为基础的复杂分析技术。联机分析处理支持各级管理决策人员从不同的角度，快速灵活地对数据仓库中的数据进行复杂查询和多维分析处理，辅助各级领导进行正确决策，提高企业的竞争力。

1．多维数据模型

多维数据模型是数据分析时用户的数据视图，是面向分析的数据模型，用于给分析人员提供多种观察的视角和面向分析的操作。

多维数据模型的数据结构可以用一个多维数组来表示：（维1，维2，…，维n，度量值）。例如，图16.3所示的电器商品销售数据是按时间、地区、电器商品种类，加上度量"销售额"组成的一个三维数组（地区，时间，电器商品种类，销售额）。三维数组可以用一个立方体来直观地表示。一般地，多维数组用多维立方体CUBE来表示。多维立方体CUBE也称为超立方体。

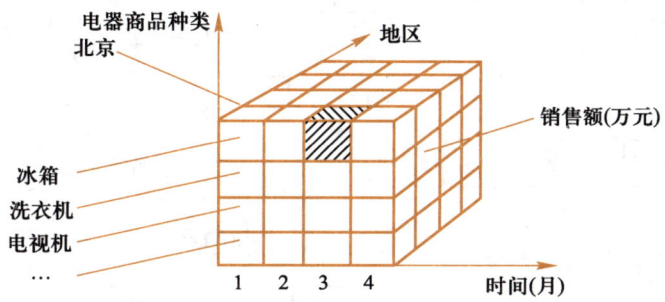

图16.3 按商品种类、时间和地区组织的电器商品销售数据

2．多维分析操作

常用的联机分析处理多维分析操作有切片（slice）、切块（dice）、旋转（pivot）、向上综合（roll-up）、向下钻取（drill-down）等。通过这些操作，使用户能从多角度和多侧面观察数据、剖析数据，从而深入地了解包含在数据中的信息与内涵。

3．联机分析处理的实现方式

联机分析处理服务器透明地为分析软件和用户提供多维数据视图，实现对多维数据的存储、索引、查询和优化等功能。联机分析处理服务器一般按照多维数据模型的不同实现方式，分为MOLAP结构、ROLAP结构、HOLAP结构等多种结构。

MOLAP结构直接以多维立方体CUBE来组织数据，以多维数组来存储数据，支持直接对多维数据的各种操作。人们也常常称这种按照多维立方体来组织和存储的数据结构为多维数据库（Multi-Dimension DataBase，MDDB）。

ROLAP 结构用关系数据库管理系统或扩展的关系数据库管理系统来管理多维数据，用关系表来组织和存储多维数据。同时，它将多维立方体上的操作映射为标准的关系操作。

ROLAP 将多维立方体结构划分为两类表，一类是事实表（fact table），另一类是维表。事实表用来描述和存储多维立方体的度量值及各个维的码值；维表用来描述维信息。ROLAP 用关系数据库的二维表来表示事实表和维表，也就是说，ROLAP 用"星形模式"和"雪片模式"来表示多维数据模型。

星形模式（star schema）通常由一个中心表（事实表）和一组维表组成。如图 16.4 所示的星形模式的中心是销售事实表，其周围的维表有时间维表、顾客维表、销售员维表、制造商维表和产品维表。事实表一般很大，维表一般较小。

将星形模式中的维表按层次进一步细化，就形成雪片模式。例如，对于图 16.4 的星形模式，顾客维表可以所在地区位置分类聚集；时间维表则可以有两类层次——日、月、日、星期；制造商维表可以按工厂及工厂所在地区分层等。如图 16.5 所示，在星形维表的角上又出现了分支，这样变形的星形模式被称为**雪片模式**（snow flake schema）。

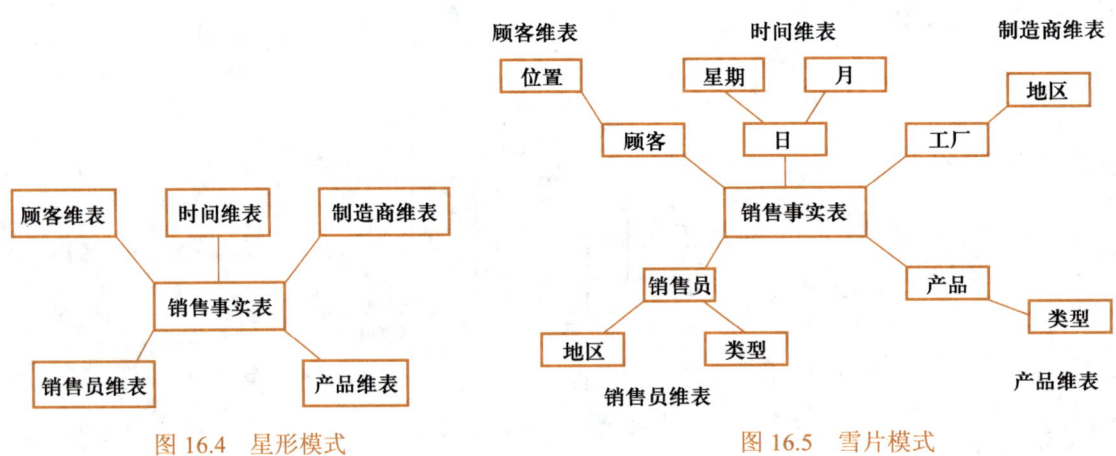

图 16.4　星形模式　　　　　　图 16.5　雪片模式

HOLAP（Hybrid OLAP）则是 MOLAP 和 ROLAP 的混合结构。

联机分析处理软件提供的是多维分析和辅助决策功能，对于深层次的分析和发现数据中隐含的规律和知识，则需要数据挖掘（Data Mining，DM）技术和相应的数据挖掘软件来完成。

16.3　数据挖掘技术

面对日益激烈的市场竞争，客户对数据库系统迅速应答各种业务问题的能力的要求不断提高，不仅要求回答发生了什么，为何发生，还要回答将发生什么。数据挖掘技术正是支持回答"将发生什么"这类业务问题的。

1. 数据挖掘的概念

数据挖掘是从大量数据中发现并提取隐藏在内的、人们事先不知道的但又可能有用的信息和知识的一种新技术。

数据挖掘的目的是帮助决策者寻找数据间潜在的关联，发现经营者忽略的要素，而这些要素对预测趋势、决策行为也许是十分有用的信息。

数据挖掘技术涉及数据库、人工智能、机器学习、统计分析等多种技术，它使决策支持系统（Decision Support System，DSS）跨入了一个新阶段。

2. 数据挖掘和传统分析方法的区别

传统的决策支持系统通常是在某个假设的前提下通过数据查询和分析来验证或否定这个假设。数据挖掘与传统的数据分析（如查询、报表、联机应用分析）的本质区别是数据挖掘是在没有明确假设的前提下去挖掘信息，发现知识。

数据挖掘技术是基于大量的来自实际应用的数据，进行自动分析、归纳推理，从中发掘出数据间潜在的模式或产生联想，建立新的业务模型以帮助决策者调整企业发展策略，进行正确决策。

数据挖掘所得到的信息应具有事先未知、有效和可实用三个特征。

事先未知的信息是指该信息是未曾预料到的，即数据挖掘是要发现那些不能靠直觉发现的信息或知识，甚至是违背直觉的信息或知识。挖掘出的信息越是出乎意料，就可能越有价值。例如，在商业应用中一个最典型的例子就是，一家连锁店通过数据挖掘发现了小孩尿布和啤酒之间的销售模式有着惊人的联系。

3. 数据挖掘的数据源

数据挖掘的数据主要有两种来源，即数据可以是从数据仓库中来的，也可以是直接从数据库中而来。这些实际的应用数据往往是不完全的、有噪声的、模糊的、随机的，因此要根据不同的需求在挖掘之前进行预处理。

从数据仓库中直接得到数据挖掘的数据有许多好处。因为数据仓库的数据已经过了预处理，许多数据不一致的问题都较好地解决了，在数据挖掘时大大减少了清洗数据的工作量。

当然为了数据挖掘也不必非得建立一个数据仓库，数据仓库不是必需的。建立一个巨大的数据仓库，要把各个不同源的数据集成在一起，解决所有的数据冲突问题，然后把所有的数据导到一个数据仓库内，这是一项巨大的工程，可能要用几年的时间、花上百万的经费才能完成。如果只是为了数据挖掘，可以把一个或几个联机分机处理数据库导入一个只读的数据库中，然后在上面进行数据挖掘。

所有的数据还要再次进行选择，具体的选择方式与任务相关。挖掘的结果需要进行评价才能最终成为有用的信息，按照评价结果的不同，数据可能需要反馈到不同的阶段，重新进行分析计算。

4. 数据挖掘的功能

数据挖掘的功能主要有以下几种：

（1）概念描述。即归纳总结出数据的某些特征。

（2）关联分析。若两个或多个变量的取值之间存在某种规律性，就称为关联。关联包括相关关联和因果关联。关联规则不仅是单维关联，也可能是多维之间的关联。

（3）分类和预测。即找到一定的函数或者模型来描述和区分数据类之间的区别，用这些函数和模型对未来进行预测。这些数据类是事先已经知道的。分类的结果表示为决策树、分类规则或神经网络。

（4）聚类。即将数据分为多个类，使得类内部数据之间的差异最小，而类之间数据的差异最大。与分类不同的是，聚类前并不知道类的个数。聚类技术主要包括传统的模式识别方法和数学分类学等。

（5）孤立点的检测。孤立点是指数据中的整体表现行为不一致的数据集合。这些数据虽然是一些特例，但往往在错误检查和特例分析中是很有用的。

（6）趋势和演变分析。即描述行为随着时间变化的对象所遵循的规律或趋势。

一个典型的数据挖掘系统的体系结构如图 16.6 所示。

在进行挖掘之前首先要明确挖掘的任务，比如说是要进行分类、聚类或寻找关联规则等；然后根据这些任务来对所选择

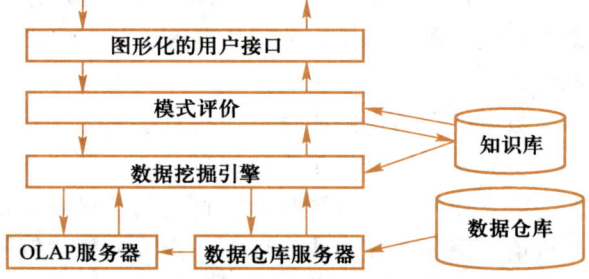

图 16.6　典型的数据挖掘系统的体系结构

的数据进行预处理，之后再选择具体的算法进行挖掘；最后要对挖掘出来的模式进行评价，削减其中重复的部分，将最终的结果展现出来。数据挖掘技术从一开始就是面向应用的，尤其在银行、电信、保险、交通、零售（如超级市场）等商业领域有着极其广泛的应用前景。

16.4　大数据时代的新型数据仓库

多年来，作为一种有效的商务智能（Business Intelligence，BI）解决方案，数据仓库+联机分析处理+数据挖掘（DW+OLAP+DM）架构一直被众多企业所采用，对企业决策进行支持。在大数据时代，由于系统面临的需求在数据量、数据类型、决策分析复杂度和硬件环境等方面发生了质的变化，经典的 DW+OLAP+DM 架构已经无法胜任新的 BI 需求，必须对其进行适应性调整。

1. 系统需求的变化

和传统的数据仓库相比，大数据时代 BI 系统面临的需求发生了如下变化：

（1）数据量急剧增长

数据仓库中的数据量由 TB 级升至 PB 乃至 ZB 级，并仍在持续爆炸式增长。据 IDC 统计，2011 年全球被创建和复制的数据总量为 1.8 ZB（10^{21} 数量级）。Google 公司每月处理的数据量超过 400 PB；百度每天处理的数据量约几十 PB；Facebook 注册用户超过 10 亿，每月上传的照片超过 10 亿张，每天生成 300 TB 以上的日志数据。

（2）数据类型多样

除了结构化数据之外，大数据时代的数据仓库还必须能够处理大量的半结构化和非结构化数据。包括文本、音频、视频、图片、文字、消息等。数据类型的多样化源于媒介类型的极大丰富。社交网站、在线视频、数码摄像、移动通信、电子商务、遥感卫星等，每天都在源源不断地产生着各种各样的数据。

（3）决策分析复杂

大数据时代，决策分析逐渐由常规分析转向深度分析（deep analytics）。数据分析日益成为企业利润必不可少的支撑点。根据 TDWI（The Data Warehousing Institute）对大数据分析的报告，企业已经不满足于对现有数据的分析和监测，更期望能对未来趋势有更多的分析和预测，以增强企业竞争力。这些分析操作包括诸如移动平均线分析、数据关联关系分析、回归分析、what-if 分析等复杂统计分析，我们统称之为深度分析。

（4）底层硬件环境变化

近年来新硬件技术的发展使计算机处理能力得以提升，多核处理器和众核处理器提供了强大的并行处理能力，大内存提供了更大的存储能力，高速网络更好地优化了网络延迟。数据处理平台由高端服务器转向由中低端硬件构成的大规模机群。由于数据量的迅速增加，数据库/数据仓库的规模不得不随之增大，从而导致其成本的急剧上升。出于成本的考虑，越来越多的企业将应用由高端服务器转向了由中低端硬件构成的大规模机群平台。

2. 传统数据仓库所面临的问题

通过上面的论述可以发现，在大数据时代，系统的需求已经发生了根本性的改变。如果继续沿用图 16.2 所示的抽取+离线存储+分析的分层计算模式会存在如下问题：

（1）数据移动代价过高

在图 16.2 所示的数据仓库系统的体系结构中，在数据源层和分析层之间引入了一个存储管理层，虽然可以提升数据质量并针对查询进行优化，但也付出了较大的数据迁移代价和执行时的连接代价：数据首先通过复杂且耗时的 ETL 过程存储到数据仓库中，在联机分析处理服务器中转化为星形模式或者雪片模式；执行分析时，又通过连接方式将数据从数据库中取出。这些代价在 TB 级数据量时也许可以接受，但面对大数据，其执行时间至少会增长几个数量级。更为重要的是，对于大量的即席分析，这种数据移动的计算模式是不可取的。

（2）不能快速适应变化

传统的数据仓库假设主题是较少变化的，其应对变化的方式是对数据源到前端展现的整个流程中的每个部分进行修改,然后再重新加载数据,甚至重新计算数据,导致其适应变化的周期较长。这种模式比较适合对数据质量和查询性能要求较高而不太计较预处理代价的场合。但在大数据时代,分析处在变化的业务环境中,这种模式将难以适应新的需求。

因此,在大数据时代,海量数据与系统的数据处理能力之间产生了一个鸿沟:一边是至少 PB 级的数据量,另一边是面向传统数据分析能力设计的数据仓库和各种商务智能工具。如果这些系统或工具发展缓慢,这个鸿沟将会随着数据量的持续爆炸式增长而逐步拉大。虽然传统数据仓库可以采用舍弃不重要数据或者建立数据集市的方式来缓解此问题,但毕竟只是权宜之策,并非系统级解决方案;而且舍弃的数据在未来可能会重新使用,以发掘更大的价值。

3. 大数据时代的新型数据仓库

为了应对大数据时代系统在数据量、数据类型、决策分析复杂度和底层硬件环境等方面的变化,以较低的成本高效地支持大数据分析,新型的数据仓库解决方案需具备表 16.2 所示的几个重要特性。

表 16.2 大数据分析平台需具备的特性

特性	简要说明
高度可扩展	横向大规模可扩展,大规模并行处理
高性能	快速响应复杂查询与分析
高度容错性	查询失败时,只需重做部分工作
支持异构环境	对硬件平台一致性要求不高,适应能力强
较低的分析延迟	业务需求变化时,能快速反应
易用且开放接口	既能方便查询,又能处理复杂分析
较低成本	较高的性价比
向下兼容性	支持传统的 BI 工具

满足上述特性的数据仓库解决方案可以有多种形式,每一种方案都有其优缺点,但其基本思想都是将传统的结构化数据处理和新型的大数据处理集成到一个统一的异构平台中,即共存的策略。

大数据时代一种典型的新型数据仓库体系结构如图 16.7 所示。在这种体系结构中,Hadoop 或 NoSQL 等大数据处理平台和现有的基于关系数据库管理系统的数据仓库平台通过连接器软件组合在一起,两个平台之间的数据通过连接器进行交换。在这种体系结构中,连接器发挥着类似于 JDBC(Java DataBase Connector,Java 数据库连接,是 Java 语言中用来规范客户端程序如何访问数据库的应用程序接口)的作用。

目前,大部分关系数据库、商务智能工具、NoSQL 等软件开发商都提供了自己开发的 Hadoop 和 NoSQL 连接器。由于其所处的特殊位置,连接器的性能(主要是传输数据的带宽)也经常会成为系统的瓶颈。

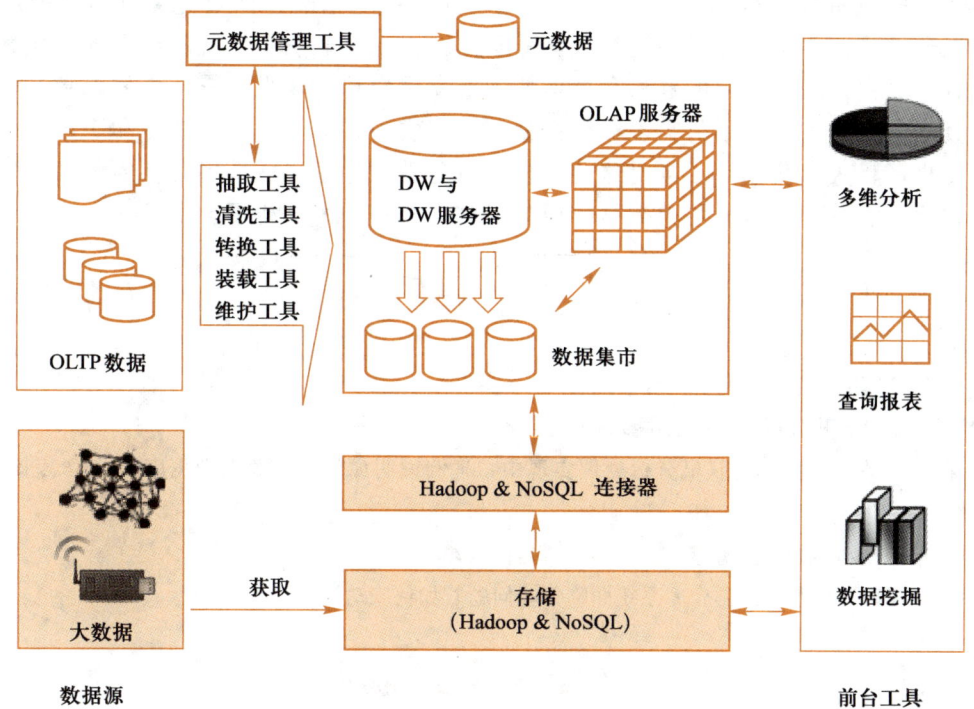

图 16.7 大数据时代的新型数据仓库体系结构

16.5 小　　结

数据仓库（DW）、联机分析处理（OLAP）和数据挖掘（DM）是作为三种独立的信息处理技术出现的。数据仓库用于数据的存储和组织，OLAP 集中于数据的分析，数据挖掘则致力于知识的自动发现。它们都可以分别应用到信息系统的设计和实现中，以提高相应部分的处理能力。由于这三种技术内在的联系性和互补性，将它们结合起来就成为一种新的决策支持系统架构，成为 BI 的三个支柱。这一架构以数据库中的大量数据为基础，具有如下特点：

（1）在底层的数据库中保存了大量的事务级细节数据。这些数据是整个决策支持系统的数据来源。

（2）数据仓库对底层数据库中的事务级数据进行集成、转换、综合，重新组织成面向全局的数据视图，为决策支持系统提供数据存储和组织的基础。

（3）联机分析处理从数据仓库中的集成数据出发，构建面向分析的多维数据模型，再使用多维分析方法从多个不同的视角对多维数据进行分析、比较。分析活动从以前的方法驱动转向了数据驱动，分析方法和数据结构实现了分离。

（4）数据挖掘以数据仓库和数据库中的大量数据为基础，自动发现数据中的潜在模式，并以这些模式为基础自动地进行预测分析。数据挖掘表明知识就隐藏在日常积累下来的大量数据之中，仅靠复杂的算法和推理并不能发现知识，数据才是知识的源泉。

大数据时代，系统面临的需求在数据量、数据类型、决策分析复杂度和底层硬件环境等方面发生了巨大变化。为了应对这些变化，新型数据仓库通常采用共存的策略，即将传统的结构化数据处理和新型的大数据处理集成到一个统一的异构平台中。

习 题

1. 数据仓库的 4 个基本特征是什么？
2. 操作型数据和分析型数据的主要区别是什么？
3. 在基于关系数据库的联机分析处理实现中，举例说明如何利用关系数据库的二维表来表达多维概念。
4. 数据挖掘和传统的分析方法的主要不同是什么？
5. 大数据时代传统的数据仓库系统面临哪些问题？如何应对这些挑战？

本章参考文献

[1] 王珊，等. 数据仓库技术与联机分析处理. 数据库技术丛书之一. 北京：科学出版社，1998.

（文献[1]全面系统地讲解了数据仓库的概念、技术和数据仓库系统的建设方法，介绍了以数据仓库为基础的联机分析处理技术及其应用实例。）

[2] INMON W H . 数据仓库. 王志海，等，译. 北京：机械工业出版社，2000.

[3] INMON W H，et al. 数据仓库管理. 王天佑，译. 北京：电子工业出版社，2000.

[4] IMHOFF C，et al. 数据仓库设计. 于戈，等，译. 北京：机械工业出版社，2004.

[5] MATTISON R. Web 仓库工程与知识管理. 高军，等，译. 北京：清华大学出版社，2003.

[6] BAIN T，et al. SQL Server 2000 数据仓库与 Analysis Services. 邵勇，等，译. 北京：中国电力出版社，2003.

[7] KRISH K. Data Warehousing in the Age of the Big Data. Morgan Kaufmann，2013.

[8] 王珊，王会举，覃雄派，等. 架构大数据：挑战、现状与展望. 计算机学报，2011，34（10），1741-1752.

[9] TDWI CHECKLIST REPORT：Big Data Analytics. http://tdwi.org/research/2010/08/Big-Data-Analytics.aspx.

[10] 王会举. 大规模可扩展的数据仓库关键技术研究. 博士论文，2012.

[11] 肖艳芹. 基于内存的 what-if 分析技术研究. 博士论文，2009.

郑重声明

高等教育出版社依法对本书享有专有出版权。任何未经许可的复制、销售行为均违反《中华人民共和国著作权法》,其行为人将承担相应的民事责任和行政责任;构成犯罪的,将被依法追究刑事责任。为了维护市场秩序,保护读者的合法权益,避免读者误用盗版书造成不良后果,我社将配合行政执法部门和司法机关对违法犯罪的单位和个人进行严厉打击。社会各界人士如发现上述侵权行为,希望及时举报,本社将奖励举报有功人员。

反盗版举报电话　（010）58581999　58582371　58582488
反盗版举报传真　（010）82086060
反盗版举报邮箱　dd@hep.com.cn
通信地址　　　　北京市西城区德外大街 4 号　高等教育出版社法律事务与版权
　　　　　　　　管理部
邮政编码　　　　100120

防伪查询说明
　　用户购书后刮开封底防伪涂层,利用手机微信等软件扫描二维码,会跳转至防伪查询网页,获得所购图书详细信息。也可将防伪二维码下的 20 位密码按从左到右、从上到下的顺序发送短信至 106695881280,免费查询所购图书真伪。

反盗版短信举报
编辑短信"JB,图书名称,出版社,购买地点"发送至 10669588128
防伪客服电话
（010）58582300